AdI
Annali d'Italianistica
2125 Campus Box, Elon University
Elon, NC 27244
http://annali.org   e-mail: annali@elon.edu

Annali d'Italianistica, Inc., was founded at the University of Notre Dame in 1983 and was sponsored by the Department of Romance Studies at the University of North Carolina at Chapel Hill from 1989 until 2017. Hosted by JSTOR, *Annali d'Italianistica* is an independent journal of Italian Studies managed and edited by an international team of scholars. *Annali* is listed among the top tier journals (class A, area 10) by the Italian National Agency for the Evaluation of Universities and Research Institutes (ANVUR).

Annali d'Italianistica

Volumes 1-21 are available for free consultation:
www.archive.org/details/annaliditalianis212003univ

Editorial Policy

Annali d'Italianistica seeks to promote the study of Italian literature in its cultural context, to foster scholarly excellence, and to select topics of interest to a large number of Italianists. Monographic in nature, the journal is receptive to a variety of topics, critical approaches, and theoretical perspectives. Each year's topic is announced ahead of time, and contributions are welcome. The journal is published in the fall of each year. Manuscripts should be submitted electronically as attachments in Word. Authors should follow the journal's style for articles in English; articles in Italian should also conform to the journal's style sheet for articles in Italian. Visit the journal's website (http://annali.org) for further information on the contributions' style. For all communications concerning contributions, address the Editor in chief of *Annali d'Italianistica* at annali@elon.edu.

Notes & Reviews

This section occasionally publishes essays and review articles on topics treated in previous volumes of *Annali d'Italianistica*.

Italian Bookshelf

The purpose of *Italian Bookshelf* is to identify, review, and bring to the attention of Italianists recent studies on Italian literature and culture. *Italian Bookshelf* covers the entire history of Italian culture and reviews books exclusively on the basis of their scholarly worth. To this purpose, junior and senior colleagues will be invited to collaborate without any consideration of academic affiliation and with an open attitude toward critical approaches. Contributions to this section are solicited. Scholars who intend to contribute are encouraged to contact the editors. Book reviews, to be submitted electronically, should be sent to the Editor. For inquiries, post annali@elon.edu.

The Journal's Website: http://annali.org

The tables of contents of all issues are available online. As of volume 16 (1998), each issue's introductory essay and all book reviews are available online with their full texts. As of the 2008 issue, book reviews are published exclusively online.

Annali d'Italianistica
2022
Volume 40
1922-2022: Pasolini e la libertà espressiva. lingua, stile, potere

In occasione del centenario della nascita di Pier Paolo Pasolini, *Annali d'Italianistica* propone di dedicare il 40esimo volume (2022) alla sua opera e in particolare al legame tra sistemi espressivi, forme stilistiche e dispositivi di potere presente nei suoi scritti letterari, nei suoi film, così come nei suoi testi giornalisti e nelle sue riflessioni sulla letteratura e sul cinema. L'obiettivo è quello di comporre un volume di saggi capaci di porre al centro la questione della *libertà espressiva*, che Pasolini ha approfondito attraverso lo studio delle condizioni di possibilità politiche e sociali che un determinato contesto linguistico e culturale oppone al fare artistico. Si tratterà in questo senso di analizzare i modi e le forme che l'autore ha studiato e impiegato nella sua lotta per difendere il gesto artistico dai processi di alienazione e omologazione promossi dalla cultura egemone. In questa prospettiva verrà dato particolare spazio 1) allo studio del complesso, e talvolta contraddittorio, rapporto tra i saggi teorici, come ad esempio quelli raccolti in *Passione e ideologia* ed *Empirismo eretico*, e l'opera letteraria e cinematografica di Pasolini; 2) all'analisi delle opere-laboratorio, ovvero quei testi letterari e quei film in cui l'autore riflette sulla forma espressiva o in cui l'autore problematizza esplicitamente questioni di ordine semiotico, linguistico o teorico-letterario (ad esempio *Romans, L'Italiano è ladro, La Ricotta, Alì dagli occhi azzurri, Teorema, Appunti per un'Orestiade africana, La Divina mimesis, Petrolio*); e infine 3) agli articoli capaci di individuare i nessi tra le questioni poetiche inerenti al tema della libertà espressiva e le fonti, sia teoriche che critiche (ad esempio Ascoli, Auerbach, Contini, Gramsci, Goldmann, Jakobson, Šklovskij, Spitzer), che Pasolini in modo originale ha riletto in un senso politico con l'obiettivo di ricondurre la questione della lingua e dello stile all'indagine sui dispositivi di potere affermatisi in un dato momento storico.

The volume will appear in the fall of 2022. Interested scholars may contact any one of the volume's guest editors:

Paolo Desogus (paolo.desogus@sorbonne-universite.fr)
Davide Luglio (davide.luglio@sorbonne-universite.fr)
Enrico Minardi (eminardi@asu.edu)
Colleen M. Ryan (ryancm@indiana.edu)

The deadline for final submissions is the fall of 2021.

ANNALI D'ITALIANISTICA

Volume 38, 2020

Norma Bouchard and Valerio Ferme

GUEST EDITORS

NATION(S) AND TRANSLATION

Introduction

I. Translation in the Early Modern Period

II. Reading Translations in 18th-Century Italy: From Venice to Naples

III. Translation in the Long 19th Century

IV. Between Debates and Practices: Translation in the 20th Century

V. Confronting the "Modern Regime of Translation": Sicilian Dialects as Resistance

VI. Translations from Italian in the Cultural Politics of Argentina and Britain

ITALIAN BOOKSHELF

GENERAL & MISCELLANEOUS STUDIES

ix

Stephanie Malia Hom. *Empire's Mobius Strip: Historical Echoes in Italy's Crisis of Migration and Detention.* Ithaca, NY: Cornell UP, 2019. Pp. 270. (Giovanna Faleschini Lerner, *Franklin & Marshall College*) 405

Andrea Leonardi, ed. *The Taste of Virtuosi. Collezionismo e mecenatismo in Italia 1400-1900.* Firenze: Edifir, 2018. Pp. 224. (Louise Arizzoli, *University of Mississippi*) 407

Rosanna Masiola. *Interjections, Translation, and Translanguaging: Cross-Cultural and Multimodal Perspectives.* Lanham, MD: Rowman and Littlefield, 2019. Pp. 257. (Michela Barisonzi, *Monash University*) 410

Pierre Schill. *Réveiller l'archive d'une guerre coloniale. Photographies et écrits de Gaston Chérau, correspondant de guerre lors du conflit italo-turc pour la Lybie (1911-1912).* Paris: Créaphis, 2018. Pp. 480. (Clemens Arts, *Translator at the Council of the European Union, Brussels*) 412

Diego Stefanelli. *Il problema dello stile. Positivismo e Idealismo in Italia e in Germania.* Berlin: Frank&Timme, 2017. Pp. 606. (Maria Villano, *Scuola Normale Superiore di Pisa*) 415

Sharon Worley. *The Legacy of Empire: Napoleon I and III and the Anglo-Italian Circle during the Risorgimento.* Newcastle upon Tyne: Cambridge Scholars Publishing, 2018. Pp. viii, 211. (Andrea Del Cornò, *The London Library*) 419

JEWISH STUDIES

Luca De Angelis. *Il caso estremo dell'uomo. Essere scrittore ebreo.* Verona: Ombre corte, 2019. Pp. 367. (Federico Dal Bo, *University of Heidelberg*) 421

Eléna Mortara. *Writing for Justice. Victor Séjour, the Kidnapping of Edgardo Mortara, and the Age of Transatlantic Emancipations.* Hanover: Dartmouth College Press, 2015. Pp. xxi + 330. (Alessandro Grazi, *Leibniz Institute of European History, Mainz*) 424

Elisa Pederzoli. *"L'arte di farsi conoscere". Formiggini e la diffusione del libro e della cultura italiana nel mondo.* Roma: Associazione Italiana Biblioteche, 2019. Pp. 486. (Miriam Carcione, PhD Candidate, *Università degli Studi di Roma La Sapienza*) 426

MIDDLE AGES & RENAISSANCE

Zygmunt G. Barański. *Dante, Petrarch, Boccaccio. Literature, Doctrine, Reality.* Cambridge: Legenda, 2020. Pp. 658. (Brenda Deen Schildgen, *University of California, Davis*) 452

Carole Birkan-Berz, Guillame Coatalen, Thomas Vuog, eds. *Translating Petrarch's Poetry. L'Aura del Petrarca from the Quattrocento to the 21st Century.* Cambridge: Legenda, 2020. Pp. vii-xiii. 1-277. (Enrico Minardi, *Arizona State University*) 455

Claudia Boscolo. *L'Entrée d'Espagne: Context and Authorship at the Origins of the Italian Chivalric Epic.* Oxford: Medium Ævum Monographs, 2017. Pp. 290. (Luca Morlino, *Università di Trento*) 459

Matteo Bosisio. *Il teatro delle corti padane (1478-1508).* Milano: Edizioni Unicopli, 2019. Pp. 174. (Arianna Capirossi, *Università degli Studi di Firenze*) 462

Valerio Cappozzo, Martin Eisner, Timothy Kircher, a cura di. *Boccaccio and His World: Proceedings of the Third Triennial Meeting of the American Boccaccio Association.* Duke University, September/October 2016. *Heliotropia. A Forum for Boccaccio Research and Interpretation* 15 (2018). Pp. 313. (Virginia Machera, PhD Candidate, *Università Sapienza di Roma*) 464

Valerio Cappozzo. *Dizionario dei sogni nel Medioevo: Il Somniale Danielis in manoscritti letterari.* Firenze: Olschki, 2018. Pp. xii+404. (Elsa Filosa, *Vanderbilt University*) 466

George Corbett. *Dante's Christian Ethics: Purgatory and its Moral Contexts.* Cambridge: Cambridge UP, 2020. Pp. 238. (Caroline Dormor, PhD Candidate, *University of Oxford*) 468

Martin Eisner, David Lummus, eds. *A Boccaccian Renaissance: Essays on the Early Modern Impact of Giovanni Boccaccio and His Works.* Notre Dame: University of Notre Dame Press, 2019. Pp. 340. (Serena Mauriello, PhD Candidate, *La Sapienza Università di Roma*) 476

SEVENTEENTH, EIGHTEENTH, & NINETEENTH CENTURIES

TWENTIETH & TWENTY-FIRST CENTURIES: LITERATURE, THEORY, CULTURE

OPEN FORUM

ITALIAN BOOKSHELF'S OPEN FORUM

Annali d'italianistica welcomes debates between authors and reviewers. In 2019 Professor Fabian Alfie, University of Arizona, wrote a review, published in last year's volume, of Professor's Richard Lansing's translation of Giacomo da Lentini's poetry, the first such endeavor in English and likely in any foreign language. Professor Lansing, Brandeis University, objects to Professor Alfie's review. *Annali* reprints here Alfie's review followed by Lansing's rebuttal.

A brief commentary by the Editor in Chief concludes this open forum.

IN MEMORIAM

ANDREA BATTISTINI
(1947-2020)

Quando si perde un amico che è un grande studioso il lutto è duplice, al livello personale e al livello professionale. Il primo lutto è di natura privata, mentre il secondo arriva come un'onda lunga a molti e in molti luoghi. In questo caso specifico, però, la dimensione pubblica non rimane estranea a quella personale perché l'amicizia trova il legame più forte nell'onestà che poi è la stessa virtù che lo studioso genuino manifesta nel proprio lavoro. Onestà, certo, non in senso commerciale, ma nel senso antico che rapportava questa virtù all'onore, alla ricerca del bello/utile, di un bello in sé ma utile per la società nella quale si vive. Questo è in fondo il senso per cui si parlava una volta di "belle lettere", mentre oggi si parla semplicemente di "lettere", e sono pochi quelli che veramente le amano e le trattano ancora come "belle". Fra quei pochi c'era lo studioso che qui commemoriamo.

Parlo di Andrea Battistini che era un caro amico e in quanto tale era onesto, e onestissimo era come studioso. È deceduto pochi mesi dopo aver compiuto 73 anni, quindi ancora nel pieno della sua stagione produttiva. Ha lasciato una valanga di lavori di cui si può vedere l'elenco in appendice al suo volume *Svelare e rigenerare. Sudi sulla cultura del Settecento* (Bononia University Press, 2019), una raccolta allestita da due allievi per ricordare la sua andata in pensione. Si tratta di un elenco di ben 845 titoli che dicono della sua straordinaria energia produttiva. Quando poi si passa a vedere i temi sui quali vertono, si rimane ancora più ammirati nel constatare l'illimitata varietà dei suoi interessi, dal Duecento e Dante in particolare fino ai contemporanei, benché si colgano dei nuclei particolarmente densi nell'area del Sei-Settecento, i secoli che vedono il tramonto del dominio culturale italiano e l'alba di una nuova partenza verso la modernità, o, per dare maggiore concretezza a questi termini, chiudendo un'epoca con i tacitisti come Malvezzi e i gesuiti della *ratio studiorum* e ripartendo con la rivoluzione di Galileo e le sintesi "storicistiche" di Vico.

Battistini amava gli studi a lunghe campate storiche perché gli permettevano di cogliere degli snodi culturali e di capire così come vivono le idee nella lunga durata della storia e come si realizzino le dinamiche che muovono le epoche storiche. Illustra benissimo tale approccio il libro appena menzionato in cui *svelare* indica il fenomeno della consapevolezza che l'Italia acquista del suo essere stata ormai per oltre un secolo in uno stato culturale epigonico ma nel corso del secolo riesce a *rigenerarsi* mettendosi al passo con la cultura europea. Benché il libro sia composto di saggi indipendenti, il taglio che Battistini ha dato a ciascuno di essi e il modo in cui "contestualizza" ogni soggetto, collocandone ogni aspetto nella rete dei valori culturali in cui nasce, danno organicità alla silloge, che coglie così in modo magistrale il movimento della cultura di quel secolo, il suo passare dall'Arcadia, che svecchia il Barocco, al preromanticismo dell'Alfieri, e vedere, magari, come dalla autobiografia in terza persona (si ricordi Vico) si passi all'autobiografia di un protagonista (Alfieri) in prima persona.

Battistini si professava, ed era, un allievo di Ezio Raimondi, dal quale aveva appreso ad essere versatile nel lavoro, equanime nel leggere la storia, curioso di perlustrare zone dimenticate, e capire che se la storia travolge tutto, essa si muove servendosi di tutte le cose alle quali ha dato vita; e in quella visione, anche "i minori" acquistano una funzione indispensabile. Insieme produssero un lavoro, *Le figure della retorica. Una storia letteraria italiana* (Torino: Einaudi, 1990), che poi è rimasto un classico, ossia una storia della retorica in Italia, in cui fecero capire il potenziale che questa disciplina possiede nello strutturare culture. Non era la retorica dei *topoi* alla Curtius, ma piuttosto quella della nuova retorica di Chaïm Perelman che rivaluta la nozione aristotelica delle *doxai* e restituisce al discorso la finalità del persuadere di ciò di cui l'oratore è convinto, e in questo modo la retorica recupera il senso dell'arte che insieme esprime e sprona ad agire. Questo modo di usare la vecchia disciplina ha prodotto lavori originali come quello su Dante (*La retorica della salvezza*, Bologna: il Mulino, 2016) e quello sul genere autobiografico (*Lo specchio di Dedalo*, Bologna: il Mulino, 2007). E dal suo maestro apprese a misurare le proprie forze e ad usarle al meglio per combinare finalità e risultati, cioè lavorare su temi "trovati" e non "cercati", e valutare poi dai risultati il valore culturale della ricerca. Era questo il segreto della sua integrità intellettuale: mai rincorrere progetti nati da mode o da velleità poi irrealizzabili, e seguire sempre i suggerimenti della propria immaginazione che, quando è solida e sana, costituisce la migliore risorsa dello studioso. Battistini, insomma, non "cercava" problemi critici ma li "trovava", e per questo i suoi lavori avevano sempre un marchio di quella ricerca autentica che distingue i grandi studiosi. Il suo segreto erano le vaste letture che lo portavano spesso a scoprire testi dimenticati, quindi a dissodare terreni sepolti nell'oblio e capire come essi potessero rientrare nelle dinamiche culturali dalle quali nascono e alla quale ritornano. E tutto questo senza mai calcare la mano per ottenere effetti che poi alterano il giudizio o rispondono al pregiudizio.

Con questa grande misura intellettuale Battistini ha prodotto splendidi lavori su uno dei periodi più maltrattati della nostra storiografia letteraria, prima di tutto il Barocco e poi il periodo dall'Arcadia al Preromanticismo. I suoi studi su Galileo sono anche ricostruzioni di ambienti culturali senza le quali i fenomeni rimangono poveri di senso storico. Lo stesso si dica per i suoi studi su Vico, uno degli autori più contesi fra partigiani di tendenze opposte: il Vico di Battistini, oltre allo stupendo lavoro da editore, viene ricondotto alle sue matrici culturali senza le quali non si apprezza adeguatamente il contributo dovuto al suo genio. Battistini, insomma, non lavorava se non per mettere nella prospettiva più equanime possibile gli autori che studiava. E quasi sempre il suo giudizio ha fatto scuola: non perché fosse semplicemente "giusto" ma perché era intelligente e originale ed equilibrato. Questa sua brillantezza lo ha collocato fra i maggiori studiosi della nostra generazione e per questo la sua scomparsa costituisce un vero lutto. Non è mai stato uno studioso che assecondava le mode (sulle quali, però, era doverosamente informato), anzi era cauto perché si atteneva ai modi di studio che sono e saranno sempre validi: rispetto dei testi, in primo luogo, poi interpretazione che è utile e bella solo quando getta nuova luce su quanto si legge, come si è sempre verificato nei suoi studi; inoltre, immancabile precisione nel curare l'aspetto bibliografico per un senso di rispetto verso chi lo aveva preceduto e, se dissentiva, lo faceva sempre con un garbo signorile.

La rettitudine intellettuale lo faceva sentire un po' a disagio nel mondo attuale sempre pronto a dimenticare se stesso per abbracciare un domani che ancora non esiste, ma che recluta molti uomini di lettere convinti che il continuo superarsi sia una dimostrazione di vivacità intellettuale. Andrea era troppo saggio per lasciarsi tentare da questo improvvisarsi sempre nuovi, e benché fosse informatissimo su quanto gli succedeva attorno, capiva che il vecchio non è "desueto" solo perché è stagionato, ed era convinto che le vere innovazioni sane hanno sempre radici vecchie. Per un uomo della sua formazione culturale, era impensabile disfarsi del sapere letterario che aveva accumulato negli anni ed era convinto che la formazione erudita e filologica irrobustisce tutto ciò che tocca.

Era questa serietà deontologica che gli creava un'aura di rispetto e persino di venerazione tra amici e studenti. Nei rapporti personali ho sempre riconosciuto in lui gli stessi tratti che lo distinguevano come studioso. L'ho sempre sentito come un amico che mi avrebbe dato sempre quello che sapeva e mi avrebbe detto sinceramente il suo parere. Ma furono gli ultimi mesi di vita che me lo fecero capire meglio e ammirare. Gli telefonavo spesso, specialmente negli ultimi mesi quando per la pandemia e per la malattia non usciva di casa e si sentiva molto solo. Quando s'aggravò e aveva bisogno di assistenza costante, gli telefonavo quasi settimanalmente. Mi parlava del decorso della sua malattia ma senza mai compiangersi e come se mi facesse un referto medico di un altro paziente. Mai visto un atteggiamento stoico con tanta dignità, che non cercava conforto ma gli faceva piacere l'interesse degli amici che non lo dimenticavano. Dopo qualche breve informazione si passava a parlare di letteratura e, cosa meravigliosa, si infervorava e parlava con una voluttà, con un entusiasmo e con una lucidità e memoria felice che mi lasciava ogni volta contento perché pensavo che tanto amore per lo studio e per la sua materia l'avrebbe tenuto in vita per lungo tempo. È l'unica volta che mi abbia ingannato, perché la sua passione per il lavoro era contagiosa. Gli telefonai un giovedì e il lunedì successivo appresi che era morto. Era troppo giovane per lasciare questo mondo, e nel lutto degli ambienti accademici e degli amici c'è un senso di ingiustizia che riluta ad accettare spiegazioni.

Andrea Battistini non ha frequentato molto le nostre università americane, e credo che sia stato poche volte negli USA. Era però conosciutissimo perché a Bologna seguiva vari programmi di studenti americani, e aveva molti contatti con studiosi americani anche grazie alle riviste alle quali collaborava e che in alcuni casi dirigeva. Lo accompagnava ovunque la sua fama di studioso e alcuni dei suoi lavori, quelli su Galileo e su Vico, ad esempio, ne hanno fatto una figura internazionale. Ci ha lasciato un esempio di dedizione al lavoro che rimarrà nel tempo. Possiamo solo immaginare che una vita più lunga ci avrebbe dato una produzione omogeneamente eccellente e ancora più ricca. Rimpiangiamo questi possibili lavori ma ci manca soprattutto quel gentiluomo, modesto e giusto, che portava la sua grandezza senza farla pesare a nessuno, e per questo l'ammiravamo e l'ammiriamo.

Paolo Cherchi, *University of Chicago; Università di Ferrara*

NORMA BOUCHARD AND VALERIO FERME

Nation(s) and Translation
in Italian Cultural and Literary History

Introduction

Reflecting on the rise of modern national communities, Naoki Sakai, in "The Modern Regime of Translation and the Emergence of the Nation," argues that the question of language is not only central to the constitution of state sovereignty and identity but implies the creation of a "modern regime of translation" (106). This regime is founded upon "*bordering*" (108):[1] a process of separation and differentiation between the inside and the outside, the same and the other "so as to postulate the internal systematic unity of a national or ethnic language" (106) that did not exist in the multi-lingual societies of pre-modern times. Like Sakai, Lawrence Venuti also reflects on the relationship between nation and translation, pointing to the benefits that nation-building projects derive from the organization of diverse cultural spaces into the sameness and uniformity enabled by translation: "[N]ations do 'indeed' profit from translation. Nationalist movements have frequently enlisted translation in the development of national languages and cultures, especially national literatures" ("Local Contingencies," 177-78). At the same time, however, Venuti also highlights the threats that such "*bordering*" implies for the nation. Since translation, he writes, "works on the linguistic and cultural differences of a foreign text, it can communicate those differences and thereby threaten the assumed integrity of the national language and culture; the essentialist homogeneity of the national identity [...]" (178). In doing so, Venuti aligns himself with the pioneering work of Itamar Even-Zohar and the School of Tel Aviv for whom, in the polysystem of the target language/nation, translation can play an active role not only in upholding unifying concepts of national language, but also in creating linguistic and cultural variations that are thus beholden to the source language (Even-Zohar). Translation, therefore, far from being a neutral and fairly innocent practice of moving structures and contents from one language to the other, can be used to validate or undermine paradigms

---

[1] Also, "'[b]ordering' is a poietic act of inscribing continuity at the singular point of discontinuity. What is at issue, therefore, is not border but *bordering*. This process of inscribing a border, or a separation, is also generally what we call 'translation'" (108).

according to the translator's ideology and positioning vis-à-vis the idea of Nation.

Both the centrality of the "regime of translation" and translation's role in sustaining as well as threatening nationalist projects find in Italian literary and cultural history a paradigmatic example. While a comprehensive revisiting of this history exceeds the scope of our introduction, we briefly recall some of the most significant developments in the complex nexus between nation and translation in the Italian context, before proceeding to a presentation of the fifteen essays that comprise this issue of *Annali d'Italianistica*.

Translation in Italian Cultural and Literary History
Well before the formal creation of the Italian nation-state in 1861, various forms of proto-nationalism informed by translation practices had been circulating in the Italian peninsula. During the Middle Ages, an idea of Italy had surfaced in the works of poets, writers and intellectuals, including Dante, Petrarch and Brunetto Latini. Already in his enigmatic "profezia del veltro" early in the *Comedy* (*Inferno* 1: 100-11), Dante refers to a leader, possibly Henry VII of Luxembourg or perhaps even the ruler of Verona, Can Grande della Scala, who would save Italy and establish an earthly kingdom of love, wisdom and virtue. However, it is in *Purgatorio* VI where Dante, in dialogue with the almost coeval *De vulgari eloquentia*, engages in a protracted discussion of linguistic origins, translation and nationhood that would set the stage for the *questione della lingua* in centuries to come.

The source is the encounter between Vergil and Sordello in Purgatory, when the latter, having asked the Latin poet to explain where he is from, hears the word "Mantua" and readily responds "O Mantoano, io son Sordello / della tua terra" (6: 74-75), before sharing a protracted embrace. The exchange is emblematic: two poets, one Latin, one a Lombard troubadour, who sang in a mix of Lombard *vulgare* and Old Occitan, bond over one word describing a geographical location of origin. Ostensibly, the word "Mantua," shared in the two poets' idioms, bridges the gaps between Vergil's Latin and Sordello's Occitan/Lombard dialect. Equally, it identifies a "nation," Mantua, that closes the gap between two beings who, until the moment of reveal, had little in common. It is this ability of language (and possibly the commonality of poetic sensibility) that touches Dante, and leads him into one of the *Divine Comedy*'s most famous invectives: "Ahi, serva Italia, di dolore ostello,/nave senza nocchiere in gran tempesta,/non donna di provincia, ma bordello!" (6: 76-78). The passage is often cited as emblematic of Dante's rage against the factionalism of local communes and regional aristocrats, who were guilty of dividing the peninsula into fiefdoms. Yet, in launching the invective, Dante counters the present state of the peninsula as a divided geographic entity with the role that language plays in bringing together the two poets across temporal and, if Vergil's Latin and Sordello's Mantuan must meet, cultural-linguistic divides. And, if language brings the two souls together in juxtaposition to the divisions that are wrecking the peninsula, Dante must assign to language and its translation the role of unifier across temporal boundaries.

It comes as no surprise, then, that Sordello would be cited by Dante in the *De vulgari eloquentia*, the treatise he wrote around 1305 on the origins of the "vulgare" as a unified peninsular language. Here, Sordello is among the poets who, according to Dante, have successfully managed to inflect a local dialect with surrounding ones to make it more comprehensible and accessible to those who are in its geographical proximity, a significant aspect of linguistic unification that Dante, in the same *De vulgari,* sees as important to mend the Ur-moment of linguistic diffraction represented by the Biblical story of Babel.[2] Besides voicing fleeting expressions of nationalism at a time when there were neither nations nor nationalisms in the modern sense of the word, Dante thus points to the necessity of intra-peninsular translation as the basis for a proto-cultural nation. Evoking what Tullio De Mauro in *Storia linguistica dell'Italia unita* describes as the "selva" of dialects that characterized the linguistic reality of pre-unification Italy (1963: 25),[3] in *De vulgari eloquentia* Dante proposes to bridge the linguistic differences of the regional Romance vernaculars that were born from the spoken Latin by enlisting, into a single idiom, elements from all the fourteen major dialect areas so as to create a standard, illustrious and curial koiné: the so-called *illustre vulgare.*

The reflection of an intra-peninsular translation initiated by Dante in *De Vulgari Eloquentia* was revisited in the 16th century, when Trissino translated Dante's text in 1529. This was a crucial time in Italian political history. Not only did the invention of the press—and the emergence of Venice as a major center in

---

[2] Lest we forget, Dante's *Divine Comedy* also requires an act of linguistic translation intended to bridge the distance between peoples and languages caused by Babel. In communicating with the souls of the Paradise, whose language has to be the language of God prior to the fall of Babel, and re-presenting it for his readers in the *vulgare* (which we might assume is the *illustre vulgare* he wishes to promote in the *De vulgari eloquentia*), Dante himself becomes the master translator of the divine language. In doing so, he also creates the foundation for the "Italian" language, which the citizens of the peninsula might want to adopt once unity is achieved.

[3] As De Mauro explains, because of Italy's physical geography, the peninsula had been crisscrossed by people coming from Eurasia, Northern Europe, and the Southern Mediterranean regions ever since pre-Roman times. By the third century BC, various ethnic groups of both Indo- and non-Indo-European origin were well established on Italian soil. While the Indo-European comprised the Gauls and Veneti from the North, the Umbrians, Latins, and Oscans from the Center, the Greeks, Messapics, and Siculans from the South, non-Indo-Europeans ranged from the Rhaetians, Piceni, Sards, and Punics, to the Etruscans, Ligurians, and Sards. The many languages and cultures of these people were allowed to survive during Roman times since, despite the Latinization of the peninsula, the Republic abided by a federal policy of linguistic tolerance. In the course of the Middle Ages, plurilingualism further increased as the Southern regions came under Arab and Norman control, while the Northern and Adriatic zones were subjected to Longobard, Frank, and Byzantine rulers. After medieval times, a mosaic of states arose thereby leading to a further consolidation of dialects.

the editorial marketplace—render the need for a shared language of communication more pressing, but political fragmentation had turned the peninsula into the pawn of an international power struggle among European state monarchies. Eventually, this power struggle would culminate in the defeat and humiliation inflicted upon Italy by Habsburg Prince Charles V with the Treaty of Cateau Cambrésis in 1559. The ever-elusive sovereignty of the peninsula's states gave new vigor and poignancy to expressions of cultural nationalism that had emerged in previous centuries. While some intellectuals, such as Machiavelli, called for a Prince to come and save Italy (*Il Principe* 1513) from foreign domination, other Renaissance writers focused on what would become known as the *questione della lingua.* As in Dante's *De vulgari,* the *questione* was, once again, the issue of translation: the transposition of native dialects into a shared linguistic code. Two main proposals emerged: *lingua cortigiana,* or the idiom spoken in courts, and the Tuscan vernacular of the *Trecento*—the literary language of Dante's *Commedia,* Petrarch's *Canzoniere* and Boccaccio's *Decameron.* Codified by Bembo in *Prose della vulgar lingua* in 1525, the literary Tuscan became widely accepted as the model for the main literary language of the peninsula of the educated elite, or a "pan-italiano" (De Mauro 27). However, even among the members of the elite, the preferred code remained the dialects and/or the minority regional languages. Regardless, several partial translations into the literary Tuscan took place to advance a cultural proto-nation. Suffice to recall Baldassare Castiglione who, alongside Francesco Valerio, reworked *Il libro del Cortigiano* into Tuscan in 1528, and Ariosto, who did the same with *Orlando Furioso* in 1532. Yet, with the publication of the peninsula's first major vocabulary, the *Vocabolario degli Accademici della Crusca* in 1612, Tuscan took a step further in the consolidation of its status as the language of a pre-modern nation that lacked a political reality of unity, self-autonomy and sovereignty, but existed in the performativity of intra-peninsular translation from Italo-Romance and non-Italo-Romance languages and dialects.

Between the late 18th and the early 19th centuries, the ideas of national genus, national character and national spirit that one finds in Lord Shaftesbury, Montesquieu, Henry St John Bolingbroke, Jean-Jacques Rousseau, and Johann Gottfried Herder, were also animating the translation agendas of Italy's intellectual circles.[4] While the issue of intra-peninsular translation would be far from being solved,[5] practices of translation from Classical and European

---

[4] For an excellent account, see Gambarota, *Irresistible Signs.*
[5] In the famous article "Nuove questioni linguistiche" of 1964, Pasolini argued that the standardization of Italian occurred after the Second World War, when the neo-capitalists of the northern industrial societies established their technocratic idiom: "Voglio dire che mentre la grande e piccola borghesia di tipo paleo-industriale e commerciale non è mai riuscita a identificare se stessa con la intera società italiana, e ha fatto semplicemente

languages and debates over the contribution of translation to the national culture were vigorously pursued. Translations from the Classics included the *Aeneid,* by Alfieri, posthumously published in 1805, and Giacomo Leopardi's second canto of *Aeneid,* in 1817. Yet, it was not Vergil but Homer who received the greatest attention. Melchiorre Cesarotti authored both a prose and verse version of the *Iliad* in 1786 and Monti translated it in 1810. Leopardi tackled Homer in a translation of the first book of *Odyssey.* Ippolito Pindemonte produced a version of the *Odyssey* in 1822, while Foscolo worked on translations from both the *Odyssey* and the *Iliad* from 1803 to 1826.

This widespread interest in Homer is particularly relevant to understand the intricate relationship between nation and translation. To explain, these translations were completed at a time when the philological debate over the epics and the "questione Omerica" that had taken place uninterruptedly from the 3rd century BC all the way to the 18th century, was acquiring unmistaken nationalistic tones among intellectuals such as Melchiorre Cesarotti, Ciro Saverio Minervini, Mario Pagano and Vincenzo Cuoco, among others.[6] Homer's epics were not simply translated into Italian but, as Paola Casini in *L'antica sapienza italica* and, more recently, Annalisa Andreoni in *Omero italico. Favole antiche e identità nazionale tra Vico e Cuoco* have argued, they had become a cornerstone in the construction of an identity-building process that sought to relocate the Greek texts within an Italian cultural tradition. For example, at the end of the 18th century, Minervini advanced claims over the Italianness of Homer's epics—the so-called "Omero Italico." Not only did Minervini, like d'Aubignac and Vico before him, negate the historical existence of Homer, but he claimed that the *Iliad* and the *Odyssey* did not originate in Greece but in Italy and were Greek translations of the oral fables of an older native Italian tradition born on the peninsula's soil and only later disseminated and circulated in Greece. While Minervini's thesis was the target of some critiques, what lay beneath these interpretations was a growing cultural nationalism that sought to establish the "Italic" origin of the epics and, with it, the cultural primacy of the Italian peninsula, especially vis-à-vis France. Other expressions of cultural nationalism founded in translations from the Classics are also illustrated by the rhetoric that informs Vincenzo Cuoco's *Il Platone in Italia* (1806). Cuoco's epistolary novel, which the author claimed to have translated from the Greek, narrates the travels of Plato with the Athenian Cleobolo in Southern Italy, or Magna Grecia. From the faulty premises of the Italian birth of Pythagoras and the shared origins of *all* the inhabitants of Italy and Greece, *Il*

---

dell'italiano letterario la propria lingua di classe imponendola dall'alto, la nascente tecnocrazia del nord si identifica egemonicamente con l'intera nazione, ed elabora quindi un nuovo tipo di cultura e di lingua effettivamente nazionale [...] Perciò, in qualche modo [...] mi sento autorizzato ad annunciare che è nato l'italiano come lingua nazionale" (97).

[6] By "questione omerica" we refer to the debate over Homer's sources, his identity as a bard, and the textual incongruities between the *Iliad* and the *Odyssey.*

Platone in Italia can then elevate Southern Italian civilization to a higher degree of superiority and sophistication than that of the Greeks.[7]

But asides from translations into Italian of Latin and especially Greek epics, the 18th and early 19th centuries also witnessed the publication of numerous works of European literatures. Translations from French, German, and English texts included Richardson's *Pamela* (1740), a work which greatly influenced Goldoni's *Pamela nubile* (1750) and *Pamela maritata* (1760); Chenier's tragedies of post-Revolutionary and Jacobin France, translated by Franco Salfi in 1794-95; and Gaetano Grassi's 1782 and Michelangelo Salom's 1796 translations of Goethe's *Werther*. Often, these translations were done by authors who were also translators of Classics, such as Cesarotti and Foscolo. For example, Cesarotti authored several translations of Voltaire's tragedies before working on his translation of "Poems of Ossian" written by McPherson in 1772. Foscolo not only translated Sterne's *Sentimental Journey* between 1807 and 1813 but was deeply influenced by Sterne and Italian translations of Goethe's *Werther* when he composed the epistolary novel that is widely considered the prototype of the national novel of the Risorgimento: *Le ultime lettere di Jacopo Ortis* (1804).

To some extent, the flourishing of translations from European languages that took place from the 18th century onwards was spurred by the many proposals advanced by the thinkers of the cosmopolitan Enlightenment for a national language freer from the strictures imposed by the *Accademia della Crusca's* promotion of the literary Tuscan of the *trecento*. Stated otherwise, translations from other European literatures, especially French and English, carried the promise of a modernizing force to counter the perception of antiquarianism of the Italian national culture. Some of the proposals of the intellectuals of the Enlightenment had coalesced around the magazine *Il caffè* (1764-66). Founded by Pietro and Alessandro Verri on the example of Addison's and Steele's *Spectator, Il caffè* championed translations and foreign borrowings—in the words of Alessandro Verri: "parole francesi, tedesche, inglesi, turche, greche, arabe, sclavone."[8] Yet, in another emblematic example of the contradictory relation of translation and national identity, the program of *Il caffè* remained anchored to the national cause as translations from European languages were seen as a resource in the formation of a national Italian language capable of expressing the ideas and the new economic, scientific, and social realities of a modern nation in the making.

Following the French Revolution, the upheaval of Napoleon's Italian campaigns on the orders of the Ancien Régime, and the Restoration that ensued after the Congress of Vienna (1815), the peninsula's long tradition of cultural nationalism became increasingly wedded to demands for political sovereignty,

---

[7] Pythagoras was born in the Aegean island of Samos but moved to Crotone around the age of forty. He died in Metaponto.
[8] Verri, "Rinunzia avanti notaio degli autori del presente foglio periodico al Vocabolario della Crusca" (145).

autonomy and self–determination. A growing cohort of writers rekindled the cultural nationalism tied to the Tuscan literary language and the Classical heritage while others pursued innovation by looking North rather than to canonical Italian texts and the elitist and outdated linguistic strictures codified by the *Accademia della Crusca*. Perhaps no other debate illustrates the tensions of 19th-century translation nationalism than the so-called "polemica classico-romantica" that took place after the publication of Madame de Staël's "Sulla maniera e utilità delle traduzioni" in *Biblioteca Italiana* on January 1816.

Madame de Staël was a well-known figure in Italy's intellectual circles. Her *Corinne ou l'Italie*, published in 1807, had been translated into Italian and reprinted eleven times. Her *De L'Allemagne*, written between 1810 and 1813 and translated in Italian in 1814, had disseminated many of the Romantic ideas of Friedrich and August Schlegel, including the freedom of the creative imagination, the importance of poetic interiority but also of the past as a unique repository of a nation's spirit. However, spurred by her enthusiasm for Northern Romanticism, in "Sulla maniera e utilità delle traduzioni" Madame de Staël encouraged Italians to abandon their revisiting of Classical languages and Graeco-Latin literatures and start translating the works of Northern European writers instead. In her words,

Dovrebbero a mio aviso gl'italiani tradurre diligentemente assai delle recenti poesie inglesi e tedesche: onde mostrare qualche novità a' loro cittadini, i quali per lo più stanno contenti all'antica mitologia, né pensano che quelle favole sono da pezzo anticate, anzi il resto dell'Europa le ha già abbandonate e dimenticate. Perciò gl'intelletti della bella Italia, se amano di non giacere oziosi, rivolgano spesso l'attenzione al di là dall'Alpi [...].

(7-8)

Madame de Staël continued by noting that Shakespeare was faithfully translated by August Wilhelm Schlegel and staged in German theatres seamlessly, "come se Shakespeare e Schiller fossero divenuti concittadini" (8). While few intellectuals, such as Pietro Borsieri, sided with Madame de Staël and made a case that translation would enrich Italian national literature, citing, among others, the example of Dante's familiarity with the poetry of the troubadours,[9] others were decidedly less favorable. Among the latter were Carlo Botta, Pietro Giordani, Giovanni Berchet, and even the young Giacomo Leopardi. Pietro Giordani commented that the advice of Madame de Staël was an invitation to turn Italian national literary works into monstrous hybrids of Northern and Southern texts— "componimenti simili a centauri" (24)—the effects of which would leave the Italian nation behind and, ultimately, erase national belongings: "cessare affatto d'essere italiani, dimenticare la nostra lingua, la nostra istoria, mutar il nostro clima e la nostra fantasia" (24). Among those who entered this heated debate was Giacomo Leopardi. In "Lettera ai sigg. compilatori della biblioteca italiana in

---

[9] See Pietro Borsieri, "Le Avventure letterarie di un giorno o consigli di un galantuomo a vari scrittori."

risposta a quella di Mad. la baronessa di Staël Holstein ai medesimi" of July 18, 1816, he responded to Madame de Staël that her advice was a vacuous one: "Vanissimo consiglio!" (881). Moreover, in a sentence that encapsulates well the national translation agenda of many Italian intellectuals, Leopardi exhorted readers: "Leggete i Greci, i Latini, gl'Italiani, e lasciate da banda gli scrittori del Nord" (881). A more complex and arguably nuanced view, however, was expressed by Giovanni Berchet in his *Lettera semiseria di Grisostomo al suo figliolo,* a satiric pamphlet that is one of the most significant examples of the aesthetic theory of Italian Romanticism. In *Lettera semiseria*, Berchet partially sides with Madame de Staël on the grounds that Italian literature should reject a pedantic imitation of the Classics, or classicism, and become a modern literature for the contemporary readership. Berchet then includes two translations of his own making from the German writer Gottfried August Bürger, *The Ferocious Hunter* and *Eleanor*, and praises these German texts for their ability to reach their contemporary bourgeois readers, before contrasting them with the mythological apparatus of classicist texts that no longer relates to the Italian audiences of his time. Yet, to reprise Venuti's comment, Berchet's letter is not only an illustration of translation as resource—in this case, the founding of a Romantic aesthetic for a contemporary Italian bourgeois reader modeled upon the German example—but also of translation as a threat to an Italian national identity that is grounded in the verisimilar, in realism and in historical subjects, rather than in the fantastic and marvelous creations exemplified by Burger's *The Ferocious Hunter* and *Eleanor*.

Following unification, translation continued to play a central role in imagining, subverting, and re-imagining the Italian nation and its modes of belongings. The political unity of the peninsula in 1861 foregrounded the urgency of nation-building, well captured by Massimo D'Azeglio's apocryphal phrase, "l'Italia è fatta, gli italiani sono ancora da farsi." The issue of a shared language once again took center-stage as the linguistic diversity of 19th-century Italy represented an obvious roadblock to the unification of the Italian people. Not surprisingly, the hegemonic classes of the Liberal State were quick to perceive plurilingualism as an impediment to the shaping of a national consciousness that would render Italians loyal subjects to a legitimate state. Hence, intellectuals and politicians gave new impetus to the *questione della lingua*. Many felt that the 14th-century Tuscan used by Dante, Petrarch, and Boccaccio had provided a model for the educated elite and therefore was a viable "panitaliano" (De Mauro 27) worthy of being promoted to the status of a national tongue. However, even among the members of the elite, the preferred speech for daily communication was not the literary language but dialect or the minority language of their regions. More fundamental still, the literary language of Dante, Petrarch, and Boccaccio was virtually unknown to the masses whose illiteracy rate reached levels close to 100% in some regions of the peninsula, such as the former Kingdom of the Two Sicilies and the large island of Sardinia. The debate on which one of these many speeches should become Italy's official tongue animated the intellectual scene of the time, solidifying around the positions upheld by the novelist and poet Alessandro Manzoni and the scholar Isaia Ascoli: on the one hand, the translation of dialects into the contemporary language of the educated classes of Tuscany, or the famous "sciacquatura in Arno" of Manzoni's *I promessi sposi*; on the other hand, the translation of these same dialects into the literary language modeled upon 14th-century Tuscan writers.

In the years when the ideals that had animated the Risorgimento were steadily being replaced by the realities of the post-Risorgimento, translation from other European languages also emerged as a powerful tool to question the nation-state of the Risorgimento: a political and territorial unity that had established a monarchic government in the 19th-century tradition of bourgeois liberalism through the extensive production of geographical, social and political margins and peripheries.[10]In this complex socio-cultural milieu of *fin-de-siècle* Italy, translation continued to play a significant, if changed role. Naples and Milan became the new capital cities of translation, issuing translations of French and English social humanitarian novels by Eugène Sue, Charles Dickens, Victor Hugo, Honoré de Balzac, the Goncourt brothers, Guy de Maupassant, and Émile Zola. Translations of Fantastic and Gothic stories—the same stories that had been the target of the polemic that followed Madame de Staël's article—became quite popular in Italian magazines and literary journals. These translations enabled, at least in part, the forging of the aesthetic program of the *Scapigliatura*, the anti-establishment movement that played a crucial role in advancing the critique of the post-unification national culture between the 1860s and 1870s. In the abnormality and uneasiness elicited by unconventional plots and the uncanny "otherness" of pathological, abnormal characters cultivated by Fantastic and Gothic stories, authors such as Iginio Ugo Tarchetti, Arrigo Boito, Carlo Dossi, Emilio Praga, and Paolo Valera, among others, found a means to question the reality of the newly unified nation-state and the hegemony of an industrial bourgeoisie. They did so by becoming cultural mediators of writers ranging from E. T. A. Hoffmann, Mary Shelley, and Heinrich Heine to Charles Baudelaire, Henry Murger, Théophile Gautier and Edgar Allan Poe, whose works they translated and disseminated. In the process, however, the work of the *scapigliati* also opened another path in the cultural history of Italy: translation as an act of symbolic resistance against the inherited nation—a project that would become ever more compelling with the fall of the Liberal State following the appointment of Benito Mussolini as a Prime Minister in 1922 and the translation of such American authors as Erskine Caldwell, William Faulkner, Sinclair Lewis, Herman Melville, William Saroyan, and John Steinbeck mostly by Elio Vittorini and Cesare Pavese.

Elsewhere we have shown that the fascist *ventennio,* rather than coalesce linguistic practices toward a "unified" national language as espoused by

---

[10] For a detailed discussion of Italy's production of margins and peripheries following unification, see Forgacs, *Italy's Margins.*

Mussolini and his first Minister of Education, Giovanni Gentile, via the restructuring of the educational system, engendered the fluid *"bordering"* described by Sakai and Venuti.[11] Precisely because the country was experiencing a transitory phase, in which its polysystem was weakened by the post-World War I financial crisis, on top of equally potent political and cultural crises, the autarchy of the regime was never fully implemented, thus creating a cultural and aesthetic porosity within which translation played a central role. Indeed, under Fascism, translation became the object of numerous analyses and observations by Italian intellectuals in journals and public pronouncements, as foreign texts literally and literarily invaded the Italian market, transforming the cultural scene from one of proposed autarchy into a fertile ground for cross-pollination and subversion (Ferme 76). Not surprisingly, then, at a time when the idea of nationhood was most pronounced in the public and political spheres, the practice of translation surged most visibly to undermine the concept of linguistic unity that subtended such a concept.

In the post-World War II era, the forging of the first republican nation would, once again, draw upon a robust translation agenda, to redefine national culture and pursue a difficult modernity and modernization. More recently, migrations and globalization have clearly evinced the tight bond that exists between nation and translation in a country where that bond has always been challenged by regional and political fractioning. Once again, translation is emerging as an essential gesture in imagining a nation that is irreducibly multi-cultural, multi-ethnic, diasporic, transnational and postcolonial.

*   *   *   *

Without claiming to provide an exhaustive discussion of translation, as a cultural practice, for the politics of Italian nationhood, the fifteen essays that are collected here are organized according to a broad diachronic order and provide contextualized investigations of the intersection of nation-building and translation in different periods of Italian cultural history.

I. Translation in the Early Modern Period

Marta Celati's "Translation of Classical Sources and a New Theory of the State in the Italian Renaissance: A Neapolitan Mirror for Princes," argues for the importance of interlingual and intercultural translation of several classical sources (both Latin and Greek) in theorizing an ideal princely political system for the practical needs of the Kingdom of Naples. Focusing on Giuniano Maio's *De maiestate* (1492), she identifies numerous examples of Maio's cultural translation of Cicero's works (from the *De oratore* to several orations), Aristotle's *Ethics,*

---

[11] See Ferme, *Tradurre è tradire: La traduzione come sovversione culturale sotto il Fascismo* (2002), especially the first two chapters.

and Seneca's epistles and treatises, especially the *De clementia*, but also the *De ira* and *De beneficiis*. However, in her meticulous reading, Celati comes to the conclusion that, in the process of cultural translation, *De maiestate* not only recovers elements drawn from the classical tradition but adapts them to meet the specific needs of the Kingdom of Naples, a centralized state ridden with internal conflict and strife.

II. Reading Translations in 18ᵗʰ-Century Italy: From Venice to Naples

Valeria Petrocchi, in "Un obliato esempio dal panorama traduttivo dell'Italia settecentesca: il caso dell'abate Pedrini e la sua versione italiana del *Joseph Andrews* di Henry Fielding," provides an overview of 18ᵗʰ-century works of translations in the editorial marketplace of a peninsula that was not yet politically united but was becoming more cohesive around a national literary culture. She then turns her attention to the Italian version of Fielding's *Joseph Andrews* (1742) by Giannantonio (a.k.a. Giovanni Antonio Pedrini) published in the Republic of Venice in 1752. A member of the *Accademia dell'Arcadia*, Pedrini clearly understood the gap between spoken language, dialects and written language. His translation of Richardson's novel, which relied on an intermediary French version, contributed significantly to the creation of a national Italian culture while fulfilling the needs of the new, emerging bourgeois readership catered to by the author.

The second essay of this section, Fiammetta Di Lorenzo's "Sensible Translations: Vincenzo Cuoco and the Need for an Italian Novel," provides a sophisticated analysis of cultural translation as discussed and practiced by Vincenzo Cuoco in his dual role of historian-turned-novelist. Di Lorenzo initially argues that Cuoco's *Saggio storico sulla rivoluzione di Napoli* can be interpreted as a failure of cultural translation: the inability of the Jacobins to translate the Neapolitan revolution of 1799 into a political and social vision for a republic that could be endorsed by the Southern plebs (who ultimately sided against the Jacobins and with the counter-revolutionaries). In a second moment, Di Lorenzo shows how, in Cuoco's work, the creation of a broadly shared national program rested in the expressive possibilities of the novel as a genre capable of mediating between public and private spheres, and of circulating among the city and the country, thus establishing a national way of feeling. Finally, Di Lorenzo turns to *Platone in Italia* (1804), a work that Cuoco claimed to have translated from Greek and which seeks to provide an alternative foundational narrative to Italians that does not rely on the cult of ancient Rome but rather on a pre-Roman Italic civilization that had flourished in Southern Italy independently of Greek culture.

III. Translation in the Long 19ᵗʰ Century

As expected, given the growing centrality of translation in the Italian national culture of the 19th century, this section comprises several essays. Raffaella Bertazzoli's "Leopardi e l'intreccio delle traduzioni tra Sette e Ottocento," establishes a theoretical framework to assess the dynamic relationship between translated literature and its context of reception by merging Lotman's concept of a "semiosphere" with Even-Zohar's polysystem theory. The author then focuses her attention on the impact that the translation of 18th- and 19th-century English religious and sepulchral texts had on Italian culture and especially on Giacomo Leopardi's *Zibaldone, Canti, Dialoghi* and selected *Operette*. Bertazzoli locates themes and motifs (ranging from the *contemptus mundi* to the tomb as the locus of memory and *senhal* for a material conception of life) that derive from translations of English texts. She also discusses the importance of a translated version of Goethe's *Werther* (1774) in both the *Zibaldone* and the *Rimembranze*.

Piero Garofalo's "Alla ricerca di un'identità nazionale: le prime traduzioni di Berchet," examines a lesser studied corpus of Giovanni Berchet, the translations of *Il bardo di T. Gray* and *Il curato di Wakefield* by Oliver Goldsmith. The importance of Berchet's version of *Il bardo* rests in its paratextual apparatus, which resituates the Gaelic bard of Gray in a national context to advance a patriotic agenda. *Il curato di Wakefield* includes another important paratext, the "Commiato del traduttore," which makes a case for the bourgeois realist novel as a genre suited to the contemporary middle-brow Italian reader. In this sense, "Commiato" anticipates many of the tenets of Berchet's romanticism as articulated in *Lettera semiseria di Grisostomo al suo figliouolo* where Berchet again emphasized that the novel was the literary genre most suited to interest and engage a middle of the road readership.

The following three essays have the 19th century as their area of emphasis. In "The Translation of Darwin and the Struggle for Italy," Andrew Robbins traces the dissemination of Darwin's ideas via translation in fields such as anthropology, criminology, political theory, psychology and literature. Here he argues that the popularization of Darwin's ideas by English sociologist Herbert Spencer and the Italian translations of Darwin's works by Giovanni Canestrini and Leonardo Salimbeni in 1864 recast the theory of evolution as the economic and cultural struggle of individuals in modern society via the survival of the fittest. As such, Darwin's Italian translations were instrumental in influencing nationalist ideology, as illustrated through the writings of sociologist Scipio Sighele.

Elena Borelli's "Traduzione o Tradizione? Il dibattito sulla letteratura italiana ne *Il Marzocco* (1897-98)" provides an informative account of the Italian editorial marketplace, where translations of French, German and English novels and short stories were avidly consumed by the emerging mass readership in the post-unification era. The popularity of these translations produced an equally prolific market for the imitation of these translated works by Italian authors. For example, Carolina Invernizio found inspiration in the works of Ponson du Terrail, Walter Scott and Alexandre Dumas for her equally successful publishing career. In turn, these imitations engendered debates over the originality of Italian national literature in the literary journals of the time, such as *Il marzocco* of November 28, 1897. In Borelli's reading of this issue, *Il marzocco* emerges as the site of considerable tensions between the forces of an editorial market driven by readers' consumption of foreign models and the forging of a national literary culture.

The last essay of this section, Daniela Mangione and Daniele Niedda's "Una traduzione e una nazione da fare: la prima ricezione di *Tristram Shandy* in Italia," provides a discussion of the partial translations of *The Life and Opinions of Tristram Shandy, Gentleman* by Laurence Sterne during the 19th century. Issued between 1759 and 1767, Sterne's novel initially was partially (and loosely) translated by Foscolo in 1813 as *Viaggio sentimentale di Yorick lungo la Francia e l'Italia* under the pseudonym of Didimo Chierico. However, Francesco Gritti, Carlo Bini, and Francesco Domenico Guerrazzi also authored partial translations of Sterne at the time. Guerrazzi, in particular, was especially attracted by the caustic irony and critique of institutions of Sterne's work during the crucial years of Unification. Surprisingly, however, despite this significant interest in Sterne's novel, a complete translation of *Tristam Shandy* only appeared in the 20th century, an indication, as Mangione and Niedda argue, that the work's corrosive humor might have been too politically and culturally destabilizing for a nation in the making.

IV. Between Debates and Practices: Translation in the 20th Century

Daniel Raffini discusses the opening towards European culture in the post-World War I era in "La via europea della cultura italiana nelle riviste degli Anni Venti e Trenta," which he interprets as an attempt at providing new cultural foundation to a traumatized civilization. Raffini offers insightful discussions of *La ronda* and *Il convegno*, whose collaborators included several Italian literati (e.g., Carlo Linati, Emilio Cecchi, Giacomo Prezzolini, Giuseppe Ungaretti, Eugenio Montale) who would become known for their expertise in world literature and its trends. The author also examines in detail the contributions to translation of two among the most important literary journals of the time, *La cultura* and *'900*. Directed by Cesare de Lollis and Ferdinando Neri, *La cultura* embodied a trend towards a universalistic idea of culture, while *'900* remained more firmly anchored to a national, and nationalistic, culture. For Raffini, the opening towards European and American culture was essential to the birth of a new national identity; even though such identity would be realized only after World War II, because of the limits that Fascism imposed to the ambitions of a cosmopolitan culture.

Eloisa Morra, in "Traduzione e tradizione nella ricezione di Proust in Italia: Croce, Gobetti, Debenedetti," situates the translation of Proust's work in Italy within the context of debates over translation that animated intellectual circles in the early 1920s. In particular, Morra compares the diverging theoretical approaches to translation held by Benedetto Croce, Giovanni Gentile e Piero Gobetti. Whereas Croce's *Breviario d'estetica* and *Estetica come scienza dell'espressione* considered translation an approximation that was useful but impossible, for Gobetti and Gentile translation was essential to the constitution and renewal of Italy's national literary identity. The author then turns her attention to controversies surrounding the partial Italian translations of Proust (who, in fascist circles, was considered emblematic of French decadence and the target of antisemitic critics), before examining the "Italianization" of Proust's *Recherche* by Debenedetti.

Fabiana Fusco's "*Il giovane Holden non è mai stato così giovane...* Due (ri)traduzioni italiane di *The Catcher in the Rye,*" examines the linguistic features in the Italian re-translations of J.D. Salinger's novel, *The Catcher in the Rye* (1951), known in Italy under the title *Il giovane Holden* (published by Einaudi). She meticulously discusses the ways in which the translators (Adriana Motti in 1961 and Matteo Colombo in 2014) reproduced the American youth language of Salinger's text, thus offering a fascinating case-study of the evolution of the national linguistic code of successive generations of youth cultures.

V. Confronting the "Modern Regime of Translation": Sicilian Dialects as Resistance

In this section, Giovanna Summerfield's "'Nella nostra lingua [...] il cuore della nostra identità': Tentativi letterari siciliani e l'omologazione linguistica nazionale" makes a case for the enduring presence of dialect poetry from the 18th century onwards, touching upon authors and intellectuals as diverse as Giovanni Meli, Domenico Tempio, Salomone Marino, Giuseppe Pitrè, and Ignazio Buttitta. This presence, Summerfield argues, foregrounds the tension of cultural translation in successive forms of Italian nation-building. While, at times, writers' use of dialects reproduces the mono-linguistic practices that run counter to the dialectical diversity of the island—thus mirroring the homogeneity pursued by the Italian nation-building projects—Summerfield locates in the works of Andrea Camilleri a linguistic hybridity that merges, without erasing them, the many linguistic realities of Sicily and Italy.

Lina Insana also addresses Sicilian dialects in her "Translating Narratives of Passage and Rescue at the Limits of 'Fortress Europe': Ethics, Sicilian Specificity, and the Law of the Sea." Focusing on Davide Enia's use of dialect in his *Appunti per un naufragio* of 2017, Insana argues that the ethical significance of Enia's narrative is not lost on Enia's English and French translators (Antony Shugaar and Françoise Brun, respectively) who opt for a selective maintenance of untranslated dialect. As a result, the author interprets these translators' choices as acts of resistance against the national framework of both Standard Italian language and the logic of nationally sovereign borders.

VI. Translations from Italian in the Cultural Politics of Argentina and Britain

The last section of this volume addresses the cultural politics of translation, as they apply to a sampling of Italian texts in Argentina and to the promotion and translation of British works in Italy at specific historical junctures.

Heather Sottong, in "Bartolomé Mitre's Translation of the *Divine Comedy*: An Anti-*Martín Fierro*," argues that Bartolomé Mitre's translation of Dante's

Comedy runs counter to the aesthetic and thematic tendencies and social messages promoted by José Hernández, Mitre's political adversary and author of what is considered Argentina's greatest epic—*Martín Fierro* (1872). While *Martín Fierro* sought to bridge the cultural, social and political gap between the rural, illiterate inhabitants of the pampas and the elites who controlled their fate, Mitre, who served as President of Argentina from 1862 to 1868, negated the importance of local and rural traditions, and pursued a Eurocentric vision of a post-Independence, progressive Argentina founded on a return to European civilization, of which Dante's *Comedy* was among the most illustrious examples.

The last essay, Anna Lanfranchi's "Italian Translation Rights, the British Council and the Central Office of Information," considers the measures taken by the British Council and the Ministry of Information to facilitate translations of British works in Continental Europe during and after World War II. This activity, which is well documented in Lanfranchi's examination of archival records as well as in the correspondence between British and Italian publishers and literary agents, sought to further the national interest of Britain by promoting British life and thought through volumes on society, arts, economy, government, and science. Yet, as Lanfranchi cogently demonstrates, the national project pursued by Britain did not meet the interest of Italian publishers. Informative, non-fictional works on British history and society and other scholarly texts, though actively supported by significant financial investments by the British government, generated few sales, and were unheeded by an Italian readership whose preference was for detective, mystery, adventure novels, and romance fictions.

Conclusion

As the essays in this collection reveal, translation has come a long way from being relegated to a secondary role in literary criticism. Whereas once upon a time, writers and literary critics engaged with translation to discuss the level of fidelity and correspondence that a translated text had with an original work (to which an almost absolute agency and *auctoritas* was assigned), the pioneering work of researchers in the School of Tel Aviv (in addition to the already-mentioned Itamar Even-Zohar, one would be remiss not to mention Gideon Toury and Benjamin Harshav among others), as well as of Lawrence Venuti, Susan Bassnett (at the University of Warwick) and cultural studies theorists, built upon the seminal work of Walter Benjamin and Jacques Derrida to explode the notion that translators and translated texts are secondary agents in the transmission of words and texts across cultures. Indeed, the converging focus of post-structuralist, literary critics and philosophers on the relationship between language and ideology underscored the impossibility of assigning one lasting and "original" meaning to words in any language (thus to any text), because the relationship between language and the outside world is constantly evolving; and in the move between signifier and signified, as Derrida might say, a differential space emerges that allows for new relationships between words and the external world.

A new wave of translation practitioners and theorists have made these lessons their own. Inasmuch as translation effectively makes operative the difference between signifier and signified (Derrida 21), it occupies the gaps in meaning that exist between an author, her text and its reception, as well as between two or more languages and cultures, creating the opportunity for the target language text to alter and even subvert the "original" meaning of any text. The translated works that emerge from such activity can therefore assume a role that, depending on the cultural and historical landscape in which they emerge, has the power to destabilize and/or influence dominant ideological currents in the target language and culture. Nowhere is this more evident than in relation to the weak ideological constructs of nationhood that have pertained to the peninsula's century-old attempt to construct "Italy" on the basis of a unified and unifying national language and culture.

The authors of our essays bring home this point, through their varied analyses and approaches to the field of cultural translation. Despite centuries-old attempts that go back to Dante to "translate" the peninsular "difference" into unity via a single *vulgare illustre*, the notion of Italy-as-nation remains a fraught one, often at odds with its past and current reality, which relies on dialectal imbrication, colonizing linguistic grafts, and even the linguistic bordering that opened this essay for its existence. Not surprisingly, the approaches and outcomes that our authors evince stand as a testament to the richness that translation studies—as a study of polysystems in dialogue with each other—brings to the relationship between language and nation-building. They also show that, as it applies to the Italian context, translation has played and will continue to play a crucial role in the evolution and expansion of the politics of nationhood into the future.

Drexel University
and
University of Cincinnati

Works Cited

Andreoni, Annalisa. *Omero Italico. Favole antiche e identità nazionale tra Vico e Cuoco.* Roma: Jouvence, 2003.

Bellorini, Egidio, ed. *Discussioni e polemiche sul Romanticismo.* Roma: Bari, 1943.

Berchet, Giovanni. "Lettera semiseria di Grisostomo al suo figliuolo. Sul Cacciatore Feroce e sulla Eleonora di Goffredo Augusto Bürger." *I manifesti romantici del 1816 e gli scritti principali del "Conciliatore" sul Romanticismo.* Ed. Carlo Calcaterra. Torino: UTET, 1951. 261-331.

Borsieri, Pietro. "Le avventure letterarie di un giorno o consigli di un galantuomo a vari scrittori." Opuscolo del 19 Settembre 1816. Milano: Giegler, 1816.

Calcaterra, Carlo, ed. *I manifesti romantici del 1816 e gli scritti principali del "Conciliatore" sul Romanticismo.* Torino: UTET, 1951.

Casini, Paola. *L'antica sapienza italica. Cronistoria di un mito.* Bologna: Il Mulino, 1998.

De Mauro, Tullio. *Storia linguistica dell'Italia unita*. Roma: Laterza, 1963.

Derrida, Jacques. *Positions*. Transl. Alan Bass. Chicago: UP of Chicago, 1981.

De Staël, Madame. "Sulla maniera e utilità delle traduzioni." *Discussioni e polemiche sul Romanticismo: 1816-26*. Bellorini, ed. 3-9.

Even-Zohar, Itamar. "The Position of Translated Literature within the Literary Polysystem." *Poetics Today* 11.1 (1990): 45-51.

Ferme, Valerio. *Tradurre è tradire: la traduzione come sovversione culturale sotto il Fascismo*. Ravenna: Longo, 2002.

Forgacs, David. *Italy's Margins. Social Exclusion and Nation Formation since 1961*. Cambridge: Cambridge UP, 2014.

Gambarota, Paola. *Irresistible Signs: The Genus of Language and Italian National Identity*. Toronto: Toronto UP, 2011.

Giordani, Pietro. "Sul Discorso di Madama di Staël." *Discussioni e polemiche sul Romanticismo*. Bellorini ed. 16-24.

Leopardi, Giacomo. "Lettera ai sigg. compilatori della biblioteca italiana in risposta a quella di Mad. la baronessa di Staël Holstein ai medesimi." 18 luglio 1816. *Tutte Le Opere*. Ed. Walter Binni e Enrico Ghidetti. Firenze: Sansoni, 1993. 879-82.

Pasolini, Pier Paolo. "Nuove questioni linguistiche." *La nuova questione della lingua*. Ed. Oronzo Parlangeli. Brescia: Paideia Editrice, 1971. 79-101.

Sakai, Naoki. "The Modern Regime of Translation and the Emergence of the Nation." *The Eighteenth Century*, 58.1 (2017): 105-09.

Venuti, Lawrence. "Local Contingencies: Translation and National Identities." *Translation/Transnation: Nation, Language, and the Ethics of Translation*. Ed. Sandra Bermann and Michael Wood. Princeton: Princeton UP, 2005. 177- 202.

Verri, Alessandro. "Rinunzia avanti notaio degli autori del presente foglio periodico al Vocabolario della Crusca." *Il caffè* . Ed. Giorgio Roverato. Treviso. Canova, 1975. 141-45.

MARTA CELATI

Classical Sources and a New Theory of the State in the Renaissance: A Neapolitan Mirror for Princes

Abstract: This article focuses on an important, although still neglected, political treatise: Giuniano Maio's *De maiestate* (1492), composed by a prominent intellectual of the Neapolitan Renaissance. This work, one of the first pre-Machiavellian mirrors for princes written in Italian, is a particularly significant case study, since it theorizes a new model of state, framing it through the extensive recovery and translation of several classical sources (both Latin and Greek). This contribution examines the approaches, aims, and results that characterize Maio's work of translation and re-elaboration of classical texts into the developing Italian language of the fifteenth century. The complex process of translation carried out by Maio provides the conceptual foundations for his political discourse. At the same time, he also reworks his models with the purpose of creating an innovative theory of princely power based on the actual practical needs of the Kingdom of Naples under the Aragonese monarchy.
Key Words: Italian Renaissance; Fifteenth-century Humanism; Political theory; Mirror for Princes; Giuniano Maio; Vernacular translations; *Volgarizzamenti*; Classical legacy; Kingdom of Naples; Majesty.

Introduction: Translation, Imitation, and the Language of Politics
In fifteenth-century Italy the considerable development of political treatises in the literary form of mirrors for princes can be placed at the intersection of the trajectories of two pivotal, and more general, cultural and historical phenomena: on the one hand, the revival and re-appropriation of the classical tradition; on the other, the emergence of new political ideologies that would have a notable influence also on the more mature political thought of the following centuries.[1] The multifaceted political theories conceived in this period are based on the recovery and re-elaboration of classical tenets, but they reframe and adapt these foundational values to the contemporary historical scenario. Thus the fifteenth century appears as a fundamental age for the evolution of political thought; however, the substantial contribution made by political works written in this epoch (in manifold and hybrid literary forms, such as treatises, orations, histories, and even poetry) to the affirmation of a new model of political system has yet to

---

[1] On the literary "genre" of the *specula principum*, which dates back to the classical and medieval tradition (with works by Xenophon, Isocrates, Seneca, Thomas Aquinas, Giles of Rome, etc., just to mention some of the most influential models) the bibliography is huge; in particular on the production of mirrors for princes in the Italian Renaissance see Gilbert 91-114; Skinner, *Foundations* 1.113-38; Baker-Ronny-Maike-Johannes; Canfora; Geri; Stacey; Ferraù, "Introduzione," 5-33; and Hankins, *Virtue Politics*. More specifically on political treatises written in the Kingdom of Naples in the fifteenth century, see Cappelli, *Maiestas*; and Albanese.

be investigated comprehensively in all its implications, expressions, and outcomes. In the thriving and, at the same time, unstable background of fifteenth-century Italy, some conceptual ingredients that would shape the idea of the modern state already seem to inform political speculation. Although these concepts took a long time to fully surface in modern political ideologies and re-emerged only through a long and complex process,[2] their seeds were planted already during the Renaissance and started to blossom and to change both theoretical and practical political perspectives by outlining an innovative, and still evolving, image of power. This burgeoning idea of the state was shaped by a new notion of political authority: a self-sufficient power that finds its deepest legitimacy essentially in itself. As such, it already betrays the emergence, in an embryonic form, of an idea of political realism that will be theorised more comprehensively and consistently in the following centuries.[3] In the second half of the Quattrocento, this conception of power has its chief expression in the all-embracing figure of the prince, which is the embodiment of a personalistic and centralised rule.[4] During this time, such a princely dimension became predominant in the historical reality of most Italian states, where new rulers took power and had to find their legitimacy on new political principles. These tenets are not just the results of purely theoretical speculations, but were conceived through an articulated process of collaboration among intellectuals, humanists, and the actual rulers of the states, with the aim of creating an effective system of cultural politics that could provide practical answers to the needs of newly established leaders.

Thus most mirrors for princes produced in those years are characterised by a conflation of ideal elements (which have been usually emphasised as the main component of humanist political thought by traditional scholarship) and of real-world perspectives that were introduced into humanist political theorization from the direct observation of the historical reality of contemporary states and the concrete issues that they had to face. In this intricate process, a crucial role was also played by the re-adaptation of precepts and doctrines derived from the classical tradition. They became the bedrock of the humanist cultural world, as a legitimizing and dignifying constituent that nurtured a new system of values. These essential ingredients were drawn from literary works belonging to the

---

[2] For a critical analysis of this complex process that occured in the Italian peninsula, see in particular Chittolini-Molho-Schiera; and Gamberini-Lazzarini. Several important considerations on the influence of some aspects of fifteenth-century monarchical ideologies on the modern idea of the state are in Cappelli, *Maiestas*, 155-159; Cappelli, "Lo stato umanistico", 38; Cappelli, "*Corpus est res publica.*"

[3] On the evolution of the notion of political realism and the theorization of the concept of "reason of state" see, in particular, Viroli; and De Mattei.

[4] Among the numerous contributions on political thought in the Italian Renaissance of this period, see Rubinstein; Skinner, *Visions of Politics*, vol. 2; Pastore Stocchi 26-84; Cappelli, *Maiestas*; and now Hankins, *Virtue Politics*.

different realms of philosophy, history, poetry, oratory, etc., often deployed and updated to convey a specific message in the coeval cultural and political debate. The practice of imitation and re-elaboration of classical *auctoritates* within contemporary texts involves several aspects, from thematic elements to stylistic techniques, from ideological values to rhetorical structures. All these components have their most apparent manifestation in (and are built by) the linguistic framing of political texts. Such a carefully crafted linguistic and stylistic construction contributes towards creating the ideological perspective of political treatises and is often based on the reuse of relevant passages recovered from classical models. Indeed, both the conceptual structure and the actual textual weaving of mirrors for princes are often erected through the continuous—and sometimes quite direct reference — to ancient sources (similarly to most Renaissance literature).[5]

From a linguistic point of view, this imitative practice becomes particularly significant if we consider the gradual development of the vernacular language occurring in that same age, and, more specifically, the complex transition from the traditional linguistic channel of Latin to the emerging medium of the Italian vernacular.[6] This process, as part of a broader evolution, noticeably marked political literature and had a considerable influence on the progressive creation of the political language and vocabulary that is at the foundations of modern European culture. One of the main carriers of the transmission and re-appropriation of classical knowledge was the practice of translation, which contributed to the infusion and updating of ancient values into early modern culture at various levels, sometimes bordering on, and intersecting with, the practice of *imitatio*. The phenomenon took manifold forms, from *volgarizzamenti* to the insertion and recasting of single passages of classical works into vernacular texts. Yet, it has not been comprehensively examined in scholarship, and therefore deserves more attention.[7]

The fifteenth century was the age of major development of humanist culture and the translating activity was mainly characterised by translations from the

---

[5] On imitation in the Renaissance see, specifically, McLaughlin, *Literary Imitation*; Gardini; and Greene. For a more general discussion of the complex phenomenon of the influence of the classical tradition on Italian Humanism, see Witt.

[6] On this multifaceted transition: Durante; Tavoni, *Latino, grammatica, volgare*; Tavoni, *Il Quattrocento*; McLaughlin, "Latin and Vernacular"; Deneire.

[7] On the *volgarizzamenti* of classical sources which had particular influence on the development of Renaissance political thought see the foundational contributions on the translation of Aristotle's works by Refini and Lines-Refini. On the theory and practice of translation and the relationship between Latin and the vernacular(s) in the early modern age: Burke, "Cultures of Translation in Early Modern Europe," 7-38; Burke, *Languages and Communities*; McLaughlin, "Latin and Vernacular"; McLaughlin, "Humanist Criticism"; Deneire; Worth-Stylianou; Gregori. On translations and *volgarizzamenti* in the Italian Renaissance: Folena; Lubello; Frosini; Norton; Alcini; Baldassarri; Botley.

classical languages into the vernacular(s) and, even more conspicuously, from Greek into Latin. This is also the period when a very influential theory of translation was put forward in the first treatise on this subject by Leonardo Bruni, the *De interpretatione recta* (1420-26 ca.), and other intellectuals were engaged in the lively theoretical debate on the art of translating while working actively as translators.[8] It is Bruni himself who can be regarded as having standardized the use of the verb *traducere* as the main defining term for the practice of translation: a word that encapsulates the broad concept of transposing "everything"—both the deepest significance and the stylistic form—from one text to another. In the Quattrocento, the new philological awareness applied to the study of ancient works, along with the growth of more advanced historicist theories on the evolution of languages, resulted in an idea of translation based on the principle of deep understanding and complete rendering of the meaning of sources. Thus, meaning had to be transposed into the "other" language by paying careful attention also to the style and rhetorical texture of the translation (and not in a "word by word" version).

As new important studies on multilingualism in the Renaissance have recently pointed out, translation is not just a mere conversion from one language to another, but is indeed closely connected with intertextual and intercultural dimensions. This multifunctional role associates translation with imitation and, more broadly, with the processes of "cultural transfer", revealing therefore the necessity to investigate translation between languages within the context of translation between cultures (Deneire 302-14). More specifically, in the Italian Renaissance, the revitalization of classical sources and their reuse in political texts written in the vernacular was a multifaceted operation that had an impact on the making of innovative political perspectives through the creation of a new language of politics. Such a language developed also thanks to the practice of translation of ancient literature and, consequently, to the transmission of knowledge attained through this interlinguistic conversion. Thus, in an overlapping process between translation, imitation, and re-interpretation of ancient models, the many-sided relationship with the classical world had a considerable influence on the formation of a common cultural horizon of political values. It created an evolving system aimed at constructing a political identity based on traditional roots, which were re-contextualised through contemporary historical outlooks.[9]

This article contributes to the study of these complex dynamics, which tie linguistic and literary aspects to ideological, historical, and political components. Together, they reveal the need for an authentic interdisciplinary approach that

---

[8] Bruni's treatise is published in Viti. On this work and other humanist theories of translation: Botley; Baldassarri; Hankins, "Translation"; Norton; Pade.

[9] On the transfer of cultural practices through translation and on how this phenomenon can contribute to the formation of a political identity, see Burke, *Languages and Communities*.

relates meticulous textual and philological examination of sources to the investigation of broader cultural contexts. My analysis focuses on an important (although overlooked) literary text that represents an emblematic case study: Giuniano Maio's *De maiestate*. This treatise, one of the first pre-Machiavellian mirrors for princes written in the vernacular, allows for a deeper understanding of the role played by the practice of translation, from classical works into the Italian vernacular, in the evolution of early modern political thought. Composed by a prominent intellectual of Neapolitan Humanism in 1492, Maio's *De maiestate* presents the theorization of an ideal princely rule on the basis of the practical needs of the Kingdom of Naples.[10] Significantly, the author frames his theory through the substantial recovery of several classical sources, which are introduced into the text as extensive quotations translated from classical languages (mainly Latin but also Greek) into Italian. In this article, I examine this process of re-elaboration of ancient works, providing an analysis that is essential to fully comprehend the political significance of this text. More generally, my examination sheds light on the fundamental implications that this specific practice of interlingual, but also intercultural conversion, had in the political realm, as a means to revitalize values drawn from different chronological contexts. In particular, the complex operation of translation carried out by Maio provides the conceptual foundations for his political discourse; however, he recasts ancient sources (to different extents and with different approaches depending on the text) with the purpose of creating an ideal model of the state that could be applied to the actual historical scenario of the Kingdom of Naples. Here, the Aragonese family (after the takeover in 1442 by Alfonso the Magnanimous, who, after his death, passed power on to his heir Ferdinando) aimed to consolidate the monarchical state as a centralized political system, by concentrating authority in its hands and limiting all noblemen's peripheral powers, using a very well-articulated system of cultural politics among other means at its disposal.[11] Maio knew very well the political situation of the kingdom in its inner dynamics, since he was close to the ruling family and was appointed as the personal tutor of Ferdinando of Aragon's children. He was a very eclectic intellectual and, besides his interest in politics, excelled as a philologist, grammarian, and professor of rhetoric at the Studio in Naples. In 1475, he published an important lexicographical work, the *De priscorum proprietate verborum*, revealing a commitment to linguistic matters that can be recognized in the recurring insertion

---

[10] The edition of the text is Maio, *De maiestate*. On this treatise and its author, see Lojacono; Miele; Caracciolo Aricò; Cappelli, *Maiestas* 188-94; and Celati, "Teoria politica."

[11] On the development of the Aragonese political system and its cultural manifestations and implications, see: Bentley; Cappelli, *Maiestas*; Delle Donne; Delle Donne-Iacono; Storti. For the history of the Neapolitan Kingdom under the Aragonese monarchs see Galasso; and in particular on Ferdinando's government, Pontieri; and Senatore-Storti.

of translations into the *De maiestate*.[12] Maio's political treatise, grounded in this literary operation, represents the humanist's key contribution to the strengthening of the Aragonese power and, more broadly, to the development of a new theory of statecraft in those years.

Giuniano Maio's *De maiestate*: Between Literature and Art, Theory and History

The *De maiestate* is particularly noteworthy since Maio's ideal prince corresponds to the King of Naples, Ferdinando of Aragon, the dedicatee of this work. The traditional illustration of princely virtues in the text is achieved through the narration of historical events in the Neapolitan kingdom, employed as concrete examples of political issues resolved by the ruler's actions. These historical *exempla* effectively build the humanist's theory of the monarchical state: they tie direct observation of contemporary history to the revival of classical principles as the essential substratum of political speculation. Equally important is the choice of the vernacular at a time when most political advice books were still written in Latin; however, in the area of Naples, there were other authors close to the court who also composed political treatises in the *volgare*, such as Diomede Carafa, with his famous *Memoriali*.[13] More generally, between 1470s and 1490s the Kingdom of Naples became an active center for the production of *volgarizzamenti* of classical works, most of them commissioned by the Aragonese monarch himself.[14] The main intent was not just to make ancient *auctoritates* accessible to unlearned readers, but also to promote and foster the Neapolitan vernacular: this is proved by some statements contained in the preface to the translation of Pliny's *Naturalis historia,* produced in 1476 by Giovanni Brancato, another intellectual active in the Aragonese court.[15] It is no coincidence that Maio himself was the author of a *volgarizzamento* of Albertus Magnus's *De arte bene moriendi* and he was probably appointed to this role by king Ferdinando himself, as was also Brancato.[16]

More specifically, the choice of the vernacular in the *De maiestate* does not seem simply tied to a desire to achieve wider dissemination and reach out to a larger audience, but mainly to establish a more direct channel of communication

---

[12] On Maio's appointments: Caracciolo Aricò, 618-21. On the *De priscorum proprietate verborum*, published in 1475 by Mattia Moravo, see Ricciardi 277-309; Montanile 22-31.

[13] In particular his *Memoriale sui doveri del principe* (1473ca.), is published in Carafa, *Memoriali*.

[14] On the production of *volgarizzamenti* within the context of these decades and of this cultural area, see Coluccia.

[15] On these statements, see Coluccia 99.

[16] De Marinis, vol. 1, 50; Coluccia, 94. Brancato was appointed as the translator of various classical texts: besides Pliny's *Naturalis historia*, Publius Vegetius's *Mulomedicina* and Aesop's works; see Coluccia.

with the sovereign, to whom the treatise was dedicated.[17] The text is framed in a polished and erudite vernacular, characterized by words directly borrowed from Latin, and by a solemn, high literary style that permeates the whole linguistic texture of the work. The numerous extensive quotations of passages drawn from classical works and translated into the vernacular also account for the lofty and sophisticated character of Maio's language, which displays hybrid components, as is often the case in the vernaculars of this age, especially in geographical areas characterized by several linguistic crossovers. More generally, as for the relationship between Latin and the vernacular developing in this period, it has been pointed out how the mutual interchange between the two entities went gradually into the direction of a more substantial expansion and enrichment of the vernacular, characterised by a markedly hybrid nature. This heterogenous character is also the product of the continuous exchanges between different (geographically and socially) kinds of languages, vernaculars belonging to a variety of areas and cultural environments, such as the languages of the chancery, literature, courtly society, etc.[18] In the context of Southern Italy, besides the presence of intellectuals coming from various regions, we have to consider the conflation of Neapolitan and Spanish linguistic components (more precisely elements from Catalan, since the chancery employed this language in internal documents until around 1480), and the significant impact of terminology derived from Latin that pervaded especially the "literary vernacular."[19] The language used in the *De maiestate*, in particular, is close to what has been defined a "lingua mista," a "courtly language" found in similar forms also in other Neapolitan works and *volgarizzamenti* of the same age, which is the result of the influence of both Latin and the loftier variant of the literary *volgare*. One of the main purposes of this mixed language was that of ennobling the Neapolitan vernacular and fostering a literary medium that could enjoy a diffusion in the broader cultural area of Southern Italy (rather than just in the Neapolitan territory) as an expression of the Aragonese culture.[20]

Nevertheless, the cultural project surrounding Maio's *De maiestate* is not limited to the literary sphere, but also involves the artistic domain. Indeed, the historical events and the ruler's virtues are not just presented in the text, but also in 26 illuminations in one of the only two extant manuscripts of the work, a codex

---

[17] On the use of the vernacular in Maio's work: De Blasi-Varvaro 256-57.

[18] On these phenomena, see in particular Migliorini-Folena, "Introduction" VII and XIV.

[19] On the vernacular language in Southern Italy, and specifically in the Neapolitan area, see Migliorini-Folena, "Introduction," XVI-XVII.

[20] The description "un linguaggio [...] non pur napoletano ma misto" was given by Giovanni Brancato in the preface to his *volgarizzamento* of Pliny: Gentile 12. On this kind of vernacular, see Coluccia 99. More generally, on the vernacular in historical narratives and, in particular, in Neapolitan chronicles between the fifteenth and sixteenth century, see De Caprio.

held at the Bibliothèque Nationale in Paris (ms. Italien, 1711) copied for the king himself between 1492 and 1493 by the scribe Giovan Matteo de Russis and illuminated by Nardo Rapicano, a renowned artist of the Aragonese court.[21] Thus Maio's political theorization is conveyed through the interplay of different means, revealing cross-overs between languages and other cultural vehicles and dimensions: literature and visual art, ideal principles and actual political dynamics, classical sources and historical narratives of contemporary events. In some specific cases, as we shall see, the visual illustration of the text in the manuscript also interacts directly with, and contributes towards, the transposition of classical principles into the innovative political perspective of the treatise, translating and re-interpreting the original message in new linguistic and visual media. In other cases, the illuminations provide the vivid visual depiction of historical episodes presented in the text with an exemplary function, conveying the political standpoint more penetratingly.

With regard to the historical *exempla*, it is important to highlight that a central position in the text is occupied by the events of the famous "conspiracy of the barons": the rebellion of the noblemen against the king that started in 1459 and resulted in a war between Ferdinando and the barons, who were supported by John of Anjou, the French pretender to the throne of Naples. This war (now called in scholarship "war of succession") lasted until 1465, when Ferdinando finally prevailed. However, the barons rebelled again in 1485-86, and, although the monarch succeeded in putting an end to the sedition, this long-lasting insubordination revealed plainly the crucial implications that internal political strife had for maintaining the state.[22] Not surprisingly, the burning issue of subversion and how the ruler reacts to it became central pillars in Maio's treatise, both in the sections devoted to ideal principles and in the passages that contain

---

[21] On this manuscript, see Celati, "Teoria politca"; Toscano, "A la gloire," 125-39; De Marinis, vol. 1, 41, 50, 174n38; vol. 2, 103-04, 193; *Supplemento* 2: 20-21. The other manuscript of Maio's work is a codex of the eighteenth century that was owned by the Neapolitan intellectual Vincenzo Meola, now at the Biblioteca Nazionale di Napoli, ms. XIII.B.37, copied from the manuscript now in Paris. Data on the scribe and illuminator could be found in the documents of the "Tesoreria Regia" now published in De Marinis, vol. 2, 301-02, 306 (ducuments nn. 850, 859, 864, 915). For the illuminations, see De Marinis, vol. 2, 146; Toscano, "A la gloire," 129-33; Barreto 230-49; on the artist Nardo Rapicano see Toscano, "Rapicano Nardo," 896-98; Toscano, "La bottega," 393-415; Ambra-Putaturo Murano 26-28.

[22] On these events see Senatore-Storti and Scarton. On Ferrante's reign, see Pontieri. The most important historical source on the 'war of succession' is Giovanni Pontano's *De bello Neapolitano*: on this historiographical work see Monti Sabia (a fundamental study that includes also a partial edition of the text); Ferraù, *Il tessitore* 81-129; Senatore, "Pontano e la guerra di Napoli," 281-311. The whole work by Pontano is readable in the early printed edition published in 1509: Giovanni Gioviano Pontano, *De sermone et De bello Neapolitano*.

the historical narratives.[23] In particular, in the *De maiestate*, the classical sources that Maio introduced, through translation, as the keystones of his theory are often selected and carefully re-elaborated to emphasize the relevance of this specific subject—the containment of insubordination—in the political horizon of Italian states and especially in the Kingdom of Naples. Maio's attention to this issue, either unspoken or explicit depending on the context, is a sign of the focus he placed on concrete historical matters in his work, in a continuous interweaving with the more theoretical perspectives.[24]

The structure of the *De maiestate* reflects this approach. Each chapter is devoted in fact to the illustration of a princely virtue that, together with those in the other chapters, defines the pivotal, all-embracing virtue of majesty, that is, the titled topic of the treatise. The first section of all chapters includes the theoretical definition of these attributes based on the recovery of classical models and interlaces them with each other in a textual mosaic of quotations translated into the vernacular. The sources most frequently deployed are Cicero's works (from the *De oratore* to various orations), Aristotle's *Ethics*, and Seneca's epistles and treatises, especially the *De clementia*, but also the *De ira* and *De beneficiis*.[25] The second part of each chapter consists of more concrete illustrations of virtues grounded in historical *exempla*. These narratives have the King of Naples as the main protagonist and celebrate his ability in ruling the state. In this orderly structure, a pioneering element of the work is the focus on the idea of majesty, which Maio elevates into the fundamental and over-arching regal attribute. The definition of majesty, as we shall see, is provided by the humanist through a complex re-elaboration of classical sources; however, in ancient works, this notion had not found a proper autonomous collocation as a key component in the system of political virtues: a role that it now acquires in the *De maiestate*.

Majesty: From Classical Sources to a New Princely Theory
In Maio's view, the *maiestate* corresponds to the most authentic essence of kingship and includes all strategies deployed to convey this perfect royal image and, consequently, gain the consensus of the people. Already Giovanni Pontano

---

[23] Other political treatises of the same period pay particular attention to the topic of internal political conflict, especially texts produced in the cultural area of Naples. An emblematic example is Giovanni Pontano's *De obedientia*, 1470 (see bibliography at footnote 27). The centrality of the theme of political insubordination in fifteenth-century Italian literature is analysed in the forthcoming monograph, Celati, *Conspiracy Literature*, which focuses on the theme of conspiracy in literary texts and examines the influence of this output on Machiavelli's work.
[24] On the pivotal issue of subversion in Maio's work, the illuminations in the manuscript, and the conflation of ideal and realistic elements in the texts, see Celati, "Teoria politica."
[25] Some of the classical sources used by Maio are identified, at times with some mistakes, in the edition of the text: Maio, *De maiestate*.

in his *De principe* (1465) had presented majesty as the most pivotal political virtue in an ideal princely state, discussing at length the concrete manifestation of this attribute.[26] Pontano's political theorization is indeed the main inspiration for Maio, who relies extensively on Pontano's chief political treatises: the *De principe* and the *De obedientia* (1470).[27] Nevertheless, regarding the specific notion of *maiestas*, Maio further elevates the centrality of this concept, since, as the title suggests, his work wholly rotates around the illustration of this virtue, going a step further in the development of a notion of *Realpolitik* from what was already surfacing in Pontano's *De principe*. This element appears in the fact that Maio places the accent (even more plainly than Pontano) on the exterior behavior and image that the ruler projects onto his subjects, both seen as fundamental traits for the king to obtain consent. Maio underlines his new perspective already in his prologue, openly stressing his focus on "reality", "experience" and the concrete results of actions, rather than on mere "theory" (*De maiestate* 1-2).

Yet, Maio's theoretical bedrock for the *De maiestate* continues to rest on extensive references to classical *auctoritates*. The lengthy definition of *maiestas* in the first chapter is articulated through the employment of ancient sources, with an approach that reveals Maio's method in translating and adapting original passages to the contemporary outlook of his political discourse. Here, he emphasizes at once the ambitious character of his operation by claiming that he could not find a comprehensive illustration of majesty in the classical tradition, and therefore decided to devote his work to this fundamental political concept (Maio, *De maiestate* 3). As a result, he opens his treatise with an extensive description of this attribute, which he frames through the juxtaposition of quotations, either explicit or indirect, drawn from classical works wherein are present scattered allusions to the notion of majesty. The first *auctoritates* openly mentioned are Cicero and Quintilian. Immediately after these references, however, Maio quotes in erudite vernacular the extensive passage of Ovid's *Fasti* (5: 19-28) that provides the only proper definition of *maiestas* in classical literature (in poetic form, and through the mythological representation of this virtue as a goddess, the daughter of Honor and Reverence):

Se dice da li sapii poete questa [Maiestate] essere figlia de Onore e Reverenza, da li quali, amandono l'uno l'altra, nacque Maiestate che con sua grandezza rege e tempera lo mundo e magna naque dal suo primo nascimento e sempre è magna tanta quanta fu e sempre in

---

[26] The edition of Pontano's work is *De principe*; for a critical discussion of the concept of majesty see Cappelli, *Maiestas* 94-95; and Barreto.

[27] The *editio princeps* of Pontano's *De obedientia* (a modern edition is not available yet) was published in Naples in 1490: *Ioannis Ioviani Pontani*. On this important work see: Cappelli, "Prolegomeni" and "Il castigo del Re." On the political thought theorized in Pontano's political works, see Cappelli, *Maiestas* 89-162; and Finzi, *Re, baroni, popolo*. On Pontano's ethical treatises and on his philosophical and political speculation see: Tateo; and Roick.

alto solio sedì regendo sublime et alta in mezzo de lo Olimpo, pomposa e vistosa de aurata veste e di purpurea.

(Maio, De maiestate 6-7)

(Wise poets say that she [Majesty] is the daughter of Honour and Reverence, and from their love Majesty was created: with her grandeur she rules and tempers the world and she was born already grand from the very day of her birth, and she is always as majestic as she has been, and she always stays on her high seat, ruling in the midst of Olympus, high and sublime, magnificent and brilliant in golden and purple vestments.) [28]

[…] saepe aliquis solio, quod tu, Saturne, tenebas,/ ausus de media plebe sedere deus,/ nec latus Oceano quisquam deus advena iunxit,/ et Themis extremo saepe recepta loco est,/ donec Honor placidoque decens Reverentia voltu/ corpora legitimis imposuere toris./ Hinc sata Maiestas, hos est dea censa parentes,/ quaque die partu est edita, magna fuit./ Nec mora, consedit medio sublimis Olympo/ aurea purpureo conspicienda sinu.

(Ovid, Fasti 5: 19-28)

(Often someone of the common sort of gods would dare to sit upon the throne which thou, Saturn, didst own; not one of the upstart deities took the outer side of Ocean, and Themis was often relegated to the lowest place, until Honour and comely Reverence with her calm look came together in lawful wedlock. From them sprang Majesty, them the goddess reckons her parents, she who became great on the very day she was born. Without delay she took her seat high in the midst of Olympus, a golden figure far seen in purple vest.)[29]

Maio quotes and translates the original verses (in particular, *Fasti* 5: 23-28), probably to show that he lays the foundations of his work in the most authoritative classical literary tradition that deals with the concept of majesty. He recalls the mythological origin of *maiestas*, emphasizing, through this quotation of a poetic model, the literary roots of his political discourse. In doing so, he highlights not just the illustrious genealogy of his treatise with the philosophical tradition but also with the poetic realm and with the overall cultural horizon of Roman antiquity. Indeed, it was mainly through links with the most eminent classical *auctoritates* (such as Ovid) that the Renaissance bestowed 'authority' on contemporary works. After this specific textual reference, which in some segments is almost a verbatim translation of the classical source (obviously adapted to the rhetorical style of a treatise), Maio completes this section recalling the whole passage in Ovid's *Fasti* devoted to majesty (5: 30-52). Nevertheless, here, he recasts the classical source in a briefer description that does not avail itself of a direct quotation-translation of the original text. Though he intentionally adheres closely to his model in the opening description of majesty to show respect for the classical *auctoritas* (which, nevertheless, is not explicitly mentioned) he then sums up the subsequent section of Ovid's work in indirect citation. This is

---

[28] All translations of Maio's text are mine.

[29] The text and translation of Ovid's poem are quoted from Ovid, *Fasti* 260-63.

probably due to the author's intention of not showing too passive an attitude in imitating such a famous classical model, which was very well known and certainly easily detectable to the circles of learned readers (and therefore is recalled by means of an implicit reference only).

It is important to notice that, before providing the poetic illustration of majesty, Maio established the political dimension of his thought by referencing Cicero and Quintilian. These sources, however, are subject to a complex reworking that modifies the original texts at different levels. Maio translates into the vernacular two passages that define majesty as a political value rather than as a mythological entity as in Ovid's *Fasti*. Both citations are introduced in the form of open quotations: the former is ascribed explicitly to Cicero, but is instead a quotation from the *Rhetorica ad Herennium* (which, as is well known, was attributed to Cicero until the XVI century);[30] the latter to Quintilian, specifically his *Institutio oratoria*, VII, 3, 35. The first sentence is an actual translation, with changes and additions, of a passage from the renowned rhetorical treatise:

Maiestate è la amplitudine e la dignitate de la università civile representata per lo suo rettore.

(Maio, *De maiestate* 6)

(Majesty is the grandeur and dignity of the whole civic community which is embodied in its ruler.)

Maiestas rei publicae est in qua continetur dignitas et amplitudo civitatis.

(*Rhetorica ad Herennium* 4: 35)

(The sovereign majesty of the state is that which comprises the dignity and grandeur of the state.)[31]

The second provides a political definition of majesty that immediately follows and completes the previous one, reinforcing its meaning:

Maiestate è lo imperio e dignitate del populo Romano, la quale se representa per la persona de lo gubernante.

(Maio, *De maiestate*, 6)

(Majesty is the power and dignity of the Roman people and it appears in the figure of the ruler.)

Est interim certa finitio, de qua inter utramque partem convenit, ut Cicero dicit: 'maiestas est

---

[30] For this identification of the quotation from the *Rhetorica ad Herennium,* see Cappelli, *Maiestas* 192.

[31] The text and translation of the *Rhetorica ad Herrennium* are quoted from Cicero, *Rhetorica ad Herennium* 316-17.

in imperi atque in nominis populi Romani dignitate.'

(Quint. Inst. VII, 3, 35)

(Sometimes we have an unquestioned definition on which both parties agree, as in Cicero's "Majesty resides in the dignity of the power and name of the Roman people.")[32]

Significantly, the second reference itself is a citation from Cicero's *Partitiones oratoriae* (105). The issue discussed in Cicero's passage, recalled by Quintilian and implicitly evoked by Maio, is whether the governing authority of a state has the right to react violently against citizens who are responsible for seditious actions and endanger the whole state and the people's sovereignty, which is the foremost domicile of majesty:

Maiestas est in imperii atque in nominis populi Romani dignitate, quam minuit is qui per vim multitudinis rem ad seditionem vocavit, exsistit illa disceptatio, minueritne maiestatem qui voluntate populi Romani rem gratam et aequam per vim egerit.

(Cicero, Partitiones oratoriae, 105)

(Majesty resides in the dignity of high office and of the name of the Roman people, which was impaired by one who employed mob violence to promote sedition: the question will arise whether one who with the consent of the Roman people employed violence to effect a result that was acceptable and equitable, really diminished the majesty of the people.)[33]

Cicero hints at an episode of Roman history: the conflict between, on the one hand, Lucius Opimius, praetor in 125 b. C. and consul in 121, who carried out a brutal reprisal against the insurgent city of Fregelle and fought against the faction of Caius Gracchus, and, on the other hand, the tribune of the plebs Publius Decius, who accused Opimius of acting unlawfully. In the *De maiestate*, by means of the insertion of these two quotations-translations, and the unspoken echo of this Ciceronian passage, the definition of majesty is immediately presented through the indirect reference to the need for its protection, which must be achieved with any means. Thus, already in the introduction to his work, Maio claims that the ruler has the right to act harshly against the crime of sedition, a principle around which most of the treatise rotates.

The humanist does not recover his sources passively but, through his translation into the vernacular, he adjusts the classical models to the political outlook of his reasoning. This viewpoint is marked by an evident shift to a princely dimension that

---

[32] The text and translation of Quintilian's *Institutio oratoria* are quoted from Quintilian, *The Orator's Education* 3: 234-35.

[33] The text and translation of the *Partitiones oratoriae* are quoted from Cicero, *On the Orator: Book 3. On Fate. Stoic Paradoxes. Divisions of Oratory* 2: 390-91.

is absent in his Latin sources. In particular, in both passages, Maio adds details not present in the original text ("representata per lo suo rettore"; "la quale se representa per la persona de lo gubernante"), which highlight the role of an individual ruler over the civic community. Thus, the definition of majesty provided in the treatise re-interprets Cicero' classical republican concept from the perspective of a monarchical government and links this virtue to the figure of the prince, who is its strongest manifestation, the guardian and embodiment of the people and the whole state. This view is a direct reflection of the principles of political centralism and organicism that had already been theorized by Pontano in his works and that now inform, even more deeply, Maio's idea of the ideal political system.[34] The classical definitions of majesty quoted by Maio already acknowledged the biunivocal link between the people of the state and the idea of *maiestas*. But now the humanist includes a third and fundamental element, the ruling figure, or *princeps*, who epitomizes the other two components and becomes the guardian and glue of social and political relationships.[35]

The same perspective reappears in the opening chapter of the *De maiestate* in a historical *exemplum* drawn from Livy (VIII, 7, 14-22) that confirms the three-sided equivalence between majesty, the social body, and the ruler. This episode of Roman history is not introduced through an actual translation of the classical source, but via a brief narrative of the event. Maio mentions the killing of Titus Manlius by his father, the consul Titus Manlius Imperiosus Torquatus, who punishes his son for having disobeyed official orders and, therefore, for having violated the "maiestate della patria" (Maio, *De maiestate* 14-15). Insubordination represents a threat to majesty and, consequently, it must be repressed as a menace not only to the authority of the ruler but to the whole fatherland. This ideological angle equates any action against the prince with an attack towards the whole state. It also serves to legitimize repression against rebels but, most importantly, to consolidate the monarch's authority, seen as the *caput* of the civic organism who acts as a father to his sons. The political metaphors of the body and the family have been traditionally adopted in the history of political thought to represent the idea of a cohesive state;[36] and in particular this Livy-inspired passage in the *De maiestate* emphasizes the political undertone of the father-son relationship, seen as a projection of the bond that ties the prince to his subjects.

Thus Maio establishes a connection between the notion of majesty and the

---

[34] On body politics ("organicismo politico") see Kantorowicz, chapter 5; Briguglia; Cappelli, "Lo stato umanistico"; in particular, on this notion present in Neapolitan Humanism and specifically in Pontano's political thought, see Cappelli, "*Corpus est res publica.*"

[35] This view can be traced back to the notion of body politics already present in Pontano's *De obedientia*, on which see Cappelli, just mentioned above.

[36] On the use of the metaphor of the body in political thought, see the bibliographical references at footnote 34. On the Italian Renaissance and the employments of this image also in the context of republican ideologies, see Najemy, 237-62.

idea of the protection of the state: an objective that the prince, as the highest representation of *maiestas*, has to pursue with any means, including responding violently to attempts at sedition. This perspective, which subtends the whole treatise, is highlighted already in the first chapter, after the presentation of majesty in its mythological origins and political significance, as evinced by the vernacular translation of a lengthy passage from Cicero's *Pro Sestio* (introduced by an explicit reference to the classical source):

Questa dignitate de la maiestate recerca questi fundamenti e queste parte: che fia pubblica defensione de onne grande princepe e de la religione, debia defendere lo magistrato, la auttoritate de lo suo santo concilio, defendere le lege e lo santo costume de antiqui, defendere le sentenze e la amministrazione de la iustitia, defendere la fede e le sue provincie e li confederati de lega, mantinere la laude e reputazione de la Signoria, lo mistiere de le arme e lo tesoro, per le quale cose ben governare [...]. Questo è officio de magno animo, de magno ingenio e di grande constanza.

(Maio, De maiestate 20-21)

(The dignity of this majesty seeks these foundations and these elements: it should be the public defense of any great prince and of religion; it has to protect magistrates and the high authority of their sacred council, it must defend law and the sacred customs of ancient men, defend the verdicts and the administration of justice, defend religion, provinces, and the confederates of the union, maintain the honor and reputation of the Signoria, and the army and the treasury, and in order to achieve all of this it has to govern effectively […]. This is the duty of a man of great spirit, great ability, and great resolution.)

Huius autem otiosae dignitatis haec fundamenta sunt, haec membra, quae tuenda principibus et vel capitis periculo defendenda sunt, religiones, auspicia, potestates magistratuum, senatus auctoritas, leges, mos maiorum, iudicia, iuris dictio, fides, provinciae, socii, imperii laus, res militaris, aerarium. Harum rerum tot atque tantarum esse defensorem et patronum magni animi est, magni ingenii magnaeque constantiae.

(Cic. Pro sestio 40; 98-99)

(Now this 'peace with dignity' has the following foundations, the following elements, which our leaders ought to protect and defend even at the risk of life itself: religious observances, the auspices, the powers of the magistrates, the authority of the Senate, the laws, ancestral custom, criminal and civil jurisdiction, credit, our provinces, our allies, the renown of our sovereignty, the army, the treasury. To be a defender and an advocate of so many and such important interests requires an exalted spirit, great ability, and great resolution.)[37]

The passage from Cicero's oration is translated rather faithfully, especially in the long *enumeratio* of the several elements that the political leader needs to protect. However, Maio reinforces his viewpoint through the rhetorical use of *repetitio* (which is not present in the classical source), reiterating three times the verb "defendere," which reverberates in the noun *defensione*, thus intensifying the chief

---

[37] The text and translation of Cicero's work are quoted from Cicero, *Pro Sestio* 5: 168-71.

concept of the safeguard of the political system. It should also be noted that the end of the quotation, reframed into the vernacular, totally adheres to the original sentence contained in Cicero's oration, with a direct lexical correspondence in the three-sided reference to the ruler's ability to act as a defender of the common good, thanks to his great *animo*, *ingegno*, and *costanza*. Cicero's political tenets are thus recovered and placed by Maio at the foreground of his theory, to show the close link with one of the most distinguished *auctoritates* in classical political thought as underlined by the almost word-by-word translation. In particular, Maio recalls directly Cicero's views on the need for absolute protection of the state in his acknowledgment of the ruler's right to react to any threat. But, once again, Maio reworks slightly the original text to adapt it to his political views, introducing into the translation of Cicero's passage the notion of majesty via the expression "dignitate de la maiestate'" (Cicero's oration only mentions the concept of *dignitas*). So, although Maio shows a rigorous respect for this classical model, his slight change of the source's perspective updates Cicero's principles to his personal focus on majesty. If Cicero had illustrated the role of political leaders in a republican state, Maio ascribes the same function to *maiestate* itself, seeing in this notion the projection of the ideal ruler, in a direct equation between the two entities: majesty and the prince.

The Prince's Fortitude and the Protection of the State's Unity

In Maio's treatise, the defense of the state, a crucial principle already in Cicero's work, is associated with the ruler's constancy, which is evoked at the end of the citation from *Pro Sestio* (just illustrated above) and introduces the representation of the tenacity and steadfastness of the prince. This is a fundamental political attribute for Maio and it stands as an essential constituent of the over-arching virtue of majesty, since it is presented as directly correlated with the ruler's ability to deal with the enemies' attacks. In the *De maiestate*, where it is amply discussed, it corresponds to the notion of fortitude, one of the main political values in the humanist system of virtues. Maio illustrates it in four chapters, all devoted to the different nuances and meanings of *fortitudine*. Again, the description of this important concept is based on the translation and re-elaboration of classical sources. The main semantic areas covered by the term *fortitudo* (the Latin word often used in humanist mirrors for princes) are two: the human ability to resist adversities and misfortune; and, as a symmetrical element, the capacity to maintain moderation and self-restraint in circumstances of success.[38] These two conceptual fields incorporate some of the specific political skills that the ideal prince must possess and that are presented by Maio at the end of Chapter 1 and in Chapter 2. The latter chapter is totally dedicated to the illustration of the ruler's ideal behavior in maintaining self-control in case of attacks, and specifically in dealing with internal enemies. Here

---

[38] On this virtue in Renaissance princely theory with a specific focus on Neapolitan Humanism, see Cappelli, *Maiestas* 53-54, 59-69.

too, the main topic is the difficult relationship between the prince and his opponents. If Maio, at the beginning of Chapter 2, seems to identify the ideal leader as someone who is able to avoid ruthless revenge,[39] in the main section of this same chapter he reverses such a perspective and claims the ruler's legitimacy to violently punish enemies (Maio, *De maiestate* 37-41). To justify this view, the author relies again on two of the most prominent classical *auctoritates*, Cicero and Aristotle. He recalls, in this regard, the Ciceronian oration *Pro Milone* (IV, 9) and Aristotle's *Ethics* (V, 5, 112a), the former quoted and translated more literally, the latter through a radical reworking. Indeed, Maio introduces into the Greek source the idea of the "iusta vendetta," righteous vengeance (Maio, *De maiestate* 38), which is not present in the original model, but supports the political angle of the *De maiestate*, where this concept frequently occurs. Throughout the treatise, in fact, the legitimization of the ruler's revenge against his enemies is justified by presenting reprisal as essential to protect the whole social body.[40]

As I refer to the use and translation of classical sources, it is important to emphasize that Aristotle's *Ethics* is one of the chief models employed by Maio, though, as in the above-mentioned example, it is usually adopted through a personal imitative practice, rather than as a verbatim translation. This more creative approach is also revealed by the fact that Maio, in his work, did not resort to a vernacular version of Aristotle's work that was available in the royal library. Significantly, philological research conducted on the volumes that were preserved in the Aragonese library[41] has identified a precious manuscript containing an anonymous *volgarizzamento* of the *Ethics* kept in the royal collections: a codex of the second half of the fifteenth century, today in the Real Biblioteca del Monasterio de El Escorial, F.III.23. Although the author of the translation is not mentioned in the volume, the text of this Italian version corresponds to the *volgarizzamento* of the *Ethics* by Bernardo di ser Francesco Nuti, itself based on the text of the Latin translation by Leonardo Bruni.[42] The textual and philological comparison of the passages contained in the *De maiestate* with the Aragonese's version of the *Ethics* manuscript has shown that Maio did not use this translation for his quotations, although he probably knew about it. We thus might suppose that he employed another source, maybe a Latin version, or that he translated the text from the Greek

---

[39] As the chapter title suggests, "De non propulsare la iniuria."

[40] For a similar perspective present in Italian Renaissance literature that flourished during the second half of the fifteenth century, see Celati, "Violence."

[41] The main catalogues and studies of manuscripts that were owned by the Aragonese royal library in Naples are: De Marinis; Ambra-Putaturo Murano.

[42] On the *volgarizzamento* by Nuti, see Santoni. On the circulation and reception of Aristotle's *Ethics* in the Italian Renaissance, see Lines, *Aristotle's 'Ethics'*; Lines, "Aristotle's *Ethics* in the Renaissance"; Refini; Lines-Refini.

himself.[43] What is most significant is that Maio, in his opening chapters, relies extensively on traditional *auctoritates* to support his argument; however, by re-elaborating them in a new linguistic code, he revives them within a changed cultural context, bestowing new life to ancient political principles and presenting them in an innovative form.

In the same section devoted to fortitude, alongside Aristotle's *Ethics*, Maio inserts a lengthy citation from Cicero's *Pro Milone*, again to legitimize the use of violence by the head of state, when this is necessary to suppress attacks perpetrated against the ruling authority and the whole civic community:

Et in de la orazione Pro Milone dice: 'Ammazzare lo omo per ordinazione de iustitia è bisogno e necessario per defendere violenza con violenza e con forza resistere a la iniusta forza.' Et iterum dice: 'Quale occisione iniusta nominare se può quando è fatta contra lo insidiatore e traditore e contra lo publico latrone? Ante per questo le lege iustamente porgeno le arme a le desarmate mano per causa de sè defendere e *questa lege de sé defendere da iniuria non è scritta, ma con noi insieme nata; non la insignamo, non la recepimo, nè la legimo, ma la apprendiamo de natura, la bevimo et in onne umano gesto la monstramo per effetto. A questa lege non venimo come insignati da aliena dottrina, ma con quella semo plasmati e de la santa natura con tale instinto fatti, non come adottrinati da maistro, ma statim che sopra terra semo nati la concepimo che accadendo il pericolo de insidiosa fraude, de violente forza, per arme de latroni e de inimici, li pericoli, la fraude, la forza, con onne nostra forza e potere devemo defendere e con acre vendetta vendicare.'*
(Maio, *De maiestate* 38-39; emphasis mine)

(In the *Pro Milone* oration [Cicero] says: 'It is necessary to kill a man if this is prescribed by justice to react to violence with violence and resist to unjust forces with strength'. And then he says: 'Is a killing unfair when it is done against an insubordinate and traitorous man and against a public thief? For this reason law gives weapons to unarmed hands in order to protect themselves, and this law that allows men to defend themselves from assaults is not written, but it was born with us; we do not teach this law, we do not learn it, nor do we read it, but we assimilate it from nature, we are imbued with it and we show it in all our gestures as an actual effect. This law is not taught as an extraneous doctrine, but we are formed by it and we are created by holy nature with this specific instinct; we are not educated by a teacher, but, as soon as we are born on earth, we understand that, if we face the danger of a wicked fraud and a violent attack carried out by thieves and enemies, we have to defend ourselves vigorously from any threat, fraud, violence and take revenge by harsh vengeance.')

Atqui si tempus est ullum iure hominis necandi, quae multa sunt, certe illud est non modo iustum, verum etiam necessarium, cum vi vis inlata defenditur. Pudicitiam cum eriperet militi tribunus militaris in exercitu C. Marii, propinquus eius imperatoris, interfectus ab eo est, cui vim adferebat; facere enim probus adulescens periculose quam perpeti turpiter maluit; atque hunc ille summus vir scelere solutum periculo liberavit. Insidiatori vero et latroni quae potest inferri iniusta nex? Quid comitatus nostri, quid gladii volunt? Quos habere certe non liceret, si uti illis nullo pacto liceret. *Est igitur haec, iudices, non scripta, sed nata lex, quam non*

---

[43] Maio had excellent knowledge of classical languages, as proved by his work of Latin lexicography: the *De priscorum proprietate verborum* (see footnote 12).

didicimus, accepimus, legimus, verum ex natura ipsa adripuimus, hausimus, expressimus, ad quam non docti, sed facti, non instituti, sed imbuti sumus, ut, si vita nostra in aliquas insidias, si in vim et in tela aut latronum aut inimicorum incidisset, omnis honesta ratio esset expediendae salutis.

(Cicero, *Pro Milone* 14-17)

(And if there is any occasion, and there are many such, when homicide is justifiable, it is surely not merely justifiable but even inevitable when the offer of violence is repelled by violence. Once a soldier in the army of Gaius Marius suffered an indecent assault at the hands of a military tribune, a relative of the commander; and the assailant was slain by his intended victim, who, being an upright youth, preferred to act at his peril rather than to endure to his dishonour. What is more, the great general absolved the offence and acquitted the offender. But against an assassin and a brigand what murderous onslaught can want justification? What is the meaning of the bodyguards that attend us and the swords that we carry? We should certainly not be permitted to have them, were we never to be permitted to use them. There does exist therefore, gentlemen, a law which is a law not of the statute-book, but of nature; a law which we possess not by instruction, tradition, or reading, but which we have caught, imbibed, and sucked in at Nature's own breast; a law which comes to us not by education but by constitution, not by training but by intuition—the law, I mean, that, should our life have fallen into any snare, into the violence and the weapons of robbers or foes, every method of winning a way to safety would be morally justifiable.)[44]

Here, the most direct parallelism with the Latin source, from the perspective of the translation, rests in the explanation that, within the context of Natural Law, men are entitled to commit homicide to end any illegitimate use of violence. The connection between the two texts emerges especially in the reference to the tenets of justice that human beings receive "naturally"' ("de natura" in the *De maiestate*; "ex natura" in Cicero's oration) and not through a proper conscious process of education. This statement, framed by Maio as a faithful translation of Cicero's passage, reinforces his political message of legitimization of the King of Naples's reaction against the rebel barons in the war in 1459-65, and his quashing the subsequent conspiracy of the barons in 1485-86. From this perspective, Ferdinando had to take harsh punitive measures against the traitors, especially those guilty of recidivism and those closer to him, whose betrayal was more hideous.[45] Of note is that Maio traces a direct link between fortitude, as the main royal attribute in dealing with misfortune and enemies' threats, and the idea of the strenuous defense of the state. Conversely, the traditional value of mercy, a key element in humanist political theorization, is put aside to support a less ethically-centred notion of political realism (although it still re-surfaces in other sections of

---

[44] The text and translation of Cicero's oration are quoted from Cicero, *Pro Milone* 7: 14-17.
[45] For example, during the second wave of insubordination, four noblemen were executed. Most other insubordinate barons were detained and abandoned to die in jails, and their possessions were confiscated. For additional discussion, see Scarton 226, 239-43, 269-88.

the treatise), as emphasized in this passage by the concluding polyptoton, "con acre vendetta vendicare."

In Maio's theory, and in general in humanist political thought, the prince's superiority and, consequently, his authority to govern (and in specific cases to decide on his enemies' destiny) is the result of his outstanding virtues.[46] It is for this reason that some princely attributes are regarded as crucial for the definition of the ideal prince, and among these, a pivotal position is occupied by fortitude. As mentioned previously, this virtue is considered essential for the preservation of the state. In the *De maiestate,* it is not described just through references to classical sources that deal with the political dimension, but also through the lens of a broader perspective that encompasses the philosophical sphere of human behavior. In this sense, Maio resumes the discussion on fortitude in Chapter 5, focusing on the two meanings of this concept: the prince's capacity to endure hardship; and his ability to avoid pride in prosperous conditions. This attitude corresponds more generally to the very virtue of self-control, which assigns the prince a higher status and elevates him over other individuals. This representation of the king as a superior man recurs throughout the *De maiestate* and connects the princely attribute of fortitude with the key virtues of magnanimity and majesty. The symbolic image of the ruler as a greater figure, able to sustain the responsibility of ruling and resist all transitions of fortune, is emblematically represented in the manuscript in an allegorical illumination that accompanies the text in chapter 5, where the king is portrayed as a figure of giant stature on a ship (f. 16v). Significantly, this image is the visual depiction of the message conveyed through the citation of a classical source in the text, a passage from Cicero's *Ad familiares* (*Fam.* 9: 16) wherein the human soul is described metaphorically as a steady rock in the sea, resisting the waves of fortune:

Io farò come el bon navigante [...] non contrastando con la repugnante *fortuna, la quale veggio quanto è dea legiera et imbecille; per questo lo animo fermo e grave la lassa frangere come la unda del mare in duro sasso.*
[...] la tua incredibile saldezza in omne tempo fu equale né mai la tua vela fu da prospero vento, né da ira de cielo sì battuta che del suo ben gubernato temone mutasse el curso.
(Maio, *De maiestate*, 63; 70; emphasis mine).

(I will act as a good sailor [...] and I will not fight against bad fortune, which I see as a fickle and feeble goddess; for this reason, my soul, firm and constant, lets it break as a sea wave against a hard rock. [...] Your incredible steadiness was the same in any situation, and your sail was never driven by favorable wind and never beaten by the anger of the sky, so the helm was always steered rightly and the boat never changed its course.)

Ita fit ut et consiliorum superiorum conscientia et praesentis temporis moderatione me consoler et illam Acci similitudinem non modo iam ad invidiam sed ad *Fortunam* transferam,

---

[46] See Hankins, *Virtue Politics*; and more specifically Cappelli, *Maiestas* 192-93; and Quaglioni 55-71.

quam existimo levem et imbecillam ab animo firmo et gravi tamquam fluctum a saxo frangi oportere.

(Cicero, Fam. 9: 16, 6; emphasis mine)

(So I comfort myself with the consciousness of my motives in the past and the regulation of my conduct in the present, and I may apply that simile of Accius' to Fortune instead of merely to envy; fickle and feeble as she is, I hold that she must break against a firm, constant mind like a wave against a rock.)[47]

Maio translates directly from Cicero's passage by describing fortune as "legiera et imbecille" ("levem et imbecillam" in the Latin source). However, he also presents this entity as a goddess, a detail that is missing in the Cicero's epistle. Moreover, he includes a verbatim translation of Cicero's representation of the human soul as "fermo" and "grave" ("animo firmo et gravi" in the Latin model), similar to a rock beaten by the waves ("unda," "fluctum") of fortune. Maio enhances and enriches this metaphor by adding a further symbolic parallel between the figure of the ruler and the image of the sailor: the prince, as a "bon navigante", is able to steer his boat with both favorable winds and implacable storms, keeping it always steady in its journey[48].

Thus, in this case, Maio's quotation-translation of Cicero's passage, and the specific recovery of his symbolic representations of the soul-rock capable of withstanding the fluctuating sea of fortune, is intensified by the metaphor of the ruler as a seafarer transposed into this expanded imagery. Significantly, this multilayered depiction is vividly portrayed also in the illumination that completes this chapter, as a kind of climax (f. 16v). The overlay of linguistic and visual imagery enacts a particularly strong synergy, since the relationship between different linguistic vehicles (Latin and Italian) and the artistic means conveys forcefully the composite political message theorized in the treatise. Here, the crucial role played by the artistic medium reveals clearly how this process of conversion and re-appropriation of traditional values reformulated in a new light involves not just interlinguistic processes but also inter-cultural and inter-disciplinary exchanges, wherein "translation" operates at different linguistic and artistic levels to enhance the author's message.[49]

Conclusion

Through the transposition of classical models into the vernacular, Maio provides an authoritative substratum to his political thought. Cicero contributes most to the

---

[47] The text and translation of Cicero's epistle are quoted from Cicero, Letters to Friends 2: 202-03.

[48] On this image see Storti 132.

[49] More generally on this broader cultural process, which sometimes is characterized by the interaction of artistic means with translating practices, see Deneire 5.

modeling for Maio's argument. However, as this inquiry on specific textual passages and concepts (majesty, fortitude, the threat of subversion) has shown, manifold sources, from different literary contexts and traditions—including poetry and Greek philosophy—are interlaced to create an original outcome, as in a polychrome mosaic. In the *De maiestate*, these wide-ranging elements drawn from the classical tradition are not simply recovered, but ingeniously adapted to the contemporary political system of the kingdom of Naples, a new centralized state whose rulers faced the issue of maintaining power, while coping with internal conflict and sedition. The pragmatic outlook that underlies Maio's work comes to light especially in some significant passages that build the definition of majesty. In fact, this concept is often defined in relation to the burning matter of insubordination, with a specific focus that also appears in the re-interpretation of classical sources through their translation into the vernacular. It is very likely that the linguistic medium in Maio's work was chosen to frame political thought in a new form for the benefit of King Ferdinando and the promotion of the Neapolitan vernacular as an authoritative literary language. This reading seems proven by the very precious and illuminated codex of the *De maiestate* (foundational for the understanding of Maio's political theory), which was produced in the courtly *scriptorium* and commissioned by the king himself. The manuscript was in fact part of a broader cultural project bent on giving legitimacy to the sovereign and supporting the Aragonese government's resolution to centralize its political power. Nevertheless, Maio does not have to be regarded as a mere "intellettuale cortigiano," since, like most Neapolitan humanists, he took an active part in the construction of an articulated system of cultural politics that, while supporting the Aragonese monarchs, offered the concrete model of an ideal state.

In particular, Maio formulates his complex political theory by means of a multilayered cultural operation that involves at once different linguistic and rhetorical procedures, artistic and literary elements, political and historical perspectives. The interplay of heterogeneous components results in the eclectic essence of his treatise, in which a key role is played by the practice of translating classical sources. Such practice goes beyond the mere implementation of a linguistic process and reflects Maio's pioneering approach in composing a text that can be regarded as the emblematic representation of that age of transition. Indeed, we can see an ideal connection being traced between classical political tenets preserved in ancient literature and the new political output that started to be couched in modern languages (in this case Italian) in the Renaissance. In epitomizing the linguistic, cultural, and political evolution of this epoch, the *De maiestate* mirrors the complexity of the Italian historical scenario at the end of the fifteenth century and, more specifically, it reflects the actual situation of a state under a newly established power, the Kingdom of Naples. This power, in its attempt at strengthening central authority, needed new principles on which to found its sovereignty. Maio's work, along with other coeval political texts produced in the same geographic and cultural area, substantially contributed to the formulation of these theoretical and practical tenets and nurtured an innovative model of the state also through a sophisticated practice of translation.

University of Warwick

Works Cited

Albanese. Gabriella. "L'esordio della trattatistica 'de principe' alla corte aragonese: l'inedito "Super Isocrate" di Bartolomeo Facio." *Principi prima del Principe.* Ed. Lorenzo Geri. 59-115.

Alcini, Laura. *Storia e teoria della traduzione letteraria in Italia.* Vol. 1. Perugia: Guerra, 1998.

Ambra, Emilia, and Antonella Putaturo Murano, eds. *Libri a corte: testi e immagini nella Napoli aragonese.* Congresso Internazionale di Storia della Corona d'Argento. (Napoli, 23 settembre 1997 - 10 gennaio 1998). Napoli: Paparo, 1997.

Baker Patrick, Kaiser Ronny, Priesterjahn Maike, and Helmrath Johannes, eds. *Portraying the Prince in the Renaissance: The Humanist Depiction of Rulers in Historiographical and Biographical Texts.* Berlin: De Gruyter, 2016.

Baldassarri, Stefano U. *Umanesimo e traduzione: da Petrarca a Manetti.* Cassino: Università degli Studi di Cassino, 2003.

Barreto, Joana. *La Majesté en images: portraits du pouvoir dans la Naples des Aragon.* Roma: École Française de Rome, 2013.

Bartholomei Platinae De principe. Ed. Giacomo Ferraù. Messina: Il Vespro, 1979.

Bentley, Jerry H. *Politics and Culture in Renaissance Naples.* Princeton: Princeton UP, 1987.

Botley, Paul. *Renaissance Latin Translations: Leonardo Bruni, Giannozzo Manetti and Desiderius Erasmus.* Cambridge: Cambridge UP, 2004.

Briguglia, Gianluca. *Il corpo vivente dello Stato. Una metafora politica.* Milano: Mondadori, 2006.

Burke, Peter. "Cultures of Translation in Early Modern Europe." Ed. Burke Peter and Hsia Ronnie Po-chia. *Cultural Translation in Early Modern Europe.* Cambridge: Cambridge UP, 2007. 7-38.

_____. *Languages and Communities in Early Modern Europe.* Cambridge: Cambridge UP, 2004.

The Cambridge History of Literary Criticism. Ed. Minnis Alastair, and Johnson Alastair. Cambridge: Cambridge UP, 2005.

Canfora, Davide. *Prima di Machiavelli: politica e cultura in età umanistica.* Roma: Laterza, 2005.

Cappelli, Guido. "Il castigo del Re. Bartolo, Pontano e il problema della disubbidienza." *Studi umanistici piceni* 34 (2014): 91-104.

_____. "*Corpus est res publica.* La struttura della comunità secondo l'umanesimo politico." *Principi prima del principe.* Ed. Lorenzo Geri 117-31.

_____. *Maiestas: politica e pensiero politico nella Napoli aragonese (1443-1503).* Roma: Carocci, 2016.

_____. "Prolegomeni al *De obedientia* di Pontano. Saggio interpretativo." *Rinascimento meridionale* 1 (2010): 47-70.

_____. "Lo stato umanistico. Genesi dello stato moderno nella cultura italiana del XV secolo." Ed. Villaverde López Guillermo and Barquinero del Toro Sara. *La determinación de la humanitas del hombre en la Crítica del Juicio y en el humanismo clásico*. Madrid: Escolar y Mayo Editores S. L., 2018. 35–70.

Caracciolo Aricò, Angela. "Maio, Giuniano." *Dizionario biografico degli italiani* 618-21.

Carafa, Diomede. *Memoriali*. Ed. Franca Petrucci Nardelli. Note linguistiche e glossario di Antonio Lupus. Con un saggio introduttivo di Giuseppe Galasso. Roma: Bonacci editore, 1988.

Celati, Marta. *Conspiracy Literature in Early Renaissance Italy. Historiography and Princely Ideology*. Oxford: Oxford UP, 2021 (forthcoming).

_____. "Teoria politica e realtà storica nel *De maiestate* di Giuniano Maio, tra letteratura e arte figurativa." *Medioevo e rinascimento* 32/n.s. 29 (2018): 203-35.

_____. "Violence and Revenge in Fifteenth-century Political Literature." *Annali d'Italianistica* 35 (2017): 71-88.

Chittolini, Giorgio, Anthony Molho, and Pierangelo Schiera, eds. *Origini dello stato. Processi di formazione statale in Italia fra medioevo ed età moderna*. Bologna: Il Mulino, 1994.

Cicero. *Letters to Friends, Volume II: Letters 114-280*. Ed. and transl. D. R. Shackleton Bailey. Loeb Classical Library 216. Cambridge, MA: Harvard UP, 2001.

_____. *Pro Milone. In Pisonem. Pro Scauro. Pro Fonteio. Pro Rabirio Postumo. Pro Marcello. Pro Ligario. Pro Rege Deiotaro*. Transl. N. H. Watts. Loeb Classical Library 252. Cambridge, MA: Harvard UP, 1931.

_____. *Pro Sestio. In Vatinium*. Transl. R. Gardner. Loeb Classical Library 309. Cambridge, MA: Harvard UP, 1958.

_____. *Rhetorica ad Herennium*. Transl. Harry Caplan. Loeb Classical Library 403. Cambridge, MA: Harvard UP, 1954.

Coluccia, Chiara. "Napoli aragonese negli anni Settanta e Ottanta del Quattrocento: la grande stagione dei volgarizzamenti." Ed. Lubello. 87-100.

De Blasi, Nicola, and Varvaro Alberto. "Napoli e l'Italia meridionale." *Letteratura italiana*. Dir. Asor Asor Rosa. Torino: Einaudi, 1988. 2. 2: 235-325.

Deneire, Thomas, ed. *Dynamics of Neo-Latin and the Vernacular: Language and Poetics, Translation and Transfer*. Leiden: Brill, 2014.

De Caprio, Chiara. "Spazi comunicativi, tradizioni narrative e storiografia in volgare: il Regno negli anni delle guerre d'Italia." *Filologia & critica* 39.1 (2014): 39-72.

De Mattei, Rodolfo. *Dal premachiavellismo all'antimachiavellismo*. Firenze: Sansoni, 1969.

De Marinis, Tammaro. 4 vols. *La biblioteca napoletana dei re d'Aragona*. Milano: Hoepli, 1947-1952.

Delle Donne, Fulvio. *Alfonso il Magnanimo e l'invenzione dell'Umanesimo monarchico. Ideologia e strategie di legittimazione alla corte aragonese di Napoli*. Roma: Istituto Storico Italiano per il Medioevo, 2015.

_____, and Iacono Antonietta, eds. *Linguaggi e ideologie del Rinascimento monarchico aragonese (1442-1503). Forme della legittimazione e sistemi di governo*. Napoli: Federico II University Press, 2018.

Durante, Marcello. *Dal latino all'italiano moderno: saggio di storia linguistica e culturale*. Bologna: Zanichelli, 1981.

Ferraù, Giacomo. *Il tessitore di Antequera. Storiografia umanistica meridionale*. Roma: Istituto Storico Italiano per il Medioevo, 2001.

_____. "Introduzione". *Bartholomei Platinae De principe* 5-33.

Finzi, Claudio. *Re, baroni, popolo: la politica di Giovanni Pontano*. Rimini: Il cerchio iniziative editoriali, 2004.

Folena, Gianfranco. *Volgarizzare e tradurre*. Saggi brevi 17. Torino: Einaudi, 1991.

Frosini, Giovanna. "Volgarizzamenti." Ed. Antonelli Giuseppe, Motolese Matteo, and Tomasin Lorenzo. *Storia dell'italiano scritto*. Roma: Carocci, 2014. 17-72.

Galasso Giuseppe. "Il Regno di Napoli. Il Mezzogiorno angioino e aragonese (1266-1494)." *Storia d'Italia*. Dir. Giuseppe Galasso. 15: 1. Torino: UTET, 1992.

Gamberini Andrea, and Lazzarini Isabella. *The Italian Renaissance State*. Cambridge; New York: Cambridge UP: 2012.

Gardini Nicola. *Le umane parole: l'imitazione nella lirica europea del Rinascimento da Bembo a Ben Jonson*. Milano: Mondadori, 1997.

Geri, Lorenzo, ed. *Principi prima del principe. Studi (e testi) italiani: semestrale del Dipartimento di Italianistica e Spettacolo dell'Università di Roma La Sapienza* 29. Roma: Bulzoni, 2012.

Ghisalberti, Alberto M., Massimiliano Pavan, Fiorella Bartoccini, and Mario Caravale, eds. *Dizionario biografico degli italiani*. Roma: Istituto dell'Enciclopedia Italiana, 1960-.

Gilbert, Felix. "The Humanist Concept of the Prince and The Prince of Machiavelli." Felix Gilbert. *History: Choice and Commitment*. Cambridge: Belknap Press, Harvard UP, 1977. 91-114.

Greene, Thomas M. *The Light in Troy: Imitation and Discovery in Renaissance Poetry*. New Haven: Yale UP, 1982.

Gregori, Elisa, ed. *Fedeli, diligenti, chiari e dotti: traduttori e traduzione nel Rinascimento*. Atti del Convegno internazionale di studi, Padova, 13-16 ottobre 2015. Padova: CLEUP, 2016.

Hankins, James. "Translation Practice in the Renaissance: The Case of Leonardo Bruni." Charles Marie Ternes, and Monique Mund-Dopchie, eds. *Méthodologie de la traduction de l'Antiquité à la Renaissance: actes du colloque*. Luxembourg: Centre Universitaire de Luxembourg, 1994. 154-75.

_____. *Virtue Politics. Soulcraft and Statecraft in Renaissance Italy*. Cambridge: The Belknap Press of Harvard UP, 2019.

Ioannis Ioviani Pontani ad Robertum Sanseverinium principem salernitanum in libros obedientiae prohemium incipit féliciter. Neapoli: Per Mathiam Moravum, 1490.

Kantorowicz, Ernst H. *The King's Two Bodies: A Study in Mediaeval Political Theology*. Princeton: Princeton UP, 1957.

Lines, David. *Aristotle's "Ethics" in the Italian Renaissance (ca. 1300–1650): The Universities and the Problem of Moral Education*. Leiden: Brill, 2002.

_____. "Aristotle's *Ethics* in the Renaissance." Ed. Miller Jon. *The Reception of Aristotle's "Ethics."* Cambridge: Cambridge UP, 2012. 171-93.

_____, and Eugenio Refini, eds. *"Aristotele fatto volgare". Tradizione aristotelica e cultura volgare nel Rinascimento*. Pisa: ETS, 2014.

Lojacono, Diomede. "L'opera inedita "De maiestate" di Giuniano Maio e il concetto sul principe negli scrittori della corte aragonese di Napoli." *Atti della Reale Accademia di Scienze Morali e Politiche di Napoli* 24 (1891): 329-76.

Lubello Sergio, ed. *Volgarizzare, tradurre, interpretare nei secc. XIII–XVI*. Atti del Convegno Internazionale di Studio, Archivio e Lessico dei volgarizzamenti italiani (Salerno, 24–25 novembre 2010). Strasbourg: ELIPHI, 2011.

Maio, Giuniano. *De maiestate*. Ed. Franco Gaeta. Bologna, Commissione per i Testi di Lingua, 1956.

McLaughlin Martin. "Humanist Criticism of Latin and Vernacular Prose." *Cambridge History of Literary Criticism* 648-65.

_____. "Latin and Vernacular from Dante to the Age of Lorenzo (1321-c.1500)." *Cambridge History of Literary Criticism* 612-25.

_____. *Literary Imitation in the Italian Renaissance: The Theory and Practice of Literary Imitation in Italy from Dante to Bembo.* Oxford: Clarendon Press, 1995.

Miele Lucia. "Politica e retorica nel 'De maiestate' di G. Maio." *Quaderni dell'Istituto Nazionale di Studi sul Rinascimento meridionale* 4 (1987): 27-60.

Migliorini, Bruno, and Folena Gianfranco, eds. *Testi non toscani del Quattrocento.* Modena: Società tipografica modenese, 1953.

Montanile, Milena. *Le parole e la norma. Studi sul lessico e grammatica a Napoli tra Quattro e Cinquecento.* Napoli: Edizioni Scientifiche Italiane, 1996.

Monti, Sabia Liliana. *Pontano e la storia. Dal "De bello Neapolitano" all'"Actius".* Roma: Bulzoni, 1995.

Najemy, John. M. "The Republic's Two Bodies: Body Metaphors in Italian Renaissance Political Thought." Ed. Brown Alison. *Language and Images of Renaissance Italy.* Oxford: Clarendon Press, 1995. 237-62.

Norton, Glyn P. "Humanist Foundations of Translation Theory (1400-1450): A Study in the Dynamics of Word." *Canadian Review of Comparative Literature* 8.2 (1981): 173-203.

Ovid. *Fasti.* Transl. James G. Frazer. Revis. G. P. Goold. Loeb Classical Library 253. Cambridge, MA: Harvard UP, 1931.

Pade, Marianne. "Neo-Latin and Vernacular Translation Theory in the 15th and 16th Centuries: The Tasks of the Translator According to Leonardo Bruni and Étienne Dolet." Ed. Florian Schaffenrath, and Alexander Winkler. *Neo-Latin and the Vernaculars: Bilingual Interactions in the Early Modern Period.* Leiden: Brill, 2019. 96-112.

Pastore Stocchi, Manlio. "Il pensiero politico degli umanisti." Pastore Stocchi Manlio. *Pagine di storia dell'Umanesimo italiano.* Milano: Franco Angeli, 2014. 26-84.

Pontano, Giovanni. *De principe.* Ed. Guido Cappelli. Roma: Salerno Editrice, 2003.

_____, Giovanni Gioviano. *De sermone et De bello Neapolitano.* Neapoli: ex officina Sigismundi Mayr artificis diligentissimi, mense Maio 1509.

Pontieri, Ernesto. *Per la storia del regno di Ferrante I d'Aragona re di Napoli.* Napoli: Edizioni scientifiche italiane, 1968.

Quaglioni, Diego. "I limiti del principe *legibus solutus* nel pensiero giuridico-politico della prima Età moderna." *Giustizia, potere e corpo sociale: argomenti nella letteratura giuridico-politica.* Ed. Angela De Benedictis and Ivo Mattozzi Ivo. Bologna: CLUEB, 1994. 55-71.

Quintilian. *The Orator's Education.* Vol. 3: books 6-8. Ed. and transl. Donald A. Russell. Loeb Classical Library 126. Cambridge, MA: Harvard UP, 2002.

Refini, Eugenio. "'Aristotile in parlare materno": Vernacular Readings of the Ethics in the Quattrocento." *I Tatti Studies in the Italian Renaissance* 16. 1-2 (2013): 311-41.

Ricciardi, Roberto. "Angelo Poliziano, Giuniano Maio, Antonio Calcillo." *Rinascimento* 8 (1968): 277-309.

Roick, Matthias. *Pontano's Virtues. Aristotelian Moral and Political Thought in the Renaissance.* Londra: Bloomsbury Academic, 2017.

Rubinstein Nicolai. "Le dottrine politiche nel Rinascimento." *Il Rinascimento. Interpretazioni e problemi.* Ed. Hall Marie Boas, and Eugenio Garin. Roma: Laterza, 1983. 183-237.

Santoni Alessandra. "Per l'edizione critica del volgarizzamento dell'*Etica* d'Aristotele:

primi sondaggi sulle varianti." *Storia, tradizione e critica dei testi*. Ed. Isabella Becherucci, and Conetta Bianca Concetta. Lecce: Pensa Multimedia, 2017. 219-30.

Scarton Elisabetta. "La congiura dei baroni del 1485-87 e la sorte dei ribelli." *Poteri, relazioni, guerra nel Regno di Ferrante d'Aragona*. Ed. Francesco Senatore, and Francesco Storti. Napoli: ClioPress, 2011. 213-90.

Senatore, Francesco. "Pontano e la guerra di Napoli." *Condottieri e uomini d'arme nell'Italia del Rinascimento*. Ed. Mario Del Treppo. Napoli: Liguori-GISEM, 2001. 281-311.

_____, and Francesco Storti. *Spazi e tempi della guerra nel Mezzogiorno. L'itinerario militare di re Ferrante (1458-1465)*. Salerno: CAR, 2002.

Skinner, Quentin. Vol. 1. *The Foundations of Modern Political Thought*. Vol. 1. *The Renaissance*. Cambridge: Cambridge UP, 1978.

_____. *Visions of Politics*. 3 vols. Cambridge: Cambridge UP, 2002.

Stacey, Peter. *Roman Monarchy and the Renaissance Prince*. Cambridge: Cambridge UP, 2007.

Storti, Francesco. *El buen marinero: psicologia politica e ideologia monarchica al tempo di Ferdinando I d'Aragona re di Napoli*. Roma: Viella, 2014.

Tavoni, Mirko, *Latino, grammatica, volgare: storia di una questione umanistica*. Padova: Antenore, 1984.

_____. *Il Quattrocento*. Milano: Mulino, 1992.

Tateo, Francesco. *Umanesimo etico di Giovanni Pontano*. Lecce: Milella, 1972.

Toscano Gennaro. "A la Gloire de Ferdinand d'Aragon, roi de Naples, le *De majestate de Iuniano Maio* enluminé par Nardo Rapicano." *L'Illustration. Essais d'iconographie*, Études réunies par Maria Teresa Caracciolo et Ségolène Le Men. Actes du Séminaire CNRS, Parigi, 1993-94. Parigi: Klincksieck, 1999. 125-39.

_____. "La bottega di Cola e Nardo Rapicano." *La biblioteca reale di Napoli al tempo della dinastia aragonese*. Ed. Gennaro Toscano. Valencia: Generalitat Valenciana, 1998. 393-415.

_____. "Rapicano, Nardo." *Dizionario biografico dei miniatori italiani. Secoli IX-XVI*. Ed. Milvia Bollati. Milano: Sylvestre Bonnard, 2004. 896-98.

Viroli, Maurizio. *Dalla politica alla ragion di Stato: la scienza del governo tra XIII e XVII secolo*. Roma: Donzelli, 1994.

Viti, Paolo, ed. *Leonardo Bruni. Sulla perfetta traduzione*. Napoli: Liguori, 2004.

Witt, Ronald G. *'In the Footsteps of the Ancients': The Origins of Humanism from Lovato to Bruni*. Leiden: Brill, 2000.

Worth-Stylianou, Valerie. "'Translatio' and translation in the Renaissance: From Italy to France." *The Cambridge History of Literary Criticism*. Ed. Glyn P. Norton. Vol. 3. Cambridge: Cambridge UP, 1999. 1127-135.

VALERIA PETROCCHI

Un obliato esempio dal panorama traduttivo dell'Italia settecentesca: il caso dell'abate Pedrini e la sua versione italiana del *Joseph Andrews* di Henry Fielding

Sinossi: Il presente intervento si propone di analizzare nel panorama traduttivo dell'Italia del '700, non ancora consolidata da un punto di vista politico ma unita a livello di coscienza nazionale nell'àmbito della produzione letteraria, il caso della versione italiana del *Joseph Andrews* ad opera di Giannantonio (Giovanni Antonio) Pedrini, al quale spetta anche il merito di aver contribuito all'importazione e divulgazione del genere letterario del romanzo (Petrocchi, *Tipologie* 17-27). Il saggio si propone altresì di rilevare come, accanto ai nuovi gusti letterarî, circolanti nella penisola, si avverta nella stessa un vivace fermento editoriale, particolarmente attento alla ricerca di opere originali ed innovative che influiranno in maniera decisiva anche sullo sviluppo della nostra lingua, proprio grazie all'attività traduttiva.
Parole chiave: Traduzione inglese-italiano, romanzo, Giannantonio Pedrini, Henry Fielding, Arcadia, Repubblica di Venezia

La prima traduzione italiana del *Joseph Andrews*: panorama culturale e letterario

La prima traduzione italiana del *Joseph Andrews*[1] avvenne a opera dell'abate Giannantonio (Giovanni Antonio) Pedrini e fu pubblicata sotto lo pseudonimo di pastore arcade Nigillo Scamandrio (Petrocchi, *Tipologie* 29-61).[2] Già nel titolo

---

[1] Sino ad oggi risultano solo due traduzioni in lingua italiana di *The History of the Adventures of Joseph Andrews, and of his Friend Mr. Abraham Adams*, la prima, del Settecento, pressoché contemporanea all'autore inglese e la seconda, apparsa a distanza di due secoli esatti, eseguita da Giorgio Melchiori nel 1951 a Milano per i tipi della Garzanti.

[2] Il presente studio ha preso le mosse dalla traduzione italiana del *Joseph Andrews* e consequenzialmente dal nome del suo traduttore. Dalla ricerca effettuata nell'Archivio dell'Accademia dell'Arcadia presso la Biblioteca Angelica, sotto il nome di Nigillo Scamandrio risultava registrato "L'Abate Giovanni Pedrini di Venezia" (Archivio IV, 1899). Pedrini era stato nominato membro dell'Arcadia sotto il custodiato di Michele Giuseppe Morei da Firenze (Mireo Rofeatico). La sigla P.A., che fra l'altro troviamo spesso accanto al suo nome anche in altre opere, sta dunque per "Pastore Arcade." Il toponimo di provenienza posto accanto al nome non si riferisce al luogo di nascita e non sempre coincide con esso. Tuttavia, secondo quanto emerso dalla corrispondenza consultata presso l'Archivio di Stato di Venezia che va dal 19 febbraio 1784 al 7 ottobre 1792 (Inquisitori di Stato, busta 622), Pedrini si dichiara espressamente veneziano, nonostante in alcune occasioni apponga alla propria firma l'appellativo di "Veneto", come ad esempio nell'edizione dell'opera di Ovidius, *Ajace in fiore, poema nelle Metamorfosi volgarizzato dall'Abbate Gioannatonio Pedrini Veneto*. Sempre dalle lettere esaminate presso l'Archivio di Stato di Venezia è stato

proposto da Pedrini nella sua traduzione del 1752 è possibile individuare i tratti peculiari dell'impostazione traduttiva: *Avventure di Gioseffo Andrews fratello di Pamela, e del dottor' Adami suo amico. Romanzo comico pubblicato in Inglese dal Signor Fielding. Poscia tradotto in Idioma Francese da una dama di Londra, Ed ora nuovamente recato alla Toscana Favella da Nigillo Scamandrio P. A.* Lo si raffronti con il titolo originario: *The History of the Adventures of Joseph Andrews, and of his Friend Mr. Abraham Adams. Written in Imitation of the Manner of Cervantes, Author of Don Quixote.* Il titolo è proposto sul calco della prima edizione francese *Les Avantures de Joseph Andrews, et du Ministre Abraham Adams, Publiées en Anglois en 1742. Par M... Feilding* [sic]; *et Traduites en François à Londres, par une Dame Angloise, sur la troisiéme* [sic] *Edition*[3] eseguita da Pierre-François Guyot Desfontaines (Petrocchi, *Tipologie* 74-75): pertanto viene espressamente lasciata l'informazione che rivela una precedente traduzione eseguita da una "Dame Angloise", mentre viene omesso il richiamo a Miguel de Cervantes Saavedra e al suo *Don Quijote.* Da sottolineare il fatto che Pedrini aggiunge due importanti elementi innovativi nel definire il libro un "romanzo comico" e nell'inserire il richiamo a Pamela, sorella di Joseph Andrews, al fine di permettere al lettore italiano un'identificazione immediata del personaggio, che sarà successivamente noto all'epoca grazie alle commedie di Goldoni *Pamela fanciulla* e *Pamela maritata,* chiaramente ispirate al romanzo di Samuel Richardson (*Pamela or the Virtue Rewarded*).[4] Altro particolare interessante è il fatto che "Ministre" (presente nel titolo francese) non venga tradotto letteralmente da Pedrini, ma sia sostituito con "dottor", come avviene sempre all'interno del romanzo, presumibilmente per motivi religiosi anche imposti dalla censura che esigeva estrema cautela in ambito teologico. In tal modo, il traduttore veneziano costretto a utilizzare una diversa qualifica, più

---

possibile desumere che fosse nato nel 1728, mentre non è stato possibile risalire alla data di morte. Il Pedrini, "Dottor di Sacra Teologia e delle Leggi", risulta essere figura di lette-rato tipicamente settecentesca, come non solo emerge dalla mole della sua produzione let-teraria e saggistico-diplomatica (Petrocchi, *Tipologie* 41 n32), dove mostra una notevole erudizione in tutte le discipline e in particolare nelle lettere antiche, nella mitologia e nelle Sacre Scritture, ma anche per aver composto poesia d'occasione spesso su commissione (epitalamica, encomiastica, celebrativa, commemorativa) per diverse corti europee. Fra i numerosi poemi, si ricordano in particolare *L'Austriborbonide* e *Giunon Pronuba* (Petroc-chi, *Tipologie* 55-56).

[3] Le edizioni francesi risultano due: *Les Avantures de Joseph Andrews, et du Ministre Abraham Adams, Publiées en Anglois en 1742. Par M... Feilding* [sic]; *et Traduites en François à Londres, par une Dame Angloise,* e *Les Avantures de Joseph Andrews, et du Ministre Abraham Adams, Publiées en Anglois, en 1742. Par M..Feilding* [sic]*, Auteur de l'Enfant Trouvé; traduites en François, par l'Abbé Desfontaines.* Nell'articolo si è utilizzata quest'ultima edizione, la quale, oltre a risultare identica alla prima anche nella numerazione delle pagine, riporta ufficialmente il nome del traduttore.

[4] Le due commedie di Goldoni verranno poi pubblicate in volume, rispettivamente nel 1753 a Venezia nel tomo 5 delle *Opere complete* e nel 1760 a Roma.

generica, non avrebbe dato adito a polemiche e tanto meno suscitato nel futuro lettore pericolose curiosità teologico-dottrinarie nei confronti della religione protestante. Essendo il romanzo di Fielding considerato da Pedrini opera di alto contenuto morale, era necessario lavorare con notevole serietà e impegno a livello traduttivo. Si ricordi quanto il traduttore scrive nella dedica al giovane Zaccaria Vallaresso, inserita all'inizio del primo tomo delle *Avventure di Gioseffo Andrews*:

> Mi resta dunque di dimostrarvi in qual modo utile e' vi possa tornare cotesto Libro; nè [sic] durerò fatica a persuadervelo, quando facendovi rimarcare su d'esso una continua Commedia, che mette in vista all'Universale diversi Personaggi di vario rango, diversi caratteri di varia specie, e diverse situazioni di varia natura, nelle quali a vicenda è posto l'uomo sopra la Terra, [...] un libro ad istudiare, che dentro a quella estensione (che non è poca benchè [sic] in poche carte) in cui racchiudesi, potrebbe anche dirsi il Libro del Mondo.
>
> (Fielding, *Avventure di Gioseffo Andrews* 1:2-3)

Sebbene il concetto di Italia fosse presente a livello di coscienza nazionale nella produzione letteraria—si pensi, ad esempio, al Baretti o all'Alfieri o alla stessa evoluzione della lingua italiana (Devoto 101-14; De Mauro 273; Migliorini 486-505)—è da sottolineare che la situazione editoriale variava a seconda delle zone geografiche. La pubblicazione della versione italiana del *Joseph Andrews* avvenne nella Repubblica di Venezia, dove il ruolo determinante della censura degli Inquisitori di Stato influenzava i contenuti della traduzione stessa. L'appartenenza di Pedrini all'Accademia dell'Arcadia è fattore di importanza primaria nell'impostazione strutturale adottata nel corso della sua traduzione, nonostante la supremazia della lingua francese si imponesse nel campo delle traduzioni dalle lingue straniere, oltre che nella cultura generale in àmbito europeo, ed andasse a interferire in qualche modo con l'esito finale della versione italiana del *Joseph Andrews*, più che mai evidente nell'eleganza stilistica che sapientemente si fonde ai toni colloquiali.

La versione di Pedrini risente con chiara evidenza dell'influsso della versione di Desfontaines; ma, se considerata in maniera autonoma sul piano linguistico e stilistico, essa rivela quella maggiore fluidità e snellezza verso cui si avviava la prosa italiana del Settecento. Merito della traduzione pedriniana è l'aver introdotto non solo un'opera straniera, importando, in tal modo, elementi innovativi in àmbito letterario, ma anche l'aver scritto in una lingua italiana capace di creare uno stile narrativo originale, nonché di aver avviato un processo di modernizzazione all'interno della nostra lingua e della nostra cultura.[5] Nel quadro linguistico contemporaneo al traduttore, infatti, era presente un forte

---

[5] Si pensi ad esempio all'uso del *free indirect speech* in Fielding (Hatfield 208-09), che sarà elemento tipico e caratterizzante del romanzo del Novecento (Di Martino 184, 215), puntualmente trasferito da Pedrini nella sua traduzione italiana.

divario fra lingua parlata (nella quale prevalevano i dialetti) e lingua scritta, nel cui ámbito occorreva distinguere fra poesia (che utilizzava sempre l'italiano) e prosa (che, a seconda dell'argomento trattato, si serviva del francese e soprattutto del latino per la resa di testi scientifici e di erudizione storica) (Migliorini 473-80). La supremazia del francese era di impedimento e si contrapponeva, in un certo senso, al concetto di unità nazionale che iniziava a prender corpo nella penisola. Un diffuso bilinguismo, le cui origini si possono far risalire ai tempi di Carlo Magno e che ebbe modo consolidarsi nel '600, permarrà a lungo a causa delle continue dominazioni straniere, accanto all'importazione a flusso continuo della cultura e della letteratura francese; prova evidente di ciò è la presenza, nel nostro lessico, di alcune parole e forme di costrutto di derivazione francese (Migliorini 518-25), le cui tracce riaffiorano con frequenza nello stesso Pedrini. E, sebbene attraverso le traduzioni pervenissero di continuo nella nostra lingua francesismi lessicali e sintattici (Matarrese 47, 53-71), è proprio nel Settecento che inizia il processo di distacco dal francese e, al tempo stesso, si afferma l'italiano come elemento linguistico che contraddistingue la coscienza nazionale (De Mauro 273): appaiono le prime opere di economia in italiano e si instaurano nuove forze intrinseche come i dialetti, che opereranno in maniera sostanziale sulla formazione della stessa unità nazionale. A tale riguardo si pensi al teatro di Goldoni (Migliorini 508-13), che non solo scrive in dialetto, ma inizia a redigere le sue opere interamente in lingua italiana con *La donna di garbo* (1743) e con le due commedie prima menzionate (*Pamela fanciulla* (1750) e *Pamela maritata* (1759).

È evidente che la traduzione, dunque, nell'importare nuove opere—in questo caso specifico il romanzo di Richardson—esercita un influsso positivo sull'uso della lingua italiana, andando a costituire il retroterra nazionale comune. Si pensi anche a Baretti e ad Alfieri, per i quali la lingua italiana diviene a tutti gli effetti "simbolo di orgoglio nazionale" (Devoto 111-14). La traduzione di opere straniere in tale prospettiva diviene veicolo di rinnovamento e, al tempo stesso, di rafforzamento della lingua italiana.

Situazione editoriale a Venezia al momento della pubblicazione

Ogni volume stampato nella Repubblica di Venezia veniva sottoposto a due revisioni da parte di ciascuno degli organi competenti, quello della Santa Sede (rappresentato dal padre inquisitore del Santo Uffizio) e quello della Magistratura della Repubblica (costituito dai Riformatori dello Studio di Padova). Nel primo caso la censura operava un controllo dal punto di vista strettamente religioso, mentre nel secondo si procedeva alla verifica che l'opera in questione non offendesse la moralità pubblica ed i rapporti diplomatici con altri Stati. È tuttavia interessante osservare come l'organo della Magistratura esercitasse il proprio controllo anche sulla chiarezza e sulla correttezza delle traduzioni, interferendo pertanto sul piano propriamente linguistico-letterario. Dopo la revisione eseguita dai due organi, che avveniva attraverso il rilascio di due "fedi",[6] il volume poteva esser pubblicato. Siccome i rapporti fra la Repubblica di Venezia e la Santa Sede erano piuttosto tesi all'epoca, spesso i due organi si scontravano fra di loro, andando a danneggiare il mercato del libro: la Serenissima era infatti interessata a perseguire scopi puramente commerciali, mentre il Soglio Pontificio era volto a tutelare se stesso e i suoi principî religiosi (Infelise 62-131).

La censura obbligherà i traduttori dell'epoca ad effettuare determinate scelte sulla base di una sorta di "ripulitura" sia morale che religiosa dei testi. Riguardo al *Joseph Andrews,* in una lettera di Giuseppe Zucconi (Pubblico Revisore di Libri) è possibile percepire comunque un atteggiamento positivo e favorevole nei confronti di questo nuovo genere, il romanzo:[7] "In un'Opera favolosa, comica e d'un carattere bizzarro possono sofferirvi alcuni tratti ed espressioni lontane dalla severità e castigatezza: che però se ne può concedere la pubblicazione non contenendovi in questo MS cosa a' Principi e ai buoni costumi contraria."[8]

Erano numerose le opere straniere che arrivavano nella Repubblica di Venezia, sebbene principalmente si trattasse di disquisizioni dottrinarie, filosofiche, teologiche, scientifiche, soprattutto francesi, le quali venivan sottoposte ad attenta revisione da parte dei Riformatori e degli Inquisitori. Da

---

[6] Trattasi dell'approvazione dei testi e della loro revisione spettante ai Riformatori dello Studio di Padova (organo della Magistratura) ed all'Inquisizione Generale (Sacra Congregatio Romanae et Universalis Inquisitionis Seu Sancti Officii, organo della Chiesa). Quest'ultima, per l'esattezza, era svolta dagli Esecutori contro la Bestemmia, detti anche Difensori in foro secolare delle leggi di Santa Chiesa e Correttori della negligenza delle medesime (Infelise 39-131). Le date riportate sul volume tradotto da Pedrini sono: 5 settembre 1752 e 15 settembre 1752 sul primo tomo; 18 marzo 1753 e 20 luglio 1753 sul secondo tomo. Le prime date sono accompagnate rispettivamente dai nomi dei Riformatori Gio. Emo, Barbon Morosini, Alvise Mocenigo IV, e dell'Esecutore Alvise Legrenzi; mentre le seconde da Barbon Morosini, Alvise Mocenigo IV e Alvise Legrenzi.

[7] Circa la nascita e la divulgazione del romanzo in rapporto al *Joseph Andrews*, trattandosi di argomento vasto e complesso, rimando a Petrocchi, *Tipologie* 138-47. In questa sede mi limito a ricordare brevemente come il trapasso dal *romance* al *novel* sia determinante per la nascita del romanzo moderno; e come alla base di tutto si inneschi un meccanismo a doppio senso. Se la complessità del reale allontana l'uomo dalla realtà stessa sino a portarlo alla creazione del *novel*, a sua volta quest'ultimo lo proietta di nuovo nel reale perché è il reale il suo oggetto di studio e da cui nasce l'equazione *fact/fiction* e epica/realismo (Calabrese 29-33). "Grazie ad essi [Fielding e Sterne] il *novel* soggettivizza la storia, coinvolgendovi il lettore, frantuma l'intreccio in episodi che riflettono la discontinuità del presente, inventa l'antiretorica della digressione o delle collisioni tra fatti e intenzioni, abbandona infine il 'caso' provvidenziale, al punto che la linea ascendente del *plot* realista si incurva nuovamente nel cerchio magico del *romance*" (Calabrese 43). Per Fielding il romanzo è lo specchio del reale (Watt 21-22) e pertanto si ritrova in stretto contatto con il teatro proprio tramite il realismo, come scrive Watt: "[...] the novel's realism does not reside in the kind of life it presents, but in the way it presents" (Watt 11).

[8] Lettera autografa di Giuseppe Zucconi ai Riformatori, datata "[l]'ultimo di Agosto 1752", Archivio di Stato di Venezia, Riformatori dello Studio di Padova, busta 310.

quanto è stato possibile ricostruire, risulta che le opere di Henry Fielding, come avveniva per altri romanzi inglesi che suscitavano particolare interesse, fossero state "licenziate" ed importate più volte senza problemi (Piva 158-66): si ricordino *Amélie, Tom Jones, Joseph Andrews*, mentre *Paméla* (questa la grafia riportata nelle pubblicazioni dell'epoca) di Richardson fu prima pubblicata a Livorno e successivamente dal libraio veneziano Tommaso Bettinelli solo nel 1758 (Piva 102); da tale versione deriveranno oltre che i lavori di Goldoni, anche quelli di Chiari nel 1762.[9] Nel 1788, sempre a Venezia, appaiono anche di Fielding le *Œuvres* e l'*Histoire de Tom Jones*, in questo caso senza ombra di dubbio nelle versioni francesi, sebbene sia provato che giungevano anche le opere in originale (Piva 160-66). Elemento a favore dell'incrementarsi di quest'attenzione per il romanzo straniero fu il crescente processo di laicizzazione della società, che gradualmente ridusse l'interesse per le opere di argomento unicamente religioso (Infelise 340-41) e contribuì a creare un nuovo gusto e, di conseguenza, nuove esigenze in àmbito letterario (Petrocchi, *Tipologie* 66-67).

Venezia si imponeva al tempo per la sua "vivacità editoriale" come "centro di mercato [...] singolarmente pronto nel recepire le domande del pubblico e altrettanto attento nel soddisfarle" (Crotti, *Alla ricerca del codice* 32-33). E il romanzo aveva bisogno di tipografie per la sua diffusione, a differenza del teatro. Ma come si inseriva la traduzione nel panorama editoriale della Venezia del Settecento? Essa rappresentava di per sé un'attività commerciale lucrativa, soprattutto dopo che la Serenissima dovette far fronte ad una crisi economica non indifferente:[10] l'attività editoriale si sarebbe poi intensificata nella seconda metà del Settecento e la traduzione non solo costituì a tal uopo un valido mezzo per importare opere straniere che ampliassero l'intero panorama culturale e letterario nazionale, soprattutto dopo il 1760, ma fu fondamentale per la diffusione di opere la cui fama nei paesi di origine era già consolidata; e garantì un sicuro successo da un punto di vista commerciale. I traduttori operavano a Padova e a Venezia, volgendo per la maggior parte dal francese, e rivelandosi di maggiore o minore preparazione, dal momento che la traduzione all'epoca costituiva essenzialmente un mezzo di sostentamento e pertanto era considerata un lavoro come un altro

---

[9] L'influsso del romanzo inglese sul Goldoni avviò anche un processo di internazionalizzazione o, se vogliamo, di sprovincializzazione della nostra cultura, proiettando il commediografo veneziano sulla scena europea (Crotti, *Le seduzioni* 9-47). Nel 1754 Goldoni scriverà il *Filosofo inglese*, la prima opera ambientata fuori Venezia. Chiari comporrà *Pamela maritata* in versi martelliani; ed essa sarà pubblicata nel 1759 a Venezia da Bettinelli e a Bologna presso la Stamperia di S. Tommaso d'Aquino. Per un'analisi più approfondita si rimanda a Petrocchi, *Tipologie* 22-27.

[10] La Repubblica di Venezia in seguito alla perdita di alcune colonie nel mare Egeo con la pace di Passarowitz, che pose fine alla guerra contro la Turchia, e a causa di una piatta politica di mantenimento, si avviava verso il tramonto commerciale, pur mantenendo vivo il suo livello culturale e letterario (Infelise 299-301, 343-44). Il declino commerciale della Serenissima andava di pari passo a quello morale dell'aristocrazia, determinando anche un indebolimento politico generale (per maggiori dettagli, rimando allo studio di Del Negro).

(Graf 14, 244; Infelise 194-95). All'inizio della recessione tipografica si verificò nella Repubblica di Venezia una vera e propria caccia alla traduzione, soprattutto da parte degli editori minori al fine di fronteggiare la concorrenza dei maggiori; e in questo clima si inserì Guglielmo Zerletti, editore della versione italiana del *Joseph Andrews* (Infelise 324, 345). (È da rilevare, tuttavia, che accanto a tale schiera di traduttori minori, emersero personaggi del mondo letterario che concepivano la traduzione come strumento di mediazione culturale). In generale la traduzione veniva spesso affidata ad esecutori occasionali e non professionisti (non esistendo all'epoca una simile figura professionale), e la revisione finale era successivamente eseguita dal 'revisore delle stampe', il quale era addetto a testi scientifici, tecnici e letterarî e lavorava in accordo con i Riformatori, ottenendo da loro l'approvazione finale. Revisore delle *Avventure di Gioseffo Andrews* fu il minore conventuale Giuseppe Zucconi (Archivio di Stato di Venezia, Riformatori dello Studio di Padova, busta 310).

Anche in tutto il territorio nazionale iniziava a diffondersi un atteggiamento favorevole nei confronti della cultura britannica, al quale si opponeva, seppure debolmente, un sentimento contrario, spesso frutto di autentica anglofobia (Natali 1: 537). Nell'àmbito della diffusione della cultura inglese a Venezia si ricorda il console Smith, che operò in maniera particolarmente energica, come scrive Vivian; tuttavia, anche in altri centri dell'Italia si colgono segni d'interesse per il mondo anglosassone: non mancano traduzioni a Milano, Napoli e Livorno, anzi in quest'ultima città viene pubblicata la prima grammatica inglese ad opera di Baretti.[11] Sempre a Venezia, Giambattista Pasquali nel 1736 e nel 1751 pubblicò rispettivamente la grammatica e il dizionario di Ferdinando Altieri.[12]

Il problema principale, nel caso dell'inglese, era la difficoltà di reperire persone che conoscessero la lingua e che fossero in grado di realizzare una buona traduzione. Si può presumere che per questo motivo i traduttori italiani si trovassero costretti a ricorrere alla mediazione del testo francese. Oltre al dottor Carlo Fabrizi, unico traduttore ufficiale dall'inglese a Venezia nella prima metà del '700 (Infelise 57 n120), fra i nomi più ricorrenti troviamo Matteo Dandolo (349), Zaccaria Seriman (159), la giornalista Elisabetta Caminer (195), attiva già a partire dagli anni '30, e una folta schiera di traduttori appartenenti al mondo letterario dell'Arcadia e non.[13] Fra coloro che conoscevano la lingua inglese e che erano studiosi della cultura anglosassone, si ricordano Giuseppe Baretti, Alessandro Verri, Francesco Algarotti, Melchiorre Cesarotti e Giambattista Biffi

---

[11] Mi riferisco qui all'opera del Baretti: *Grammatica della lingua inglese con una raccolta di sentenze morali*. Livorno: Masi e Compagno, 1778.

[12] Altieri, *Dizionario italiano-inglese ed inglese-italiano.* Venezia: Pasquali, 1751 (in due volumi).

[13] Si ricordano anche altri traduttori dall'inglese: Angelo Mazza, Agostino Paradisi, Giuseppe Maria Pagnini, Francesco Albergati, il Rezzonico, Giuseppe Torelli, Faustina Renièr-Michièl, Melchiorre Cesarotti (Graziano 384-88). Per maggiori dettagli rimando a Petrocchi, *Tipologie* 31-32, 68-71.

(Graziano 384-88; Graf 32-180). Si rammenti come il Baretti si rivelò particolarmente attento alla diffusione della lingua inglese, redigendo un dizionario e una grammatica (pubblicati prima a Londra e successivamente in Italia).[14]

L'Italia necessitava di nuovi modelli culturali per un rinnovamento radicale; e il Settecento è un secolo fondamentale per la relizzazione di tale mutamento, in quanto, nel periodo storico qui preso in esame, gli italiani guardavano per la prima volta all'Inghilterra, anche se tramite l'intermediazione della Francia ed in particolare delle *Lettres sur les Anglais* di Voltaire (Graf 33). L'attenzione degli editori veneziani veniva rivolta soprattutto alla storiografia britannica, come confermano le recensioni sulle pagine dei periodici locali dell'epoca. Dell'Inghilterra attiravano in primo luogo le istituzioni e il tipo di governo; in secondo luogo la nazione britannica si presentava originale e rivoluzionaria per cultura, lingua, produzione letteraria e in altri campi peculiari, quali ad esempio la moda maschile e femminile o la cucina (Infelise 37). Sotto questa ondata di anglomania, i romanzi inglesi andavano letteralmente a ruba e costituivano una nuova tipologia letteraria da prendere in considerazione (140-155).

Oltre all'interesse verso il mondo anglosassone per la produzione politica, filosofica e scientifica, gli italiani rivolgono l'attenzione alla stampa periodica. A riprova di ciò, soprattutto dopo il 1760, quando si intensificheranno gli scambî culturali con la Gran Bretagna, si verificherà un ampliamento del lessico italiano (Graziano 374-76, 386) in questo campo. È nella seconda metà del Settecento che sull'esempio e sulla spinta dei periodici inglesi più conosciuti, come *The Tattler* e *The Spectator*, nasce in Italia il giornalismo inteso in senso moderno con *Il caffè*, *La frusta letteraria*, *La gazzetta veneta*, *L'osservatore veneto*, per menzionarne solo alcuni. Accanto a questi ne appaiono numerosi altri, tradotti in contemporanea dalla versione francese (persino lo *Spectator* passa per il francese) costituendo un'ulteriore conferma della supremazia linguistica e culturale della Francia.

Fra i periodici più in voga (Saccardo) si ricordano *Novelle della repubblica letteraria* (1729-62), *Memorie per servire all'istoria letteraria* (1753-58) e *Storia letteraria d'Italia* (1750-59).[15] Tutte queste pubblicazioni mostravano un interesse di respiro cosmopolita ed una forte volontà di apertura verso gli altri paesi europei, tanto che sulle loro pagine venivano segnalate le pubblicazioni di

---

[14] Giuseppe Baretti, *A Dictionary of the English and Italian Languages, To which is added an Italian and English Grammar*, e Id., *A Grammar of the Italian Language, To which is added an English Grammar for the Use of Italians*. Le due opere appariranno in Italia in un secondo momento: *Dizionario delle lingue italiana, ed inglese* e *Grammatica della lingua inglese, con una copiosa raccolta di sentenze morali*.

[15] Questi i periodici consultati di interesse letterario che escono nello stesso periodo della pubblicazione del *Joseph Andrews*, sia nell'originale che nelle traduzioni francese e italiana. Tuttavia non è stata rinvenuta alcuna recensione, né al romanzo originale, né alla sua traduzione.

opere avvenute in varie città europee come Amsterdam, Parigi, Londra e Pietroburgo, nonostante l'attenzione fosse prevalentemente rivolta a libri di argomento dottrinario, filosofico, teologico, storico, scientifico e persino medico. E sebbene il periodico *Storia letteraria d'Italia* includesse la sezione specifica *Raccolte, miscellanee, traduzioni, ristampe*, le traduzioni prese in considerazione erano prevalentemente dal latino e dal greco. Fra le poche traduzioni da lingue straniere prevalevano quelle dal francese; mentre dall'inglese si trovavano solo quelle di argomento scientifico. Certamente il fatto che l'annuario bibliografico fosse redatto dal gesuita Francesco Antonio Zaccaria (dal 1748 al 1755) comportava una maggiore attenzione alle opere di autori religiosi, soprattutto appartenenti alla Compagnia di Gesù, a cui si aggiungeva l'intento del padre di combattere la diffusione della "cattiva stampa." In tale ottica, il romanzo, come il teatro, non poteva essere preso in considerazione, eccezion fatta per la segnalazione del 1750 della traduzione del *Misanthrope* di Molière in versi toscani nell'edizione del 1749; e di una sua precedente traduzione uscita a Bologna (Zaccaria 1:256). Rimangono, dunque, rare le segnalazioni di traduzioni avvenute direttamente dall'inglese.

Il *Joseph Andrews* in lingua italiana: rapporti con il romanzo e la traduzione francese

In Inghilterra il romanzo si rivolgeva ad un pubblico borghese non necessariamente erudito e alla *gentry*, categorie sociali per le quali la lettura costituiva solo un piacevole passatempo (Watt 38-65), tanto che i tipografi e i librai cercavano di accontentare i nuovi gusti commissionando romanzi e influenzando gli orientamenti degli autori. In Italia, anzi per l'esattezza nella Repubblica di Venezia, la situazione si presentava diversamente: il pubblico a metà del '700 era cambiato, accanto ai nobili si affiancava un ceto medio che tuttavia differiva dalla borghesia inglese (Watt 25) e di cui il romanzo non era ancora l'espressione ufficiale. In questo secolo la traduzione rappresenta un mezzo educativo; e si dovrà attendere il '900 per vedere l'intento ben preciso di creare scambî culturali in un'ottica cosmopolita volta ad allargare gli orizzonti letterarî e rispondere ad esigenze di ordine estetico piuttosto che etico (Petrocchi, *Edward A. Storer*; *Immagini allo specchio*).

Il romanzo in Italia si muoverà fra diverse tendenze prima di raggiungere una propria identità ben definita: melodrammatica, picaresca, storica, epistolare, memorialistica, diaristico-odoporetica e satirica (a imitazione del *Gulliver*). Risulta pertanto difficile individuare anche un'unica tipologia di lettori, essendo il romanzo, da un punto di vista linguistico e stilistico, legato al teatro. Nella genesi del romanzo in Italia (dove per "Italia" si intende la nazione considerata nella sua identità letteraria) il dibattito teorico era vivo ed acceso, puntando sull'individuazione di un genere e dei suoi tratti caratteristici; e la *Poetica* aristotelica con il suo concetto di *mimesis* influì in maniera determinante su tale discussione. La questione si presentava negli stessi termini anche nel resto dell'Europa e coinvolgeva molte personalità, fra le quali lo stesso Fielding (Watt 282), seppure in misura minore;[16] e, di riflesso, investiva anche il suo traduttore francese, Desfontaines. In accordo con quanto scrive Ilaria Crotti (*Alla ricerca del codice* 9), il problema centrale del rapporto fra teatro e romanzo verte sulla verosimiglianza, e sulla connessione tra realtà e finzione. Il romanzo, rispetto ai dettami della poetica aristotelica, si va in tale periodo borghesizzando; ed è per tale ragione che si ritroverà accanto al teatro: Goldoni ne è un chiaro esempio. Nonostante l'impronta romanzesca della sua produzione teatrale sia presente più nella trama e nella costruzione dei personaggi che nell'impostazione stilistica (Stewart 53),[17] Goldoni "romanzizza" il proprio teatro (Crotti, *Alla ricerca del codice* 19-21). Secondo un processo spontaneo, il romanzo riflette i mutamenti sociali che si stanno verificando, nel nostro caso, nella Repubblica di Venezia;[18] e l'interscambio fra teatro e romanzo produrrà i suoi frutti a livello letterario solo nel secolo successivo. Fielding, insieme a Cervantes, Richardson, Defoe, servirà da modello per il romanzo (e non solo in Italia, ma in tutta Europa) e per il teatro soprattutto a causa di un "appiattimento negativo volutamente istituito tra commedia e romanzo" (Crotti, *Alla ricerca del codice* 27; *Le seduzioni* 11). In questo àmbito la traduzione si pone quale strumento e mezzo fondamentale nella diffusione del romanzo, portando alla nascita di una letteratura di consumo[19] (Matarrese 260-73) legata al concetto popolare di cultura, alla morale di stampo borghese (che deve molto all'impegno educativo e allo spirito democratico tipici della mentalità illuminista) e all'attingere dalla quotidianità, da cui la rappresentazione del reale che mentre in Fielding sfocia nel romanzo, in Goldoni conduce a una commedia di carattere vicina al "*novel* teatralmente realistico" (Crotti, *Le seduzioni* 27). Il realismo si affianca al moralismo e denuncia le debolezze di queste classi sociali mettendole in ridicolo: certamente occorre tener conto dei paesi di appartenenza dei due autori e del loro diverso retroterra religioso oltre che culturale. Nel caso di Fielding non si può non ignorare l'influenza dell'opera di Ben Jonson (anche se quest'ultimo di accento più aspramente satirico) che dal teatro confluisce nel romanzo. Oltre a questi fattori si aggiunga il dato storico concreto, ossia che la pubblicazione delle commedie di

---

[16] Si ricordi come su Fielding agisca l'opera di Cervantes e come ciò si riversi sulla vivezza dei suoi personaggi (Chiari Sereni xii).

[17] Per un'analisi più dettagliata e documentata circa i rapporti fra teatro e romanzo nell'Italia settecentesca e in rapporto alla traduzione del *Joseph Andrews*, rimando a Petrocchi, *Tipologie* 19-27. A livello più ampio, Crotti *Alla ricerca del codice* 19-21, 27 e Id., *Le seduzioni della virtù* 11, in particolare per la bibliografia relativa ai rapporti fra teatro e romanzo 37 n5. Per i prototipi del romanzo italiano, sebbene ancora non si possa parlare di romanzo in senso moderno, Natali 2: 409-16, 428-29.

[18] Oltre a Berengo (43-50), circa la nascita di un ceto medio liberale all'interno della Repubblica di Venezia, illuminante lo studio dello storico Massimo Petrocchi.

[19] Ad esempio, lo stesso Goldoni nel momento in cui decideva di dare alla stampa le sue commedie, dimostrava la propria consapevolezza della diversità di pubblico rispetto a quello che frequentava il teatro (Stewart 41-42).

Goldoni in volume riscuoteva notevole successo (Baretti, *La frusta letteraria* 2: 171): è un dato oggettivo che testimonia come le commedie nel presentarsi quale prodotto teatrale scritto e destinato alla lettura costituissero un surrogato e al tempo stesso un antesignano del romanzo. Il pubblico italiano esigeva un genere nuovo attraverso il quale, rispondendo opportunamente alla mutata realtà sociale, potesse esprimere se stesso e i proprî gusti.

La traduzione del Pedrini concilia i due generi in quanto in essa confluiscono linguaggio teatrale e letterario; e per la prima volta in Italia appare un'opera che, sebbene nata come ri-creazione di un altro testo, da un punto di vista linguistico e stilistico crea un prodotto originale destinato a fungere da futuro modello.

Nel '700 la cultura anglosassone è presente ed è più diffusa di quanto si possa normalmente pensare, soprattutto grazie ai frequenti scambî commerciali fra i due paesi, che comportavano una diffusione di idee maggiormente fra la borghesia mercantile che non tra i letterati. In questo contesto le traduzioni francesi si impongono non solo a causa della diffusione del francese quale lingua franca, ma anche a causa del persistere della cultura illuminista affermatasi in tutta Europa e fortemente radicata in tale continente sino ai primi del '900. Tutte le traduzioni in altre lingue straniere passano per il francese, ossia i traduttori non utilizzano il testo originale ma la versione francese; e nel caso di Pedrini ciò è evidente in numerosi passaggi (Petrocchi, *Tipologie* 75-79). Della traduzione francese del *Joseph Andrews*, eseguita dall'abate Desfontaines, non pochi sono i dettagli che trapassano nella traduzione italiana e sui quali agisce in maniera significativa l'azione della censura, all'epoca più potente in Francia (Léger) che nella Repubblica di Venezia, dove in definitiva l'opera di Fielding era pervenuta senza eccessivi problemi. Desfontaines aveva già tradotto dall'inglese il *Gulliver's Travels* nel 1727; e, per evitare scontri con la censura, era dovuto ricorrere ad alcuni accorgimenti utilizzati anche in seguito nella traduzione del *Joseph Andrews*: ad esempio, la falsa data di "Londres"[20] e la presenza di una *Lettre d'une dame Angloise* (Desfontaines 2: 325-49)—nella quale la traduttrice ufficiale, in realtà Desfontaines, spiegava il motivo delle proprie scelte linguistiche e delle eventuali omissioni, oppure i cambiamenti apportati rispetto all'originale—che verrà tradotta puntualmente da Pedrini nella sua versione italiana (Fielding, *Avventure* 1: xiv-xxxiii).

Pedrini traduce tale *Lettera* non solo perché condivide quanto dichiarato da Desfontaines riguardo al valore morale e letterario dell'opera, ma anche per il fatto che egli ritiene il romanzo strumento utile a livello pedagogico al fine di introdurre nel contesto italiano elementi della cultura e delle usanze inglesi, anche

---

[20] L'espediente cosiddetto della falsa data, che includeva anche un falso luogo, era utilizzato a volte dai tipografi italiani per ovviare alle eventuali opposizioni da parte della censura, perché si riferiva ad un paese dove la censura non avrebbe potuto intervenire in modo diretto, non avendone la giurisdizione.

in campo giuridico.[21] Entrambi, ma soprattutto Desfontaines, adattano la propria traduzione alla cultura d'arrivo anche tramite omissioni, modifiche e aggiunte. Pedrini si mantiene su un piano più oggettivo, sostenendo il testo con un discreto apparato di note al fine di spiegare alcune scelte traduttive e alcune situazioni relative ai personaggi e/o situazioni tipicamente inglesi. La traduzione come mezzo di scambio culturale prevale, nonostante i difetti e le imperfezioni delle metodologie messe in atto (Petrocchi, *Tipologie* 75-79).

Pedrini subisce la supremazia del francese; e non poteva essere altrimenti: egli non solo si serve dell'intermediazione della versione di Desfontaines nel tradurre il romanzo di Fielding, ma utilizza il francese anche in altri scritti e negli ambienti diplomatici che frequentava.[22] Questo influsso, tuttavia, non agisce in

---

[21] Alcuni esempi dal *Joseph Andrews* significativi a riguardo. Nel primo caso si osservi il testo in inglese: "[…] and indeed if the Reader considers that so many Hours had past since he had closed his Eyes, he will not wonder at his Repose, tho' even *Henley* himself, or as great an Orator (if any such be) had been in his *Rostrum* or Tub before him" (Fielding, *Joseph Andrews and Shamela* 240-41). La traduzione sia di "Rostrum" che di "Tub", quest'ultima letteralmente *tinozza* e qui usata metonimicamente con ironia per indicare "as the pulpits of Dissenters were satirically called" (Hawley, *Joseph Andrews and Shamela* 379-80 n5), confluisce in *arengo*, parola di origine feudale che indicava in un primo momento l'assemblea del popolo e in seguito l'organo sovrano del comune (*Lessico universale italiano*). *Rostrum* è parola latina usata anche al plurale (*rostra*) per indicare la tribuna, la ringhiera degli oratori: "in rostra ascendère" traduce "salire a parlare sulla tribuna" (*Dizionario latino-italiano*) ed è ancora oggi utilizzata in inglese nel senso di: "platform for public speaking […], pulpit, office, etc. that enables one to gain the public ear, esp. *auctioneer's*" (*Oxford English Dictionary*). Un secondo caso, quando Pedrini utilizza la tipica terminologia giuridica settecentesca per spiegare i riferimenti o i termini del Foro d'Inghilterra: "The Clerk having finished the Depositions, as well of the Fellow himself, as of those who apprehended the Prisoners, delivered them to the Justice" (Fielding, *Andrews and Shamela* 168), diviene: "Finché avendo quegli [il Segretario] finito di estendere tutto ciò che spettava al preteso assassinio con tutte le circostanze della cattura, mostrò il suo processo verbale al giudice" (Fielding, *Avventure* 1: 199). Infine, nel seguente passaggio: "I had an Acquaintance with an Attorney who had formerly transacted Affair for me" (Fielding, *Joseph Andrews and Shamela* 225), il linguaggio giuridico è semplificato pur non compromettendo l'andamento narrativo del racconto. Così diviene: "me ne andai a trovare un Proccuratore [sic], che io altra fiata aveva impiegato per dimandargli la di lui pratica" (Fielding, *Avventure* 2: 49). Ma gli esempi citati potrebbero moltiplicarsi.

[22] Intensa fu la sua vita in ambito diplomatico in veste ufficiale di informatore al servizio del Tribunale degli Inquisitori dello Stato della Repubblica di Venezia, che lo portò a contatto con numerosi corti europee. Pedrini frequentava gli ambienti letterarî d'Italia e di tutta Europa (fra le sue amicizie anche il Metastasio), in particolare in Inghilterra lo troviamo inserito nel salotto di Elizabeth Montagu dove conobbe Lord Temple e George Lyttelton. Dalla corrispondenza esaminata presso l'Archivio di Stato di Venezia dal 19 febbraio 1784 al 7 ottobre 1792 (Inquisitori di Stato, busta 622) è emerso che Pedrini era intimo di numerosi esponenti dell'alta società, fra questi: Zuane Balbi, il conte di Mirabello (l'abate Montagnini) "suo maestro in politica", il console britannico Waxon, il conte Francesco Catta-

maniera del tutto negativa; infatti, è sotto la spinta della Francia che si avverte l'esigenza di ricercare nuove forme lessicali (Baretti ed Alfieri saranno i maggiori coniatori di neologismi) e di semplificare il periodo, discostandosi dalla tradizione precedente (Migliorini, 486-505; Matarrese 47).

Nonostante la traduzione italiana di *Joseph Andrews* fosse stata condotta sul francese, Pedrini cercò di seguire una sua metodologia scientifica, basata sull'onestà e sulla serietà del proprio lavoro. Lo fece collazionando la traduzione di Desfontaines con il testo inglese originale (come dimostrano i frequenti richiami all'originale), inserendo un cospicuo apparato di note che chiariscono determinate scelte traduttive e spiegano i passaggi più oscuri, sostenendo la traduzione e includendo al tempo stesso fini pedagogico-didattici nel rispetto delle differenze culturali. A titolo esemplificativo, si legga il seguente passaggio nel quale Pedrini, nell'omettere dodici righe che includono riferimenti a personaggi tipicamente inglesi, ossia i due attori Roger Bridgewater e William Mills e il pittore William Hogarth, spiega al lettore la motivazione di tale scelta: "Dopo queste parole avvi nell'*Inglese* un paragone di dodici righe; che è impossibile a tradursi nel gusto *Francese* pel rapporto troppo preciso, che v'ha ad alcune cose, le quali non sono punto conosciute, che a *Londra* e che riuscirebbono [sic] per questo motivo molto scipite anche nella nostra lingua *Italiana*" (Fielding, *Avventure* 1: 37-38, nota non numerata).

Altri fattori significativi nell'analizzare il lavoro del Pedrini hanno a che fare con il modo in cui egli si relaziona alla censura. Difatti, Pedrini utilizza uno pseudonimo, il proprio *onomasticon* di pastore arcade (Nigillo Scamandrio), al pari di Desfontaines che aveva scelto uno pseudonimo femminile "une Dame Angloise" per non attirare l'attenzione della censura. Nel caso della versione francese, Desfontaines riteneva che una donna non avrebbe mai osato mettersi contro l'ortodossia; e che l'essere di madrelingua inglese avrebbe garantito la correttezza della traduzione stessa. La censura in Francia sembrava essere attenta più all'aspetto sociale che a quello morale o religioso (come invece avveniva nella Repubblica di Venezia), poiché si temeva che l'opera potesse fomentare le coscienze contro la nobiltà e le classi governanti. Il luogo di stampa ufficiale era Londra, anche se in realtà sembra che il libro fosse stato pubblicato in Francia (Léger 27): era necessario ricorrere a un luogo ove la censura non potesse intervenire direttamente. Anche per Pedrini il cosiddetto espediente della falsa data era stato utilizzato dai tipografi italiani per ovviare ad eventuali opposizioni da parte della censura (Infelise 71-72). Altro aspetto sul quale Desfontaines insiste nella sua *Préface* è il carattere comico dell'opera di Fielding, caratteristica che mette ulteriormente al sicuro l'opera da eventuali attacchi da parte della censura

---

neo, Piero Mocenigo, il conte Bartolomeo Benincasa e altri appartenenti sempre all'ambiente politico e diplomatico. Per maggiori dettagli circa la biografia del Pedrini, rimando a Petrocchi, *Tipologie* 46-58 e, in particolare, 47-50 per la corrispondenza fra Pedrini e Metastasio.

(Fielding, *Les Avantures* 1: iii). Pedrini, come evidenziato nella dedica introduttiva, punta piuttosto sulla validità morale del *Joseph Andrews,* tanto da definirlo "il Libro del Mondo" (Fielding, *Avventure* 1: ii).

A differenza di quanto avvenuto per la versione francese, la censura veneziana aveva influenzato alcune scelte lessicali in maniera più limitata (si pensi alla parola "parroco" sempre sostituita da Pedrini con "Dottor Adami", onde evitare confusione tra i ministri del culto cattolico e quelli del culto protestante). Altre volte rimangono coinvolti interi periodi, ad esempio nel terzo capitolo del secondo libro, quando l'oste espone a Adams le proprie idee in materia religiosa in seguito a una discussione avvenuta fra due avvocati, in loro presenza, circa l'esito di una condanna. Pedrini dichiara esplicitamente: "Chi fosse vago di leggere la risposta che diede l'Oste al Dottor *Adami* con quel che siegue, vada a vederla sull'originale *Inglese,* e sulla Traduzione *Francese,* che io per le ragioni altra fiata esposte non l'ho giudicata a proposito pel mio Lettore" (Fielding, *Avventure* 1: 123, nota non numerata). Nel suddetto passaggio la parte in questione è omessa al fine di non dare adito a pericolose questioni religiose e teologiche.[23]

Il particolare risulta più evidente nell'ultimo capitolo, nella descrizione della prima notte di nozze di Joseph e Fanny (la sua amata). Pedrini accetta la versione francese, nonostante le estese mutilazioni, sia per rimanere nei limiti imposti dalla censura ufficiale sia per una questione di coerenza religiosa in linea con la propria posizione di abate: "Essendo intanto venuta l'ora di coricarsi, *Fanny* fu condotta da sua Madre, sua suocera, e sua sorella nella stanza, in cui doveva passare la notte, ed immantinente fu spoglia, sicché a *Gioseffo* non convenne aspettare che un solo istante per mettersi a conto di lei" (Fielding, *Avventure* 2: 246).
Il passaggio è comunque leggermente modificato rispetto al francese, dove Desfontaines si rivelava ancor più rigido nello scrivere: "Il ne fallut [sic] qu'un instant à Joseph, pour se mettre auprès d'elle. Les Dames fermérent [sic] les rideaux, & l'amour le plus pur & le plus parfait, unique témoin de cette scene, ne fait [sic] confidence de ce qui s'y passa, qu'à ceux qui se rendent dignes de la renouveller" (Fielding, *Les Avantures* 2: 323).

---

[23] " 'Why,' says *Adams* very gravely, 'Do not you believe in another World? To which the Host answered, 'yes, he was no Atheist.' 'And you believe you have an immortal Soul,' cries *Adams*. He answered, 'God forbid he should not.' 'And Heaven and Hell?' said the Parson. The Host then bid him 'not to prophane for those were things not to be mentioned nor thought of but in Church.' *Adams* asked him, 'why he went to Church, if what he learned there had no Influence on his Conduct in Life?' 'I go to Church,' answered the Host, 'to say my Prayers and behave godly.' 'And dost not thou,' cried *Adams*, 'believe what thou hearest at Church?' 'Most part of it, Master,' returned the Host. 'And dost not thou then tremble,' cries *Adams*, 'at the Thought of eternal Punishment?' 'As for that, Master,' said he, 'I never once thought about it: but what signifies talking about matters so far off? The Mug is out, shall I draw another?' " (Fielding, *Joseph Andrews and Shamela* 127-28).

Si raffrontino le due versioni con l'originale inglese: "*Joseph* no sooner heard she was in Bed, than he fled with the utmost Eagerness to her. A Minute carried him into her Arms, where we shall leave this happy Couple to enjoy the private Rewards of their Constancy; Rewards so great and sweet, that I apprehend *Joseph* neither envied the noblest Duke, nor *Fanny* the finest Duchess that Night" (Fielding, *Joseph Andrews and Shamela* 333).

Numerosi dunque gli aspetti che dalla traduzione francese trapassano nella versione italiana di Pedrini (Petrocchi, *Tipologie* 95-144), soprattutto da un punto di vista lessicale (attraverso i calchi semantici), sintattico (nell'uso di dittologie, parafrasi esplicative e formule ampliate) e stilistico (ricorrendo a un tipo di prosa spezzata ma sicuramente più agile).

Se è vero che Pedrini si serve della versione di Desfontaines, è altrettanto vero che egli introduce in campo letterario uno stile narrativo italiano più colloquiale e meno dottrinario, contribuendo in tal modo alla nascita del genere del romanzo in Italia. Nella traduzione del *Joseph Andrews,* Pedrini scrive seguendo uno stile più simile a quello odierno che non a quello tipicamente settecentesco, forse per il fatto che si orienta verso una lingua non dotta ma colloquiale, aderendo in tal modo alla prerogativa essenziale del romanzo inglese (Watt 293; Di Martino 207-10) soprattutto per Fielding (Hatfield 163-66, 197-220). La lingua italiana settecentesca aveva già iniziato un suo processo evolutivo, sia nel costrutto che nel lessico.[24] Nella prosa della traduzione del *Joseph Andrews* appaiono tali innovazioni, anche se certamente non mancano alcuni arcaismi ancora presenti in tutto il Settecento. A prescindere dalla fedeltà al testo inglese, è fondamentale sottolineare che nasce comunque un'opera in prosa più moderna rispetto alla produzione letteraria del secolo, anche se ancora non del tutto priva di accenti classicisti, com'è vidente ad esempio nell'uso della locuzione *di lui/di lei* al posto dell'aggettivo possessivo o del più arcaico *quegli* rispetto a *quello*, nella posizione del pronome personale dopo il verbo e nell'uso dell'imperfetto con desinenza in *-a*, mentre risultano più rare le inversioni nella struttura dell'asse sintagmatico.

Il ruolo della traduzione e l'Arcadia
Nel sottotitolo delle *Avventure di Gioseffo Andrews fratello di Pamela, e del dottor' Adami suo amico. Romanzo comico pubblicato in Inglese dal Signor Fielding. Poscia tradotto in Idioma Francese da una dama di Londra; Ed ora nuovamente recato alla Toscana Favella da Nigillo Scamandrio* è interessante notare che Pedrini ricorre all'avverbio "nuovamente", non perché l'opera fosse stata già tradotta in lingua italiana, ma per indicare il carattere innovativo del lavoro: il vocabolo all'epoca era utilizzato nel significato "di nuovo, di presente,

---

[24] Si pensi ad esempio alla posizione dell'aggettivo che inizia a essere posto dopo il sostantivo, alla tendenza a spezzare i periodi lunghi e a preferire quelli brevi e in un ordine diretto, creando così uno stile fluido e lineare.

poco fa" e lo stesso aggettivo "nuovo/novo" espressamente veniva a indicare "quel, ch'è fatto novellamente, di fresco" (*Vocabolario dell'Accademia della Crusca*). Inoltre, secondo quanto emerso dalle recensioni e segnalazioni delle novità librarie nei periodici del '700, spesso si legge "novellamente" utilizzato nel senso di *recente*.[25] Sembra evidente che questa sia l'accezione con cui viene usato l'avverbio, anche se non si può escludere del tutto la possibilità che Pedrini si riferisse alla traduzione francese, "nuova" quindi rispetto a quest'ultima.

Come influisce sulla traduzione del *Joseph Andrews* l'appartenenza del Pedrini all'Accademia dell'Arcadia? Certamente in maniera positiva, perché nonostante la mancanza di fedeltà testuale all'originale a causa della intermediazione della versione francese, la traduzione si presenta quale prodotto finale in una prosa estremamente limpida e cristallina. Pedrini usa la lingua dell'Arcadia, che era, secondo Coletti, "un italiano sostanzialmente tradizionale, educato su Petrarca, ma avviato a chiarire e semplificare i suoi antichi grovigli sintattici, misurato dalla musica e selezionato dal buon gusto classicistico" (194). La lingua italiana si evolve così in una sorta di nazionalismo linguistico, che va al di là degli eventi storici che porteranno all'unità politica ed alla nascita dell'Italia come Stato, cercando di rispondere a quell'esigenza di chiarezza e concretezza indispensabili per diventare più efficace strumento di comunicazione; e Pedrini si inserisce in tale parabola evolutiva mediante la sua traduzione.

L'impostazione traduttiva del *Joseph Andrews* rivela essere apertura al nuovo e al quotidiano; la lingua utilizzata risulta agile e lessicalmente ricca, nonostante l'interferenza della versione francese; anzi, questo elemento non sarà del tutto controproducente perché, attraverso la diffusione di francesismi e anglicismi, nasceranno nuove parole nella nostra lingua, come ad esempio: *dipartimento, legalizzare, belle arti, giornalista*, etc. (Matarrese 53-71), e si realizza, in tal modo, al suo interno un processo di internazionalizzazione (Coletti 194). In questa ottica la traduzione di testi stranieri costituisce una valida esercitazione della lingua italiana e un autentico serbatoio lessicale, sintattico e stilistico (Matarrese 46-47, 267) all'interno del processo di consolidamento della lingua italiana intesa come elemento caratterizzante della coscienza nazionale.

Diversi interrogativi si accompagnano al precedente, vale a dire: quale fosse l'atteggiamento dell'Arcadia nei confronti delle letterature straniere e se Pedrini avesse tradotto solo per un rendiconto economico o per fini divulgativi. L'Accademia dell'Arcadia si dimostrava aperta al cosmopolitismo, soprattutto in campo filosofico-politico e scientifico ancor prima che letterario—si pensi a Scipione Maffei, Ludovico Muratori o Gasparo Gozzi, quest'ultimo definito da Toffanin "il chiaroveggente curioso di letterature straniere fra i sedentari del settecento italiano" (161); e, nonostante questo indirizzo non fosse condiviso da tutti gli Arcadi, esso costituiva in definitiva l'elemento di modernità

---

[25] A titolo esemplificativo e certamente non esaustivo, Zaccaria 1: 51; 3: 613; 6: 78, 95; 10: 66, 231, 340; 11: 18, 321, 333, 334, 340, 385.

dell'accademia. Esistono dunque dei rapporti dell'Arcadia con la letteratura europea,[26] ben più intensi di quel che si possa pensare:

Spassi, si dirà, e concessioni; ma fino a un certo punto: perché, fra Arcadi educati a concepire il tradurre come, dal più al meno, un imitare, l'omaggio della traduzione non può venir tributato ai moderni senza implicare un larvato trapasso dall'imitazione degli antichi all'imitazione loro, dalla *Ragion poetica* del Gravina alla *Lettera semiseria di Grisostomo* del Berchet. "Imitare—dice lo Zappata—ancora sarà il trasportare o tradurre i componimenti d'uno in altro linguaggio."

(Toffanin 159-60)

L'attività di traduzione si rivela intensa nella cerchia dei membri dell'Arcadia[27] e, oltre al latino e al greco antico, coinvolge prevalentemente il francese, sia come lingua primaria che come lingua veicolare per la diffusione di opere prodotte all'estero. Il traduttore del Settecento è uno scrittore che tuttavia, in quanto tale, non rinuncia alla propria personalità e produce, effettuando alterazioni significative nei confronti dell'originale, degli autentici travestimenti, i quali spesso diventano motivo di "appropriazione indebita" (Savoca 365-66). Non è solo questa la causa della mancanza di fedeltà ovvero di limpida linearità rispetto all'opera primaria—del resto è inevitabile che il traduttore trasferisca se stesso nel testo tradotto (Petrocchi, *Immagini* 41-49)—ma il fatto che l'intermediazione della traduzione francese diventerà la regola. Il che non deve essere considerato assolutamente negativo, perché, grazie al canale del francese, arriveranno in Italia numerose opere straniere (Infelise 299-301).

Analogamente si verificarono proficui scambî fra letteratura inglese e letteratura italiana e viceversa: si pensi alle traduzioni di Agostino Isola, professore di italiano presso l'Università di Cambridge, il quale curò persino un'edizione dell'*Orlando Furioso*. Nonostante fossero numerosi i traduttori di poesia più che di prosa, l'interesse per la letteratura inglese risultava nel complesso relativamente scarso: i più tradotti furono Milton, Pope, Dryden e successivamente Gray, il cui influsso sarà determinante in Italia per il pre-romanticismo (Natali 535). L'Arcadia si rivelava pertanto un centro importante di smistamento per la mediazione culturale e letteraria.

Del resto, la cultura italiana del Settecento era già pronta ad accogliere il nuovo pensiero europeo, trasformandosi anche sul piano letterario: gli scritti filosofici, storici, scientifici, nonostante fossero ancora subordinati alla letteratura, si andavano delineando in modo distinto sino a creare campi specifici – economico, storico, giuridico, etc. (Compagnino 3-31). Grazie all'Arcadia

---

[26] Si pensi all'interesse specifico per la produzione germanica, come scrive Gessner.
[27] Nell'ambito della letteratura inglese si ricordano in veste di traduttori Paolo Rolli per il *Paradiso Perduto*, Lorenzo Magalotti per *Sidro* del Philips, A. M. Salvini per *Catone* di Addison, mentre in veste di critico l'abate Antonio Conti per i suoi giudizi sul *Julius Caesar* shakespeariano.

l'Italia si sente parte della cultura europea e in seguito a questa presa di coscienza rivolgerà il proprio sguardo alle opere straniere: il ruolo del traduttore si posiziona in primo luogo nell'àmbito della mediazione letteraria ed in seguito in quello culturale, andando ad agire sull'evoluzione della lingua italiana. Del resto, non si dimentichi che l'Arcadia nacque con l'intento di realizzare un'autentica e radicale riforma del gusto riguardante tutti i campi del sapere: è a tal fine che si realizzavano numerose traduzioni, imponendosi la necessità di conoscere le opere scientifiche, filosofiche e politiche di tutta Europa; [28] e il classicismo e il razionalismo che contraddistinguevano l'Accademia a pari livello costituiranno i tratti tipici della traduzione del Pedrini.

Pedrini si schierava in linea con la politica dell'Arcadia che mirava "alla trasformazione delle relazioni fra letterati e pubblico, all'instaurazione, sotto un blasone aristocratico, di un più democratico costume letterario" (Fubini 554-55): la traduzione di un'opera che non fosse strettamente dottrinaria o scientifica, secondo la consuetudine dell'epoca (come le recensioni sui periodici, allora contemporanei, testimoniano) costituiva la novità introdotta da Pedrini, il quale, all'interno del programma traduttivo (se di programma si può parlare, in quanto il fenomeno non fu razionalmente precostituito) avviato dall'Arcadia, operò pionieristicamente a favore della diffusione del romanzo inglese. La lingua italiana negli scritti dottrinarî e ufficiali, come potevano essere gli atti pubblici, presentava caratteristiche proprie, risultando preziosa ed antiquata. Nella stessa corrispondenza del Pedrini è possibile cogliere, oltre a una certa erudizione, un modo di scrivere formale tipico del suo secolo, mentre nel suo lavoro di traduttore prevale una lingua aderente a quella parlata che, sebbene priva di espressioni dialettali, rimane strettamente correlata, per forma e contenuto, alla rappresentazione teatrale (Petrocchi, *Tipologie* 22-27, 84-85).[29]

Pedrini appartiene ufficialmente all'Arcadia; ma, dal punto di vista della teoria poetica, si trova sospeso fra il modello proposto da Gian Vincenzo Gravina, la cui scuola seguiva "la serena e possente poesia greco-latina" imponendo "un paziente e sottile esercizio", e quello elaborato da Giovan Mario Crescimbeni,[30] il quale "incentrava i canoni della nuova poesia nell'imitazione delle forme

---

[28] Si pensi ad esempio a Isaac Newton, *La cronologia degli antichi regni emendata* oppure a John Locke, *Della educazione dei fanciulli.*

[29] Una prova evidente la si può ritrovare nei nomi dei personaggi e nella loro traduzione italiana: si pensi a James Scout tradotto da Pedrini con Roberto Moscone oppure a Tom Whipwell tradotto con Altopiede Giannuccio. Per maggiori dettagli rimando a Petrocchi, *Tipologie* 148-54.

[30] Su Giovan Mario Crescimbeni e Gian Vincenzo Gravina, fondatori e teorici dell'Accademia dell'Arcadia e i contrasti per la diversa impostazione poetica, nonostante il comune impegno per un ritorno al classicismo e per la realizzazione di una riforma letteraria che agirà in tutto il territorio nazionale, si rimanda allo studio di Acquaro Graziosi (25-29), anche per la storia dell'Accademia romana sin dalla sua fondazione, e a Quondam (105-228). Mentre in relazione alla produzione teatrale, si consiglia il volume di Guaita.

cinquecentesche e petrarchesche" (Giannantonio 12). In sintesi:

> Il Crescimbeni, proveniente dal salotto cristiano, rappresentava un mondo ipocrita, miticizzante e conformista che amava proiettarsi e ritrovarsi in una letteratura ricca di frivolezze, di parole e di ritmi; mentre il Gravina, proveniente dal mondo culturale meridionale, rappresentava la tradizione laica, cartesiana e galileiana che aspirava ad approfondire il pensiero e a determinare i concetti in un unico saldo sistema.
>
> (Giannantonio 36)

Pedrini si posiziona a metà fra i due schieramenti per quel che concerne la produzione poetica: e, a seconda delle circostanze, opta per una poesia solenne e classica nelle occasioni celebrative, mentre crea un dettato lirico più leggiadro e frivolo nei momenti di spensieratezza. Di diverso tono è la prosa utilizzata nei suoi scritti diplomatici e filosofici (molti dei quali sono, tra l'altro, redatti in francese); per la sua scientificità tale prosa si colloca senza ombra di dubbio accanto all'impostazione più razionale del Gravina (Petrocchi, *Tipologie* 34-42). Questa *forma mentis* confluisce inconsciamente nella sua traduzione del *Joseph Andrews*, e non solo nell'impostazione stilistica della prosa. Un processo di personalizzazione è alla base della sua opera traduttiva e, a causa di esso, Pedrini attuerà un trasferimento culturale-letterario di tipo addomesticante. [31]

Significativi a riguardo, i seguenti versi di una canzone presente nel *Joseph Andrews*, che saranno interamente rielaborati da Pedrini nella sua versione italiana:

> Say, Chloe, where must the Swain stray
>   Who is by thy Beauties undone,
> To wash their Remembrance away,
>   To what distant Lethe must run?
> The Wretch who is sentenc'd to die,
>   May escape and leave Justice behind;
> From his Country perhaps he may fly,
>   But O can he fly from his Mind!
> [...]
>
> (Fielding, *Joseph Andrews and Shamela* 173)

Si osservi come i versi di Fielding, sostituiti da Pedrini con una canzonetta di sua creazione, rispettino l'originale per la tematica della sofferenza amorosa in ambientazione pastorale, ma alterino completamente il testo e la struttura del verso, richiamando con chiara evidenza il modello proposto dal Crescimbeni:

---

[31] Secondo i criteri proposti da Venuti sulla base della teoria di Friedrich Schleiermacher, il metodo addomesticante (*domesticating*) comporta l'adattamento del testo straniero di partenza all'identità linguistico-culturale di arrivo, a differenza del metodo estraniante (*foreignising*), che lascia inalterata nella traduzione la fisionomia originaria e introduce il lettore in una diversa realtà (Venuti 22, 44).

Occhietti amabili,
Ritrosi occhietti,
Vezzosi oggetti,
Del mio timor,
Li dolci, e teneri
Miei tristi addio
Deh ricevetevi
Per puro amor,
Ai vostri incanti
L'egro cor mio
Non ha che lagrime
Da contrappor.
Occhietti [...]
Ruscelli limpidi
Rugiadosetti
Dal Ciel schiudetevi
[...]

(Fielding, *Avventure di Gioseffo Andrews* 1: 207)

Conclusioni

La seconda traduzione del *Joseph Andrews* avverrà esattamente due secoli dopo, grazie a Giorgio Melchiori; su di essa non mi soffermerò ora, essendo stata affrontata in altro contesto, in maniera più dettagliata e approfondita (Petrocchi, *Tipologie* 81-161). In questa sede, mi limiterò a evidenziare come la sostanziale differenza fra le traduzioni di Pedrini e di Melchiori consista nel modo di concepire la traduzione e la figura del traduttore: se il primo è legato a schemi più rigidi, il secondo opera seguendo un istinto innato, ma nel rispetto del rigore scientifico. Fra le due traduzioni intercorrono due secoli e la lingua (non solo letteraria) è indubbiamente mutata; tuttavia è possibile rintracciare una linea evolutiva continua, il cui processo di trasformazione ha inizio precisamente nel Settecento e si avvia verso la "medietà" (Matarrese 97-111), ossia si passa da una lingua letteraria colta ad una lingua più aderente al parlato ordinario e quindi più concreta ma anche più scorrevole (Coletti 357-79).

Concludo riportando un passaggio significativo a testimonianza della brillante vivacità della prosa del Pedrini:[32]

---

[32] Il dialogo su riportato si riferisce al vivace scambio di battute fra Joseph Andrews e Slipslop, l'anziana serva perdutamente innamorata di lui, ma da quest'ultimo fermamente respinta. Si osservi nell'inglese la grafia errata di alcune parole pronunciate da Slipslop (in corsivo sia nell'originale inglese che italiano), volutamente concepita da Fielding per ricreare un parlato falsamente forbito ed infarcito di evidenti storpiature. Pedrini non traduce letteralmente, ma ri-crea, con uno stile personale e dotato di originalità rispetto ai canoni della prosa settecentesca italiana, comunque serbando intatto il registro della comicità dell'originale.

"Do you intend to *result* my Passion? Is it not enough, ungrateful as you are, to make no Return to all the Favours I have done you: but you must treat me with *Ironing*? Barbarous Monster! How have I deserved that my Passion should be *resulted* and treated with *Ironing*? Barbarous Monster! how have I deserved that my Passion should be *resulted* and treated with *Ironing*?' [...] 'Do you *assinuate* that I am old enough to be your Mother? I don't know what a Stripling may think: but I believe a Man would *refer* me to any Green-Sickness silly Girl *whatsomdever*: but I ought to despise you rather than be angry with you, for *referring* the Conversation of Girls to that of a Woman of Sense."

(Fielding, *Joseph Andrews and Shamela* 73)

"Te ne burli tu dunque de' miei ardori? E ti par poco sdegnare le mie finezze, che ti abbisogna appresso parlarmi con *Lironia*? Ingrato! Per qual mia azione ho io meritato, che il mio amore venga così *negretto*, e tutte le mie amorose ancipitazioni [sic] immerse nel vacuo delle parole perdute? [...] Come facchinacchio! Sclamò *Slipslop* in furore, tu mi consideri come tua Madre! Ed hai l'insolenza d'inferire ch'io sono vecchia a segno di poter'essere madre d'uno sciocchio par tuo? Io non so quello che un giovane senza cervello possa giudicarne; ma bensì credo che un'uomo [sic] di buon senso mi vorrà sempre anteporre a quelle giovinuzzole, che sono si [sic] stollide, si [sic] inette, sì dispreggevoli. Ma io dovrei piuttosto disprezzarti, che farti l'onore di sdegnarmi contro di tè [sic], mentre sei bene una bestia, quando preferisci gl'intrattenimenti d'una sciocca ragazza alla conversazione d'una figlia di spirito."

(Fielding, *Avventure* 26-27)

È evidente, dunque, che uno dei maggiori meriti del Pedrini rimane quello di aver contribuito, tramite l'importazione di un'opera straniera nel nostro paese, ad introdurre elementi innovativi che agiranno sul piano della lingua nazionale, determinandone il definitivo svecchiamento tramite un dinamico processo di pragmatizzazione.

Istituto Alti Studi SSML Carlo Bo – Roma (Italia)

Opere citate

Acquaro Graziosi Maria Teresa. *L'Arcadia. Trecento anni di storia*. [Roma]: La Meridiana, 1991.

Altieri Ferdinando. *A dictionary Italian and English, Containing all the Words of the Vocabulary della Crusca and several Hundred more, taken from the most Approved Authors, corrected and improved by Evangelist Palermo*. London: William Innys, 1749.

———. *Dizionario italiano ed inglese (inglese-italiano)*. London: William Innys, 1726-27. 2 tomi.

———. *Dizionario italiano e inglese. A dictionary Italian and English, Containing all the Words of the Vocabulary della Crusca*. Venezia: Pasquali, 1751.

———. *Grammatica inglese che contiene un esatto e facil metodo per apprendere questa lingua composta già dal signor Ferdinando Altieri professore di lingue di Londra, ora in questa edizione molto accresciuta e migliorata. Aggiuntovi un vocabolario italiano, ed inglese copiosissimo, necessario per acquistare fondatamente l'una, e l'altra lingua*. Venezia: Pasquali, 1784.

_____. *New Grammar, Italian-English, and English-Italian.* London: William Innys, 1728.

_____. *A new Italian grammar, Which contains a True and Easy Method for acquiring this Language. With many useful Remarks, which are not to be found in any other Grammar of this Kind. By Ferd. Altieri, author of the Italian and English Dictionary, and Professor of the Italian Tongue in London.* Venezia: Pasquali, 1736.

Baretti Giuseppe. *A Dictionary of the English and Italian Languages, To which is added an Italian and English Grammar.* London: C. Hitch & L. Hawes, 1760.

_____. *Dizionario delle lingue italiana ed inglese.* Venezia: Francesco di Niccolò Pezzana, 1787.

_____. "La frusta letteraria." *Opere.* Vol. 2. A c. di Luigi Piccioni. Bari: Laterza, 1932.

_____. *A Grammar of the Italian Language, To which is added an English Grammar for the Use of Italians.* London: C. Hitch & L. Hawes, 1762.

_____. *Grammatica della lingua inglese, con una copiosa raccolta di sentenze morali.* Livorno: Tommaso Masi, 1778.

_____. *Lettere sparse.* A c. di Franco Fido. Torino: Centro Studi Piemontesi, 1976.

Berengo Marino. *La società veneta alla fine del Settecento.* Firenze: Sansoni, 1956.

Calabrese Stefano. *Intrecci italiani. Una teoria e una storia del romanzo (1750-1900).* Bologna: Il Mulino, 1995.

Chiari Pietro. *Pamela maritata.* Venezia: Bettinelli, 1759.

Chiari Sereni M. Teresa. "Introduzione." Henry Fielding, *Joseph Andrews.* Trad. di Giorgio Melchiori, Milano: Garzanti, 2000. vii-xx.

Coletti Vittorio. *Storia dell'italiano letterario. Dalle origini al Novecento.* Torino: Einaudi, 2000.

Compagnino Gaetano. "Dalla vecchia Italia alla nuova Europa." *Il Settecento. L'Arcadia e l'età delle riforme.* Vol. 6. Roma: Laterza, 1973. 3-31.

Crotti Ilaria. "Alla ricerca del codice: il romanzo italiano del Settecento." Ilaria Crotti, Piermario Vescovo, Ricciarda Ricorda, *Il "Mondo Vivo" – Aspetti del romanzo, del teatro e del giornalismo nel Settecento italiano.* Padova: Il poligrafo, 2001. 9-54.

_____. "Le seduzioni della virtù." Carlo Goldoni, *Pamela fanciulla. Pamela maritata.* A c. di Ilaria Crotti. Venezia: Marsilio, 1995. 9-47.

Desfontaines Pierre-François Guyot. *Lettera di una dama inglese a MADAMA*** sposa del Signor**** soprintendente alle Ragioni Pubbliche di Montpellier.* Tomo 1 di Fielding Henry. *Avventure di Gioseffo Andrews fratello di Pamela, e del dottor' Adami suo amico. Romanzo comico pubblicato in Inglese dal Signor Fielding. Poscia tradotto in Idioma Francese da una dama di Londra; Ed ora nuovamente recato alla Toscana Favella da Nigillo Scamandrio, P. A.* Venezia: Guglielmo Zerletti, 1752-53. xiv-xxxiii.

_____. *Lettre d'une dame Angloise à Madame *** Maîtresse des Comptes de Montpellier.* Tomo 2 di Fielding Henry. *Les Avantures de Joseph Andrews, et du Ministre Abraham Adams, Publiées en Anglois, en 1742. Par M..Feilding* [sic], *Auteur de l'Enfant Trouvé; traduites en François, par l'Abbé Desfontaines, sur la troisiéme* [sic] *Edition.* Londres: Meyer, 1750. 325-49.

De Mauro Tullio. *Storia linguistica dell'Italia unita.* Roma: Laterza, 1963.

Del Negro Pietro. "L'ultima fase della Serenissima." *Storia di Venezia dalle origini alla caduta della Serenissima.* Vol. 8. Roma: Istituto dell'Enciclopedia Treccani, 1998.

Devoto Giacomo. *Profilo di storia linguistica italiana.* Firenze: La Nuova Italia, 1976.

Di Martino Gabriella. *La parola rinnovata. Teorie e uso della lingua inglese nella narrativa del Settecento.* Napoli: Giannini, 1984.

Dizionario latino-italiano. A c. di Ferruccio Calonghi. Torino: Rosenberg & Sellier, 1950.

Fielding Henry. *Les Avantures de Joseph Andrews, et du Ministre Abraham Adams, Publiées en Anglois, en 1742. Par M...Feilding* [sic]; *et Traduites en François, à Londres, par une Dame Angloise, sur la troisiéme* [sic] *Edition.* 2 tomi. [V]is-à-vis l'Eglise de S. Clement, dans le Strand: A. Millar, 1743.

———. *Les Avantures de Joseph Andrews, et du Ministre Abraham Adams, Publiées en Anglois, en 1742. Par M..Feilding* [sic], *Auteur de l'Enfant Trouvé; traduites en François, par l'Abbé Desfontaines, sur la troisiéme* [sic] *Edition.* 2 tomi. Londres: Meyer, 1750.

———. *Avventure di Gioseffo Andrews fratello di Pamela, e del dottor' Adami suo amico. Romanzo comico pubblicato in Inglese dal Signor Fielding. Poscia tradotto in Idioma Francese da una dama di Londra; Ed ora nuovamente recato alla Toscana Favella da Nigillo Scamandrio, P. A.* 2 tomi. Venezia: Guglielmo Zerletti, 1752-53.

·———. *The History of the Adventures of Joseph Andrews, and of his Friend Mr. Abraham Adams. Written in Imitation of the Manner of Cervantes, Author of Don Quixote.* London: A. Millar, over-against St. Clement's Church in the Strand, 22 February 1742[1].

———. *The History of the Adventures of Joseph Andrews, and of his Friend Mr. Abraham Adams. Written in Imitation of the Manner of Cervantes, Author of Don Quixote*, with Alterations and Additions by the Author. London: A. Millar, August 1742[2].

———. *Joseph Andrews and Shamela.* A c. di Judith Hawley. London: Penguin, 1999.[33]

———. *Joseph Andrews.* Introd. di M. Teresa Chiari Sereni, trad. di Giorgio Melchiori. Milano: Garzanti, 2000.

———. *La storia delle avventure di Joseph Andrews e del suo amico Abraham Adams, scritta ad imitazione del Cervantes, autore del Don Chisciotte.* Trad. e introd. di Giorgio Melchiori. Milano: Garzanti, 1951.

Fubini Mario. "Arcadia e Illuminismo." *Questioni e correnti di storia letteraria.* Milano: Marzorati, 1949. 503-95.

Gessner Salomon. *Scelta d'idilj di Gessner tradotti dal tedesco.* Napoli: Raimondi, 1777.

Giannantonio Pompeo. *L'Arcadia tra conservazione e rinnovamento.* Napoli: Loffredo, 1993.

Goldoni Carlo. *Pamela fanciulla.* Tomo 5 di *Opere Complete.* Venezia: Bettinelli, 1753.

———. *Pamela maritata.* Roma: Mainardi, 1760.

Graf Arturo. *L'anglomania e l'influsso inglese in Italia nel secolo XVIII.* Torino: Loescher, 1911.

Graziano Alba. "Uso e diffusione dell'inglese." *Teorie e pratiche linguistiche nell'Italia del 700.* A c. di Lia Formigari. Bologna: Il Mulino, 1984. 373-94.

Guaita Camilla. *Per una nuova estetica del teatro. L'Arcadia di Gravina e di Crescimbeni.* Roma: Bulzoni, 2009.

Hatfield Glenn W. *Henry Fielding and the Language of Irony.* Chicago: The U of Chicago P, 1968.

Hawley Judith. "Introduction." Fielding. *Joseph Andrews and Shamela.* vii-xxxix.

———. "Notes." Fielding. *Joseph Andrews and Shamela.* 336-90.

Infelise Mario. *L'editoria veneziana nel '700.* Milano: FrancoAngeli, 1989.

Léger Benoit. "Desfontaines travesti: une 'Dame angloise' traduit les Avantures de Joseph Andrews de Fielding (1743)." *Etudes sur le texte et ses transformations.* 15.2 (2002): 19-44.

---

[33] Edizione fedele alla seconda e definitiva edizione del 1742 curata dallo stesso Fielding (Fielding, *Joseph Andrews and Shamela* vi).

Lessico universale italiano: di lingua, lettere, arti, scienze e tecnica. Roma: Istituto della Enciclopedia Italiana, 1986.

Locke John. *Della educazione dei fanciulli scritto in lingua inglese dal signor Locke, indi tradotto in lingua francese dal signor Coste, e finalmente tradotto in lingua italiana dall'edizione francese fatta in Amsterdam l'anno 1733*. Venezia: Francesco Pitteri, 1735.

Matarrese Tina. *Storia della lingua italiana. Il Settecento*. Bologna: Il Mulino, 1993.

Migliorini Bruno. *Storia della lingua italiana*. Introd. di Ghino Ghinassi. Firenze: Sansoni, 1988.

Natali Giulio. *Il Settecento*. Vol. 2. Milano: Vallardi, 1973.

Newton Isaac. *La cronologia degli antichi regni emendata. Opera postuma del cavalier Isaac Neuton tradotta dall'originale inglese in sua prima edizione sin dall'anno 1728 dal sig. Paolo Rolli*. Venezia: Giovanni Tevernin, 1757.

Ovidius Naso Publius. *Ajace in fiore, poema nelle Metamorfosi volgarizzato dall'Abbate Gioannatonio Pedrini Veneto*. Venezia: Antonio Zatta, 1795.

Oxford English Dictionary. Oxford: Clarendon Press, 1989[2].

Pedrini Giovanni Antonio. *L'Austriborbonide, ovvero Fasti d'Europa*. Modena: Montanari, 1770.

_____. *Giunon Pronuba. Poemetto consacrato al Talamo delle Loro Reali Altezze Luigi Stanislao di Francia Conte di Provenza, e Gioseffina Maria di Savoia, dell'Abate Antonio Pedrini, P. A.* [Parigi]: Grangé, [1771].

Petrocchi Massimo. *Il tramonto della Repubblica di Venezia e l'assolutismo illuminato*. Venezia: La Deputazione, 1950.

Petrocchi Valeria. *Edward A. Storer, il poeta dimenticato – Dalla School of images ad "Atys."* Napoli: Edizioni Scientifiche Italiane, 2000.

_____. *Immagini allo specchio: traduzioni e traduttori agli inizî del Novecento*. Perugia: Guerra, 2002.

_____. *Tipologie traduttive*. Bologna: CLUEB, 2004.

Piva Franco. "Cultura francese e censura a Venezia nel secondo Settecento." *Memorie. Classe di scienze morali, lettere ed arti*. 36.3 (1973): 158-66.

Quondam Amedeo. "Nuovi documenti sulla crisi dell'Arcadia nel 1711." *Atti e memorie dell'Arcadia*, 3.6.1 (1973): 105- 228.

Saccardo Rosanna. *La stampa periodica veneziana fino alla caduta della Repubblica*. Padova: Tipografia del Seminario, 1942/Trieste: Lint, 1982.

Savoca Giuseppe. "L'Arcadia erotica e favolistica dal Rococò al Neoclassicismo." *Il Settecento. L'Arcadia e l'età delle riforme*. Vol. 6. Roma: Laterza, 1973. 313-410.

Stewart Pamela D. *Goldoni fra letteratura e teatro*. Firenze: Olschki, 1989.

Toffanin Giuseppe. *L'Arcadia*. Bologna: Zanichelli, 1958.

Tre secoli di storia dell'Arcadia. Roma: Arcadia – Accademia letteraria, 1991.

Venuti Lawrence. *L'invisibilità del traduttore*. Trad. di M. Guglielmi. Roma: Armando, 1999.

Vivian Frances. *Il console Smith, mercante e collezionista*. Vicenza: Neri Pozza, 1971.

Vocabolario dell'Accademia della Crusca. Firenze: Domenico Maria Manni, 1783[4].

Watt Ian P. *The Rise of the Novel*. Harmondsworth: Penguin, 1957.

Zaccaria Francesco Antonio. *Storia letteraria d'Italia*. Venezia: Poletti, 1750-1759. Voll. 1 [-14].

Fiammetta Di Lorenzo

Sensible Translations:
Vincenzo Cuoco and the Need for an Italian Novel

Abstract: The focus of this article is the early intuition by Vincenzo Cuoco of the role of fiction in the "imagination" of national communities. In particular, I show how Cuoco, building on the philosophy of Giambattista Vico, understood the potentiality of the novel as a medium capable of bridging the gap between the literate and the illiterate. Such a process of cultural translation was necessary, in his view, to forge a "public spirit," *i.e.*, the necessary precondition for the creation of an Italian national community.

Keywords: Vincenzo Cuoco, Novel, Imagined Communities, Rhetoric, Nineteenth-Century Italian Literature, Habituation.

Introduction

Better known for his analysis of the failed Neapolitan revolution of 1799, Vincenzo Cuoco is also a key figure—although usually unacknowledged—in the history of the Italian novel: his ideas regarding the need to form a "public spirit," and about the novel as the most appropriate form to do so, had an impact on the very intellectuals who are usually mentioned in schoolbooks as the promoters and realizers of the rise of the Italian novel.[1] Far from being disconnected, these two aspects of Cuoco's activity—the historian investigating the reasons why the revolution had failed in Naples and the sociologist *ante litteram*—are strictly intertwined, to the extent that the latter is unthinkable without the former. As argued in the *Saggio storico sulla rivoluzione di Napoli*, the Neapolitan republic had fallen precisely because of the Jacobins' failure to translate their revolutionary project for the popular classes. In view of the project to build an Italian nation, therefore, it appeared crucial to deal with this new political actor. Related to this

---

[1] Condemned to exile for his involvement with the Neapolitan revolution, and after a brief stay in France, Cuoco landed in Milan in the Summer of 1800, shortly after Napoleon had defeated the Austrians at Marengo. In the Lombard capital, he published *Saggio storico sulla rivoluzione di Napoli* in 1801 (reissued in a revised version in 1806), and a novel, *Platone in Italia*, between 1804 and 1806. In 1803 he was entrusted with the direction of the *Giornale italiano* by Francesco Melzi d'Eril, the vice president of the Italian Republic (its president being none other than Napoleon). In 1806 he returned to Naples where, in 1809, he was charged by Joachim Murat to outline a reform of public education that would be enacted two years later. The wide range of his activity, which also involved economic and statistical enquiry, must not conceal, however, its underlying, consistent political drive.

problem, the novel appears, to paraphrase the title of an article by Cuoco, a "necessary genre for Italy" (*Pagine giornalistiche* 652-53).

"Un genere necessario all'Italia"

In examining the reason why the Neapolitan revolution failed, as elaborated in *Saggio storico*, Cuoco argued that no political change could be successful unless strongly grounded in an autochthonous tradition. Neapolitan Jacobins, formed by a cosmopolitan culture and substantially extraneous to the large rural plebs of Southern Italy, made the mistake of wanting to apply the French revolutionary model, where the conditions instead required a gradual process of transformation that would have gained the favor of the popular strata.[2] Their mistake was due, in Cuoco's view, to the lack of knowledge they had of their own "home" and of the peasants that constituted the large majority of its population. This divide between the intelligentsia and the lower classes not only deprived the revolution of popular support but had the opposite result of pushing the plebs toward the counter-revolutionary side, thus deciding the fate of the republican route. Here is the crux of Cuoco's analysis as summarized by Tessitore in his introduction to the 1988 edition of Cuoco's *Saggio storico*: his acknowledgment, on the one hand, of the crucial weight of the lower classes in these historical processes, and, on the other, of the social split characterizing not only the Neapolitan context, but the entire Italian reality. Cuoco's various activities in Milan were thus aimed at pinpointing the link between the social division and the political fragmentation of the peninsula in order to "costruire e prender coscienza della connessione tra problema nazionale e problema sociale" (Tessitore, Cuoco's *Saggio storico* 1988: xxxi).

As Cuoco reasserted in an article published in 1804 in the *Giornale italiano*, revolutions make visible the strength of these popular classes that, in normal times, constitute the passive part of the state. The French Revolution activated this part to the extent that it was no longer possible to rely on its inertia—nor was it desirable—because a state that cannot count on the active engagement of the majority of its population is doomed to be weak (Cuoco, *Scritti vari* 1: 96). Consequently, in order to include the lower classes in the national community, it was necessary to educate them to share common, national interests. For Cuoco, this process of formation involves both the lower and the upper classes. The upper classes should be educated to share common interests since, as he had shown in the *Saggio storico*, it was precisely the incapacity of the elites to partake in the

---

[2] In Cuoco's view, according to Ferrone, "among the various ways of understanding the French Revolution during the Neapolitan Republic, the Jacobin model, dirigiste, centralizing, authoritarian in its pedagogical vocation, had won out over 'moderatism'; which instead supported the nation's real interests [...]. The feudal system, understood by everyone as unfair and oppressive, had not been dismantled in haste, while religious reforms had been imposed which were entirely extraneous to the traditions and customs of Southern Italians" (160).

interests of the peasants that had determined the defeat of the revolution.[3] More than education, then, Cuoco was envisaging the formation of a national character through a process of cultural translation.

It is necessary to recall here that Cuoco is writing prospectively about a nation that is still to come, keeping in mind the recent failure of the Neapolitan republic, which was crushed precisely because it lacked popular engagement. Overlooking such a "Benjaminian" standpoint, as well as the diplomacy required by his position within the government established by Napoleon, can lead, as it had, to a premature conflation of Cuoco's thought with subsequent appropriations of his work by the moderate and monarchic wing that was destined to prevail over the democrats, during the Risorgimento and beyond, led by republican Giuseppe Mazzini.[4] From the moderate perspective, the major problem was that of realizing the political "revolution," meaning the political unification of the peninsula, without triggering a social revolution that would have questioned the bourgeois hegemony and compromised the hierarchical social order. Cuoco's *Saggio storico* was thus taken as a sort of handbook on how to manage and patronize the plebs in order to avoid this historical mishap. Its major intuitions—the acknowledgment of the lower classes as a historical subject and the consubstantiality of the national problem with the social question—have thus been neglected. The prevailing trend has been to reverberate retroactively the moderate hegemony on Cuoco's thought, and, in so doing, conceal the most progressive aspects of his project.

Indeed, to come back to the article alluded to earlier, beyond its paternalistic flavor—which the title "Educazione popolare," does not help to dismiss—what interests me is that Cuoco conceives of this pedagogical task as a bidirectional process of national formation, focused on both learning from the lower classes and educating them to be conscious participants in the national community—the former being a precondition of the latter. To avoid the risk of reproducing the fatal social disconnection that had doomed the Neapolitan Jacobins to fail, it was necessary to begin to know the "home" (*Scritti vari* 1: 97). Such knowledge would also serve to dispel the prejudices against peasants that are deeply rooted in the mentality of the wealthy classes, who are responsible for the peasants' misery and ignorance, and consequently for the crimes engendered by such a condition (*Scritti vari* 1: 96). In order to modulate education according to their needs and actual conditions, it is necessary to go "nelle classi inferiori per osservarvi quali sono i vizi, quali le virtù più frequenti al loro stato […] da quali cagioni fisiche, politiche, economiche dipendano" (*Scritti vari* 1: 96). In fact, Cuoco blames those education plans that, based on universal principles, ignore the conditioning of

---

[3] "La nostra rivoluzione era una rivoluzione passiva, nella quale l'unico mezzo di riuscire era quello di guadagnare l'opinione del popolo. Ma le vedute de' patriotti e quelle del popolo non erano le stesse: essi aveano diverse idee, diversi costumi, e finanche due lingue diverse" (Cuoco, *Saggio storico* 2014: 90).
[4] Giulio Bollati interpreted Cuoco's thought in terms of a nationalism that would blossom under Mussolini's dictatorship (3).

milieu, habits, practices, and objects that, from the early years of one's life, forge one's mind. Since "gli oggetti che circondano ne' primi anni della sua vita il figlio del misero lavoratore" are "ben diversi da quelli che circondano la cuna e l'infanzia dell'ozioso molle superbo possessore della terra," it is necessary to know them—"Convien conoscerli" (*Scritti vari* 1: 96)—to understand how education can be effective among the lower classes. However, a pedagogy that is not based on the real habits of peasants and workers, far from being persuasive, results in repression and inhibition.

The consistent criticism against abstractness, be it in the political domain, as in *Saggio storico*, or in the pedagogical domain, as in this article, also applies to literature, and it is the reason why Cuoco "rehabilitates" the novel. "I nostri antichi savi facevano grand'uso della poesia per istruire i popoli, ed inventavano delle favole, *per mettere come in azione la virtù*" (Cuoco, *Platone in Italia* 2006: 162; emph. added) says a character in *Platone in Italia* in pages where Cuoco is adumbrating his own practice. Indeed, in the article on popular education, literature is listed among the useful means to educate this new subject made visible by the French Revolution. Those authors, particularly in England and in Germany, who have come "closer to home" (*Scritti vari* 1: 96-97) are for that reason worthy of praise, for they have produced beneficial works accessible to a larger public. A literature that is instead still conceived of and kept within learned circles—and it is easy to guess that Cuoco is alluding here to the Italian one— needs itself a "new education" to overcome the imitation of models that are no longer relevant:

Perché gli uomini non sono originali se non quando sentono ed espongono sentimenti propri; e non si sente nel gabinetto e nelle Officine de' grammatici e de' retori, ma nei vasti campi della natura, nella città, nella casa; non si sente senza morale privata e senza morale pubblica.

(Scritti vari 1: 97)

The ideas expressed in the article bear witness to that "literary revolution" whose principle, as noted by De Sanctis, was the imitation of nature, *i.e.*, realism, and was a reaction to the formalism of classical literature (De Sanctis 2: 886). More than a decade before the eruption of the conflict between classicists and romantics, Cuoco calls into question the anachronistic elitism of a literature still indulging in neoclassic frills (during the same years, his contempt for the Apollonian poet Vincenzo Monti was not a secret, to the regret of their mutual friend Manzoni).[5]

Although Cuoco is speaking of literature in general terms, he really is focusing on a conflict of genre. What is at stake is the need for an Italian novel, the genre most suitable for mediating between public and private spheres; one flexible enough to circulate both through the city and the country, and to enter

---

[5] Capitelli 150–51; Gallarati; D'Alessio; De Lisio; and Andreoni in Cuoco, *Platone* 2006: xcix-cxiv.

private homes. Thanks to its constitutive porosity, which allows it to dismantle the classical correspondence between genres, styles, and social stratification, the novel is the genre that best responds to the translating needs of the present, and it is unsurprising that it surfaces in Italy in the historical moment when new forces begin struggling against the *ancien régime*. The "literary revolution" described by De Sanctis was, in fact, a transposition into literary terms of the 1789 revolution: "The assault against the formalism and the rhetorical conventions of the *old* literature foreshadows the one against the unnatural privileges on which rests the old regime; the principle of the popular sovereignty is the political-juridical equivalent of the aesthetic imitation of nature" (Derla 32; my translation). Needless to say, the genre that best corresponded to the principle of popular sovereignty was the novel, and Cuoco shows a precocious understanding of this historical matching.

What is most important to him, however, is the capability of the novel to modify habits of thought, to shape collective mentalities. Similar to the pedagogy conceived of in the same article, the novel is the most persuasive genre thanks to its capacity to depict everyday lives in their peculiarities, to account for who and for what was otherwise doomed to remain outside the picture, just like the material conditions of peasants' children ignored by the universalistic pedagogue. For this reason, the novel appears particularly appropriate to foster a sense of inclusion into a larger community, to link the parts to the whole, the individuals to the nation that has yet to be realized. "Proviamoci a comporre un romanzo che sia italiano" he urges some months later, in an article significantly titled "Spirito pubblico," where the link between the novel and the "composition" of a national consciousness is clearly stressed (Cuoco, *Scritti vari* 1: 120). In the same year, 1804, Cuoco published the first two volumes of the epistolary novel *Platone in Italia* (the third and final one will appear two years later): it is impossible, then, not to read these articles as the theoretical motivation of his own practice as a novelist (Andreoni, "Il *Platone in Italia*": 94-95). A letter addressed in 1806 to the viceroy Eugène de Beauharneais—the year before Napoleon had transformed the Italian Republic into the Kingdom of Italy—removes any doubt: in it, Cuoco describes his novel as a work "diretto a formare la morale pubblica degli italiani" and to inspire in them the sense of belonging to a unique tradition (*Scritti vari* 2: 337).[6] A closer look at the novel itself will help us clarify what Cuoco means by "public spirit" and how the novel could contribute, in his view, to the building process of a national community. *Platone in Italia* wants to provide an alternative foundational narrative to Italians, one that does not rely on the cult of ancient Rome, whether the republican or imperial Rome, that informed the recent French

---

[6] In the same letter, Cuoco acknowledges his model: Jean-Jacques Barthélemy's *Voyage du jeune Anacharsis en Grèce au milieu du quatrième siècle avant l'ère vulgaire* (1788). Barthélemy is one of the authors that, in Cuoco's view, has come "closer to home" (*Scritti vari* 2: 97).

imaginary. Instead, Cuoco invents (in the Latin sense of "recovering") a pre-Roman Italic civilization, blossoming in Southern Italy independent of Greek culture—and, in fact, one from which Greeks themselves had received the rudiments of culture.

Yet, Cuoco's foundational narrative is not completely original. It is rather an adaptation of a historiographical hypothesis circulating among the 18th-century representatives of the Neapolitan Enlightenment (such as Gaetano Filangieri, Antonio Genovesi, Giuseppe Maria Galanti, and Mario Pagano), charged as well with a political intention. In the contrast between Rome and an older Italic civilization, those intellectuals were opposing, in fact, two alternative economic models: on the one hand, the universalistic Roman organization, based on large landed estates (or *latifondi*) and relying on slaves to till the land; and, on the other, the Italic model that, based instead on small properties worked by the owners themselves, guaranteed higher productivity and greater participation of its members toward the common good (Diana qtd. in Cuoco, *Platone in Italia* 2000: xxi). Needless to say, the Italic model was imagined as a fictional origin story that countered the pervasive feudalistic system in operation and which was particularly oppressive in the Kingdom of Naples. In the *Saggio storico*, Cuoco, insisting on what would have to be done concretely by the Neapolitan republicans, had pointed precisely at this type of land reform: such a reform would have effectively benefitted the peasants, and thus gained a huge consensus for the republic. However, some of the measures enacted to conform uncritically to the French model—for instance, the attack on religion—had only achieved the result of further alienating the lower strata. Now, from the capital of the nominal Italian state created by Napoleon, and having in view instead a real, independent Italian state, it is symptomatic that Cuoco revives such an historical "fiction" to highlight, once again, the social question, thus reinstating the need to face it in order to find a solution to the national problem.

There is a third allegorical level in the novel, one that also provides an interpretative key for Cuoco's own "invention of tradition," to say it with Hobsbawm and Ranger. This level also explicitly links the three elements underlying his engagement in building an Italian "public spirit," namely history, the need to educate people who, for the first time, had appeared on the historical scene, and the means to do it. In sum, it is a novel that clarifies why it is the most appropriate genre to address the historical moment.

"Questa favola è la nostra storia"

To disclose the reason why this is so, it is necessary to look closer at the novel itself, presented à la Cervantes as a found (mutilated) ancient manuscript—a choice that will of course be borrowed by Manzoni—which Cuoco claims to have translated from Greek. It consists of several letters relating the wanderings of Plato and his disciple Cleobolous through Magna Graecia, where they want to study the customs and the politics of several cities and, above all, the Pythagorean

School. A large number of the letters composing the novel—the majority of which are Cleobolous'—deal with the method used by Pythagoras to teach his philosophy. Interestingly enough, Pythagoras had to deal with problems of "translation" that sound familiar to the readers of the *Saggio storico*: how to speak to the lower classes and transmit to them the philosophical principles that would ensure the reform of the community. Aware of the fact that the same language he used with his disciples and colleagues would sound obscure to peasants, Pythagoras found in their own linguistic heritage the material to communicate his message. As Archytas explains to the two travelers:

Parlò al popolo de' suoi più cari interessi, e ne parlò col linguaggio che più conveniva al popolo, cioè con parabole e proverbi. Se è vero che gli esempi muovon più dei precetti, le parabole, le quali non sono altro che esempi, debbon muovere più degli argomenti. Proverbi, e proverbi popolari, son tutte quelle sentenze pittagoriche che a voi sembrano inintellegibili, tra *perché ignorate i costumi de' popoli per li quali sono stati immaginati*, tra perché vi ricercate sempre sensi più sublimi e misteri più alti di quelli che naturalmente ci si comprendono.

(Platone in Italia 2006: 79; emph. added)

Had Pythagoras invented those sayings himself, he would not have achieved his purpose: not being rooted in the popular mind, that is to say, not issuing from it, they would have sounded necessarily artificial and ephemeral. Whereas it would not have been difficult to invent them, what was actually challenging was "scoprirli in un popolo, riconoscerli, *servirsene come di un addentellato per l'edifizio che si vuol costruire*, e per tale modo render questo eterno, piantandolo sulla stessa mente, sullo stesso cuore, sulla stessa vita di un popolo: ecco l'opera del genio" (*Platone in Italia* 2006: 80; emph. added). Pythagoras, in sum, worked with pre-existing, recognizable forms, folding and arranging them to respond to new purposes.

In the excerpt quoted above, it is of note that popular parables bear the same exemplary value for which Cuoco praised fiction. Indeed, countless are the passages where the two Greek travelers learn from the Italic wise men how effective fables and stories are to educate the "people."[7] They are effective because, following Vico's "science of imagination" (Verene), they are the expression of the popular mind, which gives meaning, organizes, and understands reality through this poetic functioning. Therefore, fiction produced by human

---

[7] The Italian term "popolo" ("people") has an unsteady semantic status during the 19th century: it can define a part of the population, *i.e.*, the lower strata, as here in Cuoco; or the middle class, as elsewhere in Cuoco's novel and in the so-called 1816 romantic manifestos produced by the Giovanni Berchet, Pietro Borsieri and Ludovico di Breme; or, finally, it can stand for a whole ethnic entity ("the Italian people"). This ambiguity will be astutely denounced and played out once by Manzoni, especially in his unaccomplished comparative essay on the French Revolution of 1789 and on the Italian "revolution" of 1859 (Parrini 2002).

imagination bears a kernel of truth precisely because it is a "product" of the human mind, for which the only truth is what has been made. "Pitagora non ha esistito giammai," Plato dares to claim (*Platone in Italia* 2006: 101): he may simply be "un'idea" (101) by means of which people collected a system of notions they had recognized as organic. The value of these notions, however, would not at all be invalidated by the fiction of a character named Pythagoras for they have determined choices and produced *facta*: "Questa favola è la nostra storia" (104), Plato can thus conclude, having dismantled the apparent contradiction in terms. Here lies the third allegorical level of *Platone in Italia*: the novel allegorizes itself and the historical reconstruction it conveys: Cuoco's Italic civilization may be just an "idea," a common foundational myth similar to the Trojan origin claimed by several cities of Magna Graecia. As Nicocles conjectures in the 25th letter, such an invention

potrebbe essere avvenuta per consenso de' nostri primi savi, i quali volendo servirsi de' canti di Omero per lezioni di pubblica morale, hanno tratta l'origine delle città da quegli eroi ch'erano stati dal gran cantore celebrati. Così l'origine comune accresceva l'interesse, e l'interesse accresceva l'attenzione. I nostri antichi savi facevan grand'uso della poesia per istruire i popoli, ed inventavano delle favole *per mettere come in azione la virtù*.
(162; emph. added)

Morals need to be "put into action," they must be brought to bear on the everyday life of peoples. Fiction, therefore, is one of the best means to foster the character of a community, its *ethos*.

As the Greek term reveals—the first meaning of *ethos* is "habit"—far from being a natural given, character is something that has to be forged out of habit, through practice and repetition, as in the ancient spiritual exercises aimed at "sculpting oneself" (Hadot 102).[8] Witness another letter in which Cleobolous quotes from Archytas' book *On Human Beauty* to give an account of the great importance Pythagoreans attach to art and poetry, for they provide "sensible forms" (Cuoco, *Platone in Italia* 2006: 115) through which the human mind can be trained to understand values that reason alone cannot grasp. In this sense, art and poetry are equivalent to the practical training that should precede the acquisition of precepts. For example, one does not learn to ride a horse theoretically, without ever seeing a horse, but needs to observe the performance of a riding master to feel his or her own body responding with an internal involuntary movement, so that limbs, muscles, and finally the entire person sets itself following the model observed—and one needs to repeat the experience several times until he or she will ultimately "long to ride the horse" (115).

---

[8] Nicocles adds that, in addition to poems, ancient Italians used to engrave brief sentences all over the city, simple maxims easy to be retained (*Platone in Italia* 2006: 162), similar to those formulas and persuasive arguments (*epilogismoi*) the Stoics used to have always at hand (Hadot 85).

Similarly, theory is insufficient to discern the beauty and the good (the classical hendiadys for "virtue"); rather, such a discernment has to be triggered by means of sensible "translations." Art and poetry provide us precisely with sensible examples so that

> noi incominciamo, prima per intrinseco meccanismo del nostro corpo, poscia per abito, a comporre dietro quei modelli i nostri moti, le nostre parole, i sensi nostri, e diventiamo a poco a poco più civili, più umani, più virtuosi, più degni di udire e di comprendere le verità della sapienza intellettuale.

> (*Platone in Italia* 2006 :116)

The mechanism described is reminiscent of the Aristotelean process of "habituation" (*ethismos*), or character formation, with an emphasis on repetition that recalls the Epicurean and Stoic versions of *ethismos* described by Pierre Hadot (81–89). However, Cuoco's version of habituation differs from the *Nichomachean Ethics* one, where moral education is compared to craft learning, but fine arts and poetry are not mentioned as forms of modeling. Besides, no mention is made of the responsive "intrinsic mechanism" that the subject has to learn. Indeed, Aristotle does not fully explain how this process of "learning by doing" functions, *i.e.*, how one acquires the capacity to make choices, and thus to express volition (*proairesis*) through practice (Angier, Sherman, Broadie, Taylor). Moreover, it is equally unclear whether the "recipient" acquires wisdom entirely from the outside, if she/he cooperates with some kind of pre-rational response, or, in the words of Nancy Sherman, if there is some kind of "desire co-operating with reason" (164). If we turn to Aristotle's *Poetics*, we find not only that imitation is the way by which the child first learns, but also that representation is a cognitive device leading human beings in general to perceive differences (*Poetics* 1448b4-17), *i.e.*, alternatives, which open up the possibility of connecting choices to ends. The "rightness" of the choices would thus depend on repeated exposure to proper settings. In the quoted passage, however, Archytas' appreciation of the moral import of arts and poetry seems more indebted to Plato. In the third book of the *Republic*, Socrates proves to Glaucon that music and poetry accustom people to perceiving the beauty and the good even before rational thought arises (*Republic* 401a-403c). After such an apprenticeship, when "rationality does make its appearance" (402a), one will be able to recognize the beauty and the good in all their other manifestations. Similarly, the experienced reader will be able to grasp disparate meanings produced by different combinations of letters (*Republic* 402a-c), *i.e.*, from a syntagmatic relationship, the reader will be able to move to a paradigmatic one.[9] We will find the very same

---

[9] This observation is incidentally consistent with Wittgenstein's use of music to explain

guiding principles in ethical behavior: good actions (linear, syntagmatic plane) will have to be "familiar" (paradigmatic plane) to the intuition of beauty and goodness conveyed by art. In Plato too, however, the relationship between the external input (music, paintings, poetry) and the development of *proairesis* is not clear; in other words, it is unclear how intellectual knowledge is ultimately acquired through repeated exposure to art.

It is intriguing that Cuoco appointed Archytas to articulate such a learning process through art, since he is the philosopher recalled by Aristotle (in *Metaphysics* H2, 1042a 22-26) for having denied the split between sensible and intelligible, contrary to Plato's idealism. This could be an ironic clue about the way in which Cuoco, similarly to "his" Pythagoras, shifted such recognizable models towards an update of the habituation processes provided by both Aristotle and Plato. The dilemma of how knowledge is acquired by repeated practice is sidestepped through Vico's swerve from the object of logos to logos itself (Dainotto): one learns by doing because learning *is* (keeping on) doing (ethics then equals *ethismos*). In other words, only through repetition is it possible to create patterns, that is, "paradigmatic" constellations allowing us to "recognize" something thanks to its "familiarity" with something else and, consequently, allowing us to "dispose" our actions (syntagmatic order) according to certain paradigms. Repetitions, paradigms, similarity, and even *dispositio*: all these rhetorical devices make clear that Cuoco is building on Vico's understanding that there is no truth or fact achievable outside the *mythos* that produces them (Dainotto 24). There is no sure end outside this paradigmatic network generated by actions themselves—or, at least, no one pertaining to the human domain. Hence the tautology—*i.e.*, reiteration that dares to say its name—by which Cuoco

---

language competence, an example recalled by Nancy Struever (121) in her intriguing comparison of Vico's etymologies and "the solipsistic etymologies of Heidegger and Derrida" (119). In her words, "Narration is a participative art; the etymologies are successful narratives because their small scale makes the task of self-construction easy; as narratives, they engage the musical type of comprehension, which either grasps the sequential, linear 'all at once,' or which seizes a theme in its recapitulations, as in the harmonious understanding of Wittgenstein's figure; it is a comprehension indefinite or open-ended in nature, evading the demonstrative force, the violence of closure, the q.e.d. of the syllogism. To say that the form, not the daft content of etymologies is valuable is to speak imprecisely for narrative form allows the reader to compensate, to reconstruct the content" (121). In the same article, Struever clarifies the socio-political relevance that linearity acquires in the "indefinitely elastic, expansive narrative project" of which ultimately consists Vico's etymology: "Vichian derivations are both diagnostic of archaic factors and revealing of factors which still weigh; his premise is that etymological fables, which offer rich characterizations of past possibility increase the potential of present action by their instruction: sequence adds to politics. Thus, Vichian linearity stipulates the essential continuity as that between barbarism and civility, between the primitive and the rationally organized, a stipulation which creates uncomfortable but challenging parameters for social or ethical theory" (120).

had already brought the focus back to praxis and repetition (almost a new hendiadys) in his preface to *Platone in Italia*. In it, he staged a dialogue with a friend—and reader—disconcerted by the book's disregard for Aristotelean conventions. To the reader wondering what on earth was the goal of the travels of Plato and Cleobolous, Cuoco simply replies: "To travel" (Cuoco, *Platone in Italia* 2006: 12). Similarly, as further proof of this intentional shift of knowledge towards praxis, one should read the definition of virtue provided by Pontius, the old Samnite who depicts himself as a rough illiterate, unable to grasp the subtleties of theoretical speculations, and yet highly revered by the wisest of men, Plato included. For Pontius, who, in Cuoco's view, clearly embodies the added value of ancient Italian wisdom, virtue is nothing other than "work" (155 and 156).[10]

The "internal involuntary movement" by which the learner responds to the external stimulus and that ultimately, by dint of repetition, will result in a condition of "longing," recalls the body reflex described in Adam Smith's *Theory of Moral Sentiments* (1759) as proof of our spontaneous tendency to identify with others and, by virtue of an imaginary displacement, to feel what others feel (Smith 12).[11] For Cuoco, ethics hinges indeed on feeling: "Senza l'etica tutt'i precetti rimangono senza ragione, perché la vera ragione del nostro agire è nel modo nostro di sentire" (Cuoco, *Scritti vari* 2: 43), as we can read in the *Rapporto al re Gioacchino Murat e progetto di decreto per l'organizzazione della pubblica istruzione* (1809). In the same scheme for public education reform, ethics is defined as a "theory of moral sentiments" (*Scritti vari* 2: 109), and it is also said

---

[10] Significantly, the letter containing Archytas' version of *ethismos* is set between two very "Viconian" letters in which philology explains philosophy. In the first one, Plato accounts for the Pythagorean philosophy in these terms: "Io ritrovo la filosofia di Pitagora nella lingua che parlano gli abitatori dell'interno dell'Italia [...]. Nel linguaggio di questi popoli *il vero* non è altro che *il fatto*: non vi è altro carattere della verità che l'essere; non vi è altra dimostrazione che il fare. *Intendere* è comprendere la cosa in tutte le sue parti, saper come siesi formata, conoscerne le *cause*, e gli *effetti*: *pensare* vale meno d'intendere [...]. L'uomo pensa, ma non può comprendere tutte le cose, perché non tutte le cose può fare" (*Platone in Italia* 2006: 102; italics in the text). The second letter, relating the "discourse on laws" by Cleinias of Tarentum, contains almost direct quotations by Vico: "Avverti il linguaggio del volgo, o Cleobolo: esso è sempre il primo e spesso anche il miglior maestro di filosofia. Non hai tu mai udito alternar senza veruna distinzione il *necessario* ed il *vero*? Tutti gli uomini li alternano egualmente, e tu stesso li alterni, O Cleobolo, forse senza che lo avverti e quasi per un intrinseco istinto che ha preceduto l'uso della tua ragione. Or questo ti mostra che la nostra mente non ammette che due sole specie di verità: o quella la quale può esser confermata dai sensi, ed allora il *vero* si confonde col *fatto*; o l'altra la quale può esser confermata dalla sola ragione, ed allora non potrai dire esser *vero* se non ciò che è *necessario*, inevitabile" (125-26; italics in the text).

[11] "When we see a stroke aimed and just ready to fall upon the leg or arm of another person, we naturally shrink and draw back our own leg or our own arm; and when it does fall, we feel it in some measure, and are hurt by it as well as the sufferer. The mob, when they are gazing at a dancer on the slack rope, naturally writhe and twist and balance their own bodies" (Smith 12).

that habituation is nothing else but to feel ("l'avvezzarsi non è altro che sentire," *Scritti vari* 2: 96); *ethismos* equals ethics, then, for the sake of the symmetry propriety; *tout se tient*, at least within this *mythos*.

It is important to stress the social dimension that such a psychological science has for Cuoco, as well as his intuition of the social, interactive construction of ways of feeling against codified models, or of what we could perhaps call with Raymond Williams, "structures of feeling."[12] Indeed, in the study of ethics it is necessary "passare dall'individuo alle nazioni, e calcolare l'effetto che producono sui sentimenti di ciascuno le opinioni, i pregiudizi, le abitudini di tutti" (*Scritti vari* 2: 43). This is a descriptive, or diagnostic, understanding of ethics—"Etica vuol dire 'scienza de' costumi' e non già de' 'doveri'"(43)—whose focus is common sense (*sensus communis*). This is, intended with Vico, as a "common sensibility, what is shared, public, and common to all people" (Bayer 1139), both in the active meaning of a "shared faculty of perception" (Marshall 92), that is, a common sensorium, and as a repository of social construals. To take as an example the process of formation quoted above, the first intrinsic body response can be seen as an individual perception that is then socialized—or should I say "communicated," to respect Vico's sense of etymology—through examples, tropes, metaphors, repetitions, and figures; in short, through rhetorical procedures. Put differently, rhetoric is what gives a socially intelligible form (a character) to raw individual perceptions.[13] It is what gives meaning to otherwise senseless, discrete parts, like in the allegory of Archytas' dove (*Platone in Italia* 2006: 128-

---

[12] "'Feeling' is chosen to emphasize a distinction from more formal concepts of 'world-view' or 'ideology.' [...] We are concerned with meanings and values as they are actively lived and felt, [...] affective elements of consciousness and relationships: not feeling against thought, but thought as felt and feeling as thought: practical consciousness of a present kind, in a living and interrelating continuity. We are defining these elements as a 'structure': as a set, with specific internal relations, at once interlocking and in tension" (Williams 132).

[13] "Nella prospettiva del filosofo napoletano [Vico], infatti, l'educazione che era possibile attraverso la mediazione del 'senso comune' della nazione e degli uomini, corrisponde ad un processo di umanizzazione, ad una graduale, lenta formazione della natura dell'uomo, che gli consente di diventare veramente tale. Ciò però avviene all'interno del nesso necessario tra la condizione naturale individuale del singolo e il mondo umano collettivo, sociale e storico, che lo circonda, per cui si viene a creare un rapporto tra l'umanità e la nazione, la quale può stare alla base del processo pedagogico solo perché l'educazione è necessariamente collettiva e l'indole di ciascun individuo può realizzarsi solo all'interno della nazione" (Martirano 14). For Cuoco, too, the process of education cannot be conceived outside of social interaction, which is to say, outside rhetoric. The latter appears to subsume both the social dimension and the instruments necessary to achieve education, and ultimately reason, since "la ragione non si acquista se non coll'educazione" (*Scritti vari* 2: 95).

29).[14] Rhetoric here stands both for the instrument of communication and, metonymically, for the store of shared feelings (*i.e.,* "educated" perceptions), opinions, and beliefs. When considered merely as a repository of commonplaces, rhetoric can be reduced to a manipulative and patronizing technique; hence, the critical suspicion with which Cuoco's rhetorical project has been analyzed during the 20th century (Themelly, Bollati, Carpi). However, as mentioned before, Cuoco seems more interested in the "science of customs" than in the "science of duties," and is therefore inclined to view rhetoric as the process through which a collectivity is made intelligible to itself, or, to put it in Rancière's terms, as the scene which suddenly reveals the unaccounted for (Rancière 49). This is also the reason for Cuoco's almost pre-Gramscian interest in expressions of "popular culture," seen as catalysts of collectively shared feelings, the forms of which are therefore workable in view of the "formation" of a wider national community out of actual fragmented society.

A very interesting example of his attention to such manifestations is an article he published in 1807 in the *Corriere di Napoli* titled "Cavalleria errante. Rinaldisti." The "Rinaldisti" were the Neapolitan *lazzaroni* who were mesmerized by the poems derived from the Carolingian cycle *Les Quatre fils Aymon.* Interpolated with updates by Boiardo and Ariosto, they were recited by street storytellers, following a tradition that, according to Croce, dates back to the 13th century (Croce 70).[15] In particular, the *lazzaroni* elected Renaud de Montauban (Rinaldo di Montalbano)—the knight most reluctant to submit to Charlemagne's authority—as their own hero. Their fascination was such that it often transcended the limits of pure fictional enjoyment, degenerating into actual fights with supporters of the wrong hero.[16] In the article, Cuoco confesses with polemical irony the great pleasure he finds in listening to those cantos, overcoming a sense of shame for mixing with the lower classes, for "il pubblico" (*Pagine giornalistiche* 612) would certainly judge his weird habit severely: "Un uomo che

---

[14] Cuoco's understanding of this process of socialization of individual perceptions is indebted also to Shaftesbury, for whom "public spirit" or *sensus communis,* "is a natural affection that has become self-conscious. The clans and tribes realize that their fellow feeling is itself a good thing, and thus they have a desire or feeling for it. Thus the community experiences what is the commonplace definition of Shaftesbury's moral sentiment: a feeling for a feeling, that is, a desire, a feeling, for the feeling of the community" (Schaeffer 42). Shaftesbury is explicitly mentioned by Cuoco in the blueprint of the *Giornale italiano* whose main goal, we may remember, was precisely that of building a "Public Spirit" (Shaftesbury 50).

[15] This custom is mentioned by Vico in the second (1730) and third (1744) editions of the *Scienza nuova* (Vico, *Opere filosofiche* 631).

[16] Mario Pagano claimed that he had to defend at trial a man who killed a detractor or Rinaldo (Croce 71).

sta ad ascoltare *Rinaldo* deve essere senza dubio uno dell'infima plebe" (612).[17] Beyond the antiphrastic indictment of such a misalliance between genres and social positions, the contrast between the lower classes, on the one hand, and the "public," on the other, is already of great interest, especially in light of the prevalent meaning that the term "public" will assume in the first half of the 19th century. Starting with Giovanni Berchet's *Lettera semiseria di Grisostomo al suo figliolo*, the 1816 manifesto of Italian Romanticism, "public," which tended to refer to the (reading) middle class, became a synonym of *popolo* tout court.[18] Needless to say, this terminological misappropriation implies the exclusion of the non-reading classes from the ideal Italian nation, the negation of their emergence as historical subject.

It is somewhat ironic that Berchet, along with his Milanese friends, and Manzoni above all, were keen to proclaim themselves indebted to Cuoco. Regarding Manzoni, we need to understand how his reading of Cuoco tends to systematically expunge all that, especially in the *Saggio storico*, reveals the opposite understanding of the lower classes as historical subject. The term *popolo*, within this "rewriting" strategy, plays a major role. This is particularly striking in Manzoni's essay on the French Revolution, where, while disingenuously playing with the semantic instability of the word, he denounces as disingenuous the synecdoche by which a class, the *sans-culottes*, has been taken to represent a whole ("il popolo francese"). For the (gathering) lower strata, Manzoni has in store—already in *Promessi sposi*—alternatives such as "marmaglia," "turba," "masnada," "ciurma," and the like, all variations of "mob."[19]

Interestingly enough, in the article on the *Rinaldisti*, Cuoco instead employs "popolo" precisely in reference to those Neapolitan subalterns who gathered and

---

[17] "Io vado di tempo in tempo con grandissimo mio diletto ad ascoltare i canti di Rinaldo. Talvolta procuro di tenermi nascosto perché se mai talun mi vedesse, guai a me! Un uomo che sta ad ascoltar Rinaldo deve essere senza dubbio uno dell'infima plebe, che non sappia né anche andare a giocare al ridotto, andare ad annoiarsi in un teatro, sbadigliare sentimentalmente con una bella donna, discorrere delle notizie del giorno, confondendo la Svevia con la Svezia, o credendo Breslavia esser una principessa [...]" (*Pagine giornalistiche* 612).

[18] Let me recall the two categories of people that in the *Lettera semiseria* were denied the capacity of experiencing poetry (and thus not accountable as "popolo"): on the one hand, the sophisticated, frivolous "Parisian," and on the other, the "Hottentot," represented as a poor man on the threshold of his hovel, "dulled by the stench of his flock" (qtd. in Calcaterra 278), and prevented by his miserable material conditions from any aesthetic enjoyment.

[19] For the uses of "popolo" in Manzoni, see Parrini 2002; Timpanaro 17-47; Nigro 1982; Rosa 1985.

felt the stories of Rinaldo as if they were personally involved.[20] In them, he sees "un *popolo* che ha fantasia e che ha cuore" (*Pagine giornalistiche* 613; emph. added). While it can easily be deduced that, for Cuoco, *popolo* is every community that has the means to feel itself as such, the "public," at least as it is represented here, appears to be superficially informed by a misleading/misreading culture of rumors and overheard news fragments (612). Far from being despised, *Rinaldo*'s popular audience must, on the contrary, be appreciated for keeping a custom derived from the rhapsodic tradition alive. What is more, Cuoco also maintains that if the current cantos are not as artistically valid as the Homeric ones, this is not the responsibility of their popular admirers. Rather, it is due to the "betrayal of the intellectuals": "Se oggi in tali assemblee non si cantano più versi eguali a quelli di Omero, di Pindaro, di Empedocle e né anche di Stazio, di chi ne è la colpa se non di noi, che, appena ricevuta abbiamo qualche educazione, sdegniamo di ascoltar *Rinaldo*? *È mancato l'uditore, ed il genio tace*" (613; emph. added). The emphasis on the relation of reciprocity between narrator and audience should also be noticed: each conditions the other. *Rinaldo* is the hero of these popular listeners because the ideas, vices and virtues his poem reflects are still their own (613). On closer inspection, what Cuoco is suggesting by pointing at the intellectuals' "defection," is the possibility of a virtuous circle by means of which the narrator's retroaction would modify the public's habits, contributing to the formation of a new character:

Toglietegli [al popolo] *Rinaldo* e presentategli un altro modello di eroismo; se ne interesserà egualmente e diventerà migliore. Che importa che finora abbia errato nella scelta del modello? Egli però sente: solo chi non più sente è morto, e non dà più nulla a sperare.

(*Pagine giornalistiche* 613)

What Cuoco sees in these manifestations is the expression of a collective way of feeling, a common sensibility rooted in the oral popular tradition which differs from the derivative, fashionable, and gazette-based public opinion characterizing the wealthy Neapolitan classes. What the article implies is an opposition between a *sensus communis* grounded in the oral tradition, and a "Kantian," cosmopolitan, "publicity" originating from the circulation of written texts.[21] Cuoco's choice to use Shaftesbury's phrase "Public Spirit" rather than "Public opinion" in the

---

[20] The same "lumperproletariat" who, only a few years before, had participated in the bloody massacre of the republicans. (In Marxist terminology, the lumperproletariat consists of the unorganized and unpolitical lower orders of society that are not interested in revolutionary advancement.)

[21] Clearly the publicity envisaged by Kant in *An Answer to the Question: What is Enlightenment?* (qtd. in Schmidt 58-64), consisting in the public use of one's reason "*as a scholar (Gelehrter)* before the entire public of the *reading world*" (Schmidt 60; italics in the text), could serve neither to emancipate the illiterate, nor to include them in the national community Cuoco is imagining.

program for the *Giornale italiano* was already revealing. The fracture between *sensus communis* and *public opinion,* the oral and written worlds, reflects the social divide he had analyzed in the *Saggio storico,* but, more importantly, testifies to a hermeneutic shift from an author-based to a receiver- or reader-based process of education which, once again, Cuoco had found in Vico. In other words, the production of meaning, which is rooted in the senses, belongs to the receiver who has to put together (collect as *legere cum*) discrete signs into a unique meaning. In *Platone in Italia*, Pythagoras—who, we know, may have never existed (Cuoco, *Platone in Italia* 2006: 101)—had to have recourse to the popular oral tradition to ground "the building we want to raise," *i.e.,* a unified community. Even in this case, though, as in the bidirectional pedagogy mentioned earlier, the process of formation is somewhat circular: it is still a matter of translation. To build a national way of feeling, that is, a national *ethos,* it is necessary to work with the material that is part of the popular oral lore, the rhetorical repository that, far from being static and conservative, contains for Cuoco, in the wake of Vico, the potential for change. From this, it is possible to draw universally accepted semantic units (e.g., *topoi,* micro-narratives, frames, *exempla*) to shape new forms by working as effectively as tropes do: combining those given recognizable units in different ways to produce, through slight shifts of sense, new collective understandings.[22] It is a syllogistic functioning in which the recognizable unit stands for the middle term, that is, the keystone for the conclusion to be accepted, the given on which there is general agreement, as exemplified by Bayer:

If his [of the orator] audience accepts the meaning of the middle term, then he must show that the other two terms [premises and conclusions] are implied within it, that they can be drawn forth from it, and that they are naturally part of its meaning. The more common or fundamental a commonplace is, the more successful the argument. This may require the speaker not simply to advance one single syllogism, but regressively to construct a *sorites* or series of incomplete but interlocking syllogisms. This series of syllogisms leads back to *a middle term that captures a meaning that the audience adheres to simply as part of their understanding of themselves, as part of what they share* as "an entire class, an entire people, an entire nation, or the entire human race," to use Vico's words [...] which describe his conception of common or communal sense.

(1148; emph. added)

---

[22] Cuoco's version of this rhetorical function seems to be slightly different from Vico's concept of "*acutezza*": more than in the unrelated conjunction of two disparate terms that metaphor suddenly reveals, he seems more interested in the acts of diversion performed by tropes in general, which modify "i rapporti tra le idee e le parole" (*Pagine giornalistiche* 110). Therefore, it is of some significance that he mentions, in the *Rapporto al Re Gioacchino Murat* (*Scritti vari* 2: 29) and elsewhere (*Pagine giornalistiche* 110, 211), the *Traité des tropes* (1730) in which Du Marsais insisted on the impossibility of a "zero degree" in speech, and, conversely, on the (invisible) daily life of tropes shaping, in Cuoco's integration, collective characters. For the metaphor in Vico seen as a condensed enthymeme (Schaeffer 55-79).

The unidirectional movement described here—from the orator to the audience—should not mislead us: for the sake of clarity, it is a simplified rhetorical method analogous to the one Cuoco ascribes to "his" Pythagoras, whose real existence we, the readers, are invited to call into question (and not incidentally). This is the same rhetorical method the Neapolitan Jacobins should have adopted to attract the plebs, according to Cuoco. Religion, being one of these semantic units, or recognizable forms for rural people, should have undergone a gradual reconfiguration, until people would have declared its most reactionary aspects obsolete by themselves, just as "Pythagoras" had led people to dismiss Homer's Gods through the inoculation of slightly different, and yet consistent, units of fiction destined in the long run to collide with the older crystallizations of the myth.[23] Cuoco thus saw in the novel a "new" rhetorical device that could work to reshape the sensorial horizon combining the aggregative power of street storytelling with the circulation of the printed text.[24] By transcending the space-time constraints that limited storytelling, and yet maintaining its potential for oral transmission, the novel could thus perform that cultural translation which was needed to forge a "public spirit"; to transcend, in other words, the divide between the literate and illiterate, opening up the inclusive idea of "popolo" (*pace* Berchet) to all interpreters, that is, readers as "collectors."

Cuoco's undertaking is clearly indebted to Vico's understanding of rhetoric as an in-between space of negotiation which both enables and reflects the establishment of an ethos. As a rhetorical device, it can forge a common sensorial horizon or a shared "language" on which a community relies as well as the embodiment of its ethos, the virtual agora where everybody, no matter how distant in time and space, could find the means to recognize him/herself, as well as others, as part of the same community. The novel, in sum, could aspire to become "a space of appearance that can exist in the absence of a polis," to borrow from David Marshall's convincing interpretation of what the Homeric poems represented for

---

[23] "Pitagora si è presentato al popolo, e gli ha detto: 'Io vi giuro che Omero ed Esiodo sono nel Tartaro in pena di ciò che hanno mentito sugl'Iddii immortali'. Il popolo già credeva all'esistenza degl'Iddii; già credeva all'esistenza di un Tartaro: che gli diceva dunque di nuovo Pitagora? Che tra tante migliaia di uomini che il popolo già credeva esservi vi fossero anche Omero ed Esiodo. Qual cosa potete voi immaginar più semplice, più verosimile? Il popolo beveva questo fatto come acqua, ed a capo di tempo incominciava a dubitar degl'Iddi d'Omero" (*Platone in Italia* 2006: 120). In the same page, Cuoco stresses the similarities between Pythagoras' method and dialectics: both assume as premises ideas universally accepted, only to progressively introduce some contradictions until they lead the interlocutor to destroy the former ideas herself.

[24] As testified by a nostalgic Neapolitan man in 1888, public readings of novels had replaced the storytelling about Carolingian paladins: "Sul Molo […] Rinaldo più non si vede se non disegnato a terra col gesso, la spada levata in alto in atto di ferire: in suo luogo v'è un altro che ne ha usurpato il posto, un altro che con voce chioccia e sgradevole legge i romanzi di don Ciccio Mastriani, *I misteri di Napoli* e il *Campanello dei Luizzi*" (Ferdinando Russo qtd. in Croce 71).

Vico (Marshall 238). In other words, rhetoric is what permits disparate individuals to overcome their differences and, ultimately, to settle or institutionalize themselves into the form of a community (which, in turn, gives sense to the individuals). The individuation of the novel as a new potential rhetorical institution is only thinkable after the empathetic turn on the "act of reading" epitomized by the reception of Richardson's novels.[25] The legitimation of the reader's emotional involvement entailed an equalization among readers from different classes: Diderot crying after Clarissa implies that the response of an intellectual reader was not so dissimilar, after all, from the way in which the *lazzaroni* used to take personally the wrongs committed against their fictional hero.

This "empathetic turn" in reading, which also witnesses the historical emergence of the woman reader, suits Cuoco's understanding of knowledge—in Viconian terms—as originating in the body, and therefore not necessarily confined to male representatives of the ruling classes, but potentially achievable by anyone. In *Platone in Italia*, the audience that Pythagoras needs to reach to ensure his reform is not only the popular strata, but, particularly, women, strikingly intended almost in terms of class by means of an analogy working across the novel and *Saggio storico*. In the novel, in fact, it is said that Pythagoras understood that a reform could not be successful without women's consensus, a statement that echoes, once again, the main findings of *Saggio storico*, where the consensus the revolutionary leaders needed to gain was that of the *popolo*, the lower classes: "Né mai riformator di città e di religioni giunse al suo intento se non seppe guadagnar gli animi delle donne" (*Platone in Italia* 2006: 29). Not only social inequality, but also gender inequality is thus proven to be removable, and women are to be an active part of the community, as in Tarentum, where the presence of female philosophers surprises the Athenian Cleobolous (18, 24-25). The emphasis on the role of women, in Cuoco's recollection of ancient Italian communitarian life, has often been overlooked or, when it has been mentioned, it has been reduced to the sketchy account of Cleobolous' love for Mnesilla, one of the women-philosophers of Tarentum. However, it is quite interesting that it serves as part of the formation project pursued by Cuoco, reflecting the idea of a community in which women are not merely reduced to their reproductive

---

[25] This "empathetic turn" was made possible by the rise of the realistic novel in the 18th century. The plausible characters and actions, closer to readers' reality, as well as an emphasis on feelings, would encourage readers to identify with fictional models. The sensational reception of Samuel Richardson's novels like *Pamela; or, Virtue Rewarded* (1740) and, above all, *Clarissa, or, The History of a Young Lady* (1748), bear witness of this epochal change in readers' habits: if it was reasonable to laugh with detachment at Don Quixote's madness before, now it seemed impossible not to cry with Clarissa. Diderot's *Eloge de Richardson* (1762) is perhaps the most famous acknowledgement of this new empathic mode of reading.

function, but count, instead, as main subjects whose weight is essential to enact reforms.

Let me stress, once again, that in Cuoco's understanding, the emotional involvement of the reader implies the erosion of the boundaries separating agents and patients (*patientes*), *i.e.*, subjects and objects. In the already-mentioned article "Idea di un libro necessario all'Italia," published in 1807 in the *Corriere di Napoli,* he praises Barthélémy and Wieland for having dramatized history, thus allowing readers to become fellow citizens of the main historical actors:

> Barthélemy in Francia e Wieland in Germania han dato alla storia una veste drammatica che la rende nel tempo istesso più dilettevole e più istruttiva. Il popolo, siccome preferisce la favola al discorso, così per la ragione istessa preferisce il dramma alla favola; diventa concittadino de' principali attori della storia, e s'istruisce quasi vedendo ed agendo egli stesso, il che è il modo più facile e efficace d'istruirsi.
>
> (*Pagine giornalistiche* 652)[26]

What precedes should at least problematize the simplistic reading of Cuoco's project as driven by an authoritarian motive directly leading, to put it in Bollati's terms, to Mussolini. On the contrary, what I am describing is the conception of a new shared space to negotiate different needs and beliefs, to establish a common ground for reciprocal understanding between public and private spheres, and to reduce the divide between the two social extremes which transversally characterized—and were responsible for—the political fragmentation of the peninsula. In this sense, we can see in Cuoco the transition point in which nations, or, as Vico understood them, "communities of interpretation" (Marshall 277), acquire a historical meaning that is still ours. Cuoco retains the old meaning while conceiving, at the same time, of an Italian nation in the modern sense of nation-state. The formation of a "public spirit," of a shared sensibility—of a commonality of interpretative tools—is therefore the precondition for the Italian nation to come. In the historical moment in which the lower strata were made visible by the French Revolution, this task was complicated by the divide between the literate classes, which, even under foreign governments, could enjoy institutionalized spaces for communication and representation, and the multitude of unreachable illiterate peasants.

---

[26] Here again, it is possible to see at work "Vico's new anthropological frame" which "allowed him effectively to demonstrate that not only are tropes the original and natural expression of affection—a claim that was raised again later by philosophers such as Diderot and Herder—but also they are interpretations of the world, cognitive instruments of a mode of understanding that is different from deductive or inductive knowledge. It is 'the sort of knowledge,' as Isaiah Berlin puts it, 'which participants in an activity claim to possess as against mere observers, the knowledge of the actors as against that of the audience [...]. Knowledge by sympathetic insight into those of others, which may be obtained by a high degree of imaginative power'" (Gambarota 112).

Within this frame, *Platone in Italia* portrays communitarian ways of life on the verge of disappearance to point to a community still to be born. The unifying point of the two perspectives, consistent with the conception of theory as praxis, is ultimately the stress on *how* a community comes into being (and dissolves), rather than on *what* a community is. The recurrent motive of how Pythagoras managed to establish a new *mythos* inclusive of all members of society mirrors Cuoco's own practice: the attempt to provide, with his novel, not so much—or not only—a unifying *mythos* to the Italians, but rather a way to allow them to recognize each other by means of shared experiences of feeling, in a way similar to what used to be the experience of the subalterns in the streets of Naples, when they joined together to listen to the stories of Rinaldo. The novel can offer this kind of common experience beyond the space and time constraints which necessarily confined the storyteller; it can be, in other words, the aggregator of a community which cannot otherwise gather in a given space at a given time to recognize itself at such, regardless of the division between literates and illiterates. In short, it can help create that "reciprocity with the popular consciousness and its needs," the lack of which had ruined the Neapolitan republicans (Mondolfo 45; my translation).[27]

The novel thus seems to be looming over the horizon, in *Platone in Italia*, as a common scene or a common language that the multitude can potentially share with the elites, by virtue of its being grounded in feelings and affections. As "ethics in action," that is, as an instrument of education for a wider breadth of people, the novel could serve to "facilitare la comunicazione tra i pochi ed i moltissimi," which will be the stated goal of the scheme for the reform of public education drawn up for Joachim Murat (*Rapporto al Re Gioacchino*, in *Scritti vari* 2: 5). The novel therefore seems to have been conceived almost as an equivalent of the *medium*, the middle term on which—within the rhetorical process—a collectivity in its entirety can agree. Furthermore, just as the middle term is the keystone that allows for changes in common sense, so the novel is the most appropriate tool for re-shaping it. The tension between the "enclosing" function of common sense—intended as the defining principle of a community that gives it its intelligible form or character—and, on the other hand, its bent for change, seems replicated in what appears to be a contradiction in Cuoco's own novel. *Platone in Italia*, in fact, while positioning itself as the rhetorical device that can give shape to a community, *i.e.*, as the unifying form that may provide meaning to otherwise discrete and senseless parts, also displays, from the very beginning, its own fragmentariness. This tension reveals some similarities with the German

---

[27] One could argue that this new aggregator had to exclude the illiterates by necessity. To this end, it is interesting to note that towards the second half of the century, the storytellers of Rinaldo had been largely replaced by public readers of the novels written by Francesco Mastriani. The same popular audience that was once spellbound by Rinaldo's adventures now followed with the same passion the vicissitudes of Mastriani's characters (Croce).

romantic conception of the novel as a form of self-overcoming, capable of approaching totality by virtue of its own finiteness. It is worth mentioning, moreover, the common Platonic feature of both Cuoco's and Friedrich Schlegel's understanding of the novel as a spurious genre (not to mention its substantial hybridization of poetry and philosophy), derived, ultimately, by Socratic dialectics (Lacoue-Labarthe 269-71).

An analogous dialectical functioning characterizes both novel and common sense, and it is by virtue of this very dialectical functioning that a community can reorganize itself. This is to say that common sense, intended by Cuoco in Viconian terms, is not a static repository of beliefs, but is what, at the same time, is revived by and enables rhetoric (dialectics). It contains, in other words, the possibility for a certain social meaning to be institutionalized as well as the germs for its reversal. Put differently, the institutions produced by a community (*i.e.*, an ensemble of people sharing the same rhetoric), bear in themselves a self-emancipatory potential (Zanetti 2011) that can be activated by a conflict made visible precisely through and within a shared rhetoric. To be overcome, the conflict must produce what can be viewed as a semantic revolution that can only be said to have been accomplished when it eventually settles on a new social meaning.[28]

In connection with such an understanding of social change, it may be useful to recall that the main reservation about the French Revolution expressed by Cuoco in the *Saggio storico* was its incapacity to end. Such a critique, which has been interpreted as a complete denial of the revolutionary experience, and therefore as evidence of Cuoco's conservatism, acquires on the contrary a very different significance within the dialectical frame outlined above, according to which a revolution, to be such, must "end up" in a new semantic configuration. Thus, working for the conclusion of a revolution "non significa negare la rivoluzione bensì coglierla come fondamento d'un 'ordine nuovo'" (Tessitore in *Saggio storico* 1988: xx).[29]

---

[28] The obtainment of the right to marry by the *famoli* in Vico's *Scienza nuova* (Vico 556), for instance, implied both a semantic transformation of the marriage as institution and a consequent new social arrangement.

[29] Rhetoric is what shapes the "sensible"; conversely, the sensible can be reshaped, or redistributed, only through (the appropriation of) rhetoric. Although Rancière seems to accept Ballanche's interpretation of Vico as correct, it is nevertheless tempting to read what he calls *logos* in terms of Viconian rhetoric: "Savoir si les plébéiens parlent, c'est savoir s'il y a quelque chose 'entre' les parties" (Rancière 49). I propose to identify this *quelque chose entre les parties* with rhetoric. It is what permits the establishment of a "common scene" where the plebeians can claim the contract from the patricians. This scene is made manifest by a linguistic act that the ones who are denied the access to *logos* nevertheless perform *as if* they were not. It should be recalled that at the outset of Vico's understanding of fiction lies his juridical knowledge and his recollection of legal fictions. See also Marshall 131: "It is the reader, the receiver who is poet in Vico, not the divine artifex. Regardless of whether there really is a communicative situation, it is in behaving *as if a communicative situation already exists* that the possibility of language is established."

Thanks to its intrinsic hybrid nature, disruptive of the hierarchical separation of styles, the novel seems the suggested outcome of the esthetic evolution described in *Platone in Italia*. The historical progression of the comic genre outlined in the 28th letter by Alexis (a representative of the Middle Comedy period) reinstates Cuoco's belief in the formative function of literature, as the "translating" medium that can make understandable what reason alone cannot: "Le massime della filosofia rese più note e più comuni incominciano ad annoiare se sono esposte con molto lunga verbosità; e quindi, per piacere al pubblico, sulle scene alla filosofia ed ai motti succedono l'azione e gli affetti" (*Platone in Italia* 2006: 202). Here, Cuoco also appears to pinpoint, by allegorical means, a new genre capable of overcoming the sheer divide between the "classe de' servi" (201) and the elites, by merging tragic and comic, high and low. Once again, what lies at the core of this anti-Aristotelean esthetic wish is the historical need to establish a communication between the multitudes and the few: "Noi già siamo pervenuti a quel punto in cui la commedia e la tragedia debbonsi incontrare" (201). The novel would be precisely that translating medium capable of bridging the gap between the literate and the illiterate.

Università di Pisa

Work Cited

Andreoni, Annalisa. *Un "immortale romanzo italiano."* Platone in Italia: traduzione dal greco. Ed. Antonino De Francesco and Annalisa Andreoni. Roma: Laterza, 2006: lxxv-cxl.

_____. "Il *Platone in Italia* nello sviluppo del pensiero storico-politico di Vincenzo Cuoco." *Archivio di storia della cultura* 31 (2018): 93-100.

Angier, Tom. *Techne in Aristotle's Ethics: Crafting the Moral Life*. London: Continuum, 2010.

Aristotle. *Metaphysics*. 2006. Trans. Stephen Makin. Oxford: Clarendon Press.

_____. *Poetics*. Ed. Dimitri Gutas and Leonardo Tarán. Leiden: Brill, 2012.

Bayer, Thora Ilin. "Vico's Principle of Sensus Communis and Forensic Eloquence Symposium: Recalling Vico's Lament: The Role of Prudence and Rhetoric in Law and Legal Education." *Chicago-Kent Law Review* 83 (2008): 1131-156.

Bollati, Giulio. *L'Italiano: il carattere nazionale come storia e come invenzione*. Torino: Einaudi, 1983.

Broadie, Sarah. *Ethics with Aristotle*. New York: Oxford UP, 1991.

Calcaterra, Carlo. *I manifesti romantici del 1816 e gli scritti principali del Conciliatore sul Romanticismo*. Torino: UTET, 1968.

Capitelli, Guglielmo. *Excelsior: Prose*. Lanciano: Rocco Carabba, 1893.

Carpi, Umberto. "Le basi materiali dell'ideologia moderata." *Storia d'Italia. Annali 4. intellettuali e potere*, 1978. 431-71.

Croce, Benedetto. "I 'Rinaldi' o i cantastorie di Napoli." *La Critica. Rivista di letteratura, storia e filosofia* 34 (Jan. 1936): 70-74.

Cuoco, Vincenzo. *Pagine giornalistiche*. Ed. Fulvio Tessitore. Roma: Laterza, 2011.

_____. *Platone in Italia. Sette possibili itinerari.* Ed. Rosario Diana. Napoli: Pagano, 2000.

_____. *Platone in Italia: traduzione dal greco.* Ed. Antonino De Francesco and Annalisa Andreoni. Roma: Laterza, 2006.

_____. *Saggio storico sulla rivoluzione di Napoli.* Ed. Antonino De Francesco. Roma: Laterza, 2014.

_____. *Saggio storico sulla rivoluzione di Napoli.* Ed. Fulvio Tessitore. Napoli: Itinerario, 1988.

_____. *Scritti vari.* Ed. Nino Cortese and Fausto Nicolini. 2 vols. Bari: Laterza, 1924.

Dainotto, Roberto Maria. "Vico's Beginnings and Ends: Variations on the Theme of the Origin of Language." *Annali d'Italianistica* 18 (2000): 13-25.

D'Alessio, Carlo. *Un giudizio di Vincenzo Cuoco sul Monti.* Firenze: Sansoni, 1960.

De Lisio, Pasquale Alberto. "Il giudizio di Vincenzo Cuoco sul Monti in un interessante esemplare del 'Platone in Italia.'" *Misure critiche* 2.5 (1972): 29-34.

De Sanctis, Francesco. *Storia della letteratura italiana.* 2 vols. Torino: Einaudi, 1958.

Derla, Luigi. *Letteratura e politica tra la Restaurazione e l'Unità.* Milano: Vita e pensiero, 1977.

Diderot, Denis. *Éloge de Richardson.* N.p.: Ligaran, 2015. [E-book.]

Ferrone, Vincenzo. *The Politics of Enlightenment: Republicanism, Constitutionalism, and the Rights of Man in Gaetano Filangieri.* Trans. Sophus A. Reinert. New York: Anthem Press, 2012.

Gallarati Scotti, Tommaso. "Due maestri del Manzoni." *Corriere della sera* (27 maggio 1959): 3.

Gambarota, Paola. *Irresistible Signs : The Genius of Language and Italian National Identity.* Toronto: U of Toronto P, 2011.

Hadot, Pierre. *Philosophy as a Way of Life: Spiritual Exercises from Socrates to Foucault.* Ed. Arnold I. Davidson; trans. Michael Chase. Oxford: Blackwell, 1995.

Hobsbawm, E. J, and T. O. Ranger. *The Invention of Tradition.* Cambridge: Cambridge U P, 1983.

Lacoue-Labarthe, Philippe, et al. *L'Absolu littéraire: Théorie de la littérature du romantisme allemand.* Paris: Éditions du Seuil, 1978.

Marshall, David L. *Vico and the Transformation of Rhetoric in Early Modern Europe.* New York: Cambridge U P, 2010.

Martirano, Maurizio. *Giuseppe Ferrari editore e interprete di Vico.* Napoli: Guida, 2001.

Mondolfo, Rodolfo. *Il pensiero politico nel Risorgimento italiano.* Milano: Nuova accademia, 1959.

Nigro, Salvatore. "Popolo e popolarità." *Letteratura italiana*, vol. 5. Le Questioni. Torino: Einaudi, 1982. 223-69.

Parrini, Elena. "I nomi del popolo. Appunti sul lessico politico manzoniano."*Per Domenico De Robertis: Studi offerti dagli allievi fiorentini.* Ed. Isabella Becherucci, Simone Giusti, Natascia Tonelli. Firenze: Le lettere, 2002. 399-429.

Plato. *The Republic.* 2000. Ed. Giovanni R. F. Ferrari. Trans. Tom Griffith. Cambridge: Cambridge U P.

Rancière, Jacques. *La Mésentente: Politique et philosophie.* Paris: Galilée, 1995.

Rosa, Giovanna. "I venticinque lettori dei 'Promessi Sposi.'" *Problemi* 74 (1985): 318-42.

Schaeffer, John D. *Sensus Communis: Vico, Rhetoric, and the Limits of Relativism.* Durham: Duke U P, 1990.

Schmidt, James (ed.). *What is Enlightenment?: Eighteenth-Century Answers and Twentieth-Century Questions.* Berkeley: U of California P, 1996.

Shaftesbury, Anthony Ashley Cooper, Earl of. *Characteristics of Men, Manners, Opinions, Times*. Cambridge: Cambridge U P, 1999.

Sherman, Nancy. *The Fabric of Character: Aristotle's Theory of Virtue*. Oxford: Clarendon, 1989.

Smith, Adam. *The Theory of Moral Sentiments*. Ed. Knud Haakonssen. Cambridge: Cambridge U P, 2002.

Struever, Nancy. "Fables of Power." *Representations* 4 (1983): 108-27.

Taylor, Christopher Charles Whiston. *Pleasure, Mind, and Soul: Selected Papers in Ancient Philosophy*. Oxford: Clarendon, 2008.

Themelly, Mario. "Letteratura e politica nell'età napoleonica. Il 'Platone in Italia' di Vincenzo Cuoco." *Belfagor* 45 (Jan. 1990): 125-56.

Timpanaro, Sebastiano. *Antileopardiani e neomoderati nella sinistra italiana*. Pisa: ETS, 1982.

Verene, Donald Phillip. *Vico's Science of Imagination*. Ithaca: Cornell U P, 1981.

Vico, Giambattista. *Opere filosofiche*. Firenze: Sansoni, 1971.

Williams, Raymond. *Marxism and Literature*. Oxford: Oxford U P, 1977.

Zanetti, Gianfrancesco. *Vico eversivo*. Bologna: Il Mulino, 2011.

Raffaella Bertazzoli

Leopardi e l'intreccio delle traduzioni tra Sette e Ottocento

"Però io avea conchiuso tra me che per tradur poesia vi vuole un'anima grande
e poetica e mille e mille altre cose"

(Leopardi, *Tutte le opere* 1027)

Sinossi: Partendo da sintetiche e cursorie osservazioni sulle dinamiche che definiscono il
ruolo della letteratura tradotta all'interno di un sistema semiotico sviluppato da Lotman e
Even-Zohar, questo contributo esamina il caso della traduzione in Italia al *turning point*
del XVIII secolo e il dibattito sulla funzione delle traduzioni nello sviluppo della cultura
nazionale.
Parole chiave: semiotica, Leopardi, Goethe, Foscolo, dibattito sulla traduzione, Giordani,
Di Breme, Madame de Staël, traduzioni della poesia sepolcrale

Introduzione

Analizzata secondo i moderni parametri dei *Translation Studies*, la letteratura
tradotta è un insieme di testi che agisce all'interno di un macrosistema letterario
e ne è sua parte integrante. In uno spazio semiotico, definito da Jurij Michajlovič
Lotman "semiosfera" (1985), i processi comunicativi che intercorrono tra la
letteratura in generale, la letteratura tradotta e la realtà "extratestuale" agiscono
secondo rapporti dialettici e dinamici. Scrive Lotman: "il testo in generale non
esiste in se stesso, esso è inevitabilmente incluso in un contesto (storicamente
determinato o convenzionale). Il testo esiste come contragente di elementi
strutturali extratestuali. […] È impossibile una percezione di un testo avulsa dallo
'sfondo' extratestuale" (1995: 88-89).

Nella riflessione di Itamar Even-Zohar (1995), il sistema globale della cultura
viene definito "Polysystem Theory", cioè una galassia di sistemi in relazione
strutturata, non dissimile dalla concezione lotmaniana di "semiosfera". In
particolare, all'interno della complessa impalcatura epistemologica sui sistemi
comunicativi, Even-Zohar individua i processi che s'instaurano tra culture
nazionali e il sistema della letteratura tradotta. Facendo riferimento alla
marginalità o alla centralità di una cultura rispetto a un'altra, lo studioso imposta
una doppia griglia ermeneutica per definire il modo in cui le negoziazioni
interagiscono all'interno del polisistema.

In termini generali, Even-Zohar definisce un sistema culturale periferico meno autosufficiente rispetto al centro, e quindi più ricettivo e dinamico, aperto al dialogo e alla produzione di nuove informazioni. In questo caso, la letteratura tradotta, per la sua capacità d'interagire come collegamento interculturale e sociale, assume un ruolo centrale nel creare modelli nuovi. Al contrario, più un sistema culturale è centrale e assestato, orientato alla conservazione, all'equilibrio e alla simmetria, meno si manifesta la ricerca del nuovo fuori dai confini, meno forte è la spinta dinamica al rinnovamento. In questo caso, minore sarà l'immissione di nuovi modelli. Possiamo, dunque, affermare che i rapporti d'influenza reciproca tra singoli sistemi dipendono dalla loro individuale staticità o dinamicità, dalla loro posizione centrale o periferica, e dalle strategie messe in atto dai soggetti e dalle istituzioni, politiche, sociali, culturali, editoriali.

In un suo recentissimo studio sulla letteratura tradotta, Michele Sisto (2019) pone una particolare attenzione alle teorie di Pierre Bourdieu, in cui si sostituisce il concetto strutturalista di sistema con quello di "campo" in una prospettiva più storicizzante e sociologica. Per aver valore, l'opera tradotta richiede un campo di produzione, un contesto sociale di riconoscimento e un processo di negoziazione: "[...] il senso e la funzione di un'opera straniera è determinato tanto dal campo di ricezione quanto da quello d'origine" (Bourdieu 71). Bourdieu riconosce nel ruolo attivo delle istituzioni e degli individui la fondamentale funzione di creare tutta quella "serie di operazioni sociali" (71) che sono interconnesse con la produzione della letteratura in generale e della letteratura tradotta in particolare.

Nel contesto di queste sintetiche e cursorie osservazioni sulle dinamiche che definiscono il ruolo della letteratura tradotta all'interno di un sistema semiotico, lo specifico interesse di questo lavoro è duplice: trasferire le considerazioni generali sul cronotopo oggetto della nostra analisi, l'Italia al passaggio del XVIII secolo, per poi seguire il dibattito sulla funzione delle traduzioni nello sviluppo della cultura nazionale. Da qui la necessità di esaminare la ricaduta che testi della tradizione sepolcrale di origine anglosassone hanno avuto sulla produzione poetica italiana e in particolare sul pensiero leopardiano con incidenze, spesso inedite, nella poesia. Sono diversi, infatti, e variamente modulati in tutta la produzione poetica e prosastica leopardiana, gli approcci ai temi specifici di questa letteratura luttuosa: dal suicidio (*Bruto minore*, *Ultimo canto di Saffo* e *Dialogo di Plotino e Porfirio*) al disperato riconoscimento della caducità delle cose, dal rapporto essere-nulla, alla meditazione solipsistica sulla *vanitas* (*Zibaldone* e *Canti*).

Infine, è emerso l'interesse a mettere in primo piano la funzione svolta da un romanzo paradigmatico come il *Werther* (1774) per la sua capacità di superare i confini del sistema semiotico, assumendo una funzione modellizzante all'interno dei sistemi culturali nazionali. Il *Fortleben* ininterrotto dell'opera goethiana ha prodotto traduzioni, anche nel senso di vere e proprie riscritture, parodiche rivisitazioni che ne hanno manipolato o alterato il testo. In Italia, Ugo Foscolo prendeva a modello il *Werther* per stendere le *Ultime lettere di Jacopo Ortis*

(1802), primo romanzo moderno della letteratura italiana. Nello specifico del nostro lavoro, vedremo come Leopardi, citando il romanzo, ne assumeva i comportamenti ("nell'amore la disperazione mi portava più volte a desiderar vivamente di uccidermi") e ne seguiva i pensieri, costantemente in conflitto tra entusiasmo e nichilismo della ragione (*Zib.* 64).

In questa prospettiva un interessante punto d'osservazione per iniziare la ricognizione sul sistema della letteratura tradotta è il passaggio dall'*ancien régime* alla nuova epoca post-rivoluzionaria. Al *tournant des lumières*, il potenziale culturale del Romanticismo aveva creato un grande impulso nell'attività del tradurre. Un gruppo d'intellettuali, da Madame de Staël a Benjamin Constant, dai fratelli Schlegel a Wilhelm von Humboldt, da Karl Victor von Bonstetten a Simonde de Sismondi, s'impegnano per superare le barriere ideologiche e favorire la circolazione delle idee in nome di un nuovo sentimento europeistico. L'attività di questi intellettuali si svolge in un contesto politico di transizione, superando l'universalismo utopico di matrice illuministica, fondato sulla *sociabilité,* verso un'identità politicamente più forte e culturalmente più attenta ai valori e ideali nazionali. Un ruolo fondamentale in questo progetto è incarnato da Madame de Staël, impegnata in prima persona nella diffusione delle nuove idee e nel tentativo di favorire un proficuo processo di scambio con il "diverso" culturale. Per dirla in altri termini, la de Staël proponeva che la letteratura divenisse anche uno strumento di educazione sociale in uno sforzo di comprensione e arricchimento tra "culture regardante" e "culture regardée" (Pageaux 60-61).

Nel saggio *De l'Esprit des traductions* (1816), tradotto da Pietro Giordani e pubblicato col titolo *Sulla maniera e l'utilità delle traduzioni*, Madame de Staël sollecitava la "nazione italiana" a risvegliarsi "da un sonno oscuro", facendo di un'unità spirituale un'unione culturale e politica (16). Inoltre, il saggio abbozza alcune idee sulla funzione culturale delle traduzioni che definiscono la fisionomia del tradurre come sistema complesso. Con le parole di Madame de Staël, le traduzioni svolgono nelle letterature nazionali una funzione di accrescimento della cultura:

Trasportare da una ad altra favella le opere eccellenti dell'umano ingegno è il maggior benefizio che far si possa alle lettere; perché sono sì poche le opere perfette, e l'invenzione in qualunque genere è tanto rara, che se ciascuna delle nazioni moderne volesse appagarsi delle ricchezze sue proprie, sarebbe ognor povera: e il commercio de' pensieri è quello che ha più sicuro profitto.

(10)

Interpretate nei termini della moderna traduttologia, le osservazioni della Staël s'inseriscono in quella linea ermeneutica che considera ogni testo traduzione della cultura in cui nasce: tradurre un'opera in un'altra lingua significa tradurla in un'altra cultura. La traduzione diviene, quindi, un elemento vitalizzante per quel processo di *Bildung*, di formazione di una società che si manifesta nell'interazione tra letteratura nazionale e culture straniere, come ben osserva Torop nel suo *La traduzione totale* (2009).

Proseguendo il suo discorso, Madame de Staël denuncia lo stato di arretratezza e d'isterilimento della cultura italiana, caratterizzata dalla costante ripresa e ripetizione dei modelli classici. Invita gli intellettuali italiani a lasciare le posizioni culturali di retroguardia e ad aprirsi alle letterature del Nord, non per diventarne imitatori, ma per accogliere nuove tematiche:

> Dovrebbero a mio avviso gl'Italiani tradurre diligentemente assai delle recenti poesie inglesi e tedesche onde mostrare qualche novità a' loro concittadini, i quali per lo più stanno contenti all'antica mitologia: né pensano che quelle favole sono da un pezzo anticate, anzi il resto d'Europa le ha già abbandonate e dimentiche.
>
> (16)

Sappiamo che il saggio suscitò una serie d'interventi sulla "Biblioteca Italiana", soprattutto da parte di quegli intellettuali che si vedevano accusati di ripercorrere strade logore e asfittiche, chiusi in una sterile separatezza.[1] Anonimi divulgatori delle "Riflessioni sui due articoli della signora baronessa Staël De Holstein", ricordano il passato illustre delle nostrane lettere, e rispondono orgogliosi, come riporta Bellorini: "Vorrebbe madama che gl'italiani traducessero delle poesie straniere: ma, santo cielo! Come può ella pretendere che gl'italiani i quali hanno le orecchie imbalsamate dal divino cantare d'un Tasso, d'un Petrarca, d'un Dante, d'un Metastasio e di mille altri cigni sublimi, abbiano a trovar piacere in quelli?" (194).

Nel fatidico 1816, anno della pubblicazione dei *Manifesti romantici* e della cosiddetta "polemica classico-romantica", si alzano in coro anche le voci degli italiani che avevano preso posizione in favore del rinnovamento letterario. Nel saggio *Intorno all'ingiustizia di alcuni giudizj letterarj italiani*, steso in difesa dello scritto di Madame de Staël, Ludovico di Breme invita gli intellettuali a risvegliarsi dal torpore, per uscire da uno stato di "inopia letteraria" (12). Nel gennaio del 1819 appaiono sul "Conciliatore", il foglio portavoce delle nuove idee, due saggi di Ermes Visconti: *Idee elementari sulla poesia romantica* e *Dialogo sulle unità drammatiche di luogo e di tempo*, fondamentali per la discussione sul rinnovamento del teatro (Bottoni 61-79). Nella *Notizia sul Romanticismo in Italia* (1820), Visconti sollecita gli italiani a trovare il coraggio di non isolarsi dal contesto europeo e di rinnovarsi per non inaridire le loro forze vitali. Chiede agli scrittori che "alla Legge vincolante dell'*imitazione* si

---

[1] Lo stesso Giordani fu molto critico sulla funzione innovatrice delle traduzioni e sul ruolo della nuova cultura romantica (*Un Italiano risponde al discorso della Staël*, articolo pubblicato sulla "Biblioteca italiana" nell'aprile 1816). Carlo Botta si espresse apertamente contro le nuove idee in una lettera del 15 settembre 1816 scritta al Di Breme, ma pubblicata sull'"Antologia" solo nel 1826 (*Contro il romanticismo*, in Contini 1986 1: 254-60).

sostituis[ca] [...] il libero diritto dell'*invenzione*; ed alla [...] blandita immobilità il bisogno vitale dell'azione" (96-97).[2]

Il potenziale rivoluzionario del Romanticismo, sebbene arginato dai conservatori, avrebbe trasformato l'intera vita culturale, sociale e civile dell'Italia. Giustamente Paul Van Tieghem parla di uno scontro generale e violento: "[...] nulle part les attaques des novateurs n'ont été plus hardies, et les résistances plus opiniâtres de la part des défenseurs des traditions classiques [...] cette découverte fut une conquête à main armée, souvent accompagnée de luttes acharnées" (1947: v).

In risposta al saggio di Madame de Staël, Giacomo Leopardi scrive due lettere (pubblicate postume), la prima datata 7 maggio 1816, la seconda con il titolo *Lettera ai compilatori della "Biblioteca Italiana"* del 18 luglio 1816. Leopardi difende la tradizione classica e polemizza con le tesi della de Staël, nelle quali riscontra aporie metodologiche: se gli scrittori italiani sono criticabili perché imitano i classici, non è plausibile esortarli a imitare gli autori del romanticismo nordico. L'esito, secondo Leopardi, sarebbe stato nefasto: "Apriamo tutti i canali della letteratura straniera, facciamo sgorgare ne' nostri campi tutte le acque del settentrione, Italia in un baleno ne sarà dilagata, tutti i poetuzzi Italiani correranno in frotta a berne, e a diguazzarvi, e se n'empieranno sino alla gola (poiché pur troppo ne sono essi andati sempre ghiottissimi" (*Poesie e prose* 2: 438). Descrivendo la poesia classica, la cui grandezza non ha modelli, Leopardi accusa i moderni di sterilità:

[...] i Greci non aveano modelli, o non ne faccano uso, e noi non pure ne abbiamo, e ce ne gioviamo, ma non sappiamo farne mai senza, onde quasi tutti gli scritti nostri sono copie di altre copie, ed ecco perché sì pochi sono gli scrittori originali, ed ecco perché c'inonda una piena d'idee e di frasi comuni, ed ecco perché il nostro terreno è fatto sterile e non produce più nulla di nuovo. [...] Leggete i Greci, i Latini, gl'Italiani, e lasciate da banda gli scrittori del Nord, e ove pure vogliate leggerli, se è possibile non gl'imitate.

(Poesie e prose 2: 438-39)

Leopardi non esclude la conoscenza degli scrittori oltremontani, ma diffida della "soverchia imitazione" che porti all'uso eccessivo delle "loro immagini e [delle] loro frasi":

Non vo' già dir io che sia necessario ignorare affatto quello che pensano e creano gl'Ingegni stranieri, ma temo assaissimo la soverchia imitazione alla quale Italia piega tanto, che parmi faccia d'uopo a levarle il mal vezzo usar maniere che sentano dell'eccessivo. [...] Nutriamoci d'Ossian e d'altri poeti settentrionali, e poi scriviamo se siam da tanto, come più ci va a grado senza usare le loro immagini e le loro frasi.

(Poesie e prose 2: 439-40)

---

[2] A sostegno delle idee del Romanticismo e contro gli accademici, nel 1816 Pietro Borsieri scrive *Le Avventure letterarie di un giorno*; nello stesso anno Giovanni Berchet compone la *Lettera semiseria di Grisostomo a suo figlio*.

Con il *Discorso di un Italiano intorno alla poesia romantica* (1818), Leopardi cerca di dare una sistemazione organica alle idee espresse nelle sue lettere alla "Biblioteca italiana", ma soprattutto approfondisce alcuni concetti di poetica che resteranno alla base per l'evoluzione del suo pensiero. Leopardi traccia la fondamentale distinzione (anche se già teorizzata dagli scrittori del primo romanticismo) tra "poesia d'immaginazione" e "poesia di sentimento". La prima, propria degli antichi, è il luogo dell'imitazione della natura, delle 'illusioni' e degli 'inganni' che suscitano 'diletto'. La seconda, descritta come 'poesia di sentimento', segue l'evoluzione delle riflessioni dello *Zibaldone*. Si legga a questo proposito il pensiero del 1 luglio 1820, in cui descrive la "mutazione" della poesia verso il patetico nella nuova accezione di "sentimentale":

Nella carriera poetica il mio spirito ha percorso lo stesso stadio che lo spirito umano in generale. Da principio il mio forte era la fantasia, e i miei versi erano pieni d'immagini, e delle mie letture poetiche io cercava sempre di profittare riguardo alla immaginazione. [...] La mutazione totale in me [...] tanto più mi allontanava dagli antichi e mi avvicinava ai moderni. Allora l'immaginazione in me fu sommamente infiacchita, e quantunque la facoltà dell'invenzione allora appunto crescesse in me grandemente, anzi quasi cominciasse, verteva però principalmente, o sopra affari di prosa, o sopra poesie sentimentali. E s'io mi metteva a far versi, le immagini mi venivano a sommo stento, anzi la fantasia era quasi disseccata [...] bensì quei versi traboccavan di sentimento.

(*Zib.* 143-44)

Nella decisiva e articolata riflessione dell'8 marzo 1821, Leopardi ribadisce:

La poesia sentimentale è unicamente ed esclusivamente propria di questo secolo. [...] Giacchè il sentimentale è fondato e sgorga dalla filosofia, dall'esperienza, dalla cognizione dell'uomo e delle cose, in somma dal vero, laddove era della primitiva essenza della poesia l'essere ispirata dal falso. [...] appena si può dire che la sentimentale sia poesia, ma piuttosto una filosofia.

(*Zib.* 726-35)

Nel 1822, con la composizione dei testi *Alla Primavera o delle favole antiche* e *L'inno ai Patriarchi*, Leopardi si congeda definitivamente dalla poesia degli antichi, consegnando a quel tempo il sentimento della nostalgia e della rimembranza. Persa l'illusione di poter far rivivere le "favole antiche", Leopardi ora si concentra "sopra affari di prosa, o sopra poesie sentimentali". Ad alimentare questa nuova vena poetica, avrebbero avuto un ruolo anche le traduzioni dei testi di argomento sepolcrale, come cercheremo di dimostrare. La poesia, ultima illusione rimasta per sopportare lo spettacolo dell'"arido vero", ossia del nulla annientante, si sarebbe rivolta alla meditazione melanconica, mettendo al centro la condizione dell'uomo come ente effimero e mortale.

La poesia religioso-sepolcrale nelle traduzioni italiane

Se dalla riflessione generale sull'importanza delle traduzioni limitiamo il discorso sul sotto-genere lirico religioso-sepolcrale per considerarne la sua diffusione, dobbiamo fare un passo indietro rispetto alla polemica classico-romantica. Molta di questa poesia era nata in un preciso contesto di polemiche e dibattiti sul tema della promiscuità dei cadaveri, dell'inumazione nelle chiese e della collocazione dei cimiteri *extra moenia*, sollevato dalla pubblicistica sepolcrale dell'Illuminismo. Nel 1749, per esempio, l'abate Charles-Gabriel Porée pubblicava le sue *Lettres sur la sépulture dans les églises,* mentre nel 1774 Scipione Piattoli scriveva il *Saggio intorno al luogo del seppellire*. Nel 1785, fu la volta di Joel Barlow che mette in versi la sua *Meditation on Death and the Grave*, passando in rassegna una schiera di uomini, diversi per censo e per condizioni, che dividono la stessa fossa (3-5).

Il problema delle sepolture promiscue, legato a ragioni sanitarie e alle ritualità connesse, si sarebbe allargato alle varie dissertazioni che animano la Francia tra Direttorio e Consolato.[3] Jean-Marie Coupé riconosceva l'importanza delle sepolture coniando l'apparente paradosso che "la sépulture n'est plus rien pour les morts, elle est toute pour les vivans" (Sozzi 2007: 173). Affermazione ripresa da Foscolo nella lettera a Monsieur Guillon e tema centrale dei *Sepolcri*: "I monumenti inutili a' morti, giovano a' vivi".[4] Argomento dibattuto anche da Emmanuel-Claude Pastoret, che nella seduta del Consiglio dei Cinquecento del 26 pratile, anno IV (1796), propone una serie di norme per dar nuovo prestigio al culto delle tombe. Nel capitolo intitolato "Tombeaux dans les églises" del *Génie du Christianisme* (1852), Chateaubriand parla diffusamente della funzione delle sepolture. Il lettore, condotto nelle cattedrali e nelle cripte, sente la solennità delle tombe e collega la "vénération des hommes pour les tombeaux" alla moralità del vivere (1852: 101).[5] Lionello Sozzi ha mostrato in modo del tutto convincente come questa pubblicistica possa essere letta come un "ritorno a illusioni religiose

---

[3] Nel 1776 un editto reale proibiva in Francia l'inumazione nelle chiese e nei conventi, concludendo un dibattito che era stato sollevato molti anni prima dalla pubblicazione di Poreé (1745). In Italia ne parla, tra gli altri, lo Zumbini. Favorevole all'inumazione fuori dalle città, il conte Lambertenghi scrive sul *Caffè*: "Perché dunque col proibire che i cadaveri sieno seppelliti nelle città non togliere una sicura cagione alla diminuzione di popolazione ed a pericolose malattie?" (487). Ercole Silva osserva: "Lodevole è quella legislazione, la quale [...] ha tenuto di mira di allontanare questi luoghi dall'abitato per procurare la maggiore salubrità dell'aria, e non serbare sott'occhio con troppa frequenza gli oggetti di commiserazione e di dolore agli abitanti. Più lodevole ancora sarebbe se si ammettesse la pia e più sublime costumanza di serbare soltanto colla memoria il nome degli estinti" (54). Per un completo resoconto dei testi stampati in Francia sull'argomento si veda Sozzi (1967) ma riprendono il tema anche Porset e Sozzi (1999).

[4] "Giornale Italiano" 173 (22 giugno 1807).

[5] Il libro II, IV parte del *Génie du Christianisme* di Chateaubriand (1852) è tutto dedicato alle tombe e ai vari esempi di sepolture.

di marca non confessionale", diffondendo enormemente le tematiche sepolcrali anche in poesia (1967: 567).

Favorite da questo dibattitto, tra Sette e Ottocento, giunsero nel macrosistema della cultura italiana opere di argomento religioso e sepolcrale, facendo leva su fattori sociali, culturali, ideologici, oltre che letterari e linguistici. Diluita la portata edificante e parenetica, originaria di questi testi, le traduzioni ebbero un ruolo fondamentale nell'evoluzione del genere lirico e nella creazione di nuovi modelli culturali. Stilemi e topoi poetici interpretavano, con una nuova sensibilità, temi universali quali il tempo, l'eternità, il tema religioso della *vanitas* unito a quello laico della fallacia, il rimpianto dell'*ubi sunt?* Un nuovo modo di meditare sull'esistenza umana e sulla morte, condotto, per così dire, sull'orlo del sepolcro si trasforma nell'esternazione del dolore per la "mort de toi", che è la formula con cui Philippe Ariès definisce la fondamentale trasformazione che investe il sentimento funebre, passando da convenzione sociale a una manifestazione di *pietas* e di lutto. I concetti d'immanenza e trascendenza, del tempo come fine s'innestano nella *meditatio mortis* come coscienza della finitudine come più propriamente umana, essendo la morte: "la possibilità più propria dell'esserci" (Heidegger 117).

Il fascino che la musa splenetica esercitò sulla poesia fu, a dir poco, travolgente. Ne furono entusiasti molti poeti di scarso momento; non restarono insensibili alla meditazione solipsistica sulle insegne mortuarie anche autori di prima grandezza; ricordiamo *I sepolcri* di Ugo Foscolo, *I cimiteri* di Ippolito Pindemonte, i *Pensieri* di Vincenzo Monti, l'importante traduzione dell'*Elegia* di Gray di Melchiorre Cesarotti; le due *Sepolcrali* di Leopardi.[6]

Scorrendo opere come *Night Thoughts* di Edward Young (1745), *Meditations among the Tombs* di James Hervey (1748), *Elegy Written in a Country Church-yard* di Thomas Gray (1751), *The Grave* di Robert Blair (1743), il sentimento della caducità, rappresentato plasticamente dalle rovine del paesaggio ed elaborato da una malinconica *Ruinensehnsucht*, si allargava ai molti interrogativi filosofici, etici, sociali che il tema delle sepulture aveva sollevato. Le opere di filosofi e critici come Lord Shaftesbury (*Letter Concerning Enthusiasm*, 1708), John Dennis (*The Grounds of Criticism in Poetry*, 1704), Mark Akenside (*Pleasures of Immagination*, 1744) offrono alimento a questa poesia, rielaborando concetti estetici come "sublime", "immaginazione", "entusiasmo".

Favorendo questa nuova temperie di *humeur sombre*, alla fine del secolo, l'Italia poteva avvalersi delle traduzioni delle *Notti* di Young di Lodovico Antonio Loschi (1786) e di Giuseppe Bottoni (1775); dell'*Elegia* di Gray, tradotta dal

---

[6] Testi poetici di chiara ispirazione sepolcrale sono anche *Il sepolcro* (1776) di Francesco Zacchiroli, *La tomba* (1778) dell'abate Pellegrini.

Cesarotti (1791) e da molti altri scrittori; del testo di Parnell, *A Night-Piece on Death*, tradotto da Angelo Mazza con il titolo *Alla Morte* (1816).[7]

La dilagante poesia sepolcrale avrebbe avuto anche i suoi critici. Nello *Scherzo* (*L'ipocondria, scherzo misto di versi, e di prosa*, 1781), Antonio Cerati descrive il malinconico drappello di poeti che avevano portato tra le anime sensibili e colte, con fortuna indiscussa, cupi pensieri sulla caducità delle cose e sulla morte. Il discorso si apre su un luogo cimiteriale:

> All'ombra di una di quelle piante funebri stava Young flebilmente cantando la notte, e la morte. D'intorno a lui pendevano col teso orecchio Italiani, e Francesi, i quali su nitide tavolette d'avorio notavano colla matita le idee più rare del Principe de' Poeti melanconici. Dietro a quello non molti passi sopra il muscoso coverchio di una tomba, Milord Hervey meditabondo parlava con esil voce di teschj, e d'ossa. Non lungi da loro assiso sopra uno scabro sasso il terribile Arnaud, cogli occhi al suol fissi leggea sospirando alcuni versi del Conte di Comminges.

(57-58)

Critici nei loro giudizi sono anche Baretti e il Bettinelli.[8] Nel saggio *Del gusto presente in letteratura italiana* (1785), Matteo Borsa parla dell'affettazione splenetica degli italiani; Giuseppe Compagnoni, nelle sue *Lettere piacevoli* (1791) cerca di interpretare, secondo un'ottica sociologica *ante litteram*, la predilezione degli italiani per la poesia lugubre, vista come reagente etico a una gioiosa inclinazione del carattere e a una situazione di benessere sociale. Il Cesarotti (*Saggio sulla filosofia del gusto*, 1885) osserva come in Ossian fosse quella "melanconia sublime che sembra il distintivo del genio" (1945: 207); Francesco Zacchiroli (*Ricerche sulla sensibilità*, 1781) si sofferma sulla ricreazione di luoghi cimiteriali che portano a suggestioni di sublime terrore: "Talvolta l'immaginazione si trasporta nel fondo de' sepolcri; vede i lugubri e ferali cipressi, che forman l'orrore e l'ornamento del luogo de' trapassati; ode il mesto sibilare dell'aria, la quale rompendosi contro le frondi eccita un non so qual lamentevole mormorio" (1781: 32).

---

[7] La produzione che si rifà alle *Notti* younghiane è cospicua. Si vedano, tra le più note, le *Notti Clementine* scritte per la morte di Clemente XIV dal Bertola (Siena 1774); *Sei notti poetiche* di Mariano Antonio Capra (Cesena 1777), *Le Notti* di Giovanni Fantoni (Livorno 1777-1792), *Notti sacre* dell'abate Luigi Richeri (Torino 1816). Di un certo interesse per la diffusione del tema è il poemetto *La Mélancolie* (1798-1800) di Gabriel Legouvé, che ebbe in Italia la traduzione di Luigi Balochi (Parigi 1802); e *Die Ewigkeit* di Albrecht von Haller, per il quale s'impegnò nella traduzione Urbano Pagani Cesa (Venezia 1782).

[8] Il Baretti scrive che la fama dei vari poeti come Young avrà breve vita. Il Bettinelli condanna senza riserve la poesia dei notturni che chiamava piagnoni e li stigmatizzava con queste parole: "E se a questi giorni è una moda venuta di piagnere amaramente in teatro le Eufemie, e i Comingi [...] s'aggirano pei sepolcri, e meditan su la morte e su l'eternità pensosi" (1780: 232).

Leopardi e la poesia di sentimento

Nello spazio della biblioteca paterna, Leopardi poteva accostare alcuni tra i testi esemplari della poesia sepolcrale inglese in traduzione: *Le notti* di Edward Young, sia nella versione prosastica e più diffusa di Lodovico Antonio Loschi (Venezia 1786, 3 voll.) sia in quella in versi di Giuseppe Bottoni (Siena 1775, 2 voll.).[9] L'enorme fortuna del testo, anche in traduzione, si deve alla presenza di ampi squarci meditativi sui grandi temi dell'esistenza e alla *variatio* stilistica che oscilla dal tragico al sublime, dall'idillico al patetico. Un altro dato interessante risiede nella presenza nella biblioteca di Recanati di una doppia traduzione del testo di James Hervey *Meditazioni sopra i sepolcri*. La prima, quasi criptata, compare sotto l'indicazione del nome del traduttore: "Brancadoro Cesare, *Le mie meditazioni sulle tombe*, Fermo 1806" (*Catalogo* 64). La schedatura imprecisa si giustifica in quanto la traduzione dell'opera dello Hervey contiene una sezione finale intitolata *Le mie meditazioni* dello stesso Brancadoro. La seconda con il titolo "Hervey, *Le tombe e le meditazioni*, Palermo", senza indicazione di data (*Catalogo*, 198). Si registra inoltre la presenza della più nota traduzione dell'*Elegia sopra un cimitero campestre* di Robert Gray, compiuta dal Cesarotti (1791).

Leopardi, per parte sua, non fu prodigo di riferimenti o commenti a testi sepolcrali, anche se alcune citazioni dirette al testo younghiano compaiono tra i suoi scritti in data altissima: è del 1810 un appunto autografo, in cui si fa esplicito riferimento a "Young Notte seconda" (Corti 448), che nella suddivisione data dal traduttore francese Le Tourneur (1769), e ripresa da tutti i traduttori italiani, è intitolata all'*Amicizia*. Un altro accenno diretto allo Young si trova in una delle prime opere leopardiane, quella *Storia dell'astronomia* del 1813 che riporta in nota la citazione: "Young. Notte 21. I cieli. Pluralità dei mondi" (Carrai 34).[10] Al *Capo secondo*, Leopardi riprende la prima parte della *Notte XXI* che inizia con una serie di domande sulla nascita dell'universo e sulla fine dell'umanità, caratterizzate da profondo smarrimento: "[…] Ove comincia adunque / Edifizio sì vasto, ed ove ha fine? / Ove sorgono mai l'ultime mura, / Che del nulla radendo i cupi abissi, / Chiudono in sen degli esseri il soggiorno?" (Young 310). Significativa, infine, la citazione dello Young nell'elenco IX e ultimo delle letture (databili al periodo 1823-30), senza precisazione alcuna.[11]

---

[9] *Catalogo della Biblioteca Leopardi in Recanati*, "Atti e memorie della R. Deputazione di Storia Patria per la Province delle Marche" 4 (1899). Le citazioni sono a pagina 211. Nuova edizione, ora edita da Olschki (2011).
[10] La citazione è anche in *Gli strumenti di Leopardi* (2000: 5).
[11] Il nome di "Young" è accanto a "Blair". Per entrambi manca l'indicazione del nome proprio. La biblioteca leopardiana annovera solo il testo di Ugone Blair, *Lezioni di rettorica e di belle lettere* (Venezia 1803), anche se la sua vicinanza nel progetto di lettura a quello di Young potrebbe indurre a credere che quel Blair, in realtà fosse Robert Blair autore di un testo molto noto a quel tempo, intitolato *The Grave*.

Nel libro dei *Canti*, due testi rimandano tematicamente alla poesia delle tombe: *Sopra un basso rilievo antico sepolcrale* e *Sopra il ritratto di una bella donna*. Il dittico, ascrivibile (con qualche riserva della critica) agli anni napoletani del poeta, prende lo spunto da due elementi scultorei: da un bassorilievo che narra la dipartita di una giovane fanciulla tra il cordoglio dei genitori, secondo modelli neoclassici, e dall'effige marmorea di una "bella donna", collocata sulla sua tomba.[12] L'unicità di questi due testi, che si soffermano sul compianto per la morte prematura dei giovani, tema caro a molta poesia leopardiana, e sul senso della caducità e dei suoi effetti, si conferma nel legame meditazione-sepolcro, quale che sia la reale o fittizia natura dei due monumenti. Dati incontrovertibili del genere, anche se elaborati all'interno di una coerente linea speculativa.

Leopardi non indugia sulla funzione del sepolcro come elemento di memoria, topos variamente declinato in molta poesia, ma ne fa il luogo di una stringente speculazione tra ragione e sentimento. La stesura delle due *Sepolcrali*, d'altronde, cade all'altezza di uno snodo importante del pensiero Leopardiano, votato a considerazioni estreme sul male dell'esistenza. La ripresa, nel primo componimento funebre, della clausola teleologica sulla Natura, contenuta nell'abbozzo *Ad Arimane* ("che per uccider partorisci e nutri") e la contiguità di un testo-epitaffio come *A se stesso*, incardinano la meditazione funebre al pensiero dialettico tra senso della vita e dato estremo del morire. Il compianto suscita meditazioni non sull'idea di *eschaton*, ma sul sentimento penoso per la morte dei giovani e sulla condizione orbata di chi rimane[13]

La complessità del pensiero della prima *Sepolcrale* si snoda su una contraddizione insanabile: la condizione del morire e la morte come soluzione al male di vivere. Il pensiero non è solo delle *Sepolcrali*, ma, in modo articolato, viene commentato in numerosi passi dello *Zibaldone*. Il pianto per il defunto non va al suo stato di morto, ma alla condizione di privazione della vita che la morte gli ha inflitto:

---

[12] Torna sul problema della datazione e del rapporto della prima sepolcrale con la tradizione Giulia Corsalini (2016) che suggerisce come la poetica del testo sia essenzialmente di natura esistenziale, legata ai temi del cordoglio e della consolazione trattati dalla tradizione filosofica e letteraria. Per la Corsalini è possibile il confronto con la linea della poesia sepolcrale inglese e poi italiana, sebbene in Leopardi la presenza del sepolcro, centrale in quei testi, sia soprattutto un motivo figurativo. Per Francesca Fedi (1997) esiste un rapporto stretto tra le *Sepolcrali* e l'interesse di Leopardi per l'iconografia funebre di matrice neoclassica.

[13] *Zib.* 4278, 9 aprile 1827: "Da che vien dunque la compassione che abbiamo agli estinti se non dal credere, seguendo un sentimento intimo, e senza ragionare, che essi abbiano perduto la vita e l'essere; le quali cose, pur senza ragionare, e in dispetto della ragione, da noi si tengono naturalmente per un bene; e la qual perdita, per un male? Dunque noi non crediamo naturalmente nell'immortalità dell'animo; anzi crediamo che i morti sieno morti veramente e non vivi; e che colui ch'è morto, non sia più."

Noi piangiamo i morti, non come morti, ma come stati vivi; piangiamo quella persona che fu viva, che vivendo ci fu cara, e la piangiamo perché ha cessato di vivere, perché ora non vive e non è. Ci duole, non che egli soffra ora cosa alcuna, ma che egli abbia sofferta quest'ultima e irreparabile disgrazia (secondo noi) di esser privato della vita e dell'essere. Questa disgrazia accadutagli è la causa e il soggetto della nostra compassione e del nostro pianto; Quanto è al presente, noi piangiamo la sua memoria, non lui.

(*Zib.* 4279)

Le parole che accompagnano la "bellissima donzella", rappresentata sull'urna sepolcrale, s'incidono a illustrare la sua condizione. Come dovrà essere chiamata la giovane che sembra muoversi con "ciglio asciutto" e pur "mesta", verso i luoghi dell'oltretomba: "misera" o "fortunata"? Quali sono i sentimenti che provano i parenti? La vicenda dolorosa della morte prematura, che vede svanire ogni illusione, richiama le due figure poetiche di Silvia e Nerina. Il tema trascende la condizione pietosa dell'unione con il defunto per incentrarsi sulla contraddizione dell'essere e del suo rapporto con una Natura indifferente:

> Madre temuta e pianta
> Dal nascer già dell'animal famiglia,
> Natura, illaudabil maraviglia,
> Che per uccider partorisci e nutri,
> Se danno è del mortale
> Immaturo perir, come il consenti
> In quei capi innocenti?
> Se ben, perchè funesta,
> Perché sovra ogni male,
> A chi si parte, a chi rimane in vita,
> Inconsolabil fai tal dipartita?

(*Poesie e prose* 1: 108)

Nelle *Meditazioni sopra i sepolcri*, Hervey si sofferma sull'importante funzione dei monumenti sepolcrali, visti come testimonianze tangibili della condizione transeunte dell'uomo. Particolarmente penosa appare la sosta davanti a una tomba che custodisce le spoglie di un giovane, sui cui si rappresenta un mesto corteo, simile alla teoria dell'urna funebre leopardiana (*Meditazione IV. Sopra la Tomba di un giovanetto*):

Quale spettacolo mortificante per quelli che furono i mesti testimonj di questo accompagnamento funereo! Il padre e la madre immersi nel silenzio e nell'afflizione seguivano questo amato figliuolo, il quale si porta senza movimento e vita nel soggiorno della polvere, spargendo lagrime; abbandonati ad un dolore profondo tutti rimangono a canto del monumento quali statue esprimenti la disperazione. L'aria è percossa da gridi lamentevoli di pianto.

(Hervey 31-32)

Nella *Notte VII. Il Carattere della Morte*, Young svolge il tema della morte dei giovani associandolo al motivo della 'Morte livellatrice' di ogni umana disuguaglianza. La macabra figura, che cala la falce senza distinzione alcuna, è qui accusata della somma ingiustizia di condurre alla tomba chi non ha potuto neppur affacciarsi alla vita:

> Quanto nell'ire sue, ne' colpi orrendi
> Stravagante è la Morte, e quanto è cruda!
> Ah, se ruotasse almen la falce ardita
> Sovra chi trista sorte, o grave impaccio
> Soffre di lunga età; se di natura
> Non prevenir, ma secondare il corso
> Dovesse almeno; e se degli anni al peso
> Sciaglier lasciando il nostro frale ammanto,
> Ne guidasse la polve entro la tomba!
> Ma no, che spesso dispietata, e fiera
> Nella tomba ci spinge, allor che in noi
> Robusta gioventù verdeggia, e cresce.
>
> (Young 97)

Il passo nella traduzione poetica del Bottoni ci sembra interessante sia dal punto di vista tematico sia lessicale. Il sintagma significativo "frale ammanto", ripreso a stretto giro da "frale / misero vel", ci richiama un personaggio cardine dei *Canti*, quella Saffo che è votata ancor giovane alla morte e si porta dietro tutta l'universale disillusione del vivere. Che Leopardi si sia ricordato di questa traduzione nel momento in cui componeva i versi finali dell'*Ultimo canto di Saffo*, lo supponiamo non solo dalla ricorrenza del calco linguistico "ammanto", ma soprattutto per l'assunzione del termine nell'accezione meno vulgata di "corpo", *hapax* nei *Canti* ("Virtù non luce in disadorno ammanto", 54). La ripresa dell'altro termine della traduzione, "vel", usato per indicare il corpo, si presenta in Leopardi nella forma di una *callida iunctura* alla fine del *Canto*: "il velo indegno a terra sparto" (55).[14]

Young accusa la morte di accanirsi ingiustamente sui giovani richiamando il paradosso esistenziale, plasticamente rappresentato dal genitore che piange sulla tomba di un figlio:

> Lascia la vita a noi, se un mal si rende;
> E se un bene è la vita, a noi l'invola.
> [...]
> Quanti ne' più verd'anni avvolti, e chiusi
> Entro funereo vel restan da quelli,
> De' quai la vita altro non è che lenta
> Continua morte! E quante volte io veggio
> Struggersi in pianto un genitor cadente

---

[14] L'unica presenza del lemma "ammanto" si trova nel *Frammento XXXIX* (*Spento il diurno raggio in occidente*), composto nel 1819, usato con un diverso significato: "E far sovra il suo capo a quella ammanto" (*Poesie e prose* 1: 140).

Sovra il sasso feral, che i figli alberga!

(Young, *Notte VII* 97)

La *Notte IV. Narcisa*, è incentrata sul dolore di Young per la scomparsa della figlia. Leggiamo il passo nella traduzione del Loschi: "Barbara ch'ella è, costei ha spinto Narcisa, nel sepolcro, sul fiore dei suoi verd'anni, nel mentre che la sua anima giovinetta dischiudevasi per l'appunto alla vita e alla felicità. [...] Narcisa, al suol prostesa, bella pur anche nelle braccia della morte! (Young, *Le lamentazioni* 1: 79 e 81-82). La perifrasi di eco petrarchesca, "sul fiore dei suoi verd'anni", con la quale si indica la giovinezza di Narcisa, umiliata dalla morte, richiama la condizione di Silvia, il personaggio del *Canti* che rappresenta in assoluto il motivo della morte in età acerba. Leopardi ricorda di Silvia "Il fior degli anni" (43), mentre aveva pianto i "verd'anni" di Saffo. Nella *Notte VII*, Young considera la morte prematura nei termini di un inganno: "Più vicina a perir è in noi la vita / Quando splende più bella" (Young 103), con un'eco nei versi sconsolati di *A Silvia*, dove la memoria rimanda all'età felice "quando beltà splendea" (3).

Il discorso sulla morte si fa stringente in Leopardi, passando dal pensiero sulla dolorosa condizione di chi muore e di chi rimane alla pessimistica speculazione sull'esistenza in generale:

Già se sventura è questo
Morir che tu destini
A tutti noi che senza colpa, ignari,
Né volontari al vivere abbandoni,
Certo ha chi more invidiabil sorte
A colui che la morte
Sente de' cari suoi.

(*Poesie e prose* 1: 109)

Le disperanti premesse si trovano in un pensiero alto dello *Zibaldone* (1821), che parla di un'immedicabile infelicità connaturata al vivere: "Desiderare la vita, in qualunque caso, e in tutta l'estensione di questo desiderio, non è insomma altro che desiderare l'infelicità; desiderare di vivere è quanto desiderare di essere infelice" (*Zib.* 829-30). Da qui l'idea che la morte possa essere considerata "invidiabil sorte", condizione già esperita nel *Cresfonte* euripideo, dove sono accostati due concetti familiari alla poesia dei *Canti*: quello della nascita come momento funesto e della morte come soluzione dei mali:

Ben numerosi noi dovremmo radunarci a piangere
nella casa in cui abbia visto la luce un bambino,
pensando a tutti i mali che riserva la vita:
quando invece uno muore e mette fine alle sue dure pene,
allora con gioia e con tutte le lodi

lo accompagnino gli amici alla sepoltura.[15]

Nella distensione argomentativa degli ultimi pensieri, fissata l'ipostasi che la vita è male, Leopardi afferma che chi muore ha migliore sorte di chi piange lo scomparso:

> Noi c'inteneriamo veramente sopra gli estinti. Noi naturalmente, e senza ragionare; avanti il ragionamento, e mal grado della ragione; gli stimiamo infelici, gli abbiamo per compassionevoli, tenghiamo per misero il loro caso, e la morte per una sciagura. [...] Ma perchè aver compassione ai morti, perchè stimarli infelici, se gli animi sono immortali? [...] Da che vien dunque la compassione che abbiamo agli estinti se non dal credere, seguendo un sentimento intimo, e senza ragionare, che essi abbiano perduto la vita e l'essere; le quali cose, pur senza ragionare, e in dispetto della ragione, da noi si tengono naturalmente per un bene; e la qual perdita, per un male?
>
> (Zib. 4277-78)

Nella dicotomia insanabile tra ragione e cuore ("questo se all'intelletto / appar felice, invade / d'alta pietade ai più costanti il petto"), sarebbe, dunque, meglio augurarci o augurare ai nostri cari il morire? Il pensiero finale si arresta davanti alla "compassione": è questo il sentimento che, inanellando considerazioni diverse, porta l'interrogativa di *explicit* a vedere il deserto lasciato dalla morte come insensato e inumano.

Percorrendo l'articolata linea poetica sepolcrale, il tema della bellezza insidiata dalla morte tocca il testo *Sopra il ritratto di una bella donna.* All'ossimorico contrasto tra l'immutabilità dell'effige sepolcrale e il volo distruttivo del tempo si associa l'idea della *vanitas*, secondo stilemi di una macabra rappresentazione:

> Tal fosti: or qui sotterra
> Polve e scheletro sei. Su l'ossa e il fango
> Immobilmente collocato invano,
> Muto, mirando dell'etadi il volo,
> Sta, di memoria solo
> E di dolor custode, il simulacro
> Della scorsa beltà.
> [...]
> or fango
> Ed ossa sei: la vista
> Vituperosa e trista un sasso asconde.
>
> (*Poesie e prose* 1: 111)

---

[15] La citazione del frammento del *Cresfonte* di Euripide (TGF, fr. 449; fr. 5 Musso) è desunta dall'edizione delle *Tusculane* di Cicerone (1962 1: 150-51).

Il ricordo della "bella donna" si snoda nella sequenza dei particolari fisici, posti in rapporto dialettico con le manifestazioni degli effetti procurati su coloro che l'hanno ammirata:

> Quel dolce sguardo,
> Che tremar fe, se, come or sembra, immoto
> In altrui s'affisò; quel labbro, ond'alto
> Par, come d'urna piena,
> Traboccare il piacer; quel collo, cinto
> Già di desio; quell'amorosa mano,
> Che spesso, ove fu porta,
> Sentì gelida far la man che strinse;
> E il seno, onde la gente
> Visibilmente di pallor si tinse,
> Furo alcun tempo.
>
> (*Poesie e prose* 1: 111)

Gli elementi del corpo femminile, destinati alla consunzione, sono presenti in forma amplificata nella *Notte VII*, dove la bellezza alletta per far maggiormente soffrire:[16]

> Ma l'empia morte appunto il più bel manto
> Di vita, di vigor veste, ed al ciglio
> S'offre talor per ingannarlo, adorna
> L'irto, e raro suo crin di rose, e gigli.
> Dal brio, da' vezzi di colei, che adora,
> Sedur si lascia il cor d'un molle amante,
> E allor che i vaghi lumi, e l'aurea chioma,
> Il sen di latte, ed il purpureo labbro,
> Labbro ove amore ha sede, ove le grazie
> Ridono insiem, che a' dolci furti invita,
> Mira in seno al piacer: scorda che un frale
> Misero vel, che una caduca spoglia
> S'idolatra da lui.
>
> (Young, *Notte VII* 103)

Nella meditazione cupa di Hervey (*Meditazione XV. Sopra un aperto Sepolcro*), il pensiero si fa più articolato, fissandosi sulla *vanitas:*

---

[16] Il tema, seppur con *vis* ironica, compare nei *Dialoghi dei morti* di Luciano (91). Anche l'*Elegy to the Memory of an Unfortunate Lady* di Pope (1717) si sofferma sulla caducità della bellezza: "Cold is that breast which warm'd the world before, / And those love-darting eyes must roll no more". Il testo è contenuto nella raccolta di poesie di Pope, posseduta da Leopardi, unite a testi di Thomson e Gray (*Poesie inglesi e tradotte*, 1791). Lo Scherillo precisa che la poesia di Pope è anche nella prefazione al testo di Hervey. Lo Scherillo parla del contatto tra Pope e Leopardi, mediato da Hervey (1911). Nel 1809, Giambattista Giovio pubblicò a Como, traducendoli dal francese, alcuni *Pensieri dell'Hervey sulle tombe*, con una lettera dedicatoria del 30 gennaio "all'egregio signor Foscolo" (Scherillo 212).

Qui mi par di vedere un amante appassionato, che tremante di orrore e di meraviglia alla vista della beltà che incantavalo in altro tempo, esclama: *E questa è quella, per cui il mio cuore era da un sì tenero amore infiammato? Soleva pur io con trasporto esclamare sovente: Quanto è bella!* Deh! Come può succedere, che una beltà così sorprendente siasi in un subito cambiata in sì spaventevole oggetto! Dove sono quelle guance vermiglie? Dove quei labbri di corallo? Dove quell'eburneo seno dell'avorio più candido, sopra cui gl'innanellati suoi crini galleggiavano con tanta grazia? Qual cangiamento orribile in tutte le sue fattezze! Insensato che io era nell'ammirare una istantanea meteora che prendeva per un astro.

(Hervey 90)[17]

La condizione dell'uomo nel pensiero di Young e Leopardi

La presenza di temi e motivi delle *Notti* younghiane e di altri testi di quel tenore emerge in molta produzione leopardiana, lasciando affiorare un'allusività che se non poteva essere filosofica e ideologica, certo era poetica. Una delle parti più incisive per il nostro discorso è rappresentata dalla *Notte XI. L'Annientamento.* In questa sezione Young interagisce dialetticamente con Lorenzo, amico di fede materialista. Non bisogna dimenticare, tuttavia, che le traduzioni italiane, basandosi su quella francese del Le Tourneur, avevano abraso quella patina di puritanesimo che faceva parte del testo inglese, insistendo maggiormente sugli aspetti del pessimismo assoluto di matrice tragica e dell'eternità consegnata al nulla. Questi, tra gli altri, gli interrogativi espressi dall'ateo sulla condizione propria dell'uomo come essere condannato da una colpa atavica e sulla sua destinazione dopo la morte:

> Prima che vita avesse adunque ogni uomo
> Colpevole divenga? E qual delitto
> Di perdono incapace estinto vuole
> Tutto l'umano germe entro la tomba?
> Perché soltanto contro il germe umano
> Si fulminò l'orribile condanna:
> Ognun viva infelice e sia mortale?

(*Notte XI. L'Annientamento* 150)

Nella traduzione del Loschi (*Le lamentazioni*) il pensiero si fa ancor più esplicito e incalzante: "E che dunque? Ha forse potuto l'uomo diventar colpevole prima d'esistere? Per quale irremissibile colpa è mai tutta la umana stirpe condannata alla distruzione?" (Young, *Le lamentazioni* 2: 67). Il riferimento va senza dubbio allo stigma del peccato originale, pensiero centrale del Protestantesimo, per cui

---

[17] Le *Visioni* del Varano, presenti nella biblioteca di Leopardi, accennano allo stesso concetto, e in particolar modo la *Visione XI. Della vanità della Bellezza terrena. Per la morte d'Amennira.*

Young torna più volte sull'inconsistenza del pentimento tardivo ai fini della salvezza.

Di un'ideologia della colpa era portatore anche il mondo pagano, traducendosi in condizione d'infelicità individuale, e "non universale e inevitabile" (Zib. 88). Le domande retoriche, che l'ateo rivolge al cielo, richiamano il grido di Saffo nella sequenza iterativa che ribatte sul concetto di colpa:

> Qual fallo mai, qual sì nefando eccesso
> Macchiommi anzi il natale, onde sì torvo
> Il ciel mi fosse e di fortuna il volto?
> In che peccai bambina, allor che ignara
> Di misfatto è la vita.

> (*Poesie e prose* 1: 41)

Le conclusioni di Lorenzo enucleano l'assunto stringente di causa-effetto di un verso disperante: "Perch'io possa morir la vita accordi?" (Young, *Notte XI. L'annientamento* 168).[18] Il paradosso dell'esistenza si congiunge in Leopardi al concetto meccanicistico di produzione-distruzione. L'ultimo Leopardi mette al centro della propria riflessione il problema del rapporto materia-nulla e della morte come totale annullamento dell'essere:

La natura p[er] necessità della legge di distruz[ione] e riproduz[ione], e per] conservare lo stato attuale dell'universo, è essenzialm[ente] regolarm[ente] e perpetuam[ente] persecutrice e nemica mortale di tutti gl'individui d'ogni gen[ere] e specie, ch'ella dà in luce; e comincia a perseguitarli dal punto med[esimo] In cui gli ha prodotti. Ciò, essendo necessaria conseg[uenza]. Dell'ord[ordine] Attuale delle cose, non dà una grande idea dell'intelletto di chi è o fu autore di tale ordine.

> (*Zib.* 4485-86)

Nella speculazione della *Notte X. Prove Morali*, i dubbi sul senso dell'esistere si concentrano in una domanda, eticamente e lessicalmente vicina alla poetica leopardiana:

> E perché solo all'uom quasi matrigna
> La natura saria, se madre amante
> È degli esseri tutti?

> (Young 135)[19]

Nella prosa del Loschi l'interrogazione viene svolta nei termini di una Natura "noverca" nei confronti dell'uomo: "Perché la natura, madre benefica di tutti gli

---

[18] Il poeta e patriota Fantoni (1755-1807) elabora il pensiero in toni macabri nell'*Eternità*: "Folle mortal della miseria figlio, / Che la voce d'un Dio chiama dal nulla, / E della morte al distruttore artiglio / Implacabil consegna entro la culla" (1801 I: 153).

[19] I versi sono riportati dalla Fedi (1997: 34, in nota). Sul tema vedere Emanuela Andreoni Fontecedro (1993) e Sebastiano Timpanaro (1969).

esseri, perché non sarà essa noverca fuorché per noi?" (Young, *Le lamentazioni* 2:17). La successione delle domande dell'ateo nella *Notte XI* si conclude con la sconsolante risposta che l'uomo è cosa estranea al divino, un soggetto di dolore e di noia, teso verso una felicità irraggiungibile:

> Ma se la tua felicità dell'uom
> I tormenti potran render più bella,
> Perché insultarci ancor? Qual pro sul nostro
> Capo tener sospeso un ciel di stelle,
> E sì ricco formar splendido albergo
> Per chi di pianto, e di dolor si pasce?
> Né vago, e insiem fecondo il suol rendesti
> Che per mirar sull'erbe molli, e i fiori
> L'uomo dal lento, ed instancabil morso
> Della noja consunto, e per un bene,
> Che mai gustar potrà, struggersi in vano?

(Young 168)

Quale assurdo paradosso regge la vita dell'uomo, presenza dolorosa, osservata dalla specola indifferente di Dio. Il concetto, riportato al mondo pagano, è nel *Bruto minore* con qualche ricorrenza interessante tra i due passi, come l'uso del verbo "insultare", che Leopardi usa con costrutto latino:

> [...] A voi, marmorei numi,
> (Se numi avete in Flegetonte albergo
> O su le nubi) a voi ludibrio e scherno
> È la prole infelice
> A cui templi chiedeste, e frodolenta
> Legge al mortale insulta.

(*Poesie e prose* 1: 29)

Le meditazioni di Young non si fermano solo sulla condizione dell'uomo, ma istituiscono un paragone tra la condizione degli esseri viventi e lo stato degli animali. Tutta una parte della *Notte X. L'Immortalità* s'incentra sul rapporto tra la "greggia", che "contenta" trascorre sul prato la sua vita, e l'uomo tormentato da un "molesto senso":

> Guida la greggia tua ove più folte,
> E più pingui son l'erbe: ella contenta
> Pascola, non si lagna; a te si nega
> Quella pace che gode. Ha l'uomo in seno
> Molesto senso, che costante il segue,
> Sempre il tormenta.

(Young 139)

In questo luogo, la traduzione del Loschi esplicita il "molesto senso" in vero e proprio "tedio":

Guida le tue gregge in un pascolo pingue: tu non le udrai belar mestamente, né digiune le vedrai scorrere qua e là per la campagna, ma tacite e chine le osserverai muoversi a lenti passi, e satollarsi. Ahi! la pace, di cui godono esse, è negata ai loro padroni. Un tedio e una scontentezza, che non dà mai tregua, rode l'uomo e lo tormenta da mane a sera.

(Young, *Le lamentazioni* 2: 23)

La condizione di "pace" e di appagamento definita nell'aggettivo "contenta" viene ribadita da uno stato in assenza di "cura" e dalla sequenza sinonimica che chiude il passo seguente:

> Gode il regno de' sensi, assai più lieto.
> Sotto i passi di lei verdeggia il prato,
> Lieta vi pasce, e d'ogni cura è priva.
> Spegne la sete sua nell'acqua chiara
> Del sempre colmo rio, né l'avvelena
> Dubbio, duolo, timor, vana speranza,
> E disperato affetto.

(Young, *Notte X. L'Immortalità* 151)

Della sfilza nominale iterata, ci soffermiamo sul sintagma finale, "disperato affetto", clausola rarissima nella poesia,[20] e rintracciabile solo una volta in Leopardi nella forma plurale ("disperati affetti"), ma, per il luogo dove compare, assume una funzione di icastica negatività: "[...] già non arride / Spettacol molle ai disperati affetti" (*Ultimo canto di Saffo* 6-7). Saffo non sa e non può godere dello spettacolo della natura; nel suo stato di "disperata amante" rivolge il suo piacere all'orrido sublime del paesaggio in tempesta che sconvolge uomini e animali.

La *Notte X* di Young prosegue definendo la condizione antropologica dell'uomo come essere pensante e quindi timoroso della morte e lo stato della "greggia", ignara del suo stato mortale. A nulla vale la capacità dell'uomo di sperimentare e di conoscere di fronte al pensiero della fine. Young qui sottintende che se per la greggia il morire è dato certo e definitivo ("Una sol volta muor"), sul peccatore incombe la "morte seconda", che lo condanna per l'eternità:

> [...] Quel ben che gode
> È compiuto, è sincero, è senza affanno.
> In ogni verde prato ella ritrova
> La sua felicità; se un mal risente,
> Termina col dolor, né mai l'accresce
> Previo spavento, o posterior rimorso;
> E se giunge la morte, almen di quella
> Non conosce timor: le sue sventure

---

[20] Al singolare in Lorenzo Da Ponte, *Così fan tutte*: "D'un disperato affetto!", At. I, sc. IX, 5. Al plurale in Metastasio, *Artaserse*: "Miei disperati affetti", At. III, sc. VII, 11.

Incomincia, e finisce un colpo solo.
Una sol volta muor: oh amabil dono
Solo a' bruti concesso! E l'uomo altero,
Che pianeti misura, intende, e scopre
Delle stelle il valor, l'eroe guerriero,
Quegli, che del saper corse le vie,
Di morte al nome impallidisce, e trema?

(Young 151)[21]

Le straordinarie doti della *téchne* prometeica, qui adombrate nella parte finale, rendono l'uomo capace d'imporsi sulla natura, ma lo trovano impreparato di fronte all'idea della morte. Young sembra qui richiamare il Coro dell'*Antigone* di Sofocle che celebra l'uomo e le sue capacità, ma non può prevalere nell'agone con le forze dell'Ade (1982: 83-85).[22]

Il *Canto notturno di un pastore errante dell'Asia* presenta la condizione della greggia con una serie di termini che la definiscono "queta e contenta", "d'affanno / Quasi libera"; ma soprattutto ignara dell'"estremo timor"; condizione che le permette di essere beata:

O greggia mia che posi, oh te beata,
Che la miseria tua, credo, non sai!
Quanta invidia ti porto!
Non sol perché d'affanno
Quasi libera vai;
Ch'ogni stento, ogni danno,
Ogni estremo timor subito scordi;
Ma più perché giammai tedio non provi.
Quando tu siedi all'ombra, sovra l'erbe,
Tu se' queta e contenta;
E gran parte dell'anno
Senza noia consumi in quello stato.
Ed io pur seggo sovra l'erbe, all'ombra,
E un fastidio m'ingombra
La mente, ed uno spron quasi mi punge
Sì che, sedendo, più che mai son lunge
Da trovar pace o loco.

(*Poesie e prose* 1: 87)

---

[21] Forse un'eco del frammento (121 Sandbach) di Anassagora che recita che l'uomo è più grande degli animali perché sa capire: "le grandezze del cielo e le orbite degli astri" (Andreoni Fontecedro 27). Ma qui Young ne fa sostegno al suo pensiero pessimistico.
[22] "Molti sono i prodigi / e nulla è più prodigioso / dell'uomo, / che varca il mare canuto / sospinto dal vento tempestoso del sud, / fra le ondate penetrando / che infuriano d'attorno, / e la più eccelsa fra gli dei, / la Terra imperitura infaticabile, /consuma volgendo l'aratro /anno dopo anno / e con l'equina prole rivolta [...]. / D'ogni risorsa è armato, né inerme / mai verso il futuro si avvia: / solo dall'Ade scampo non troverà" (332-66).

Quel "sedendo", in *explicit*, deprivato del secondo termine del sintagma, "mirando", ci allontana sia dalla conclusione del dolce naufragare, sia dall'immersione nella "altissima quiete" della *Vita solitaria*: "Ond'io quasi me stesso e il mondo obblio / Sedendo immoto" (*Poesie e prose* 1: 57). L'io poetico del *Canto* ci riporta il pensiero all'immanenza della noia che non abbandona l'uomo civilizzato: "Il solo stato di quiete e d'inazione sì frequente e lungo nel selvaggio (insopportabile al civile) è certamente un piacere. Vedesi ciò anche negli altri animali" (*Zib.* 4180).

Nel *Pensiero* LXVIII la noia diviene il sentimento che marca la condizione umana e ne fa il segno distintivo dell'uomo nella sua accezione più nobile:

La noia è in qualche modo il più sublime dei sentimenti umani. [...] il non potere essere soddisfatto da alcuna cosa terrena, né, per dir così, dalla terra intera; considerare l'ampiezza inestimabile dello spazio, il numero e la mole maravigliosa dei mondi, e trovare che tutto è poco e piccino alla capacità dell'animo proprio; immaginarsi il numero dei mondi infinito, e l'universo infinito, e sentire che l'animo e il desiderio nostro sarebbe ancora più grande che sì fatto universo; e sempre accusare le cose d'insufficienza e di nullità, e patire mancamento e voto, e però noia, pare a me il maggior segno di grandezza e di nobiltà, che si vegga della natura umana. Perciò la noia è poco nota agli uomini di nessun momento, e pochissimo o nulla agli altri animali.

(*Pensieri* 103-04)

Le rovine del tempo

Un tema che percorre con alta risonanza *Le Notti* di Young è quello del tempo e della sua forza annientatrice. Il passo della *Notte VI. La Dimenticanza della Morte* tiene in stretta sequenza gli eventi luttuosi di un meccanicismo venato di pessimismo, per il quale l'evolversi della materia porta alla visione del mondo come di una "vasta immensa tomba":

> Non è forse una vasta immensa tomba
> Il Mondo istesso? È la gran madre antica
> Per se sola infeconda; e quanto in essa
> Nasce, da quanto si scompone, e sface
> Ha l'origine sua. Quanto è de' sensi
> Alimento, e piacer, tutto è sostanza,
> Che più vita non ha. L'uomo si pasce
> Di morte spoglie altrui, come su quelle
> Nasce, vegeta il verme. E qual si trova
> Polve, che un dì delle vitali forme
> Rivestita non fosse? Il curvo aratro
> Frange degli avi nostri i tristi avanzi.
> Questi fa poscia nelle altere messi
> Cerere biondeggiar.
> [...]
> Da noi si ride,
> Si festeggia da noi sulle ruine

> Del germe umano, ed in composta danza
> Più sepolte città talun calpesta.

(Young 88-89)

Si veda anche la traduzione di questo passaggio fatta dal Loschi:

Che mai è questo mondo medesimo, fuorché una vasta sepoltura? La terra è sterile e ingrata, o non è feconda che per la distruzione. Tutti i godimenti della parte inferiore nascono e si nutrono della sostanza dei morti; l'uomo siccome il verme si ciba della putredine dei cadaveri, insegnatemi dove sia la polve che non fosse già animata dalla vita? Gli aratri e le zappe nell'impiagato seno delle glebe gettan sossopra e lavorano le reliquie de' nostri avoli; noi le raccogliamo nelle nostre mietiture, e formiamo di esse il pane che ci alimenta.

(Young, Le lamentazioni 1: 157-58)

Il tema è fondante per un testo cronologicamente più alto delle *Notti* e che Young conosceva. Si tratta del testo sepolcrale di Robert Blair *The Grave* (1743), che presenta in apertura un passo di questo tenore:

> Cos'è questo mondo?
> Cosa se non un ampio e non recintato camposanto
> cosparso delle spoglie della morte, di animali
> selvatici e domestici, e pieno di ossa di uomini morti!
> Le stesse zolle erbose che calpestiamo vissero un tempo
> e noi che viviamo dobbiamo offrire le nostre carcasse
> per coprire i nostri stessi figli: a loro volta,
> anch'essi debbono coprire i loro.[23]

Il tema si ricongiunge al sentimento tenue del compianto nel poemetto *La malinconia* del Legouvé, notissimo in traduzione già nei primi anni del secolo XIX:[24]

> Ma oimè! Qual tetra idea nel cor mi desta
> Amaro duol? Ah dunque, della morte
> Tant'è la possa? Od empio, od innocente,
> Forz'è, che l'uomo mora, e son gli umani
> Debole greggia, che l'alato Veglio,
> Qual tremendo pastore, ver l'opaca
> Tomba guidando va. D'umana polve
> Tutt'è ricolmo il suol, e mentre lieti
> Pe' campi ci aggiriamo, il nostro piede
> Ad ogni passo preme qualche informe
> Resto d'estinti.

(112)

---

[23] Blair (1983: 21). La traduzione è mia.

[24] La clausola "opaca tomba" si trova nell'*Inno ai Patriarchi* al v. 9 (*Poesie e prose* 1: 36).

L'idea che il nuovo fosse edificato sulle rovine del passato non è certo originale per la poesia. In questi testi, una sequenza d'immagini incrocia la *Ginestra* leopardiana, dove eruzione e rovine risentono del modello apocalittico del Volney (1808):

> [...] onde su quelle or pasce
> La capra, e città nove
> Sorgon dall'altra banda, a cui sgabello
> Son le sepolte, e le prostrate mura
> L'arduo monte al suo pie' quasi calpesta.
>
> (*Poesie e prose* 1: 130)

Alla condizione del transeunte come concezione meccanicistica della Natura, obbediente a leggi necessarie e soggettive, si associa il tema dell'*ubi sunt?* Tema che compare nella *Notte VI. L'oblio della Morte*, qui riportato nella traduzione del Loschi: "Cadono pure gl'Imperj. Dov'è l'Impero de' Romani? Dove quello de' Greci? Eccoli divenuti un suono della nostra voce. [...] Che serie interminata di secoli famosi mi passano davanti! [...] Le generazioni, ch'essi portano seco violentemente, io le scorgo agitarsi e muoversi indispettite nel vasto loro grembo" (Young, *Le lamentazioni* 1: 158-59).

Leopardi non si sottrae alla suggestione del motivo della *vanitas* e della caducità, coniugati secondo presupposti materialistici. Questo anche in un testo apparentemente allotrio come la *Sera del dì di festa*:

> A pensar come tutto al mondo passa,
> E quasi orma non lascia.
> [...]
> Or dov'è il suono
> Di que' popoli antichi? or dov'è il grido
> De' nostri avi famosi, e il grande impero
> Di quella Roma, e l'armi e il fragorio
> Che n'andò per la terra e l'oceano?
>
> (*Poesie e prose* 1: 50-51)

Da queste campate temporali di universale annientamento, Leopardi scenderà alla visione microscopica e drammaticamente nichilistica dell'esistenza. Nella lettera del 18 agosto del *Werther* s'espone la sconfortante idea che l'azione, come cifra del vivere, è distruttiva: "[...] non punto, in cui tu distruttore non sia, e il devi; il più innocente sconsiderato passeggio costa la vita a mille e mille poveri vermicelli; un passo stermina l'edifizio della laboriosa formica, ed avviluppa un picciolo mondo in un vergognoso sepolcro (*Verter* 82). Destino simile al "popol di formiche" della *Ginestra*.

Le traduzioni del *Werther* tra Monti e Leopardi

Da sempre considerato un romanzo strutturato su una forte componente romantica, il *Werther* di Goethe (1774) si offre a un'interessante rilettura critica da parte di Giuliano Baioni, nell'introduzione all'edizione da lui curata (1998). Il *Werther* è definito primo romanzo moderno per quella parte nichilistico-decadente che caratterizza il protagonista: un io tragico, per il quale vivere vuol dire consumarsi tra gioia e dolore, tra noia e disperazione, tra malinconia ed esaltazione sublime. Un io diviso, meditativo e introspettivo che non riesce a comporsi in totalità.[25]

La lettura dei *Dolori del giovane Werther* risale a un anno cruciale per la formazione di Leopardi: il 1819.[26] In un pensiero non datato dello *Zibaldone*, ma da ascriversi presumibilmente proprio ai primi mesi di quell'anno, ragionando sugli effetti provocati dalla lettura dei "libri sentimentali", Leopardi cita esplicitamente il romanzo (in forma abbreviata "Verter" e con grafia italianizzata):

[...] nell'amore la disperazione mi portava più volte a desiderar vivamente di uccidermi: mi ci avrebbe portato senza dubbio da se, ed io sentivo che quel desiderio veniva dal cuore ed era nativo e mio proprio non tolto in prestito, ma egualmente mi parea di sentire che quello mi sorgea così tosto perché dalla lettura recente del Verter, sapevo che quel genere di amore ec. finiva così: in somma la disperazione mi portava là, ma s'io fossi stato nuovo in queste cose, non mi sarebbe venuto in mente quel desiderio così presto, dovendolo io come inventare, laddove (non ostante ch'io fuggissi quanto mai si può dire ogni imitazione ec.) me lo trovava già inventato.

(Zib. 64)

Certa l'identificazione del testo usato dal poeta: la versione italiana di Michiel Salom, stampata a Venezia nel 1788, ma con lunga gestazione (i primi tentativi risalgono al 1781). L'edizione nota a Leopardi è quella del 1796, presente nella biblioteca di Recanati (*Catalogo* 182). Riferimenti all'opera affiorano, in forma carsica, in appunti, pensieri, elenchi, testi poetici, fino in anni tardi: dal progetto inevaso di un romanzo autobiografico d'ispirazione wertheriana del 1819,[27] fino all'elenco IX e ultimo di letture, dove tra gli autori compare il nome di "Verter". Nei "Disegni letterari", riferibili al soggiorno fiorentino del 1828, Leopardi torna

---

[25] Neppi ne ha sottolineato soprattutto l'aspetto nichilistico.

[26] Percorre le carte leopardiane, evidenziando contatti possibili tra il pensiero leopardiano e il *Werther*, Lucia Monte in *Leopardi e Werther*.

[27] Una citazione si trova nei *Ricordi d'infanzia e di adolescenza*: "Ecco dunque il fine di tutte le mie speranze de' miei voti e degl'infiniti miei desideri (dice Verter moribondo e ti può servire pel fine)", in Leopardi (*Poesie e prose* 2: 1194). Binni afferma che l'approccio leopardiano ai romanzi del secondo Settecento risale agli anni 1817 e 1819 (1974: 169-236).

sul progetto del romanzo con citazione esplicita: "Eugenio, romanzo (Werther), frammenti".[28]

È stato da sempre rilevato come la lettura leopardiana del *Werther*,[29] nei suoi continui ricorsi e affioramenti, s'intrecci a due testi di riferimento, legati strettamente al modello wertheriano: i versi sciolti *Al Principe don Sigismondo Chigi* e i *Pensieri d'amore* di Vincenzo Monti.[30] Per questi rapporti, le traduzioni del testo goethiano, italiane e francesi, sono fondamentali per individuare elementi poetici d'intertestualità. Tornato da Firenze e ricominciando a scrivere durante l'orribile "notte" di Recanati, Leopardi aveva di nuovo guardato al *Werther*, o meglio *Verter* nell'edizione del Salom, cogliendo quel senso di disperato rimpianto che il giovane protagonista sente per il passato e per il suo mondo inesorabilmente scomparso. Nelle *Rimembranze*, Leopardi fa affiorare il sentimento doloroso per un tempo irrevocabile, contrapposto al presente effimero: "Fugaci giorni! A somigliar d'un lampo / Son dileguati". Nei versi rieccheggia un passo degli *Sciolti* con analoga metafora: "Giorni beati, che in solingo asilo / Senza nube passai, chi vi disperse? / Ratti qual lampo" (Monti 30).

Il Monti legge il romanzo goethiano attraverso le traduzioni francesi, com'è facilmente verificabile da confronti testuali. Un esempio significativo è contenuto nei versi al Chigi, in cui Monti interpreta quel desiderio d'infinito, che ha nella cifra del sublime burkiano il suo riferimento:

> Oh, perché non poss'io la mia deporre
> D'uom tutta dignitade, e andar confuso
> Col turbine che passa, e sulle penne
> Correr del vento a lacerar le nubi,
> Su i campi a destar dell'ampio mare
> Gli addormentati nembi e le procelle!
>
> (36)

I versi si presentano quasi in calco con un passo della lettera dell'8 dicembre del *Werther*, nella traduzione francese di Aubry, nota al Monti: "O Guillaume! que je me serois dêpouillé volontiers de toute ma dignité d'homme, pour pouvoir, avec

---

[28] Dalle prime annotazioni di natura poetico-filosofica dello Zibaldone sul *Werther*, Leopardi passa progressivamente a riflessioni sulla propria natura di lettore, giungendo a riconoscere esplicitamente una sorta di compassione nei confronti del protagonista; avrebbe scritto nell'autunno del '20: "Io so che letto *Verter* mi sono trovato caldissimo nella mia disperaz[ione]. Letto Lord Byron, freddissimo, senza entusiasmo nessuno; molto meno consolazione" (*Zib.* 261-62).

[29] Riscontri tra il *Werther* e i componimenti leopardiani sono stati messi in luce da Accame Bobbio (1964: 175-202); Massano (1964: 415-436); Manacorda (1973); Fasano (1989: 5-42); Lonardi (2017).

[30] Sigismondo Chigi della Rovere, IV Principe di Farnese fu mecenate del Monti. I componimenti uscirono nel libro di Monti, intitolato *Versi* (1783). Blasucci (2018) riduce l'importanza del tramite montiano in Leopardi, qualificando il Monti wertheriano poeta dell'amore tempestoso mentre il romanzo è scrittura introspettiva.

ce vent impétueux, déchirer les nuages et saisir toute la surface des ondes! Hélas! prisonniers que nous sommes, ce plaisir ne sera-t-il jamais notre partage? (1777: 181). Nel *Canto notturno* leopardiano la manifestazione del sentimento dell'infinito si lega al piacere dell'immaginazione:

> Forse s'avess'io l'ale
> Da volar su le nubi,
> E noverar le stelle ad una ad una,
> O come il tuono errar di giogo in giogo,
> Più felice sarei, dolce mia greggia,
> Più felice sarei, candida luna.

(Poesie e prose 1: 87-88)

Negli *Sciolti* Monti descrive la propria condizione nei termini del *delightfull horror*, percorrendo le lettere wertheriane dell'8 dicembre (1777: 180-82) e del 30 agosto (1777: 102-03). Sia Goethe, sia Monti insistono sulla condizione ossimorica di "orrenda delizia" che caratterizza il sentimento dell'uomo di fronte agli spettacoli grandiosi e che è la cifra estetica del sublime dell'*Inquiry* di Edmund Burke (1757):

> Allor requie non trovo. Io m'alzo, e corro
> Forsennato pe' campi, e di lamenti
> Le caverne riempio [...]
> Per dirupi m'è dolce inerpicarmi,
> E a traverso di folte irte boscaglie
> Aprir la via col petto, e del mio sangue
> Lasciarmi dietro rosseggianti i dumi.
> [...] finché smarrito
> Di balza in balza valicando, all'orlo
> D'un abisso mi spingo. A riguardarlo
> Si rizzano le chiome, e il piè s'arretra.

(Monti 35)

La parte finale della lettera dell'8 dicembre recita nella traduzione del Salom: "Io mi stava a braccia aperte davanti l'abisso, anelante di gettarmivi, di perdermi in quell'orrenda delizia, e di conficcare a forza colà dentro tutte le mie pene, tutt'i tormenti, là, sì, là, in quelle onde mugghianti" (*Verter* 1796: 142). E ancora Monti:

> Ritto su i piedi
> Stommi, ed allargo le tremanti braccia
> Inclinandomi verso la vorago.
> L'occhio guarda laggiuso, e il cor respira;
> E immaginando nel piacer mi perdo
> Di gittarmi là dento, onde a' miei mali
> Por termine, e nei vortici travolto
> Romoreggiar del profondo torrente.

(35)

Nell'affannosa corsa verso l'annullamento nel baratro dell'eternità l'icona più tragica della poesia leopardiana sintetizza l'esperienza drammatica dell'essere per la morte:

> Vecchierel bianco, infermo,
> Mezzo vestito e scalzo,
> Con gravissimo fascio in su le spalle,
> Per montagna e per valle,
> Per sassi acuti, ed alta rena, e fratte,
> Al vento, alla tempesta, e quando avvampa
> L'ora, e quando poi gela,
> Corre via, corre, anela,
> Varca torrenti e stagni,
> Cade, risorge, e più e più s'affretta,
> Senza posa o ristoro
> Lacero, sanguinoso; infin ch'arriva
> Colà dove la via
> E dove il tanto affaticar fu volto:
> Abisso orrido, immenso,
> Ov'ei precipitando, il tutto obblia.

> (*Poesie e prose* 1: 84-85)

La condizione infelice dell'uomo, di fronte all'aporia dell'esistenza, viene descritta in questi termini dallo Young della *Notte III. Il Tempo*:

> L'uom, quest'essere fral, di cui la vita
> È un breve passo, a se medesmo ingrato
> De' suoi giorni il tesor guarda, e non cura;
> La dolce amabil quiete abborre, e fugge
> Qual tormento crudel. Sembra che il passo
> Arresti il tempo e della vita il peso
> Debba ei solo soffrir. Anela, e suda
> D'un'ora breve sotto il grave incarco
> S'agita, si tormenta il suo pensiero
> Per affrettar que' troppo pigri istanti,
> Ne quai la vita a se medesma è grave.

> (Young 43-44)

Ma è sull'ultima lettera wertheriana del 18 agosto che vorremmo soffermarci, cioè su quella parte che Monti aveva ignorato e nella quale Werther esprime alcune considerazioni estreme, facendo vacillare l'idea panteistica che domina le lettere precedenti. Il testo del *Verter* si apre con un errore nella traduzione: "Un velo mi si stese dinanzi all'anima", traduce Salom su suggerimento della versione di Maestricht ("Un rideau s'est tiré devant mon âme"),[31] e come aveva fatto anche

---

[31] *Werther*, traduzione anonima edita a Maestricht nel 1776. Il testo tedesco legge inequivocabilmente: "Er hat sich vor meiner Seele, wie ein Vorhang, weggezogen". Monti

Gaetano Grassi, l'altro traduttore italiano del *Werther*: "Un folto velo occupa l'anima mia" (1782). Così Werther nella traduzione del Salom:

> Un velo mi si stese dinanzi all'anima, e la stupenda prospettiva della vita eterna, cangiossi nell'abisso di uno speco eternamente aperto. Puoi tu mai dire: questo è: mentre che tutto trapassa, che tutto rapidamente rotola col tempo veloce sostenendolo di rado tutte le forze unite della esistenza, le quali, ahimè! strascinate sono dal flutto, o sommerse ed infrante contro gli scogli? Non passa punto, che non consumi te stesso, ed i più cari che ti s'avvicinano.
>
> (1796: 81)

Il velo di cui realmente parla Werther è quello alzato sul vero, sulla consapevolezza di una infelicità assoluta e irreversibile che non può avere soluzione perché ci viene dalla stessa madre che ci ha creato.[32] Non più "madre benignissima del tutto", ma ordinatrice di una brutale teleologia meccanicistica:

> La natura p[er]. necessità della legge di distruz[ione] e riproduz[ione], e p[er]. conservare lo stato attuale dell'universo, è essenziam[ente] regolarm[ente] e perpetuam[ente] Persecutrice e nemica mortale di tutti gl'individui d'ogni gen[ere] e specie, ch'ella dà in luce; e comincia a perseguitarli dal punto med[esimo]. in cui gli ha prodotti.
>
> (*Zib.* 4485-86)

All'altezza delle *Operette*, Leopardi riconduce il "non-essere" direttamente ai mali naturali e fisici (le malattie, le tempeste, i vulcani etc.) e riduce a quei termini materiali ogni nozione d'infelicità. Il male dei viventi è detto "l'essere malamente" (*Zib.* 4100), e s'innesta direttamente nell'essere per la morte. Sui mali "accidentali" che affliggono l'uomo la consonanza con il pensiero younghiano della *Notte I* appare stringente:

> I travagli sono una giunta d'eredità, che tocca in sorte ad ognuno […]. Che moltitudine di flagelli diversi opprimono l'umanità! La guerra, la fame, la pestilenza, le tempeste, gl'incendj, i vulcani […]. Ma né la prudenza, né la virtù non vagliono a garantirci dalle mani cieche della infelicità. Le malattie infieriscono del pari contro la sobrietà e l'intemperanza: siam puniti senza essere colpevoli. […] Le torbide cure lo infestano, i dolori lo straziano, le passioni l'agitano e lo tormentano, i flagelli lo divorano, il baratro della morte si spalanca ad ogni istante sotto i suoi passi, e minaccia d'ingojarlo. O luna! il nostro globo malavventurato è ancora più mutabile del tuo. Io ti scorgo pallida e fosca; saresti mai tu un testimonio sensibile delle sciagure del genere umano?
>
> (Young, *Le lamentazioni* 1: 23)

---

sembra tener presente entrambe le soluzioni, quella corretta e quella errata, come appare dai versi 121-22 degli *Sciolti*: "E come stenderò sulle ferite / L'ardita mano, e toglieronne il velo?". Nei versi successivi è la benda calata sugli occhi a trasformare lo spettacolo naturale da splendido in orrido: "e chi sul ciglio / Mi calò questa benda? Ohimè" (130-31).

[32] Sul concetto "produzione-distruzione" si veda il saggio di Muñiz Muñiz (1994: 399-422). Sul materialismo Leopardiano in rapporto ai concetti di "errore", "illusione", "verità" si veda l'approfondito percorso critico di Mazzarella.

Con simili presupposti si era espresso Werther nella sconsolata meditazione della lettera del 18 agosto. Riconoscendo la presenza del male nel disegno stesso dell'esistenza e non nel disordine, Werther si fa portavoce dello straniamento dell'uomo che deve fare i conti con la propria immanenza. Allo stesso modo, Leopardi consegna proprio all'ordine naturale delle cose la presenza di un male assoluto e ineludibile, confutando un pensiero di Rousseau, per il quale il male presente in natura non può essere generato che dal disordine ("Le mal général ne peut être que dans le désordre", 1: 415):

Anzi appunto l'ordine che è nel mondo, e il veder che il male è nell'ordine, che esso ordine non potrebbe star senza il male, rende l'esistenza di questo inconcepibile. Animali destinati p. nutrim. D'altre specie. Invidia ed odio ingenito de' viventi verso i loro simili. [...] Noi concepiamo più facilm. È mali accidentali, che regolari ed ordinarii. Se nel mondo vi fossero disordini, i mali sarebbero straordinarii, accidentali; noi diremmo: l'opera della natura è imperfetta, come son quelle dell'uomo; non diremmo: è cattiva. [...] Ma che epiteto dare a quella ragione e potenza che include il male nell'ordine, che fonda l'ordine nel male? Il disordine varrebbe assai meglio: esso è vario, mutabile; se oggi v'è del male, domani vi potrà esser del bene, esser tutto bene. Ma che sperare, quando il male è ordinario? Dico, in un ordine ove il male è essenziale?

(*Zib.* 4510-11)

La Natura, la "madre-amante" alla quale Werther si era abbandonato nelle sue prime peregrinazioni, diviene l'immagine di una madre-mostro che fagocita i suoi figli. Werther si sofferma inorridito davanti alla visione dell'esistenza come di una tomba eternamente spalancata. In questo passo sono chiamati da Werther a testimoniare contro la Natura tutti gli elementi "sofferenti" ("souffrants") del creato, coinvolti nello spaventoso ciclo di essere e nulla. La natura non è più il panteistico luogo in cui s'invera il divino (*Natura sive Deus*), ma un "mostro, ch'eternamente ingoja":

Ah! Non son già le grandi e le stupende calamità del globo, non i rovinosi flutti che sterminano le vostre campagne, non i tremuoti che inghiottono le città vostre son le cose che mi commuovono, ma questa forza distruggitrice che giace occulta in tutta quanta la natura, che non formò cos'alcuna la quale non distrugga se stessa e ciò che tocca, questo, questo mi rode il core lentamente. In tal guisa ansante e tremebondo, attorniato dal cielo, dalla terra e da tutti gli esseri semoventi, non so pur veder altro che uno spaventevole mostro, ch'eternamente ingoja, e che vomita eternamente.

(1796: 82)[33]

Un grido estremo squarcia il reale: prima di uccidersi Werther esclama: "[...] vicino alla tomba, veggo [...] le cose con più chiarezza" e indirizza alla Natura la disperata accusa di amante ripudiato: "Gemi, gemi Natura! Il figlio tuo, il tuo amico, il tuo amante tocca il suo fine". Poco prima di gettarsi dalla rupe di

---

[33] Il pensiero ritorna in Foscolo (86-87).

Leucade, Saffo parla alla Natura definendosi "dispregiata amante" per la sua condizione d'infelicità irredimibile. Il suo gesto estremo è una sfida all'ingiustizia del destino, mentre s'inabissa nell'"orribile mistero delle cose e della esistenza universale" (*Zib.* 4099). Per Werther come per Saffo non esiste alcuna possibilità di uscita dal negativo dell'esistenza, denunciata come condizione di estraneità dal numinoso.

Attingendo a una delle massime più celebri del pessimismo tragico e comune a una lunga tradizione lirica, la *Notte II* si apre con la denuncia della condizione miserrima dell'umanità: "L'uom da quel medesmo istante / Che apre i lumi alla luce a' mali è in preda". Con icastica corrispondenza, Teognide auspica che il rapporto vita-morte sia senza soluzione di continuità:

> Bene sommo per chi sulla terra vive è non essere nato,
> né i raggi vedere del sole abbagliante,
> e, quando si è nati, al più presto varcare le soglie di Ade
> e sotto gran massa di terra giacere.
>
> (143)

Così il coro dell'*Edipo a Colono* di Sofocle:

> Non veder mai la luce
> vince ogni confronto,
> ma una volta venuti al mondo
> tornar subito là onde si giunse
> è di gran lunga la miglior sorte.
>
> (365)

La *gnome* pessimistica diviene paradigma filosofico della poesia leopardiana: "Mai non veder la luce / era, credo, il miglior" (*Sopra un bassorilievo*) e fulcro argomentativo delle ultime riflessioni dello *Zibaldone*:

Or l'essere, unito all'infelicità, ed unitovi necessariamente e per propria essenza, è cosa contraria dirittamente a se stessa, alla perfezione e al fine proprio che è la sola felicità, dannoso a se stesso e suo proprio inimico. Dunque l'essere dei viventi è in contraddizione naturale essenziale e necessaria con se medesimo. [...] Intanto l'infelicità necessaria de' viventi è certa. E però secondo tutti i principii della ragione ed esperienza nostra, è meglio assoluto ai viventi il non essere che l'essere. Ma questo ancora come si può comprendere? che il nulla e ciò che non è, sia meglio di qualche cosa?

(*Zib.* 4100)

In questo pensiero di totale e radicale pessimismo metafisico, Leopardi si chiede se il meglio stia nel nulla piuttosto che nell'essere. In questa idea nichilistica coinvolge non solo il singolo, ma tutto l'universo. Il nulla è all'origine e segna teleologicamente la fine del tutto, com'è detto nella sentenza finale del *Cantico del gallo silvestre*:

E nel modo che di grandissimi regni ed imperi umani, e loro maravigliosi moti, che furono famosissimi in altre età, non resta oggi segno né fama alcuna; parimente del mondo intero, e delle infinite vicende e calamità delle cose create, non rimarrà pure un vestigio; ma un silenzio nudo, e una quiete altissima, empieranno lo spazio immenso. Così questo arcano mirabile e spaventoso dell'esistenza universale, innanzi di essere dichiarato né inteso, si dileguerà e perderassi.

(Operette morali 215)

Terminiamo la nostra analisi comparativa tra molteplici testi con una delle ultime meditazioni di Young, chiudendo il cerchio sulla complessità filosofica delle *Notti*. L'opera, che ha elaborato tutti i temi e gli stilemi della poesia religioso-sepolcrale, si conclude con l'apocalittica visione della fine del mondo nel silenzio universale:

> Per sempre, allor che immerso in alto sonno
> Sarà tutto il creato, allor ch'estinti
> Tutti gli astri saranno, allor che il tempo,
> Qual robusto Sanson, nel suo furore
> Scosse del Mondo le colonne e svelte
> Sepolto giacerà della natura
> Nelle vaste ruine, e allor che sovra
> La già spenta natura unica regni
> Oscura Notte universale, eterna.

(Young Notte XXIV. La Consolazione 353)

Concludendo il nostro percorso, attraverso le numerose traduzioni di poesia sepolcrale che si sono diffuse tra Sette e Ottocento, possiamo affermare che la loro accoglienza nei sistemi culturali delle letterature nazionali ha rappresentato un bacino inesauribile di temi, motivi e stilemi variamente modulati: dal *contemptus mundi*, alla tomba come luogo del compianto e *senhal* della materialità dell'esistenza. Una folta schiera di poeti vi hanno attinto in varie forme, come Giacomo Leopardi (nostro modello d'analisi) che ha sviluppato, pur in termini poetici personalissimi, pensieri e suggestioni della poesia religioso-sepolcrale.

Una linea poetica che poggia i presupposti su intrecci di vertigini visionarie e macabri disincanti, di tensioni verso l'infinito e ancoraggi alla materia, di percezione del divino e del *vacuum* esistenziale. Poesia suggestionata da quel fondamentale dibattito sul concetto estetico del sublime, declinato in termini burkiani, con il quale si stava aprendo il varco alla pienezza espressiva del pensiero romantico.

Università degli Studi di Verona

Opere citate

Accame Bobbio, Aurelia. *Bernardin de Saint-Pierre, "Werther" e l'origine dell'idillio Leopardiano*. In *Leopardi e il Settecento*. Atti del I Convegno Internazionale di Studi Leopardiani (Recanati 13-16 settembre 1962). Firenze: Olschki, 1964. 175-202.

Akenside, Mark. *The Pleasures of Imagination*. London: Dodsley, 1744.

Andreoni Fontecedro, Emanuela. *Natura di voler matrigna. Saggio sul Leopardi e su "natura noverca"*. Roma: Kepos, 1993.

Aries, Philippe. *Essais sur l'histoire de la mort en Occident du Moyen à nos jours*. Paris: Seuil, 1975.

Barlow, Joel. *Meditation on Death and the Grave*. In *From a Translation of Sundry Psalms*. Hartford: Nathaniel Patten, 1785.

Bellorini, Egidio, a c. di. *Discussioni e polemiche sul Romanticismo (1816-1826)*. Vol. I. Roma: Laterza, 1943.

Berchet, Giovanni. *Lettera semiseria di Crisostomo al suo figliolo*. Milano: Bernardoni, 1816.

Bettinelli, Saverio. *Opere*. 3 voll. Venezia: Zatta, 1780.

Bigi, Emilio. *La genesi del "Canto notturno" e altri studi sul Leopardi*. Palermo: Manfredi, 1967.

Binni, Walter. *Leopardi e la poesia del secondo Settecento*. In *La protesta di Leopardi*. Firenze: Sansoni, 1974. 169-236.

Blair, Robert. *The Grave*. West Orange, NJ: Albert Saifer, 1983.

Blair, Ugone. *Lezioni di rettorica e di belle lettere*. A c. di F. Soave. Venezia: Tommaso Bettinelli, 1803.

Blasucci, Luigi. *La svolta dell'idillio. E altre pagine leopardiane*. Bologna: il Mulino, 2018.

Borsieri, Pietro. *Avventure letterarie di un giorno. O consigli di un galantuomo a vari scrittori*. Milano: Geigler, 1816.

Bottoni, Luciano. *Drammaturgia e sistemi letterari nel "Conciliatore"*. "Lettere italiane" 35 (1983): 61-79.

Bordieu, Pierre. *Le condizioni sociali della circolazione internazionale delle idee*. A c. di M. Santoro. Traduz. di G. Ienna. "Studi Culturali" 13.1 (2016): 61-82.

Borsa, Matteo. *Del gusto presente in letteratura italiana. Dissertazione data in luce da Stefano Arteaga*. Venezia: Zatta, 1785.

Burke, Edmund. *Philosophical Inquiry into the Origin of Our Ideas of the Sublime and Beautiful*. London: R. & J. Dodsley, 1757.

Camarotto, Valerio. *Leopardi traduttore. La poesia (1815-1817)*. Macerata: Quodlibet, 2016.

_____. *Leopardi traduttore. La prosa (1816-1817)*. Macerata: Quodlibet, 2016.

Carrai, Stefano. *Leopardi lettore di Young*. "Rassegna della letteratura italiana" 103.9 (1999): 30-45.

Casini, Paolo. *Natura*, Milano: Isedi, 1975.

Catalogo della Biblioteca Leopardi in Recanati (1847-1899). Nuova edizione. A. c. di A. Campana. Firenze: Leo S Olschki, 2011.

Chateaubriand, François-Auguste-René de. *Le Génie du Christianisme*. Paris: Krabbe, 1852.

Cerati, Antonio. *L'ipocondria, scherzo misto di versi, e di prosa*. Parma: Carmignani, 1781.

Cerruti, Marco. *Dalla "sociabilité" illuministica al mito del poeta solitario. La musa saturnina*. In *Letteratura italiana e cultura europea tra Illuminismo e romanticismo*.

Atti del Convegno Internazionale di Studi (Padova-Venezia, 11-13 maggio 2000). A c. di G. Santato. Paris: Droz, 2003.

Cesarotti, Melchiorre. *Elegia di Tommaso Gray sopra un cimitero di campagna*. Venezia: Palese, 1791.

_____. *Saggio sulla filosofia del gusto*. In *Opere* scelte. Vol. 1. A. c. di G. Ortolani. Firenze: Le Monnier, 1945.

Cicerone, Marco Tullio. *Le Tusculane*. A c. di A. Di Virgilio. Milano: Mondadori, 1962.

Contini, Gianfranco. *Letteratura italiana del Risorgimento (1789-1861)*. Vol. I. Firenze: Sansoni, 1986.

Corsalini, Giulia. *Pianto e consolazione nella genesi della prima sepolcrale*. In *La prospettiva antropologica nel pensiero e nella poesia di Giacomo Leopardi*. Atti del convegno internazionale di studi leopardiani (Recanati 23-26 settembre 2008). A c. di C. Gaiardoni. Firenze: Olschki, 2010. 275-88.

Corti, Maria, a c. di. *"Entro dipinta gabbia." Tutti gli scritti inediti, rari e editi 1809-1810*. Milano: Bompiani, 1972.

Da Ponte Lorenzo. *Così fan tutte*. Musica di Wolfgang Amadeus Mozart. Paris: Flammarion, 1994.

Dei sepolcri. Poesie di Ugo Foscolo d'Ippolito Pindemonte e di Giovanni Torti. Milano: Silvestri, 1813.

Dennis, John. *The Critical Works* (1704). 2 voll. A c. di E. Niles Hooker. Baltimore: The Johns Hopkins Press, 1939-43, 2 voll.

De Staël-Holstein, Anne-Louise Germaine Necker. *Sulla maniera e l'utilità delle traduzioni*. "Biblioteca Italiana" (16 gennaio 1916): 10-18.

D'Intino, Franco. *La caduta e il ritorno. Cinque movimenti dell'immaginario romantico italiano*. Macerata: Quodlibet, 2019.

Di Breme Gattinara, Ludovico. *Intorno all'ingiustizia di alcuni giudizj letterarj italiani*. Milano: Geigler, 1816.

Even-Zohar, Itamar. *La posizione della letteratura tradotta all'interno del polisistema letterario*. Siri 227-38.

Fabrizi, Angelo. *Da Foscolo a Zacchiroli*. "Giornale storico della letteratura italiana" 166.534 (1989): 259-66.

Fasano, Pino. *Ein romantisches Lied. Werther e la lirica italiana*. "Rassegna della letteratura Italiana" 8.1-2 (1989): 5-42.

_____. *L'entusiasmo della ragione. Il romantico e l'antico nell'esperienza leopardiana*. Roma: Bulzoni, 1984.

Fedi, Francesca. *Mausolei di sabbia. Sulla cultura figurativa di Leopardi*. Lucca: Pacini Fazzi Editore, 1997.

Foscolo, Ugo. *Ultime lettere di Jacopo Ortis*. Milano: Garzanti, 1981.

Gaetano, Raffaele. *Giacomo Leopardi e il sublime*. Catania: Rubbettino, 2002.

Goethe, Johann Wolfang von. *I dolori del giovane Werther*. A c. di G. Baioni. Torino: Einaudi, 1998.

_____. *Les Passions du jeune Werther*. A c. di Ph.-Ch. d'Aubry. Manheim-Paris: Pissot, 1777.

_____. *Werther, opera di sentimento del dottor Goethe, celebre scrittore tedesco*, trad. da G. Grassi Milanese. In Poschiavo: Per Giuseppe Ambrosioni, s. d. (1782).

_____. *Verter, Opera originale tedesca del celebre signor Goethe*. Trasportata in italiano dal D.[ottor] M.[ichiel] S.[alom]. Venezia: Giuseppe Rosa, 1796.

Grey, Thomas. *Elegy Written in a Country Church-yard* (1751). In *Poetical Works*. Oxford: R. Lonsdale, 1977.

Heidegger, Martin. *Il senso dell'essere e la "svolta"*. A c. di A. Marini. Firenze: La Nuova Italia, 1982.

Hervey, James. *Meditazioni sopra i sepolcri*. A c. di G. Brancadoro. Venezia: Peresini, 1818.

La corrispondenza imperfetta. Leopardi tradotto e traduttore. A c. di A. Dolfi e A. Mitescu. Roma: Bulzoni. 1990.

Lambertenghi, Luigi. *Sull'origine e sul luogo delle sepolture*. "*Il Caffè (1764-1766)*". A c. di G. Francioni e S. Romagnoli. Torino: Bollati Boringhieri, 1993. 481-87.

Legouvé, Gabriel-Marie. *La malinconia*. In *Il merto delle donne, Le rimembranze, La malinconia, Le pompe funebri*. Parigi: Ant. Ag. Renouard, 1802.

Leopardi e la traduzione. Teoria e prassi. Atti del XIII Convegno internazionale di studi leopardiani (Recanati, 26-28 settembre 2012). A c. di C. Pietrucci. Introd. di F. Corvatta. Firenze: Olschki, 2016.

Leopardi, Giacomo. *Canti*. A c. di M. Scherillo. Milano: Hoepli, 1911.

_____. *I canti*. A c. di G. e D. De Robertis. Milano: Mondadori, 1978.

_____. *Operette morali*. Milano: Mursia, 1966.

_____. *Poesie e prose*. Vol. 1. A c. di M. A. Rigoni. Milano: Mondadori, 1987.

_____. *Poesie e prose*. Vol. 2. A c. di R. Damiani, Milano: Mondadori, 1988.

_____. *Zibaldone di pensieri*. A c. di G. Pacella. Milano: Garzanti, 1991.

_____. *Pensieri*. A c. di G. Tellini. Milano: Mursia, 1994.

_____. *Tutte le Opere*. A c. di W. Binni e E. Ghidetti. Firenze: Sansoni, 1969.

Lettere piacevoli se piaceranno dell'abate Compagnoni e di Francesco Albergati Capacelli. Modena: Presso la Società Tipografica, 1791.

Lettere famigliari di G. Baretti a' suoi tre fratelli. Milano: Mussi, 1814.

Lombardi, Maria Maddalena, a c. di. *Gli strumenti di Leopardi: repertori, dizionari, periodici*. Alessandria: Ed. dell'Orso, 2000.

Lonardi, Gilberto. *L'Achille dei "Canti". Leopardi, "l'Infinito", il poema del ritorno a casa*. Fano: Le Lettere, 2017.

Lotman, Jurij M. *Il problema del testo*. Nergaard 85-103.

_____. *La semiosfera. L'asimmetria e il dialogo nelle strutture pensanti*. A c. di S. Salvestroni. Venezia: Marsilio, 1985.

_____. *Il problema del testo*. Nergaard 85-103.

Luciano di Samosata. *Dialoghi dei morti*. A c. di M. Vilardo. Milano: Mondadori, 1991.

Manacorda, Giorgio. *Materialismo e masochismo. Il "Werther", Foscolo e Leopardi*. Firenze: La Nuova Italia, 1973.

Massano, Riccardo. *"Werther", "Ortis" e "Corinne" in Leopardi (filigrana dei "Canti")*. In Atti del Convegno Internazionale di Studi Leopardiani (Recanati 13-16 settembre 1962). Firenze: Olschki, 1964. 415-36.

Mazzarella, Arturo. *I dolci inganni. Leopardi, gli errori e le illusioni*. Napoli: Liguori, 1996.

Mazzocchini, Paolo. *Sulla questione della presenza di Lucrezio in Leopardi*. "Esperienze letterarie" 12 (1987): 57-71.

Metastasio Pietro. *Artaserse*. In *Opere scelte*. A c. di F. Gavazzeni. Torino: Utet, 1968. 311-418.

Monte, Lucia. *Leopardi e Werther*. Napoli: Federico & Ardia, 1995.

Monti, Vincenzo. *Poesie*. A c. di A. Bertoldi. Firenze: Sansoni, 1957.

Muñiz Muñiz, Maria de las Nieves. *"Per uccider partorisce" nella cronologia Leopardiana*. "Belfagor" 49 (1994): 399-422.

Nasi, Franco. *Le maschere di Leopardi*. In *Specchi comunicanti*. Milano: Medusa, 2010. 127-53.

Neppi, Enzo. *Alle origini del nichilismo italiano: Foscolo e Leopardi lettori di "Werther"*. In *Circolazione e trasformazione dei saperi letterari nel Sette-Ottocento*. A c. di H. Meter e F. Brugnolo. Berlin: De Gruyter, 2011. 130-43.

Opere di Giovanni Fantoni Toscano, fra gli Arcadi Labindo. Vol. 2. Parma: Co' Tipi Bodoniani, 1801.

Pageaux, Daniel-Henri. *La Littérature générale et comparée*. Colin: Paris, 1994.

Pellegrini, Giuseppe Luigi. *La tomba*. In *Poesie italiane e latine del Sig. Abate G. L. P.* Bassano: Remondini, 1791.

Piattoli, Scipione. *Saggio intorno al luogo del seppellire*. Venezia: Francesco Sansoni, 1774.

Pindemonte, Ippolito. *I "Sepolcri": storia dell'elaborazione e testo critico*. A c. di N. Ebani. Verona: Fiorini, 2002.

Plinio, il Vecchio. *Storia naturale*. Torino: Einaudi, 1983.

Porée, Charles Gabriel. *Lettres sur la sépulture dans les églises, à Monsieur de C.* […] Caen: J. Manoury, 1749.

Porset Charles e Sozzi Marina. *Il sonno e la memoria. Idee della morte e politiche funerarie nella Rivoluzione francese*. Torino: Paravia-Scriptorium, 1999.

Poesie inglesi di Alessandro Pope e di Jacopo Thompson e di Tommaso Gray con la traduzione in varie lingue. Venezia: s. e., 1791.

Rousseau, Jean-Jacques. *Oeuvres complètes*. Vol. 1. *Émile*. Paris: Armand-Aubrée, 1830.

Salomoni, Giuseppe. *Rime*. A c. di C. Giovannini. Torino: Res, 1996.

Scherillo, Michele. *Leopardi e Hervey*. "Nuova Antologia" 226 (16 luglio 1909): 202-13.

Shaftesbury, Anthony Ashley Cooper, Earl of. *A Letter concerning Enthusiasm* (1708). In *Characteristiks of Men, Manners, Opinions, Times, etc.* A c. di P. Ayres. Oxford: Clarendon Press, 1999, 2 voll.

Silva, Ercole. *Dell'arte dei giardini inglesi*. Vol. 2. Milano: Pietro e Giuseppe Vallardi, 1813.

Sisto, Michele. *Traiettorie. Studi sulla letteratura tradotta in Italia*. Macerata: Quodlibet, 2019.

Sofocle. *Antigone*. Introd. e note di F. Ferrari. Milano: Rizzoli, 1982.

_____. *Edipo a Colono*. A c. di F. Ferrari, Milano: Rizzoli, 1982.

Sozzi Lionello. *I Sepolcri e le discussioni francesi sulle tombe negli anni del Direttorio e del Consolato*. "GSLI" CXLIV (1967): 567-588.

_____. *Da Metastasio a Leopardi: armonie e dissonanze letterarie italo-francesi*. Firenze, Olschki, 2007.

Teognide. *Elegie*. A c. di F. Ferrari. Milano: Rizzoli, 1989.

Teorie contemporanee della traduzione. A c. di S. Nergaard. Milano: Bompiani, 1995.

Timpanaro, Sebastiano. *Classicismo e Illuminismo nell'Ottocento italiano*. Pisa: Nistri-Lischi, 1969.

Torop, Peeter. *La traduzione totale. Tipi di processo traduttivo nella cultura*. A c. di B. Osimo. Milano: Hoepli, 2009.

Toury, Gideon. *Descriptive Translation Studies and Beyond*. Amsterdam: Benjamins, 1995.

Van Tieghem, Paul. *Préromantisme. Études d'histoire littéraire européenne*. Vol. 3. Paris: F. Rieder, 1947.

Varano, Alfonso. *Dodeci visioni sacre e morali*. Piacenza: Stamperia del Majno, 1807.

Verducci, Mario. *Cultura inglese in Giacomo Leopardi*. Teramo: Editoriale Eco, 1994.

Visconti, Ermes. *Notizia sul Romanticismo in Italia*. A c. di D. Isella. "Strumenti critici" 50.1 (1986): 93-102.

Volney, Costantin-François de Chasseboeuf de. *Les Ruines, ou méditations sur les révolutions des empires*. Paris: Chez Courcier, 1808.

Young, Edward. *Le notti*. A c. di G. Bottoni. Siena: Per Francesco Rossi, 1775.

_____. *Le Lamentazioni ossieno le Notti*. A c. di G. Loschi. Venezia: Giovanni Vitto, 1786, 3 voll.

_____. *Les Nuits*. Traduites de l'anglois par m. Le Tourneur. Paris: chez Lejay, 1769, 2 voll.

Zacchiroli, Francesco. *Ricerche sulla sensibilità*. Venezia. Presso Giambattista Pasquali, 1781.

_____. *Il sepolcro, ottave di Euripilo Naricio in morte di Lorenzo Ricci Ultimo Generale della Compagnia di Gesù*. Losanna: Presso Francesco Martin, 1776.

Zumbini, Bonaventura. *La poesia sepolcrale straniera e italiana e il Carme del Foscolo*. In *Studi di letteratura italiana*. Firenze: Le Monnier, 1906. 77-162.

PIERO GAROFALO

Alla ricerca di un'identità nazionale:
le prime traduzioni di Berchet

Sinossi: I primi tentativi letterari di Giovanni Berchet furono traduzioni: "Il bardo" di Thomas Gray e *Il curato di Wakefield* di Oliver Goldsmith. Nei peritesti di entrambe compare il concetto di un'identità nazionale che trova origine nella cultura e nella lingua comuni, un'anticipazione delle riflessioni berchettiane del manifesto romantico *Sul "Cacciatore feroce" e sulla "Eleonora" di Goffredo Augusto Bürger. Lettera semiseria di Grisostomo al suo figliuolo* e delle pagine del *Conciliatore*. "Il bardo" è una risposta sia a *Il bardo della selva nera* di Vincenzo Monti, sia alle teorie del Settecento sulla traduzione. Ne *Il curato di Wakefield* Berchet adotta un linguaggio colloquiale che media le differenze tra le culture di partenza e di arrivo, e che è inclusivo di un pubblico diversificato e in crescita. Queste due traduzioni attestano i nascenti ideali patriottici di Berchet e il suo sostegno alla letteratura popolare.
Parole chiave: Romanticismo, Traduzione, Identità nazionale, Ode pindarica, Romanzo sentimentale, Berchet, Realismo, Lingua.

> Per entro i fitti popoli,
> lungo i deserti calli,
> sul monte aspro di gieli,
> nelle inverdite valli,
> infra le nebbie assidue,
> sotto gli azzurri cieli,
> dove che venga, l'Esule
> sempre ha la patria in cor.
>
> (Berchet, *Le fantasie* 1.1–8)

L'ottava di apertura delle *Fantasie* di Giovanni Berchet infonde tropi romantici nel problema politico dell'esule patriottico, e coniuga il Romanticismo al Risorgimento. Berchet era fuggito da Milano in Svizzera il 13 dicembre 1821 per evitare un ordine di arresto per attività anti-austriache. Dalla Svizzera andò a Parigi, poi a Londra e infine in Belgio, sempre continuando a scrivere e tradurre (Cadioli 83–140; Garofalo, "Giovanni Berchet", 107–30). Mentre i suoi scritti storici del periodo—ad esempio il poema *I profughi di Parga* (*Opere* 1: 3–27), che aveva composto fra il 1819 e il 1820 e pubblicato solo nel 1823—fornivano una metafora calzante sia della situazione personale di Berchet che delle circostanze politiche della penisola, la sua promozione di un'idea di identità nazionale può essere ricondotta alle prime traduzioni, che prefigurano le dichiarazioni patriottiche più esplicite di *Sul "Cacciatore feroce" e sulla "Eleonora" di Goffredo Augusto Bürger. Lettera semiseria di Grisostomo al suo figliuolo* (1816; Berchet, *Opere* 2: 9–58) e della rivista il *Conciliatore. Foglio scientifico letterario* (1818–19).[1] Le incursioni letterarie iniziali di Berchet, così come le traduzioni de "Il bardo" (1807) e de *Il curato di Wakefield* (1809), aprono anche la strada alla *Lettera semiseria di Grisostomo al suo figliuolo*, che si ricollega alla riflessione del primo Ottocento sulle traduzioni letterarie e alla questione delle traduzioni delle opere in versi.[2]

Le prime traduzioni di "The Bard: A Pindaric Ode" di Thomas Gray

Berchet (1783–1851) fa un primo esitante debutto sulla scena letteraria milanese nel 1807, con una traduzione del poema "The Bard: A Pindaric Ode" (1757) di Thomas Gray. Non è chiaro cosa indusse Berchet a tradurre "The Bard", vista la mancanza di fonti primarie coeve, che probabilmente andarono perse o distrutte prima della fuga dalle autorità austriache nel 1821. Giuseppe Camerino (130) suppone piuttosto ragionevolmente che la decisione fu influenzata dalla pubblicazione, di poco antecedente, del poema *Il bardo della selva nera* (1806) di Vincenzo Monti. Un altro possibile motivo, tuttavia, è che Berchet contasse sul successo italiano di "An Elegy Written in a Country Churchyard" di Gray: tra il 1772 e il 1784 ne erano apparse sei traduzioni italiane, tra cui quella di Melchiorre Cesarotti (1772) in versi sciolti e quella di Giuseppe Torelli (1776) in quartine, che influenzarono particolarmente lo sviluppo del motivo della poesia sepolcrale, e furono ristampate insieme nel 1793.[3] Inoltre, poiché Gray prendeva Dante e Petrarca come modelli letterari, il poema stabiliva un legame culturale tra le due letterature, come scrive Garrison:

[F]rom the very first Italian translation of the *Elegy* in 1772, Gray had already been placed in conversation with the larger history of Italian literature, specifically with Dante and

---

[1] Il *Conciliatore. Foglio scientifico-letterario*, chiamato anche "foglio azzurro" per il colore della carta di stampa, era un periodico milanese che proponeva un modello moderno e democratico di cultura. Fondato da Silvio Pellico e Berchet e finanziato da Luigi Porro Lambertenghi e Federico Confalonieri con la collaborazione di numerosi intellettuali della prima restaurazione (fra cui Pietro Borsieri e Ludovico di Breme), il giornale divenne un importante punto di riferimento per l'elaborazione del romanticismo in Italia. Fu stampato a Milano tra il 3 settembre 1818 e il 17 ottobre 1819, quando poi la censura austriaca lo soppresse. Si vedano, Barbarisi e Cadioli; Branca (v–lxi); Portinari (321–28).

[2] Sul *"Cacciatore feroce" e sulla "Eleonora" di Goffredo Augusto Bürger. Lettera semiseria di Grisostomo al suo figliuolo* si presenta come una lettera scritta da Grisostomo (una finzione dell'autore) al figlio in collegio. Nella lettera il padre esalta la letteratura romantica utilizzando le due ballate di Bürger come esempio di questa nuova letteratura. Per convenzione, il titolo del testo viene abbreviato in *Lettera semiseria di Grisostomo al suo figliuolo*.

[3] Per le prime traduzioni italiane di *Elegy Written in a Country Churchyard*, si vedano Costa e Gennari (la traduzione di Gennari è in terza rima), Crocchi, Giannini, Lastri e Dalmistro. Per l'influenza dell'*Elegia* di Gray in Italia, si veda Garrison (76–112). Per un'analisi della traduzione di Cesarotti, si veda Illiano (116–31) e Stocchi (161–73). Alessandro Torri include dodici traduzioni nella seconda edizione della sua antologia, pubblicata nel 1843.

Petrarch, whose poetry informs his own. Gray had acknowledged that the opening lines of the *Elegy* derived from *Purgatorio* 8, and the Italian influence is confirmed in the closing lines of the Epitaph with a phrase from Petrarch's *Canzoniere* 147 [...] Gray draws upon Italian poetry in a way that encourages Italian translators to view their task as one of reassimilation, of discovering and presenting what is truly Italian in Gray's poem.

(78–79)

L'italianizzazione di Gray suggeriva un'affinità tra la letteratura inglese e quella italiana, criticando implicitamente il dominio culturale della letteratura francese che andava assumendo connotazioni sempre più politiche sulla scia della Rivoluzione francese e delle campagne napoleoniche.[4]

Vista la fama di Gray, è improbabile che Berchet non fosse a conoscenza dei precedenti tentativi di traduzione in italiano di "The Bard"; in ogni caso, scelse di non tenerne conto. Sicuramente, anche prima delle prime versioni italiane, erano circolate diverse traduzioni latine del poema. Già nel 1775 in Inghilterra apparvero due versioni latine a nome Gray, e Giovanni Costa pubblicò la sua nota traduzione latina a Padova. L'ecclesiastico e poligrafo fiorentino Marco Lastri (1731–1811) produsse la prima traduzione italiana nel 1784. Il testo di Lastri include anche l'*Advertisement* che introduce il poema di Gray:

Avvertimento. La seguente ode à il suo fondamento sopra una tradizione corrente nel Galles, che Odoardo I Re d'Inghilterra, dopochè ebbe compita la conquista di quel Paese, condannasse ad essere uccisi tutti i Bardi (*Poeti o Cantori*), che eran caduti nelle sue mani.

(Lastri 56)[5]

La traduzione di Berchet invece si limita al testo poetico ed esclude sia l'*Advertisement* che le note autoriali poiché Berchet, come fondatamente deduce Aldo Maria Morace, quasi sicuramente lavorò all'edizione del 1768 del poema di Gray (Morace 61). Curiosamente, tuttavia, Lastri include un'epigrafe di Lucano che non è presente nel poema di Gray, "Plurima securi fudistis carmina Bardi. *Lucan l.* I *v.* 449" (*Farsaglia*; Lastri 55), ma che Lastri riprende probabilmente da James Macpherson che per introdurre *Fragments of Ancient Poetry, Collected in the Highlands of Scotland, and Translated from the Galic or Erse Language* (1760) si servì dei versi 447–49,

Vos quoque qui fortes animas, belloque peremtas [*sic*]
Laudibus in longum vates dimittitis ævum,
Plurima securi fudistis carmina *Bardi*. [*sic*]

(Macpherson, *Fragments* i)

---

[4] È la tesi di Paul Hazard ne *La Révolution française et les lettres italiennes (1789–1815)*. Si veda Giuseppe Ricuperati 372–404. Ringrazio Norma Bouchard per il riferimento.
[5] "Advertisement. The following Ode is founded on a Tradition current in Wales, that EDWARD [*sic*] the First, when he compleated the conquest of that country, ordered all the Bards, that fell into his hands, to be put to death" (Gray, *Poems by Mr. Gray* 52).

(Anche voi, poeti che fate durare nel tempo
con elogi le anime dei forti caduti in battaglia,
o bardi alfine sicuri sciogliete moltissimi canti.)

(Lucano 97)

L'aggiunta di questo verso nella traduzione di Lastri crea un legame immaginario sia con la poesia ossianica (la poesia di Gray precede di tre anni quella di Macpherson) che con la penisola italiana attraverso lo spazio e il tempo: ciò che cantano i bardi gallici, hanno cantato i poeti romani.

Nel 1772, il presbitero e letterato veneziano Angelo Dalmistro (1754–1839) pubblicò una traduzione di "The Bard" di Gray, che due anni dopo ristampò in una raccolta di traduzioni di poesia inglese; questa versione sicuramente riscosse un certo successo. Antonio Ferracin, nel suo studio su Dalmistro, annota le favorevoli reazioni dell'amico, l'abate Michele Colombo, che Ferracin data tra il 1792 e il 1796:

Ho letto la vostra traduzione del *Bardo*, e l'ho diligentemente confrontata e coll'originale e colla versione latina del Costa. Essa mi è piaciuta, e molto. Avete saputo render le idee dell'autore con forza e con garbo. Dignitoso è l'andamento del verso, felici sono l'espressioni. Sapete ch'io vo alle corte: se vi parlo così, egli è perché così giudico.

(Citato in Ferracin 31)

Mentre Colombo affermava di aver paragonato la traduzione italiana sia all'originale che alla traduzione latina di Giovanni Costa, con ogni probabilità Dalmistro non conosceva sufficientemente l'inglese (Ferracin 32) e, invece, potrebbe aver utilizzato come testo sorgente la versione di Costa. Allo stesso modo Ippolito Pindemonte, in una lettera del 19 ottobre 1793, si congratula con Dalmistro per la traduzione, anche se con maggiori riserve rispetto a Colombo:

Non avendo qui l'originale inglese delle odi da lei tradotte, non ho potuto confrontarle con quello: a legger però le sue traduzioni da sole, mi pare che uno non possa esserne che soddisfatto e contento. Nobili, eleganti, armoniose, e nessuna oscurità; il che è sì difficile ad ottenersi in tal genere di fatica. Spiacemi solamente che ella si sia servito in una del verso sciolto. Almeno io non l'avrei intitolata *ode*: perché s'è lecito ad uno il tradurre un'ode in tai versi, non credo però che lecito gli sia il chiamar ode tai versi.

(Citato in Ferracin 31)

Pindemonte lamenta di non poter paragonare il testo italiano con quello inglese, e critica la decisione di Dalmistro di rendere l'ode pindarica di Gray, che è composta in tetrametro e pentametro giambico, in verso sciolto. Adottando il verso sciolto come equivalente letterario del metro di Gray, Dalmistro ricorreva all'affermato modello delle traduzioni di Ossian di Melchiorre Cesarotti. Come si vedrà in seguito, nel 1808, nella sua recensione "Il Bardo di Tommaso Gray. Traduzione di Giovanni Berchet", Ugo Foscolo difese Dalmistro muovendo critiche simili contro la traduzione di Berchet, che trovava decisamente inferiore a quella di Dalmistro.

"Il bardo" di Berchet

"Il bardo" rappresenta l'esordio letterario di Berchet, tuttavia è un esordio esitante: viene stampato a Milano nel 1807, ma senza il nome dello stampatore. Nella traduzione di Berchet, di cui introduzione e note sono parte integrante, il bardo canta tradizioni ed imprese epiche per rinnovare l'idea della letteratura in Italia. Da questa nuova letteratura emergerebbe un cantore italico dell'epopea delle origini e della nascita di una nuova nazione. Questo poeta, come scrive Vincenzo Monti nella sua dedica a Napoleone ne *Il bardo della selva nera*, "alle qualità di poeta aggiunge quella pur di profeta" (vii). Il bardo di Monti, benché ispirato dalla poesia di Gray, canta le lodi dei grandi uomini del presente per celebrare conquista e trionfo, piuttosto che un'epica delle origini nazionali.[6] Come perspicacemente osserva Michele Mari:

La stessa ammirazione del Monti per i canti di Ossian derivava, come *Il Bardo della Selva Nera* dimostra ampiamente, da una lettura 'solare' di quella nuova forma epica, apprezzata soprattutto in virtù del suo contesto guerriero e non, come da altri (fra cui lo stesso Cesarotti), per i suoi toni crespuscolari e notturni.

(350–51)

Nella sua prefazione "Al lettore" Berchet sembra rispondere sia al bardo di Monti che alla sua celebrazione di Napoleone: "Un Bardo, ma di vera Bardica schiatta, e quindi non garrulo, ma pieno di maschia eloquenza egli è quello ch'io ti presento, Lettore".[7] Monti poetizzò una mitografia bonapartista che correggeva lo squilibrio di potere che relegava gli italiani a uno stato subordinato, mentre Berchet rivendicava la funzione civile e morale del poeta profetico (Camerino 127–39; D'Ambrosio Mazziotti 239).

Sabine Schwarze, in una convincente analisi della teoria settecentesca della traduzione, mette in evidenza tre nuclei argomentativi nel commento prefatorio dei traduttori: "argomenti che riguardano la traduzione stessa (l'utilità, metodi da scegliere); argomenti che riguardano le lingue (di partenza / di arrivo); argomenti che riguardano l'italianità, cioè l'identità nazionale" (Schwarze 169). Dunque, secondo Schwarze, c'è una "funzione 'patriottica' nell'auto-identificazione dell'intellettuale italiano nella repubblica delle lettere europea sotto dominio francese" ed anche un'attenzione al concetto del *genio della lingua* (168).

Nel preambolo "Al lettore", e in maggior misura nelle note esplicative, Berchet allude a questi concetti. Diversi anni dopo (Milano, 6 settembre 1819),

---

[6] La poesia non convinse Foscolo. Antibonapartista in seguito al trattato di Campoformio (17 ottobre 1797), Foscolo ammirava lo stile ma non il contenuto de *Il bardo della selva nera* di Monti. Si veda Foscolo, "Osservazioni sul poema del Bardo", pubblicato originariamente sul *Giornale italiano* dall'1 all'8 luglio 1806 (nn. 182, 183, 187, 189) e successivamente in *Scritti letterari e politici dal 1796 al 1808* (465–79).

[7] Berchet, *Il bardo di T. Gray* (6). Nelle citazioni da questo testo, qui e in seguito, l'indicazione delle pagine si riferisce all'edizione milanese del 1807. Il testo è riportato con qualche intervento interpretativo in Berchet, *Opere* 1: 297–312.

Berchet espose il suo approccio alla traduzione in un rapporto ufficiale al governo austriaco, "Sulla traduzione dal tedesco degli *Elementi di storia degli Stati d'Europa*":

Ogni volta che l'esposizione mi pareva intralciata, stentata e confusa nel suo andamento originale, ho procurato di appianarla. Ho schivata la frequente monotonia de' lunghi periodi del testo; perché ogni lingua ha la sua indole, e ciò, che forse è tollerabile in Germania, riescirebbe in Italia un guazzabuglio insoffribile, per l'ordine diverso con cui si concepiscono le idee. E senza adoperare affettazioni sconvenienti all'uso comune d'oggidì, ho cercato di mantenere nella lingua della traduzione una discreta gastigatezza, che pur non mi parve di trovar sempre nella lingua del testo.

(Berchet, *Opere* 2: 220)

L'indole della lingua rimane fondamentale nell'approccio di Berchet alla traduzione. Secondo Ettore Li Gotti, Berchet "scorge [...] una affinità maggiore tra quegli scrittori stranieri [inglesi e tedeschi] che trattano di leggende semplici e primitive" (14). Nella figura del bardo, Berchet infonde la responsabilità "di mantener vivo col canto l'onore insieme, e l'ardor nazionale" (Berchet, *Il bardo di T. Gray* 21). Il bardo è la voce del popolo, è la voce della nazione.

Lo stile di Gray tende fortemente al classico e all'epico, rivestiti di una sensibilità romantica settecentesca. Benché concepita per il pubblico in generale, l'ode, ricca di metafore, allusioni e retorica, risultò difficilmente comprensibile sia per il soggetto (la storia e la cultura gallesi) sia per il lessico, intenzionalmente primitivo. Quello di Gray è un linguaggio poeticizzato perché, come scrisse Gray all'amico Richard West l'8 aprile 1742, "[t]he language of the age is never the language of poetry; except among the French, whose verse, where the thought or image does not support it, differs in nothing from prose" (Gray, *Correspondence of Thomas Gray*, Lettera 103, 1: 191–94). Per queste affermazioni William Wordsworth lo avrebbe criticato in *Lyrical Ballads*:

Gray, who was at the head of those who, by their reasonings, have attempted to widen the space of separation betwixt Prose and Metrical composition, and was more than any other man curiously elaborate in the structure of his own poetic diction.

(xxiv)

Resta da vedere se Gray avrebbe formulato una valutazione simile sulla poesia italiana, sebbene la sua predilezione per un linguaggio raffinato suggerisca che l'avrebbe trovata piuttosto congeniale.[8]

Berchet, nonostante alcune fioriture retoriche, preferiva il sobrio approccio di Wordsworth al linguaggio poetico. Come nota Li Gotti, la traduzione di Berchet risente dell'influenza di Alfieri "nel piglio maestoso, nell'aspetto solenne" e di Parini "nell'invettiva" (15). Berchet però mitigò l'aspetto classicheggiante dei

---

[8] In un'altra lettera a Richard West, scritta nel marzo 1737, Gray descrisse l'italiano come "copious and expressive" (*Correspondence*, Lettera 222, 2: 477).

versi di Gray per produrre un bardo ben diverso da quello di Melchiorre Cesarotti, d'impronta ideologica antinapoleonica.[9] Le poesie di Ossian costituiscono un altro riferimento significativo per le traduzioni di Berchet. Così come Macpherson presentava le origini celtiche autoctone della cultura scozzese per suscitare un senso di unità nazionale e contrastare l'egemonia dell'occupazione inglese, anche Berchet propone un discorso poetico sull'unità nazionale fondata su una cultura comune in risposta alle forze egemoniche di Francia e Austria. Cesarotti riteneva, come Berchet, che le traduzioni possano esercitare una forte influenza sia sulla cultura che sulla lingua d'arrivo: "l'utilità e l'importanza delle traduzioni per dar alla lingua nuove ricchezze e maggiore desterità" (Cesarotti, *Saggio sulla filosofia delle lingue applicato alla lingua italiana* 458).

Nella prefazione "Al lettore" Berchet sostiene anche altri valori, quali il piacere estetico e il valore intrinseco del testo in sé e per sé:

> [...] l'Oda pindarica *Il bardo* impegna la più alta ammirazione per la sublimità de' concetti, per la robustezza delle idee, e per l'ottimo maneggio col quale è condotta [...]. Non istanze d'amici, non impulso di mecenati, non comando di persona autorevole, non alcun furto infine grazioso che mi sia stato fatto de' miei scritti, fa comparire alla luce questo tenue lavoro. Ma un certo desiderio di far partecipe, se tanto mi giova sperare, a chi non sa d'inglese il piacere da me provato alla lettura di questa classica poesia, mi ha indotto a vincere quel ribrezzo che ognuno sente nel pubblicare per la prima volta alcuna sua cosa.
>
> (Berchet, *Il bardo di T. Gray* 5; 8–9)

Berchet dichiara di essere stato condotto a quest'esercizio di traduzione dall'interesse per la lingua inglese, dal fascino di una letteratura con una tradizione propria e dalla bellezza della poesia:

> Lo studio della lingua dell'Inghilterra, l'originalità di quella letteratura che nacque da se sola senza generazione greca o latina, e l'amor mio per le muse mi hanno condotto alla lettura di quest'oda, che tanto m'invaghì da tentarne una traduzione.
>
> (5–6)

Per Berchet, la lingua e la letteratura inglese sono autoctone, poiché rispecchiano e rafforzano l'identità nazionale. Spiega poi che la scelta degli endecasillabi sciolti è motivata dal desiderio di produrre una traduzione il più possibile letterale: "Mi sono appigliato al verso sciolto, che mi parve l'unico addatto a tal uopo; e se non fui da tanto d'imitare il languore delle traduzioni Salviniane, posso almeno vantarmi di una maggior fedeltà" (6). Berchet traduce l'ode pindarica in endecasillabo sciolto, seguendo la strategia poetica adottata da Cesarotti per ricondurre le poesie di Ossian a una tradizione letteraria familiare, cercando anche di mantenere una corrispondenza Ciceroniana *ad verbum*. Ne risulta una poesia ben più lunga dell'ode di Gray: mentre in "The Bard" la strofe, l'antistrofe e

---

[9] Cesarotti tradusse *The Poems of Ossian* di James Macpherson nel 1763, e nel 1772 ne stabilì la versione definitiva che però fu pubblicata nel gennaio 1773.

l'epodo, benché con una metrica irregolare, consistono in 48 versi, nella traduzione di Berchet le tre strofe si allungano rispettivamente a 64 versi (strofe), 62 versi (antistrofe), e 63 versi (epodo). Berchet sta modernizzando Gray e, di fatto, abbandonando la classica divisione tripartita per colmare il divario culturale e linguistico tra testo e lettore. Citando Anton Maria Salvini (1653–1729), sostenitore della purezza della lingua e della fedeltà nella traduzione, Berchet collega la sua traduzione al patriottismo linguistico e al prestigio che, come sostiene Schwarze, era fondamentale nelle teorie della traduzione del XVIII secolo, in particolare per le lingue classiche:

> [...] l'idea della perfezione delle lingue antiche e della loro vicinanza alla sola lingua italiana diventa l'argomento preferito in favore del prestigio linguistico-culturale italiano. A partire da qui si può definire la traduzione fedele un metodo italianissimo che solo la lingua italiana ('degna figlia' ed erede della lingua latina) renderebbe possibile. La traduzione libera si interpreta, al contrario, come metodo cui sarebbero costretti a ricorrere i francesi a causa dell'inferiorità espressiva della loro lingua rispetto alle lingue classiche.
>
> (169)

La traduzione fedele viene identificata con il metodo italiano, e quella libera con il metodo francese. Ne *Il traduttore a' lettori*, in *Opere d'Omero tradotte dall'original greco in versi sciolti*, Salvini sosteneva, quanto a patriottismo, la superiorità della traduzione fedele e della lingua italiana. Identificava questa superiorità qualitativa nei pregi nazionali della lingua stessa e nella sua malleabilità: "Ma la nostra Italiana, e Toscana, e volgar lingua, comunque uno ami di nominarla, è come cera, cedente ad ogni figura, che in lei si piaccia d'imprimere" (vi). Il ragionamento di Salvini secondo cui le lingue possiedono un carattere nazionale serve anche a promuovere le traduzioni come occasione per esprimere qualità culturali e linguistiche prettamente italiane.

L'approccio di Berchet alla traduzione tuttavia si discosta da quello di Salvini nell'attribuzione di un valore diverso alla fedeltà. Opponendo la sua "maggior fedeltà" al "languore" di Salvini, Berchet raccomanda un linguaggio letterario scevro da artificialità e fondato sul realismo: un linguaggio accessibile che sfuma la divisione tra il registro letterario e quello parlato.

Benché apprezzi il valore intrinseco dell'ode e la sua accessibilità linguistica, Berchet prosegue affermando d'immaginare che la sua traduzione non sarà ben accolta dai lettori: "Tuttavia per due motivi io preveggo che non riuscirà a molti gradito questo mio tentativo" (*Il bardo di T. Gray* 6). Berchet ricorre qui ad affermati temi letterari tratti da traduttori del secolo precedente, come nota Schwarze (167–82). È una modestia studiata, un'eco calcolata della *praefatio* classica, in cui elogia l'originalità, la bellezza e la padronanza poetica del testo inglese: "il *Bardo* impegna la più alta ammirazione per la sublimità de' concetti, per la robustezza delle idee, e per l'ottimo maneggio col quale è condotta" (5); allo stesso tempo previene qualsiasi critica alla sua traduzione incolpando la poca familiarità con il soggetto e l'inesperienza della giovinezza:

L'uno [motivo per cui la traduzione non riuscirà gradita] perché s'aggira tutta questa poesia su fatti della storia inglese; e la storia inglese poco è tra noi comunemente conosciuta. L'altro, e forse più vero, è l'inespertezza mia giovenile che, per quanta voglia avess'io di far bene, mi avrà pur tratto a far male.

(6–7)

Risponde alla prima obiezione fornendo, per adottare la terminologia di Gérard Genette (182–218, 293–315), un peritesto di trentuno note esplicative, che vanno ben oltre quelle fornite da Gray. Alla seconda obiezione non ha altra risposta se non la sua convinzione che l'ode di Gray meriti di essere più conosciuta.

In effetti, l'importanza della traduzione di Berchet risiede proprio nel peritesto, che ricontestualizza il testo poetico infondendolo di allusioni politiche e patriottiche per promuovere un senso di orgoglio e identità nazionale. Già la prima nota sul "re crudele" (Berchet, *Il Bardo di T. Gray* 21), riferita a Edoardo I, sottolinea il ruolo del poeta come custode dello spirito del popolo, in questo caso contro l'invasore straniero:

Odoardo, indotto da fina ma perfida politica, fece trucidare tutti i Bardi di quella terra, i quali, non avendo altra professione, che quella di mantener vivo col canto l'onore insieme, e l'ardor nazionale, erano da lui creduti sommamente nocivi alle sue mire di regno, e d'oppressione.

(21)

Allo stesso modo, nella nota su Levellino (21–22), il principe gallico e bardo Llewellyn, viene magnificato per il suo fervore patriottico:

Egli fece ogni sforzo per mantenere l'indipendenza della sua patria, e salvarla dalla irruzione dell'armi di Odoardo primo. Tentato invano ogni partito morì da forte combattendo per la libertà. Correva tra i Gallesi una profezia di Merlino, secondo la quale un principe di loro nazione sarebbe stato coronato monarca di tutta l'Inghilterra, come di Bruto primo re di quest'Isola raccontano gli antiquari.

(21)

Berchet si riferisce non alla tragedia storica *Bruto primo* (1786–87) di Alfieri, ma a Bruto di Troia, il leggendario primo sovrano della Bretagna. Queste narrazioni fondative non solo uniscono il popolo contro gli invasori e gli oppressori, ma ricordano anche ai lettori le storie della loro origine (Bruto è un discendente di Enea). Le note 13–15, sul fiume Severno (22–23), la "Lupa di Francia" (23) e "Nasca da te [Edoardo III]" (23–25) servono a spiegare il resto della seconda sezione dell'antistrofa per rimarcare l'iniquità dei francesi, e in particolare delle donne, attraverso la figura di Isabella di Francia: "è una curiosa osservazione da farsi nella storia inglese, che quasi tutte le donne che dalla corte di Francia passarono al talamo dei re d'Inghilterra trassero in rovina i loro sposi perché impastate di tutti i vizi" (23). Le note esplicative di Berchet rispondono alla sua preoccupazione che il pubblico cui si rivolge non abbia familiarità con la storia inglese, e rivelano anche la sua visione politica nello stabilire distinte norme culturali nazionali. Implicitamente, confuta *Il bardo della selva nera* di Monti e il sottostante mito napoleonico. Dipinge i francesi, presentati come una perniciosa influenza straniera sulla nazione inglese, come corrotte controparti degli inglesi, con questi ultimi sempre trionfanti sui primi:

> Fra queste è notevolissima quella [vittoria] di Crécy nell'anno 1346, in cui restarono sul campo ben trentamila francesi, quantunque l'armata loro forte di centoventimila combattenti stesse a fronte di soli trentamila inglesi [...] [Gli inglesi] diedero scaccomatto ai francesi a Maupertuis vicino a Poitiers l'anno 1355. Anche questa volta i francesi ebbero una piena rotta da un nemico sproporzionatamente inferiore in numero [...] e nella battaglia del 3 Aprile 1367, colla sola perdita di quattro cavalieri, e quaranta semplici soldati uccisero gli inglesi ventimila nemici; e notisi ancora una volta che gli inglesi erano in molto minor numero de' francesi.
>
> (Berchet, *Il bardo di T. Gray* 24–25)

Pur riconoscendo il potenziale pregiudizio delle sue fonti storiche,[10] Berchet porta l'attenzione sulle vittime senza nome, sulle persone e sulle esperienze che gli storici hanno ignorato nello scrivere una storia di vincitori e vinti motivati da rancori personali:

> In tutte quelle guerre, nelle quali aveva sommo luogo l'animosità personale, i minori flagelli erano le battaglie. Devastazioni, saccheggi, fiamme, orrori in somma di ogni sorta afflissero que' miseri, le di cui terre servivano di campo alle armate.
>
> (25)

La visione di Berchet della storia, più che a quella dei "grandi uomini" di Thomas Carlyle,[11] è vicina a quella di Lev Tolstoj.[12] Berchet traccia dei parallelismi tra la storia dell'Inghilterra e quella della penisola italiana perché il materiale sia comprensibile ai lettori che potranno così immedesimarvisi, e per suggerire che gli ostacoli alla realizzazione della nazione possono essere superati. Ad esempio, nel raccontare la scomparsa di Riccardo II, Berchet suggerisce all'immaginario del lettore, attraverso la figura di Ugolino, la *Commedia* di Dante, come patrimonio culturale che ha la stessa portata storica per i lettori italiani della morte di Riccardo II per i cittadini inglesi: "I piú antichi però si accordano nel far lui

---

[10] "L'esagerazione avrà forse guidata la penna degli Storici inglesi" (Berchet, *Il bardo di T. Gray* 25).

[11] "Universal History, the history of what man has accomplished in this world, is at bottom the History of the Great Men who have worked here" (Carlyle 1).

[12] Isaiah Berlin caratterizzò memorabilmente l'idea di Tolstoj della storia: "[...] the higher soldiers or statesmen are in the pyramid of authority, the farther they must be from its base, which consists of those ordinary men and women whose lives are the actual stuff of history; and, consequently, the smaller the effect of the words and acts of such remote personages, despite all their theoretical authority, upon that history" (449).

morto di fame non diversamente del nostro conte Ugolino" (27). Mediante il peritesto di Berchet l'ode pindarica di Gray diventa quindi un poema civico.

Come aveva fatto con *Il bardo della selva nera* di Monti, Foscolo scrisse una valutazione perspicace de "Il bardo" di Berchet. Nella recensione "*Il Bardo* di Tommaso Gray. Traduzione di Giovanni Berchet", che uscì nel primo fascicolo del *Giornale della Società d'incorraggiamento delle scienze e delle arti stabilita in Milano* (Gennaio, 1808), Foscolo espresse una chiara preferenza per la traduzione dell'abate Dalmistro rispetto a quella di Berchet, ma rese omaggio alla portata politica della poesia di Gray: "Gray si meritò tanta fama per la nobilità dell'anima sua, che schiva d'ogni adulazione consacrò i versi più alla nazione che alle fazioni del governo" (707–08). Pur riconoscendo sia l'importanza di diffondere l'ode di Gray a un vasto pubblico italiano che il raffinato gusto del traduttore nel selezionarlo, Foscolo trovò che la traduzione mancasse di poesia:

[C]i duole di non poterle dar lode di armonia e di splendore, siccome dobbiamo lodarla di fedeltà. Noi rendiamo grazie al giovine scrittore per l'ottimo intento di addomesticare gl'Italiani con questo esemplare di lirica sublime; ma se non intendea di darci che il significato delle nude parole, come pare da' suoi versi, doveva piuttosto volgarizzarlo in prosa schietta. E tanta è l'umiltà e la modestia con la quale egli nella sua prefazione s'esprime su la sua *inesperienza giovanile* [sic], e sembrano tanto ingenui i suoi voti perché altri riesca meglio di lui in questa versione, che noi ci crederemmo indiscreti se gl'imputassimo i difetti ch'ei confessa generosamente. I voti di lui erano stati esauditi prima che fossero fatti [...] Diremo nondimeno per amore del vero che la versione del *Bardo* ha i migliori versi da noi letti dell'abate Dalmistro scrittore già provetto, dove al contrario il nostro traduttore è ancora in età di perfezionare il suo gusto, di cui ci ha dato saggio, se non nella versione, certamente nella scelta di questo componimento.

(713–14)

In base ai propri criteri estetici Foscolo biasima il 'metodo italiano' di Berchet che privilegia la traduzione fedele, e loda il 'metodo francese' di Dalmistro che preferisce la traduzione libera.[13] Foscolo predilige una strategia di traduzione simile a quella adottata da Cesarotti ne *Le poesie di Ossian antico poeta celtico*, un approccio pragmatico che antepone il contenuto alla forma:

[...] è dunque indispensabile in una traduzione di gusto, d'alterar un poco l'originale per vero spirito di fedeltà; e poiché le nostre misure non si adattano a quei sentimenti, di rassettare e girar in modo i sentimenti medesimi, che adattandosi alle misure nostre, facciano un effetto equivalente a quello che fanno nel loro essere primitivo.

(342)

Per Cesarotti la traduzione linguistica è necessariamente una mediazione culturale, e quindi il traduttore deve avere la libertà di agire sul testo

---

[13] Questa lettura stilistica riduttiva di Foscolo è stata messa in discussione da Camerino (135–38).

conformemente a questo scopo.[14] Meno abile di Cesarotti, Berchet svolge una simile funzione di mediazione ne "Il bardo", ma lo fa attraverso il peritesto piuttosto che con la traduzione stessa.

In parte la critica di Foscolo ricorda quella del vescovo e studioso Pierre Daniel Huet (1630–1721), secondo il quale i versi dovevano essere tradotti in prosa rispettando però l'ordine e il numero delle parole. Foscolo sembra anche anticipare il ragionamento di Roland Barthes in "Y a-t-il une écriture poétique?", in cui la poesia viene descritta semplicemente prosa con elementi decorativi. Foscolo sostiene che la poesia non equivale a scrivere in versi e, quindi, che Berchet avrebbe dovuto evitare gli orpelli poetici, che impoveriscono il testo invece di migliorarlo. La riflessione di Foscolo si basa sul suo giudizio del talento poetico di Berchet—o dell'assenza di detto talento. Il risultato, tuttavia, è una riduzione del ruolo del traduttore a quello di un semplice divulgatore di informazioni, mentre per Cesarotti il ruolo del traduttore è paragonabile a quello del poeta: "dilettare, istruire e muovere con un linguaggio armonico e pittoresco" (*Dalle "Poesie di Ossian antico poeta celtico,"* 95).

"Il "Commiato del traduttore" di Berchet ne *Il curato di Wakefield*

Numerosi critici hanno attribuito a Berchet anche tre traduzioni pubblicate nel 1809 dallo stampatore milanese Giovanni Giuseppe Destefanis, anche se in questi testi l'identità del traduttore non viene menzionata: *The Vicar of Wakefield* (1766) di Oliver Goldsmith, con il titolo *Il curato di Wakefield. Novella che si finge scritta da lui stesso*; *Der Geisterseher* di Friedrich Schiller (1789) pubblicato come *Il Visionario*; e il secondo romanzo di Goethe, *Wilhelm Meisters Lehrjahre* (1795–96) intitolato *Gli anni del noviziato di Alfredo Meister*. Mentre la paternità di Berchet per la traduzione di Goldsmith è documentata, l'attribuzione delle traduzioni di Schiller e Goethe rimane controversa.[15]

Non è inusuale che il nome di Berchet non appaia da nessuna parte nel testo, considerato il modo in cui i romanzi stranieri venivano commercializzati e usati tra la fine del XVIII e l'inizio del XIX secolo. Come osserva Ilenia De Bernardis:

Il fatto è che i romanzi stranieri erano considerati dall'*establishment* culturale e conseguentemente nel mercato editoriale, opere di basso livello, di scarso valore letterario, solo "in transito" sul territorio nazionale italiano per accontentare i gusti del pubblico e le curiosità di vanesie lettrici. Per opere di questo "spessore" e destinate alle richieste di un

---

[14] "[C]iascheduno legge una traduzione con uno spirito differente, e in questo genere, come negli altri, il pregiudizio tiene spesso il luogo della ragione. Quanto a me, ho seguito costantemente lo stesso metodo di tradurre, cioè d'esser più fedele allo spirito che alla lettera del mio originale, e di studiarmi di tener un personaggio di mezzo fra il traduttore e l'autore" (90).

[15] Sull'attribuzione a Berchet de *Il curato di Wakefield*, *Il Visionario*, e *Gli anni del noviziato di Alfredo Meister*, si vedano Morace (17–30) e Tellini (55–58); si veda anche D'Ambrosio Mazziotti (243).

pubblico di massa, la fedeltà al testo originale era un fatto superfluo, riservato di norma solo ai classici, che erano le uniche opere ritenute degne di una certa correttezza filologica. (260)

La Stamperia e Fondaria di G. G. Destefanis pubblicò *Il curato di Wakefield* di Goldsmith nel 1809, all'interno della collana *Nuova raccolta di romanzi*. Giambattista Marchesi, nel suo studio sul romanzo italiano del XVIII secolo, elenca i testi che compongono la serie:

Nuova raccolta di romanzi. Milano, G. G. Destefanis, 1809. Tomi 8.
T. I-II. Goethe, *Gli anni del noviziato di Alfredo Meister*.
T. III-IV. (Goldsmith), *Il curato di Wakefield*.
T. V. Mad. Cottin, *Chiara d'Alba*.
T. VI. *Il naufragio felice allo scoglio del disinganno ossia storia ... degli strepitosi avvenimenti di Alfonso de Rodrigues*.
T. VII. Schiller, *Il Visionario*.
T. VIII. *L'amor criminoso di Canzade sultana di Persia* (dal tedesco). L'editore si proponeva con questa raccolta di pubblicare i "migliori romanzi tratti dal tedesco, ed ultimamente usciti in Germania"; ma il *Naufragio felice* non è un romanzo tedesco. (425)

La maggior parte di questi romanzi non si accorda al progetto della serie, ma condivide il tratto comune di non citare il traduttore. E questa tendenza a trattare le traduzioni non prestigiose come letteratura inferiore non era limitata agli editori italiani del periodo. Come sostiene Tatiana Crivelli, gli editori inglesi, francesi e tedeschi adottarono una posizione simile perché i traduttori rielaboravano in autonomia i testi moderni come ritenevano più opportuno (94–95).

Detto questo, *Il curato di Wakefield* è un testo importante per comprendere lo sviluppo letterario di Berchet; esso presenta anche la sua visione della letteratura popolare, poiché contiene un "Commiato del traduttore" che, insieme alla prefazione "Al lettore" ne *Il bardo di T. Gray*, costituisce il primo brano in prosa pubblicato da Berchet.[16] Il traduttore si schiera a favore di un romanzo borghese realistico in grado di raggiungere un pubblico più ampio di quello dei modelli letterari tradizionali. Infatti, come ha sostenuto con forza Morace, il "Commiato" confuta l'idea di una conversione dal classicismo e anticipa le posizioni romantiche che Berchet sposa nella *Lettera semiseria di Grisostomo al suo figliuolo* e nel *Conciliatore* (26–28). Quindi, il romanzo sentimentale diventa un mezzo per attirare anche il lettore comune, che si colloca a metà strada tra quelli che Berchet nel "Commiato" descrive come "letterati" e "idioti" (160), e in seguito menzionerà come "Ottentoti" e "Parigini" nel suo manifesto romantico

---

[16] Il "Commiato del traduttore" fu incluso nella prima edizione (1809) de *Il curato di Wakefield* ma fu omesso dalle edizioni ufficiali successive. Aldo Maria Morace ha scoperto un'edizione non datata pubblicata da Pietro Meucci a Livorno, che contiene il testo riprodotto in Morace (155–61).

del 1816 (436–37). È il germe di una letteratura popolare per il popolo, che Berchet avrebbe continuato a elaborare negli anni successivi.[17]

Il traduttore affianca la letteratura popolare al romanzo realista borghese, e propone il testo di Goldsmith come un modello di realismo, in contrasto a molta della debole produzione letteraria contemporanea che offre ai lettori scarso coraggio morale:

> Ma quantunque alcune pochissime cose vi si possano censurare, il libro io apprezzo. E vorrei che da questo avessero tolto esempio coloro che inondano di romanzi l'Europa; anzi che disperare quotidianamente i buoni, proponendo modelli d'una virtù non umana, sognata dalla mente, ma non consentita dal cuore mai, e che nessuno imiterà; perché non s'imita ciò che non si crede, né si crede ciò che non è verisimile [...] Per tal modo tra di noi o dannosa o inutile almeno per le fanciulle è creduta dalle oneste madri la lettura de' romanzi, e gli educatori allontanano da sì fatti libri i giovanetti; e non ne hanno il torto. E nondimeno se tenessero dietro al fine a cui avvisarono di rivolgerli alcuni pochi, quali libri mai potrebbero dirsi più utili di questi ad ogni maniera di lettori?
>
> (156)

Poiché il romanzo, come genere, attira un pubblico diversificato, il suo contenuto morale assume un maggiore significato. Se, tuttavia, il romanzo evita gli eccessi sentimentali di virtù e vizio, allora può esercitare un'influenza positiva sulla formazione dei giovani. Nello specifico, il romanzo realista borghese può fornire un riferimento culturale e un linguaggio comuni ai lettori in tutta la penisola italiana.

Sebbene sia scritto principalmente in prosa, il testo di Goldsmith pone sfide specifiche al traduttore: è denso di dialoghi, e richiede quindi la mediazione e la negoziazione di registri linguistici in contrapposizione. Pertanto, diversamente da "Il bardo", la fedeltà al testo non è più il criterio primo della traduzione, come viene chiarito nell'apertura del "Commiato":

> Lettore mio! Se tu sai d'inglese, io ringrazio te dell'avermi voluto onorare della lettura di questa traduzione; e tanto più te ne ringrazio in quanto che proseguisti cortesemente fino all'ultime parole, ad onta che tu debba averla riconosciuta per *meno maschia* [*sic*] dell'originale. Ma il peccato non è mio; e se savio sei, manderai me assoluto.
>
> (155)

La lingua letteraria sta cedendo il passo a quella colloquiale, agevolando la diffusione del romanzo a un vasto pubblico di lettori; e privilegiare nella traduzione un approccio comunicativo invece che letterale amplia anche l'accessibilità al testo. Piuttosto che attraverso note esplicative, come ne "Il

---

[17] Per il concetto di popolo e di letteratura popolare in Berchet, si vedano D'Aronco (5–6, 23–32, 65–70); Garofalo, "Italian Romanticism" (238–55); e Garofalo, "Ancient Rome and Romanticism in Italian Cinema " (371). Per una trattazione generale sul contesto culturale, si veda Camilletti (101–16).

bardo", Berchet media le differenze culturali direttamente nel testo, e descrive così il suo processo:

> Forse io m'inganno; ma a me pare che noi Italiani, in ciò più ricchi d'altri popoli, non una sola lingua abbiamo, ma bensì tante lingue, direi quasi, quanti sono i generi di scritture: o più precisamente, noi abbiamo modi di dire e vocaboli che ad uno stile si convengono, ad un altro si disdicono affatto. Però io argomentai di dovere scegliere per la traduzione del *Curato* quello stile e quella lingua che, a mio certo vedere, si addicessero a tale componimento; ammettendo ancora alcune poche parole e modi proverbiali: il che nè in altra scrittura nè in questa forse avrei fatto, se Goldsmith non me ne avesse inanimato, dandomene sempre l'esempio egli stesso.

> (159)

Così il valore della traduzione per la società cui si rivolge è sia culturale che linguistico, poiché è un luogo in cui si confrontano i discorsi politici, sociali, culturali e letterari. La traduzione riconosce la varietà dinamica e i diversi registri della lingua, che parlano a una popolazione assai più ampia rispetto a quanto faccia un linguaggio letterario cristallizzato:

> Meno pericoloso partito avrà dunque eletto colui il quale, con tutto che rispetti la *Crusca*, non l'adora però superstizioso, perché sa che la lingua in cui scrive è lingua vivente [...] ma immaginandosi di non parlare nè a letterati sempre nè sempre a idioti, adopera modi e vocaboli che non ai primi debbano apparire nauseanti, nè misteriosi a coloro che non infingardi e non sepolti nella crassezza di un dialetto, nacquero e vivono in Italia, nè si vergognano di intenderne la favella.

> (160)

Berchet propone una mediazione e democratizzazione del linguaggio che comprende e definisce il popolo fra i due estremi dei "letterati" e degli "idioti".[18] La traduzione allora svolge una funzione sociale costruttiva aiutando il popolo, inteso come il pubblico borghese che Berchet identificava in una comunità unita da legami storico-sociali e culturali, a ri-immaginare l'identità nazionale

---

[18] Mentre Berchet avrebbe ulteriormente elaborato questa distinzione nella *Lettera semiseria di Grisostomo al suo figliuolo*, dove avrebbe adottato la diversa nomenclatura di "Parigini" e "Ottentoti" senza modificare la sostanza della critica sociologica (436–37), anche Foscolo utilizzò la stessa terminologia per definire delle distinzioni di classe nella prolusione *Dell'Origine e dell'Ufficio della Letteratra*: "Quali passioni frattanto la nostra letteratura alimenta, quali opinioni governa nelle famiglie? Come influisce in que' cittadini collocati dalla fortuna tra l'idiota ed il letterato, tra la ragione di stato che non può guardare se non la pubblica utilità, e la misera plebe che ciecamente obbedisce alle supreme necessità della vita, in que' cittadini che soli devono e possono prosperare la patria, perché hanno e tetti e campi ed autorità di nome e certezza di eredità, e che quando possedono virtù civili e domestiche, hanno mezzi e vigore d'insinuarle tra il popolo e di parteciparle allo stato?" (95–96). Foscolo pronunciò l'orazione il 22 gennaio 1809 e pubblicò il discorso nello stesso anno, cioè quando fu pubblicato anche *Il curato di Wakefield*.

attraverso un linguaggio comune non limitato dai confini geopolitici dell'inizio del XIX secolo.

Conclusione

La traduzione è un punto di confronto, ma anche un dialogo, attraverso il quale si definisce l'identità di una cultura. Come tale, sarebbe un fattore storico-culturale significativo del Risorgimento anche senza la provocazione del celeberrimo saggio di Madame de Staël, "Sulla maniera e l'utilità delle traduzioni" (1816). Le riflessioni peritestuali di Berchet ne "Il bardo" e *Il curato di Wakefield* anticipano le idee sulla lingua e sulla cultura che approfondirà negli anni successivi, in particolare in *Sul "Cacciatore feroce" e sulla "Eleonora" di Goffredo Augusto Bürger. Lettera semiseria di Grisostomo al suo figliuolo* e nel *Conciliatore*. Nella prefazione e nelle note a "Il bardo", Berchet ricontestualizza l'ode di Gray trasformando il bardo gallese in un poeta-vate italico per promuovere un senso di identità nazionale italiana. Nel "Commiato del traduttore" ne *Il curato di Wakefield*, Berchet presenta il germe del suo concetto della letteratura popolare. Il romanzo di Goldsmith fa parte della letteratura di consumo, ma Berchet rivendica questa caratterizzazione come positiva. Coglie la popolarità del romanzo realista borghese per denunciare una tradizione letteraria italiana che ha ignorato il pubblico non colto. Avere un pubblico più ampio significa condividere un patrimonio culturale che, come capì Gramsci (106–79), crea un nesso tra la letteratura e la formazione dell'identità nazionale. Con queste traduzioni, Berchet rafforza questo nesso e rivela che fin da giovane ha sempre avuto "la patria nel cor".

University of New Hampshire, Durham

Opere citate

Barbarisi, Gennaro e Alberto Cadioli (a c. di). *Idee e figure del "Conciliatore"*. Milano: Cisalpino, 2004.

Barthes, Roland. "Y a-t-il une écriture poétique?" *Le Degré zéro de l'écriture*. 1953. Paris: Éditions du Seuil, 1972. 35–42.

Berchet, Giovanni. *Il bardo di T. Gray*. Milano: s.n., 1807.

_____. *Opere*. Volume primo. *Poesie*. A c. di Egidio Bellorini. Roma: Laterza, 1911.

_____. *Opere*. Volume secondo. *Scritti critici e letterari*. A c. di Egidio Bellorini. Roma: Laterza, 1912.

_____. *Sul "Cacciatore feroce" e sulla "Eleonora" di Goffredo Augusto Bürger. Lettera semiseria di Grisostomo al suo figliuolo*. 1816. *Manifesti romantici e altri scritti della polemica classico-romantica*. A c. di Carlo Calcaterra. Nuova edizione ampliata a c. di Mario Scotti. Torino: UTET, 1979. 417–86.

Berlin, Isaiah. "The Hedgehog and the Fox. An Essay on Tolstoy's View of History." *The Proper Study of Mankind: An Anthology of Essays*. New York: Farrar, Straus and Giroux, 1997. 436–98.

Branca, Vittore (a c. di). *Conciliatore. Foglio scientifico-letterario*. 3 voll. Firenze: LeMonnier, 1948–54.

Cadioli, Alberto. *Introduzione a Berchet*. Roma: Laterza, 1991.

Camerino, Giuseppe A. "*The Bard* di Gray e gli inizi di Berchet traduttore tra Foscolo e Monti." *Teorie e forme del tradurre in versi nell'Ottocento fino a Carducci. Atti del Convegno Internazionale, Lecce, 2–4 ottobre 2008*. A c. di Andrea Carrozzini. Galatina (LE): Congedo Editore, 2010. 127–39.

Camilletti, Fabio. "Toward an Archaeology of Italian Modernity. Rethinking the Classicist/Romantic Quarrel." *The Formation of a National Audience in Italy, 1750–1890. Readers and Spectators of Italian Culture*. A c. di Gabriella Romani e Jennifer Burns. Madison-Teaneck: Fairleigh Dickinson University Press, 2017. 101–16.

Carlyle, Thomas. *On Heroes, Hero-Worship, & the Heroic in History. Six Lectures*. London: James Fraser, 1841.

Cesarotti, Melchiorre. "Dalle *Poesie di Ossian antico poeta celtico*. Discorso premesso alla seconda edizione di Padova del 1772." *Dal Muratori al Cesarotti*. Tomo IV. *Critici e storici della poesia e delle arti nel secondo Settecento*. A c. di Emilio Bigi. Milano: Riccardo Ricciardi Editore, 1960. 87–98.

_____. *Elegia inglese del signor Tommaso Gray sopra un cimitero di campagna trasportata in verso italiano dall'A. M. C.* [Abate Melchiorre Cesarotti]. Padova: Giuseppe Comino, 1772.

_____. *Le poesie di Ossian antico poeta celtico*. Tomo II. Firenze: Molini, Landi, e C., 1807.

_____. "Saggio sulla filosofia delle lingue applicato alla lingua italiana." 1800. *Dal Muratori al Cesarotti. Tomo IV. Critici e storici della poesia e delle arti nel secondo Settecento*. A c. di Emilio Bigi. Milano: Riccardo Ricciardi Editore, 1960. 457–68.

Costa, Giovanni e Giuseppe Gennari. *Elegia inglese del signor Tommaso Gray sopra un cimitero di campagna trasportata in versi latini e volgari*. Padova: Giuseppe Comino, 1772.

Costa, Joanne [Giovanni]. "Bardus." *Poema Alexandri Pope De homine, Jacobi Thomson et Thomae Gray selecta carmina. Ex Britanna in Latina Linguam translata*. Patavii: Typis Seminarii, 1775. 69–77.

Crivelli, Tatiana. *"Né Arturo, né Turpino, né la Tavola Rotonda": Romanzi del secondo Settecento italiano*. Roma: Salerno Editrice, 2002.

Crocchi, Abbate [Pietro]. "Elegia scritta in cimiterio di campagna." *Thomas Gray, Poems by Mr. Gray*. Dublin: William Sleater, 1775. 153–66.

Dalmistro, Angelo. *Il bardo e i progressi della poesia, odi due di Tommaso Gray recate in versi italiani dall'abate Angelo Dalmistro p. a.* Venezia: nella stamperia Valvasense, 1792.

_____. *Versioni dall'inglese raccolte e date in luce per l'Abate Angelo Dalmistro*, Vinegia [Venezia]: nella stamperia di Carlo Palese, 1794.

D'Ambrosio, Mazziotti, Anna Maria. "L'apprendistato poetico di Giovanni Berchet." *Critica letteraria* 12.2 (1984): 237–63.

D'Aronco, Gianfranco. *Il Berchet e la nuova poesia popolare. Guida a una lettura di "Grisostomo."* Udine: Del Bianco Editore, 1979.

De Bernardis, Ilenia. "Le origini del romanzo 'moderno' in Italia: dalle traduzioni 'indirette' ai romanzi 'derivati'." *Traduzioni letterarie e rinnovamento del gusto: dal Neoclassicismo al primo Romanticismo*. Volume primo. *Atti del Convegno Internazionale Lecce-Castro, 15–18 Giugno 2005*. A c. di Giuseppe Coluccia e Beatrice Stasi. Galatina (LE): Mario Congedo Editore, 2006. 257–66.

de Staël, Madame [Anne Louise Germaine de Staël-Holstein]. "Sulla maniera e la utilità delle traduzioni". *Biblioteca Italiana*. Gennaio 1.1 (1816): 9–18.

Ferracin, Antonio. *L'abate Angelo Dalmistro*. Venezia: Marsilio Editore, 2018.

Foscolo, Ugo. *Dell'origine e dell'ufficio della letteratura. Orazione*. Milano: Stamperia Reale, 1809.

_____. "Il Bardo di Tommaso Gray. Traduzione di Giovanni Berchet." 1808. *Scritti letterari e politici dal 1796 al 1808*. A c. di Giovanni Gambarin. *Edizione Nazionale delle Opere*. VI. Firenze: Le Monnier, 1972. 707–15.

_____. "Osservazioni sul poema del Bardo." 1806. *Scritti letterari e politici dal 1796 al 1808*. A c. di Giovanni Gambarin. *Edizione Nazionale delle Opere*. VI. Firenze: Le Monnier, 1972. 465–79.

Garofalo, Piero. "Ancient Rome and Romanticism in Italian Cinema." *Romans and Romantics*. A c. di Timothy Saunders, Charles Martindale, Ralph Pite, e Mathilde Skoie. Oxford: Oxford U P, 2012. 363–83.

_____. "Giovanni Berchet and Early Italian Romanticism." *Rivista di studi italiani* 29.2 (Dicembre 2011): 107–30.

_____. "Italian Romanticism." *Companion to European Romanticism*. A c. di Michael Ferber. London: Blackwell Press, 2005. 238–55.

Garrison, James D. *A Dangerous Legacy. Translating Gray's "Elegy."* Newark: U Delaware P, 2009.

Genette, Gérard. *Seuils*. Éditions du Seuil, 1987.

Giannini, J. [Giovanni]. *Elegia scritta nel cimitero d'un villaggio* [*Elegy Written in a Country Church-Yard by Gray: and Translated into Italian Verse by J. Giannini*]. London: Printed for, and Sold by the Translator, at No 48, Berwick-Street, Soho, 1782.

Gramsci, Antonio. *Letteratura e vita nazionale*. 3. ed. Roma: Editori Riuniti, 1996.

Gray, Thomas. *The Bard: A Pindaric Poem, by Mr. Gray. Translated into Latin Verse. To which is Prefixed a Dedication to the Genius of Antient Britain*. Chester, Poole, Barker, and Co. in Foregate-Street, 1775.

_____. *Correspondence of Thomas Gray*. 3 vols. A c. di Paget Toynbee, Leonard Whibley, e H. W. Starr. Oxford: Clarendon Press, 1971.

_____. *Ode pindarica, pro Cambriae Vatibus, latino carmine reddita* [E.B.G.: Edward Burnaby Greene (?)], Cantabrigiæ: Prostat venalis apud Richardum Matthews, Bibliopolam, [1775].

_____. *Poems by Mr. Gray. A New Edition*. London: Printed for J. Dodsley, in Pall-Mall, 1768.

Hazard, Paul. *La Révolution française et les lettres italiennes (1789–1815)*. Paris: Hachette, 1910.

Huetii, Petri Danielis [Pierre Daniel Huet]. *Opuscula duo quorum unum est De optimo genere interpretandi et De claris interpretibus alterum De origine fabularum Romanensium*. 1661. Venetiis: Apud Benedictum Milocco in Via Mercatoria sub signo d. Thomae Aquinatis, 1758.

Illiano, Antonio. "From Gray's *Elegy* to Foscolo's *Carme*: Highlighting the Mediation and Sublimation of the Sepulchral." *Symposium* (Summer 1993): 116–31.

Lastri, Marco. *Poesie liriche di Gray. Trasportate dall'inglese nel verso italiano dal Dott. Marco Lastri*. Firenze: nella Stamperia di Francesco Moücke, 1784.

Li Gotti, Ettore. *Giovanni Berchet. La letteratura e la politica del risorgimento nazionale (1783–1851)*. Firenze: La Nuova Italia, 1933.

Lucano, Marco Anneo. *Farsaglia, o la guerra civile*. Traduzione di Luca Canali. Milano: Biblioteca Universale Rizzoli, 2004.

Macpherson, James. *Fragments of Ancient Poetry, Collected in the Highlands of Scotland, and Translated from the Galic or Erse Language*. Edinburgh: Printed for G. Hamilton and J. Balfour, 1760.

_____. *The Poems of Ossian. Translated by James Macpherson, Esq. In two volumes. A new edition, carefully corrected, and greatly improved*. London: Printed for W. Strahan and T. Becket, 1773.

Marchesi, Giambattista. *Studi e ricerche intorno ai nostri romanzieri e romanzi del Settecento, coll'aggiunta di una bibliografia dei romanzi editi in Italia in quel secolo*. Bergamo: Istituto italiano d'arti grafiche, 1903.

Mari, Michele. *Momenti della traduzione fra Settecento e Ottocento*. Milano: Istituto Propaganda Libraria, 1994.

Monti, Vincenzo. *Il bardo della selva nera, poema epico-lirico. Parte Prima. Alla Maestà imperiale e reale di Napoleone il Grande, Imperatore de' Francesi e Re d'Italia*. Parma: Co' Tipi Bodoniani, 1806.

Morace, Aldo Maria. *Il raggio rifranto. Percorsi della letteratura romantica*. Messina: Sicania, 1990.

Portinari, Folco. "*Il Conciliatore*." *Storia della civiltà letteraria italiana*. Diretta da Giorgio Bàrberi Squarotti. Vol. IV. *Il Settecento e il primo Ottocento*. A c. di Marco Cerruti, Folco Portinari, Ada Novajra. Torino: UTET, 1992.

Ricuperati, Giuseppe. "Paul Hazard e la storiografia dell'Illuminismo." *Rivista storica italiana* 86.2 (1974): 372–404.

Salvini, Anton Maria. *Opere d'Omero tradotte dall'original greco da Anton Maria Salvini in versi sciolti. Divise in tomi due*. Firenze, 1723. Edizione seconda. Padova: Stamperia Giovanni Manfrè, 1742.

Schwarze, Sabine. "Il genio della lingua nella teoria settecentesca della traduzione." *Traduzioni letterarie e rinnovamento del gusto: dal Neoclassicismo al primo Romanticismo. Volume secondo. Atti del Convegno Internazionale Lecce-Castro, 15–18 Giugno 2005*. A c. di Giuseppe Coluccia e Beatrice Stasi. Galatina (LE): Mario Congedo Editore, 2006. 167–82.

Stocchi, Manlio Pastore. "Cenni su alcune traduzioni neoclassiche." *Letteratura italiana e cultura europea tra illuminismo e romanticismo. Atti del Convegno Internazionale di Studi Padova-Venezia, 11–12 maggio 2000*. A c. di Guido Santato. Genève: Librairie Droz, 2003. 161–73.

Tellini, Gino. *Filologia e storiografia da Tasso al Novecento*. Roma: Edizioni di storia e letteratura, 2002.

Torelli, Giuseppe. *Elegia di Tommaso Gray poeta inglese per esso scritta in un cimitero campestre tradotta in versi italiani*. Verona: Eredi di Agostino Carattoni, 1776.

Torri, Alessandro. *Elegia di Tommaso Gray sopra un cimitero di campagna tradotta dall'inglese in più lingue*. 1817. Edizione seconda. Livorno: Tipografia Migliaresi, 1843.

Wordsworth, William. *Lyrical Ballads, with Other Poems. In Two Volumes*. London: Biggs and Co. Bristol, 1800.

ANDREW ROBBINS

The Translation of Darwin and the Struggle for Italy[1]

Abstract: In this article, I address the influence of the theory of evolution on Italy's national ideology in the late nineteenth century. I focus on the 1864 translation of Charles Darwin's *On the Origin of Species* (1859) into Italian by Giovanni Canestrini and Leonardo Salimbeni, as well as Herbert Spencer's conceptual translation of evolutionary ideas from technical to popular language, to show how commonplace understandings of evolution were used in a rationalist nation-building project, especially by sociologist Scipio Sighele in his work *Il nazionalismo e i partiti politici* (1911). The influence of these two forms of translation on national ideology facilitated the belief that Italy was engaged in an international struggle for existence that, to be successful, required the nation to mobilize its people around a unified culture and take ownership of external colonies.
Key Words: Italy, nineteenth century, Canestrini, Sighele, Darwin, Spencer, evolution, survival of the fittest, imperialism

Introduction
Over the past couple of decades, the rise of interdisciplinary fields (e.g., environmental humanities, medical humanities) and of new critical theories (e.g., post-humanism, eco-criticism, new materialism) demonstrates an effort to understand the entanglement of science with culture. These fields often pair formal analyses of cultural artifacts with their scientific contexts, bringing compelling perspectives to the study of culture, literature, philosophy, and politics. This article is concerned with the way in which scientific texts impacted Italian culture, specifically how the translation of major works by Charles Darwin influenced Italian thought in the post-Unification period.

In a recent article, historians of science Elena Canadelli, Paolo Coccia and Telmo Pievani trace, to reprise their title, the "profitable relationship" between Darwin and Italian literature.[2] They build on studies by Brömer, Landucci, and

---

[1] I thank the American Philosophical Society Library for hosting me and allowing me to perform this research as a library resident.
[2] Canadelli, Coccia, and Pievani survey prominent literary figures that include De Sanctis, Fogazzaro, Pascoli, Pirandello, D'Annunzio, Svevo, Gadda, Calvino, and Primo Levi. They describe each of these authors as having interpreted evolutionary theory with "irony, humor, tragedy, or pessimism," (484) and more generally associate the theory with the debates on the relationship between science and art, and between scientific ideas and the needs of society.

Pancaldi, each of whom had discussed the role of Darwin in Italy's nineteenth century culture. For instance, Pancaldi examined Darwin's influence on the biological sciences, Landucci focused on the reception of Darwin in nineteenth-century Florence, and Brömer has reflected on the manner in which Darwin shaped the political thought of the period.

Collectively considered, these scholars illustrate how Darwin's impact extended far beyond England, creating what Foucault describes as a new technique of interpretation: a hermeneutic method for humans to interpret themselves and the system in which they live. In Foucault's words, these new techniques "changed the nature of the sign and modified the fashion in which the sign can in general be interpreted" ("Nietzsche," 272). Darwin's theory of evolution offered a new way to interpret what it meant to be human. By challenging the idea that humans were a special kind of species—not quite divine and not quite animal—Darwin opened what Foucault describes as a wound in Western society,[3] which forces a reevaluation of the essence of being human, of what society is and what it meant to live in a society. His discovery claimed that changes in heritable characteristics, which are visible from one generation to the next, rely on a process of natural selection. The most suitable traits in a given environment live on in later generations, while less adaptable traits eventually disappear. Thus, every living species must have its origins in past forms, leading Darwin to conclude that homo sapiens descended from primate ancestors.

Darwin's ideas were widely disseminated and came to influence fields as far ranging as anthropology, criminology, political theory, psychology and literature. Thanks to the efforts of English sociologist Herbert Spencer (1820-1903), the non-scientific popularizations of Darwinian evolution started to circulate in Italy in translation. The Italian School of Criminology used evolution to explain the difference between criminals and non-criminals,[4] but evolutionary jargon also appeared in Italian literature, politics, social sciences, theology, and even at

---

[3] In referencing Freud, Foucault describes Darwin as opening up a wound in Western society: "Freud says somewhere that there are three great narcissistic wounds in Western culture: the wound inflicted by Copernicus; the one made by Darwin, when he discovered that man descended from the ape; and the wound made by Freud himself, when he in turn discovered that consciousness rests on the unconscious" ("Nietzsche," 272).

[4] The Italian School of Criminology was founded by Cesare Lombroso (1835-1909), Enrico Ferri (1856-1929), and Raffaele Garofalo (1851-1934). Although it did not have a precise founding date, it likely emerged in the late 1870-80s. By the time of Lombroso's death in 1909, the school had already fallen out of favor in Italy. This group of thinkers was influenced, to mention a few names, by John Stuart Mill's utilitarianism, Darwin's evolutionary theory, Comte's sociology, Spencer's social theory, Marxist socialism, and scientific materialism. For more on the Italian positive school and its various members, see Cassata; Gibson; Gould; Horn (1994, 2003); Pireddu; and Stewart-Steinberg.

conferences on colonialism.[5]

In this article, I argue that the reception of Darwin's theory of evolution also indirectly initiated a shift in Italy's national ideology throughout the late nineteenth century. I contend that translations of Darwin's works — both directly from English into Italian and conceptually from technical to popular language — carried out by Giovanni Canestrini (1835-1900) and Herbert Spencer, established commonplace understandings of evolution that were then used in a rationalist nation-building project, especially by Scipio Sighele (1868-1913). I further claim that the influence of evolutionary theory facilitated the belief that Italy was engaged in an international struggle for existence that, to be successful, required the nation to mobilize its people, as well as acquire more material resources and colonial holdings.

Translating *Origins*

By the early 1860s, while England was rising in status among international scientific communities, Italy's standing dropped from third to sixth place.[6] The lack of national intellectual unity and the increasing popularity of French, German, and English as the languages of science were factors in Italian's diminished presence, and it is fair to assume that Italy's standing caused concern at a time of nation-building, and in a country that boasted a tradition of scientists like Leonardo da Vinci, Galileo Galilei, Luigi Galvani, and Alessandro Volta, to name a few. The publication of Darwin's *On the Origin of Species by Means of Natural Selection, or the Preservation of the Favoured Races in the Struggle for Existence* (1859) highlighted such issues. *On the Origin* invited swift translations into French and German, but it took five years and two reissues of the original text[7] before zoologist Giovanni Canestrini and engineer-politician Leonardo

---

[5] The influence of Darwin is present in works by Enrico Ferri (1894); Antonio Fogazzaro (1899); Antonio Labriola (1895); Cesare Lombroso (1871); Benito Mussolini (1909); and Giuseppe Sergi (1916). Giuseppe Carerj's speech presented at the *Società africana d'Italia* in Naples, Nov. 8-13, 1885, cites Spencer and the struggle for existence among nations rather than Darwin.

[6] This ranking comes from Pancaldi (77). Although he does not explain how these rankings are determined, historians might look at factors such as: number of scientific publications in the language in comparison to others, international conferences held in Italy, and perhaps the amount of citations from Italian scientific works.

[7] Because of the interest around the text, *On the Origin of Species* was reissued six times throughout Darwin's life. Each new edition included new information, appendices, and chapters, as well as some edits to the previous text. The second edition was published in 1860, a year after the first, and the third edition, published in 1861, was the first edition translated into Italian.

Salimbeni (1830-89) published the Italian edition.[8]

The German and French versions of *Origin* had disappointed Canestrini and Salimbeni, who thought they did not do proper justice to Darwin's unique prose.[9] Canestrini would correspond occasionally with Darwin in French or German and, while Darwin could not attest to the translation's faithfulness because he had no knowledge of Italian,[10] he continued to correspond with his Italian translators and supporters up until his death in 1882. In their translation, Canestrini and Salimbeni sought to remain as faithful to the original as possible and generally accomplished their goal well. For example, the term "struggle for existence" was left unaltered. Yet, there is a notable change the Italian translators make to the original title. They replace "favoured races" (from Darwin's English title) to "razze perfezionate" (Italian title: *Sull'origine delle specie per elezione naturale, ovvero conservazione delle razze perfezionate nella lotta per l'esistenza*). Darwin's original "favoured races" references those currently existing species which have evolved because of favorable environmental circumstances and the natural selection of their particular traits. I argue that Canestrini and Salimbeni changed the title because they likely considered currently existing races as already perfect. Stated otherwise, this choice assumed that the races which had survived up until the present deserved to be there: they were not simply fortunate but they were, in fact, perfect. This change was most significant because it added a teleological element to evolution that Darwin had wanted to eliminate since he opposed the notion that life intentionally leads to a singular goal as a result of some form of intelligent design.

The last two paragraphs, known for their succinct summary of the book's main arguments, contain compelling examples of changes in the Italian translation that further illustrate the addition of a teleological element to natural selection. The last sentence of the penultimate paragraph states: "And as natural selection works solely by and for the good of each being, all corporeal and mental endowments will tend to progress towards perfection" (384). Here, notwithstanding the changes we will see in the Italian version, Darwin does seem to support the possibility that natural selection results in more perfect qualities of the body and the mind, though not by intentional design because perfection is a relative concept that cannot be concretely defined. Rather, natural selection can

---

[8] In December 1863, Darwin wrote to his friend and colleague Joseph Dalton Hooker: "There is an Italian Edit. of Origin preparing!!! This makes fifth foreign Edit, ie in five foreign countries. Owen will not be right in telling Longmans that Book wd be utterly forgotten in ten years. Hurrah!"

[9] In the preface to the 1864 translation, Canestrini and Salimbeni wrote: "Inoltre, noi pensiamo che se per avventura, quei dotti italiani che non conoscono l'inglese credessero valersi della traduzione francese di Madama Royer, essi non acquisterebbero certo un'idea precisa e inalterata del testo, essendo tale traduzione in molti punti erronea e generalmente troppo libera ed inesatta" (1).

[10] In a letter to Canestrini in 1877, Darwin thanks the Italian translator for his new work (*La teoria dell'evoluzione esposta*) and regrets that he cannot read Italian.

be better understood as selective extinction (Sen 125). It is by chance that, over vast periods of evolutionary time, less fit species are selected out of existence, indicating that nature is not purposefully working to make species more perfect.

Canestrini and Salimbeni embrace the ambiguity of this sentence, which is translated as "Se riflettiamo che l'elezione naturale agisce soltanto per il vantaggio di ogni essere, col mezzo delle variazioni utili, tutte le qualità del corpo e dello spirito tenderanno a progredire verso la perfezione" (387). The first notable alteration is the elimination of an important preposition: where Darwin writes "solely by and for the good of each being," the translation says "soltanto per il vantaggio di ogni essere." In English, the extra preposition "by" carries an implicit assumption of altruism. Natural selection not only acts for the good of each being, but its very process, its continued existence as a mechanism, is also sustained by the good of each being. In Italian, the altruistic element is removed and natural selection becomes a mechanism that only results in the "vantaggio" of each being, and it continues to act regardless of how each being uses this advantage. Canestrini's and Salimbeni's translation of "good" into "vantaggio" plays into the idea that species are in competition with one another and that natural selection favors those with the advantage, thereby ignoring the benefit of altruistic acts for evolutionary progress. Furthermore, when Canestrini and Salimbeni add the phrase, "col mezzo delle variazioni utili," it is perhaps to replace that absent preposition. Useless variations are rather common in nature; yet, over a long enough period, species tend toward perfection despite the appearance of such variations. The addition of "variazioni utili" adds another layer of intentionality to natural selection, because it implies that variations are always useful and exist for the advantage of each being.

In the first sentence of the final paragraph, there is another change in the Italian that supports Canestrini's and Salimbeni's teleological perspective on natural selection. Darwin writes:

It is interesting to contemplate an entangled bank, clothed with many plants of many kinds, with birds singing on the bushes, with various insects flitting about, and with worms crawling through the damp earth, and to reflect that these elaborately constructed forms, so different from each other, and dependent on each other in so complex a manner, have all been produced by laws acting around us.

(384)

The Italian reads:

È cosa molto interessante il contemplare una spiaggia ridente, coperta di molte piante d'ogni sorta, cogli uccelli che cantano nei cespugli, con diversi insetti che ronzano da ogni parte e coi vermi che strisciano sull'umido terreno: e il considerare che queste forme elaborate con tanta maestria, tanto differenti fra loro e dipendenti l'una dall'altra, in una maniera così complicata, furono tutte prodotte per effetto delle leggi che agiscono continuamente intorno a noi.

(387)

While Darwin believed that all of the organic forms he mentions are "elaborately constructed," the Italian translation describes these forms as "elaborate con tanta maestria." By replacing construction—which connotes an indifference as to the final product—with the much more intentional and grandiose idea that these forms were the product of great skill, the translation transforms nature into a master that works intentionally toward the perfection of the species. In disagreement with Darwin that natural selection functions as an indifferent process of gradual change, the Italian translators had given shape to an alternative understanding of evolution: the belief that everything in nature and society was in a better state than before; that each new generation of a race or species was more perfect than the preceding one; that natural selection works intentionally and skillfully to provide the advantage for certain species to be successful.

Assessing the precise impact of the Italian version of *Origin* on the national scientific and non-scientific public is difficult. Canestrini described the original reception of Darwin as largely negative. [11] Furthermore, historian Giuliano Pancaldi points out that Canestrini never mentioned whether the 1864 Italian edition even sold out. Furthermore, he observes that *Nicola Zanichelli e Soci*, the Modena-based publisher of the original translation, issued works attacking Darwin in subsequent years (80-81). When the next Italian edition of *Origin* was published in 1871, it was by *Brigola-Editore* in Milano, now with Michele Lessona (1823-94) as the sole translator. [12] Though the majority of the reading public might have known about Darwin's theory of evolution, Pancaldi writes that, "The conviction that Darwin's writings were generally more often debated than read was expressed by many" (81). [13] For instance, Lessona described this phenomenon as a matter of fact in the preface to his translation of *The Descent of Man*, [14] and Gustavo Brunelli implied it in his extensive introductory essay to the

---

[11] In *Per l'evoluzione: Recensioni e nuovi studi* (1894), Canestrini includes a chapter entitled "L'evoluzionismo in Italia." Here he writes that "L'accoglienza fatta all'evoluzionismo, e particolarmente alla teoria di Darwin, in Italia non fu buona, e più che con una guerra aperta si tentò dapprima di abbatterlo col silenzio" (175).

[12] Michele Lessona was a zoologist and popularizer of science through his textbooks, self-help books, and popular science articles for mass circulation. He was also the Italian translator of Darwin's *The Descent of Man* (1871), *Journal and Remarks, 1832-1836* (1839), and *The Formation of Vegetable Mould Through the Action of Worms, with Observations on their Habits* (1881).

[13] However, as evidence Pancaldi only cites Michele Lessona's preface to *L'origine dell'uomo* (1871).

[14] Lessona wrote in a short preface to the translation of *L'origine dell'uomo* (1871 and 1888 editions): "Un gentiluomo napoletano, dicesi, ebbe quattordici duelli per sostenere la preminenza del Tasso sull'Ariosto. Al quattordicesimo duello, ferito a morte, esclamò:— E dire che non ho mai letto nè l'Ariosto nè il Tasso!— Questa è un po' la storia degli Italiani rispetto a Darwin: molti che ne dicono male, ed anche taluni che ne dicono bene, non lo hanno mai letto. Ed è certo che, ove lo leggessero, i suoi lodatori lo loderebbero più nobilmente" (5).

1915 edition of *On the Origin*.[15] Given that the authors provided no concrete evidence for these claims, knowing exactly what they intended can only be inferred from context. They might have generalized these claims about the readership of Darwin in Italy based on discussions in conferences, salons, and churches.[16] Another possibility is that they discovered that Darwin was often debated without a proper, scientific understanding of his ideas, which was the accusation Enrico Morselli leveled against Giovanni Bianconi.[17] For those who had read the 1864 translation, *Origin* offered an optimistic vision of the mysterious workings of nature. By injecting an element of agency that works "con tanta maestria" into the process of natural selection, Canestrini and Salimbeni provided an alternative to the indifference of natural selection and revealed a desire for control, purpose, and teleology in historical development. As a biologist and philosopher, Canestrini used this natural teleology to make further claims about life, re-appropriating the Darwinian struggle for existence to explain not just biological change, but transformations in the social world as well.

The Civil Struggle for Existence
Following the introduction of *Origin* into Italy, Canestrini became Darwin's most ardent supporter and practitioner of the normal science[18] of biology (Pancaldi 78).[19] He also maintained direct contact for years with Darwin and his publisher, from whom he received Darwin's newest works to translate.[20] As a dedicated

---

[15] Brunelli wrote, "Tutta la scienza ufficiale più tardi fece a gara a dichiararsi in favore di Darwin, una variazione (anche cattiva) sul Darwinismo era di moda e serviva ad ascendere la cattedra, come oggi è di moda combattere Darwin, anche da parte di coloro che non l'hanno letto e tanto meno meditato" (25).

[16] This claim is substantiated by Giacobini and Panattoni: "In Italia il darwinismo cautamente entrava nelle aule universitarie e di Darwin si discuteva nelle sale di conferenza, nei salotti, nelle chiese" (*Il Darwinismo in Italia* 8).

[17] Published in the journal *Archivio per l'antropologia e la etnologia* by Paolo Mantegazza, in 1874, is a review of Bianconi's *La teoria dell'uomo scimmia* (1864) by Morselli, who writes, "l'interpretazione del Prof. Bianconi non è nient'affatto scientifica, come non è esattamente scientifico il suo metodo" (107).

[18] Normal science is a reference to Thomas Kuhn who, in *The Structure of Scientific Revolutions*, describes science as demarcated by paradigm shifts that change the shape and understanding of scientific reasoning and practice. In between these shifts are the masses of largely unknown scientists who practice normal science. They work within the paradigm, use its main ideas to perform laboratory work, and primarily solve questions that emerge from the paradigm.

[19] Pancaldi also writes that Paolo Mantegazza reportedly called Canestrini "the most Darwinian of the Italian Darwinists" (78). Canestrini's work as a zoologist ranged from the study of comparative anatomy to fish and apiaries.

[20] This long list illustrates how busy Canestrini was as a translator and dedicated Darwinist: *Sulle origini delle specie* (1875); *Variazione degli animali e delle piante allo stato*

Darwinist in Padua, Canestrini published several books on evolutionary theory to explain its finer technical arguments, as well as books that were accessible to non-biologists. In *Origine dell'uomo* (1866), Canestrini considered the origins of man years before Darwin's effort in *The Descent of Man* (1871); *La teoria di Darwin criticamente esposta* (1880) was a qualitative study of evolutionary mechanisms; *La teoria dell'evoluzione esposta nei suoi fondamenti* (1887) continued what the previous work began with a more scientific approach;[21] and *Per l'evoluzione. Recensione e nuovi studi* (1894) was both a retrospective account of Darwinism thirty years after Canestrini's first translation and a proposal for new directions in evolutionary biology and its social implications. Among these publications, *La teoria di Darwin criticamente esposta* is the work that best illustrates Canestrini's extension of Darwinian evolution to explain social formations.

A collection of essays that includes both technical arguments and non-scientific applications, *La teoria* surveys a range of topics spanning "La creazione secondo la Bibbia" and "Insufficienza esplicativa della teoria della creazione" to "L'elezione artificiale," "Ereditarietà dei caratteri" and "Elezione sessuale." While the first eleven chapters discuss Darwinian theory directly, the penultimate chapter, "Applicazione della teoria dell'evoluzione all'uomo," begins with an application of evolution to "l'uomo civile" (319) before proceeding to an examination of society as a whole. After tracing the emergence of war among primitive peoples which, according to Canestrini, occurred at the same time as humans struggled against environmental obstacles, he observes that in the earlier manifestations of "lotta per la vita" (316), tribes of humans fought against each other, but intelligence was the strongest weapon in evolutionary progress because it allowed humans to predict and devise unique survival strategies against obstacles in a world populated by instinctual animals. In short, the struggle for existence manifests as a survival of the fittest, where fittest not only connotes physical strength but also circumstantial adaptability, the trait most suitable to survive in a given environment. As humans developed more stable communities and societies, intelligence evolved into culture expressed through artifacts like art,

---

domestico (1876); *Gli effetti della fecondazione incrociata e propria nel regno vegetale* (1878); *I movimenti e le abitudini delle piante rampicanti* (1878); *L'espressione dei sentimenti nell'uomo e negli animali* (1878); *Le piante insettivore* (1878); *I diversi apparecchi col mezzo dei quali le orchidee vengono fecondate dagli insetti* (1883); *Le diverse forme dei fiori in piante della stessa specie* (1884); *Il potere di movimento nelle piante* (1884); and finally, *Sulla struttura e distribuzione dei banchi di corallo e delle isole madreporiche* (1888).

[21] In other words, while *La teoria di Darwin criticamente esposta* (1880) is largely qualitative in its discussion of evolution, *La teoria dell'evoluzione esposta nei suoi fondamenti* (1887) involves a much more quantitatively-based approach.

writing, language, and the printing press.[22] In Canestrini's own words,

In questa [tribù contro tribù] lotta per la vita, l'intelligenza costituiva l'arma principale, e quindi si comprende com'essa sia progredita rapidamente per effetto dell'elezione naturale. Toccato un certo grado, questa intelligenza ha trovato i mezzi di progredire anche più rapidamente che colla sola elezione; il disegno, la scrittura, il linguaggio, e più tardi la stampa, divennero mezzi efficacissimi di progresso.

(*La teoria* 316)

Canestrini also tried to understand how the struggle for existence would still operate in contemporary society, which no longer favors the strongest individuals as nature might favor the fittest animals. Canestrini had a simple answer for this question:

La lotta per l'esistenza si combatte anche nella odierna società civile. Uno Stato lotta cogli altri vicini, e per riescire vincitore deve cercare di superarli non soltanto colla forza materiale, ma anche col promuovere la coltura generale, la scienza, il commercio, le industrie, ecc.

(317)

Canestrini not only recognized the primacy of culture in the struggle for existence but also the transformation of human groups from tribes into complex human collectives, like institutions or nations. Therefore, in the hypothetical fight between nations, the most important attribute for success would be the strength of the national culture.

What about the individuals who belonged to these modern collectives? If humans are a part of nature, as Darwin suggests, and not transcendent beings, as Christian theology indicates, then natural selection had to be working not just on society but on humans as well. And if so, how might the struggle appear on the individual level? To be sure, humans fought against other communities to maintain group dominance, but that only explained part of the story of humanity's evolution. There was another struggle occurring inside these groups, leading Canestrini to claim:

[N]ella società umana, e sopratutto [*sic*] nelle classi agiate, v'ha un'altra lotta, che si combatte con armi di natura principalmente psicologica, come sono l'intelligenza, la rettitudine del carattere, la facilità della parola, la prontezza dello spirito ed altre simili; e che ha per obbiettivo di procurare al vincitore un alto posto gerarchico.

(318)

Because society had transcended brutal violence as the means to settle conflict, a new form of struggle evolved: a struggle between individuals and human groups

---

[22] This idea is foundational for Grosz's critical theory, which examines evolution in cultural and social terms, refiguring Darwinian evolution in a feminist context. See especially *The Nick of Time* (2004).

in constant competition with each other[23] in the factory or in institutions, such as government or academia.

This form of struggle no longer manifested itself through physical force but was psychological and ideological. Purported losers would be eliminated first based on their socio-economic status, because competition could only occur among those within the same social class. Once the question of status was eliminated, however, the victors could be determined by any number of characteristics of modern strength. They could have a stronger character or intellect, a more charming and invigorating spirit, or be wittier than others. Canestrini coined a term to refer to this changed environment: "Noi abbiamo qui una lotta che si potrebbe dire *lotta civile*, la quale ha per effetto un'elezione, che chiameremo pure civile, di cui negli animali difficilmente potrebbe rinvenirsi un qualsiasi indizio" (*La teoria* 318; my emph.). He further added that animals do not undergo a civil struggle because they are driven by instinct without the benefit of self-reflective consciousness. Yet, humans were so intelligent that nature devised another method to select out traits: "Questa lotta è una conseguenza dell'alta intelligenza dell'uomo, e del suo stato sociale, in cui pei meglio provveduti la lotta per l'esistenza è attutita dalle leggi sulla proprietà e dalle condizioni favorevoli della sicurezza personale" (318). And precisely because the civil struggle occurred on a higher cognitive plane than the animal struggle, the most useful attributes for surviving this civil struggle were intelligence, social status and political strength. As Canestrini explained, "Nella lotta civile [...] l'uomo cerca di elevarsi sopra gli altri nella pubblica opinione" (318). Otherwise stated, it was not enough to be wealthy and intelligent: humans also had to develop a favorable reputation so that public opinion was in their favor, which in turn might grant them even more power. Yet, because of the latent animalism in humans, success implied the taming of atavistic impulses to create and maintain a stable public image necessary to secure social capital. In Canestrini's words, "Si può quasi dire che l'uomo sia un animale domestico di sè stesso" (318).[24]

Having thus shifted his teleological argument into the sphere of politics as the most advanced form of the civil struggle, Canestrini could then elaborate on the two ways the struggle materialized: groups against groups, and individual against individual within a group. Canestrini found that the first type of struggle was rather common throughout human history as tribes and communities fought

---

[23] I make the assumption that competition in the civil struggle was not made in reference to pre-capitalist society but to Canestrini's era, as indicated by his reference to "odierna società," in which "uno Stato" (*La teoria* 317) fought against its neighbors. Furthermore, I interpret the capitalized reference to "uno Stato" as the modern administrative state.

[24] The part about domestic animals refers to Darwin's study of domesticated animals, which is the first chapter in *On the Origin of Species* called "Variation under Domestication" (17-45). This chapter is crucial for Darwin in order to demonstrate how humans have naturally and intentionally selected favorable traits of domestic animals to increase desirable qualities.

against each other for a scarce supply of natural resources. The second type, where individuals were pitted against each other within a group, fused an individual struggle with a collective one. Even if an individual was fit enough to defeat immediate adversaries within a given social sphere, these local victories would be worthless unless the public supported the winner, an indication of Canestrini's belief that reputation and the appearance of power was just as necessary as wealth and cunning in modern societies. Lastly, Canestrini believed that the struggle of the individual against another individual within a group was necessary and natural, even when the struggle occurred within the elite.[25]

Towards a Law of Progress

In the years after 1859, Canestrini's theory of modern society and his notion that human affairs were controlled by humans themselves did not develop a clear following. Yet Darwin's *On the Origin of Species* was becoming very popular, giving rise to interpretations that evolution could be controlled by humans, and that individuals and populations could make progress happen. To explain, Darwin claimed that the evolution of species was largely based on chance encounters and random mutations. He recognized that current structures of biological life were likely better than those that existed in the past, but that did not prove a scientific correlation. Evolution was not an *a priori* progressive process. An organism changed but not necessarily to a better state. The current state of a species resulted from random mutations and environmental factors. If the current species appeared better than those before it, that was incidental. In the words of historian of evolution Peter J. Bowler, "Evolution means no more than the belief that the existing structures of the world we live in has been formed by a long series of natural changes" (8). However, since Darwin did not fully highlight the element of chance and randomness in his work, the idea that evolution could be controlled by humans emerged, especially in the work of Herbert Spencer, whose evolutionism neglects the role of chance in nature and claims that the current state of species is either better or worse than those that lived before.[26]

There were already theories of evolution circulating in Europe for decades

---

[25] Wilfredo Pareto's essay *The Rise and Fall of the Elites* (1901) describes this form of civil struggle in reference to the leaders of nations. Mussolini was influenced by both evolutionary theory and Pareto's theory of the elites, believing that Italy had been ruled for too long by a class of elites that needed to be overturned. This is well-noted in Di Scala and Gentile (5, 78, 262).

[26] Canadelli, Coccia, and Pievani write: "Between progressing and regressing, the human species was transformed from a static one (with some kind of timeless 'essence') to a dynamic and evolving one [...] Furthermore, the theory of evolution is a special kind of scientific achievement, because it implies a historical explanation of past events [...]. For the first time, an experimental programme of scientific researches directly supplies materials for narratives and historical reconstructions" (484).

before the publication of *Origin*,[27] and though Spencer's career began some years before 1859, his interpretation of Darwin remains one of the more authoritative episodes in nineteenth-century science. Spencer proposed that the intense competition in nature was reflected in societies, such that human choices and actions were a consequence of latent survival instincts. He developed a system of cosmic progress that used evolution as evidence to support an inherent teleology in nature as well as in society,[28] the latter being driven by an individualist idea of social progress: "The account that evolutionism gave of the development of life from the beginning was an individualist account" (McClelland 159). Once life developed from the undifferentiated matter of atoms into humans, evolution reached its pinnacle: "The crowning glory of evolution was man [...] Evolution meant progress, and progress meant progress towards individuality and individualism" (159). Spencer thus described evolution in a way that focused on the individual's struggle and he was responsible for many of the terms that are commonly associated with Darwin today.

For instance, Darwin seldom employed the term "evolution," but Spencer used it often in his sociological writings and made it applicable to anything social or biological that undergoes a change.[29] Spencer also coined the term "survival of the fittest" even before *Origin*'s publication. After reading about Darwin's theory of natural selection, Spencer quickly made the terms analogous. In Spencer's 1864 work, *The Principles of Biology*, he writes, "This survival of the fittest, which I have here sought to express in mechanical terms, is that which Mr. Darwin has called 'natural selection, or the preservation of favoured races in the struggle for life'" (444-45). Though Darwin had known and read Spencer's work for some years, he directed his attention to Spencer's term following a correspondence with Alfred Russel Wallace.[30] Wallace believed that "survival of the fittest" was more accurate in describing the consequences of natural selection in an isolated

---

[27] Some of these evolutionary theories come from Robert Chambers' *Vestiges of the Natural History of Creation* (1844), Erasmus Darwin's work *Zoonomia; or the Laws of Organic Life* (1794), Jean-Baptiste Lamarck's *Philosophie Zoologique* (1809), and Richard Owen's *On the Nature of Limbs* (1849).

[28] In articles and books appearing in the 1850s and early 1860s, Spencer writes frequently about progress in relation to evolution, where evolution in nature and society is demarcated by increasing complexity of existing structures, naturally developing from homogeneity to heterogeneity. See, for example, "A Theory of Population deduced from the General Law of Animal Fertility" (1852) and chapters from his *Essays: Scientific, Political, and Speculative* (1868): "Progress: its law and cause" (1-59) and "The Social Organism" (388-430).

[29] See Bowler's *Evolution*, especially the introduction, "The Idea of Evolution: Its Scope and Implications" (8-10).

[30] Alfred Russel Wallace (1823-1913) was a British naturalist famous for having discovered the idea of evolution by means of natural selection during the 1850s when Darwin was preparing to publish his own work on evolution.

environment and wrote to Darwin that:

> Now I think this arises almost entirely from your choice of the term "*Nat. Selection*" & so constantly comparing it in its effects, to *Man's selection*, and also to your so frequently personifying *Nature* as "*selecting*" as "*preferring*" as "*seeking only the good of the species*" &c. &c. To the few, this is as clear as daylight, & beautifully suggestive, but to many it is evidently a stumbling block. I wish therefore to suggest to you the possibility of entirely avoiding this source of misconception in your great work, (if not now too late) & also in any future editions of the "Origin", and I think it may be done without difficulty & very effectually by adopting Spencer's term (which he generally uses in preference to Nat. Selection) viz. "*Survival of the fittest*.)
>
> (Wallace to Darwin, July 2, 1866, *italics original*)

Darwin responded just a few days later:

> I fully agree with all that you say on the advantages of H. Spencer's excellent expression of "the survival of the fittest." This however had not occurred to me till reading your letter. It is, however, a great objection to this term that it cannot be used as a substantive governing a verb; & that this is a real objection I infer from H. Spencer continually using the words natural selection.
>
> (Darwin to Wallace, July 5, 1866)

Because Darwin trusted Wallace and admired Spencer's popularity, he soon integrated the term into his 1868 work, *The Variation of Animals and Plants under Domestication*:

> This preservation, during the battle for life, of varieties which possess any advantage in structure, constitution, or instinct, I have called Natural Selection; and Mr. Herbert Spencer has well expressed the same idea by the Survival of the Fittest. The term "natural selection" is in some respects a bad one, as it seems to imply conscious choice; but this will be disregarded after a little familiarity.
>
> (6)

Darwin admitted that natural selection could be easily misunderstood by readers, as it attributed an element of consciousness to nature's actions. In the end, "survival of the fittest" was far more rigid and misunderstood as a concept, because it was eventually used as the foundation for racial thinking and eugenic practices that emerged in the late nineteenth century.

Spencer's interpretation of Darwin and his coining of terms like "evolution" and "survival of the fittest" acted as conceptual translations. However, rather than translating between languages, Spencer translated between disciplines (biology to sociology) and discourses (from science to popular culture), with far-reaching consequences for political life. Bowler recounts that Spencer's thought was the most positive response to the crisis in morality that ensued after Darwin's work had toppled the faith that life was sanctified by a higher power. In Bowler's words, Spencer's "philosophy created a morality based on the individual's success in contributing toward the inevitable progress of evolution" (*Evolution* 238). In this formulation, social progress was only possible when individuals were completely free to improve the conditions of their own lives. By implication, the progress that happened in society was a consequence of the individual's self-determination.

In the same decade when positivism and its many practitioners were on the rise in Italy, the Italian translations of Spencer's works became accessible—*Education: Intellectual, Moral, and Physical* (1861) was translated in 1876, and *First Principles* (1862) and *The Principles of Sociology* (1874) in 1881, both introduced by anthropologist Giuseppe Sergi. [31] Spencer's application of evolution to social issues convinced Italian positivists and politicians that institutions could accelerate social evolution with targeted policies. For instance, spearheaded by Cesare Lombroso, the Italian School of Criminology tried to institute new penal policies to respond to criminal behavior assumed to be inherent and unavoidable. International politics were reconsidered as a more advanced form of competition in which Italy had to participate or the nation might perish. The civil struggle thus became a precursor for the construction of a nationalist ideology in which nations competed against other nations in the global struggle for existence. This revised nationalism also persuaded citizens that their individual sacrifice for the collective was both natural and honorable, as the work of Italian sociologist Scipio Sighele illustrates. [32]

Darwinian Futures

Scipio Sighele was one of the first crowd theorists. He was a member of the Italian School of Criminology, whose intellectual interests ranged from criminology and political thought, to literary criticism from the framework of criminology. A reader of Canestrini, Darwin, and Spencer, Sighele's first major publication, *La folla delinquente* (1891), [33] used evolutionism to make claims about social

---

[31] Paola Govoni traces the reception of Spencer in Italy and shows that from 1870 to 1890 there was a spike in research that mentioned Charles Darwin, Carlo Darwin, Herbert Spencer and Erberto Spencer ("The Importance" 223-24).

[32] This is the biopolitical approach that Welch (2016) uses to understand the "making of Italians" as firmly rooted in its emigration and colonial projects. Welch writes, "What Foucault highlighted, and what these subsequent theorists of biopolitics have illustrated [...] is that, in order to defend the life of some, others must be deemed threatening and must therefore die" (15).

[33] Sighele was involved in a well-documented plagiarism dispute with French crowd theorist Gustave Le Bon. Sighele wrote in *La delinquenza settaria* that Le Bon's *Psychologie des Foules* (1895) directly copied many of the main ideas from *La folla delinquente* without citing them: "Uno scienziato francese, Gustavo Le Bon, che ha il torto di copiare senza citarle le idee altrui mentre dovrebbe accontentarsi delle proprie che sono spesso originali e giustissime" (51). He then adds in a footnote, "Il Le Bon [...] ripete quasi tutte le osservazioni da me svolte intorno alla psico-fisiologia della folla, senza accennarne

behavior and social groups. For Sighele, evolution engendered three crucial points about nature, none of which can be officially attributed to Darwin: 1) it is progressive: organisms develop from simple to complex, from homogeneous to heterogeneous; 2) each new generation exhibits traits from the previous generation; 3) natural selection is survival of the fittest and only the strong pass on their traits. *La folla delinquente* often references Spencer directly and includes one citation from Canestrini's *La teoria*. Yet, the overarching presence is Darwin inasmuch as Sighele refers to "la teoria darwiniana" or "la legge di evoluzione," in the same way as he mentions "la legge di conservazione" or "la legge di gravità." Stated otherwise, Darwin is positioned on par with Newtonian mechanics and thermodynamics, two theories that were irrefutable for nineteenth-century intellectuals. This scientific equivalence implied that the reader was well versed in Darwinian theory and there was no need to explain it or quote it directly.

The use of evolution in *La folla delinquente* as well as *La coppia criminale* (1892) provided a strong scientific basis for Sighele's crowd theory. Crowds are theorized as evolving social organisms that naturally develop from simple crowds to complex groups. Subsequent writings examine the interactions of these complex groups. For instance, in *La delinquenza settaria* (1897), Sighele claimed that "Secondo la teoria darwiniana non sopravvivono che le istituzioni e gli organi i quali abbiano una qualche utilità—se non l'hanno—la selezione li atrofizza e li spegne." (216; my emph.) By equating the emergence of "institutions" in a society to "organs" in a biological organism, Sighele drew upon the organicist metaphor that was common in the nineteenth century.[34] Organicism was the idea that everything in nature belongs to an organic and integrated whole, so that each part contributes to the overall equilibrium. If one part breaks down or is removed, then the stability of the whole is threatened. In a body, the organs are the parts which maintain the equilibrium. In a society, individuals and institutions are the organs which maintain its stability and they are the product of the evolution of society on whom the nation depends. Thinking of the nation as an integrated system of individuals is an important feature of Sighele's argument for Italian imperialism because, in his view, when individuals work together rather than compete, they can develop a national, homogeneous identity while helping the nation remain

---

la fonte" (51n). Barrows (180-82), Van Ginneken (119-22), and Pireddu (xxv-xxvi), recount this situation at length. Le Bon became more famous for his crowd theories, especially given his influence on Mussolini. Le Bon eventually appointed himself advisor to both Mussolini and Theodore Roosevelt. Mussolini publicly praised Le Bon saying: "I don't know how many times I have re-read his *Psychologie des foules*. It is an excellent work to which I frequently refer" (quoted in Barrows 179).

[34] Organicism came about when Jean-Baptiste Lamarck published one of the first works on the science of biology and spread rapidly to the discourses of human and social sciences.

intact.[35]

Sighele's next book on the crowd, *L'intelligenza della folla* (1903), questioned how a democratic society, as an organic whole, maintained its stability. Since people are thinking beings with agency, they contribute to a democracy and they determine who leads it. Yet, they can be easily influenced by information in their environment, which then forms a general public opinion. On their part, political leaders must follow the public's opinion to maintain their individual power in a relationship of mutual dependency between the public and its leader that is unique to modern democracies.[36] The similarities between Sighele's and Canestrini's arguments about public opinion shed light on the view of modern society as the stage of an evolutionary struggle occurring between individuals. To illustrate how this struggle matters in a nationalist context, I will now turn to Sighele's *Il nazionalismo e i partiti politici* (1911), a work that reveals the important influence of Darwin and his literal and conceptual translators Canestrini and Spencer on the formation of Italian nationalism.

Sighele's *Il nazionalismo e i partiti politici* introduced the origins of Italian nationalism and considered how Italy could become one of the imperial powers. Sighele was generally optimistic about Italy's potential to make progress as a unified society and supported an aggressive vision of nationalism that required colonial expansionism. Pireddu correctly observes that "Nationalism to Sighele amounts to the creation of 'a collective national soul,'" (lxi) an idea that harks back to Sighele's original crowd theory as a group of individuals who had assumed the overall mind and soul of the crowd and were therefore equal. Moreover, Sighele assumed that the crowd would evolve into more complex groups, eventually leading the nation to become a more organized crowd made of equal individuals that, if managed effectively, could be a positive force for change. Nevertheless, because the nation exists among other nations, a struggle against other nations is inevitable. Unless Italy made progress in this struggle, it would succumb to the pressure of stronger nations, regress, and split apart. For this reason, Sighele advocated for colonial expansion as the only path to ensure continuous growth and national cohesion.[37]

---

[35] This notion recalls Welch's (2014) analysis of a statement Prime Minister Crispi made when he introduced legislation on Italian emigration in December 1887. Welch writes that, "In Crispi's formulation, the passage from individual to member of a national population occurs through labor: the collective 'fruits' of Italian labor were to nourish the newborn Italian-state. The population is born, so to speak, through labor" ("Race" 201).

[36] Sighele describes this relationship in *La coppia criminale* as a dynamic of *incubus-succubus*. See Stewart-Steinberg (2007: 75-78) for a more in-depth discussion.

[37] McClelland notes how Geiger (1977) believes that "Sighele changed his mind about the crowd during the period of intense nationalist agitation in Italy which followed the Bosnian crisis of 1908 [...]. In Geiger's view, Sighele's conversion came about despite the scientific pretensions of his crowd psychology [...] it was only the nationalist revival in Italy which

Nationalism, for Sighele, began as doctrine by a few thinkers who created a "stato d'animo" (*Il nazionalismo* 12) which spread to others, and amplified and evolved into "un desiderio di vita e di Gloria" and "una coscienza nazionale che tutto sottoponga a questo desiderio supremo" (12). In this sense, then, nationalism was more than a doctrine. It was a national consciousness rooted in one's identity. To be part of a national population and participate in the nationalist spirit, an individual had to be endowed with the character of the nation. While simple citizenship was a bureaucratic notion that attached the individual to the State, belonging to the nation was both based on one's birthplace and gradually formed through the individual's interaction with the cultural environment, through education and traditions.

The building of a "coscienza nazionale" meant for Sighele the maintenance of a cultural genealogy through education, rather than the cultivation of patriotism and military heroism. As a result, he thought that the policies originating with Unification that mandated only three years of elementary school were insufficient. Beyond a strong culture as an essential tool to make the nation great (Pireddu xliv), Sighele also championed a strong economy, but Italy was late to industrialization and had to catch up with the rest of Western Europe. In *La delinquenza settaria*, Sighele had claimed that, "La guerra, la quale più che un delitto è un ammasso intero di delitti su vasta scala, se danneggia le civiltà già rigogliose, bisogna riconoscere che spinge a straordinarii progressi i popoli semibarbari" (217). And precisely because war had this progressive potential for "popoli semibarbari" to make civilizations "rigogliose," Sighele implied that Italy had not yet emerged from this semi-barbaric state but that war could be the deciding factor. Therefore, *Il nazionalismo* raised the troubling possibility that, if Italy was not economically strong enough to compete, then a war might be the only method to advance it as a nation. In the chapter "La Guerra," Sighele claimed that Italy had to take precautions against other aggressive nations because there is a "volontà di potenza" that is not just innate and eternal to nationalism,[38] but distinguishes man from animal: "In verità, io non so immaginare che cosa sarebbe l'uomo senza questa innata volontà individuale di potenza, senza questa innata volontà collettiva di potenza" (59). The individual's realization of the "volontà di potenza" was made possible by participating in collective formations, such as a crowd or a nation, which would grant individuals the power that they might never know in their daily life and cause them to act in ways they would never have on

led him to see the imperialistic and irredentist nationalism as a way of filling the mind of the crowd with a content which would unite the nation and integrate the Italian masses into the State" (172).

[38] Sighele refers to a "volontà di potenza" in earlier works, but it is most present in *Il nazionalismo*. When Sighele uses the "volontà di potenza," it is in reference to his reading of D'Annunzio and Nietzsche. In fact, Pireddu uncovers how Sighele authored an essay called "Nietzsche e le teorie biologiche moderne," which interprets Nietzsche's thought within Darwinian and Lamarckian frameworks (xxxv18n).

their own.

To reprise an earlier observation, Sighele believed that a crowd possessed a mind of its own, which granted anonymity and freedom to the individual to act in ways they might not do in their daily lives. The fact that crowds could become violent demonstrated to Sighele that anyone was capable of criminality when given freedom from blame. Because the crowd evolves into complex forms like the nation, war was just the extreme version of group criminality. And even though Sighele regretted the fact that a nation had to support war, he believed that it provided an opportunity for men to develop a virile character.[39] In his words, "Noi esaltiamo la guerra, non per uno spirito cieco di violenza, per una libidine di distruzione: noi l'esaltiamo anzi per mantenere e per accrescere la civiltà che rappresentiamo" (72). Exalting war was not about violence but pride in one's culture and identity, and therefore Italians should be representatives of their culture and their nation's collective interest by working or fighting together. For Sighele, expansion of Italy's culture and territory was a trait intrinsic to Italians and the next natural stage in their social evolution: "La razza italiana ha una tale forza d'espansione che la sua popolazione non può essere contenuta entro i suoi confini ereditarii e politici" (88). Sighele defined these stages of social evolution in terms of imperialism, where the individual's instinct for expansion was viewed as a first stage. Then, according to Sighele's logic:

Vi è l'imperialismo di famiglia (che ebbe anche un nome nel "nepotismo", e talvolta un'influenza storica non trascurabile), l'imperialismo di classe (o sindacalismo), l'imperialismo di nazione (o nazionalismo), l'imperialismo di razza (per esempio, il panslavismo), l'imperialismo di continente (che non ha un nome ma che è esercitato dall'Europa, perché civilizzarsi vuol dire europeizzarsi), infine l'imperialismo dell'umanità sopra le forze della natura da lei domate.

(*Il nazionalismo* 77)

Sighele's repetition of the term "imperialismo" regarding the different levels of society indicates that imperialism can be considered as the process of engaging in a struggle for existence on each level. Because the nation was considered as another stage in this evolutionary progress, Sighele expanded his definition of nationalism to include a view of imperialism as central to the nation's survival.

To have any chance of winning a war against the world's dominant powers, that is, to "europeizzarsi" and become a "civiltà rigogliosa," a nation would require material wealth, soldiers, and an expansive, global presence. And yet, Italy was still marginalized at the European periphery and its economy lagged behind that of Europe (e.g., Austria-Hungary, England, France, and Germany), a condition that Sighele described as a "lotta" in the "competizione" against

---

[39] Sighele thus makes a similar claim as the Italian Futurists, who promoted war as an opportunity to masculinize Italian national character. See "Il manifesto del futurismo" (1909).

European powers:

Oggi, in Europa e fuori d'Europa, noi ci troviamo di fronte, nella lotta internazionale, nazioni e civiltà che non sono certo inferiori alla nostra, che valgono come la nostra, che valgono, per certi riguardi, più della nostra, e non ci può animare quindi un folle orgoglio di superiorità, quasi di gente civile su gente barbara, ma ci deve soltanto animare un giusto spirito di emulazione e di competizione. Il fare dell'imperialismo—o il tentare di farlo— non è in fondo, oggi, per noi italiani che una necessità e una difesa: è una difesa legittima del nostro nazionalismo, della nostra nazione che altrimenti sarebbe diminuita e soffocata.
(79-80)

In this international struggle, nationalism was the most effective way to ensure the survival of the nation, because a nationalist ideology demanded imperialism as a preemptive defense of the nation.[40] If Italy wanted to be influential as an economic and cultural power and avoid regressing to an earlier state of evolution, then it was necessary to seek external colonies. In what Sighele called a "questione di vita" (81), Italy had to strengthen its material resources through territorial expansion.

Sighele's views on the nation as articulated in *Il nazionalismo* reveal the impact of the direct and conceptual translations of Darwin by Canestrini, Salimbeni and Spencer. The direct translation led Sighele to believe that Italians were essentially a perfected race that deserved to survive. Thanks to the conceptual translations, Sighele came to view progress as a Darwinian natural law that could happen by winning the civil struggle for existence through colonization: Italy's only chance for national survival. The path from a protectionist vision of nationalism to an aggressive imperialism was indeed short.

Conclusion
The story of Darwin's reception in Italy demonstrates how certain ideas of nation were influenced by the circulation of scientific texts and theories. Following the 1864 translation of *On the Origin of Species* into Italian by Canestrini and Salimbeni, the influence of Darwin only grew among Italian intellectuals when Spencer's evolutionism became a cornerstone for the social sciences. Examining the history of this reception provides valuable insight into the eventual shift in Italy's national ideology toward an imperialist policy of expansion that aimed at bolstering Italy's image as a leading European power. The translation of Darwin introduced the misconception that natural selection was teleological and that there were certain peoples and nations who deserved to exist. From his work as a biologist dedicated to Darwinist principles, Canestrini developed the idea that individuals in modern society were engaged in a civil struggle for existence that

---

[40] In this sense, Sighele's idea of nationalism as a defense echoes what Welch (2014), pp. 207-10, writes about Giovanni Pascoli's famous address *La grande proletaria si è mossa* (1911).

was both economic and cultural. Spencer acted as the conceptual translator of Darwinian language into a popular idiom, disseminating and supporting the belief that evolution was progressive and that survival of the fittest was the principal mechanism of natural selection. Influenced by the various versions of evolutionism articulated by Canestrini, Darwin, and Spencer, Sighele theorized that the nation, having evolved from simpler forms of social grouping, was engaged in a struggle against other nations. For the Italian nation to be successful, material wealth and the ideological unity of a national culture were essential. Yet, Sighele's nationalism harbored a disturbing reality: if expansion into other territories was a natural trait of Italians and the result of social evolution, then imperialism was the logical and necessary next step for Italy's future.

Rutgers University

Works Cited

Barrows, Susanna. *Distorting Mirrors: Visions of the Crowd in Late Nineteenth-Century France*. New Haven: Yale UP, 1981.

Bianconi, Giovanni Giuseppe. *La teoria dell'uomo scimmia*. Bologna: Gamberini e Parmeggiani, 1864.

Bowler, Peter J. *The Eclipse of Darwinism: Anti-Darwinian Evolution Theories in the Decades around 1900*. Baltimore: Johns Hopkins UP, 1992.

_____. *Evolution: The History of an Idea*. Berkeley: U of California P, 1989.

_____. *The Non-Darwinian Revolution: Reinterpreting a Historical Myth*. Baltimore: Johns Hopkins UP, 1990.

Brömer, Rainer. "Many Darwinisms by Many Names: Darwinism and Nature in the Kingdoms of Italy." *The Reception of Charles Darwin in Europe*. Ed. Eve-Marie Engels and Thomas F. Glick. London: Continuum Books, 2008. 375–85.

Burkhardt, Frederick & Sydney Smith, eds. *A Calendar of the Correspondence of Charles Darwin, 1821–1882*. New York: Garland Publishing Inc., 1985.

Canadelli, Elena, Paola Coccia, and Telmo Pievani. "Commemorating Darwin in Italy: An Overview (1882-2009)." *The Literary and Cultural Reception of Charles Darwin in Europe*. Ed. Thomas F. Glick and Elinor Shaffer. London: Bloomsbury, 2014. 4: 510–23.

_____. "Darwin and Literature in Italy: A Profitable Relationship." *The Literary and Cultural Reception of Charles Darwin in Europe*. Vol. IV. Ed. Thomas F. Glick and Elinor Shaffer. London: Bloomsbury, 2014. 483–509.

Canestrini, Giovanni. *Origine dell'uomo*. Milano: Gaetano Brigola, 1866.

_____. *Per l'evoluzione: recensioni e nuovi studi*. Torino: UTET, 1894.

_____. *La teoria dell'evoluzione criticamente esposta*. Milano: Dumolard, 1880.

_____. *La teoria dell'evoluzione esposta nei suoi fondamenti come introduzione alla lettura delle opere del Darwin e dei suoi seguaci*. Torino: UTET, 1887.

Carerj, Giuseppe. *Società africana d'Italia: conferenza coloniale riunita a Napoli, Nov. 8-13, 1885. Atti, relazioni, e voti*. Napoli: alla sede della società. 57–71.

Cassata, Francesco. *Building the New Man: Eugenics, Racial Science and Genetics in Twentieth-Century Italy*. Budapest: Central European U P, 2013.

Chambers, Robert. *Vestiges of the Natural History of Creation.* London: John Churchill, Princes Street, Soho, 1844.

Darwin, Charles. *The Descent of Man and Selection in Relation to Sex.* London: D. Appleton and Company, 1871.

_____. *I diversi apparecchi col mezzo dei quali le orchidee vengono fecondate dagli insetti.* Transl. Giovanni Canestrini and Lamberto Moschen. Torino: UTET, 1883.

_____. *Le diverse forme dei fiori in piante della stessa specie.* Transl. Giovanni Canestrini e Lamberto Moschen. Torino: Unione Tipografico-Editrice, 1884.

_____. *Gli effetti della fecondazione incrociata e propria nel regno vegetale.* Transl. Giovanni Canestrini and Pier Andrea Saccardo. Torino: UTET, 1878.

_____. *L'espressione dei sentimenti nell'uomo e negli animali.* Transl. Giovanni Canestrini e Franco Bassani. Torino: UTET, 1878.

_____. *The Formation of Vegetable Mould through the Action of Worms, with Observations on their Habits.* London: John Murray, 1881.

_____. *Journal and Remarks, 1832-1836.* London: H. Colburn, 1839.

_____. "Letter to Alfred Russel Wallace". 5 July 1866. Darwin Correspondence Project, "Letter no. 5145." Accessed on 20 January 2020. https://www.darwinproject. ac.uk/letter/DCP-LETT-5145.xml.

_____. "Letter to Giovanni Canestrini". 26 Aug 1877. Darwin Correspondence Project, "Letter no. 11113." Accessed on 25 January 2020. https://www.darwinproject.ac.uk/ letter/DCP-LETT-11113.xml.

_____. "Letter to Joseph Dalton Hooker". 5 Dec 1863. Darwin Correspondence Project, "Letter no. 4353." Accessed on 27 April 2020. https://www.darwinproject. ac.uk/letter/DCP-LETT-4353.xml.

_____. *I movimenti e le abitudini delle piante rampicanti.* Transl. Giovanni Canestrini e Pier Andrea Saccardo. Torino: UTET, 1878.

_____. *The Origin of Species by Means of Natural Selection.* Introd. and notes by George Levine. New York: Barnes & Noble Classics, 2004.

_____. *Origine delle specie.* Transl. Giovanni Canestrini con due saggi di Gustavo Brunelli. 2 vols. Milano: Istituto Editore Italiano, 1915.

_____. *L'origine delle specie: lotta per l'esistenza.* Milano: Casa editrice sociale, 1924.

_____. *L'origine dell'uomo e la scelta in rapporto col sesso.* 1871. Transl. Michele Lessona. Torino: UTET, 1888.

_____. *Le piante insettivore.* Transl. Giovanni Canestrini and Pier Andrea Saccardo. Torino: UTET, 1878.

_____. *Il potere di movimento nelle piante.* Transl. Giovanni Canestrini e Riccardo Canestrini. Torino: UTET, 1884.

_____. *Sulla origine delle specie per elezione naturale ovvero conservazione delle razze perfezionate nella lotta per l'esistenza.* Transl. Giovanni Canestrini. Torino: UTET, 1875.

_____. *Sulla struttura e distribuzione dei banchi di corallo e delle isole madreporiche.* Transl. Giovanni Canestrini e Riccardo Canestrini. Torino: UTET, 1888.

_____. *The Variation of Plants and Animals under Domestication.* London: John Murray, 1869.

_____. *Variazione degli animali e delle piante allo stato domestico.* Transl. Giovanni Canestrini. Torino: UTET, 1876.

Darwin, Erasmus. *Zoonomia; or the Laws of Organic Life.* London: Johnson, 1794.

Desmond, Adrian & James Moore. *Darwin: The Life of a Tormented Evolutionist.* New York: Warner Books, 1991.

Di Scala, Spencer M., and Emilo Gentile, eds. *Mussolini 1883-1915: Triumph and Transformation of a Revolutionary Socialist.* New York: Palgrave Macmillan, 2016.

Foucault, Michel. "Nietzsche, Freud, Marx." *The Essential Foucault: Selections from Essential Works of Foucault.* Vol. 2. New York: The New Press, 2003. 269–78.

_____. "Truth and Power." *The Essential Foucault: Selections from Essential Works of Foucault.* Vol. 3. New York: The New Press, 2003. 111–133.

Ferri, Enrico. *Socialismo e scienza positiva (Darwin, Spencer, Marx).* Roma: Casa editrice italiana, 1894.

Fogazzaro, Antonio. *Ascensioni umane.* Milano: Baldini, Castoldi & Company, 1899.

Garbari, Maria. *L'età giolittiana nelle lettere di Scipio Sighele.* Trento: Società di studi trentini di scienze storiche, 1977.

_____. "Il pensiero politico di Scipio Sighele." *Rassegna storica del Risorgimento* 61 (1974): 391–426; 523–61.

_____. *Società ed istituzioni in Italia nelle opere sociologiche di Scipio Sighele.* Trento: Società di studi trentini di scienze storiche, 1988.

Geiger, Roger L. "Democracy and the Crowd: The Social History of an Idea in France and Italy, 1890-1914." *Societas* 7.1 (Winter 1977): 47–71.

Giacobini, Giacomo, e Gian Luigi Panattoni, eds. *Il Darwinismo in Italia.* Torino: UTET, 1983.

Gibson, Mary. *Born to Crime: Cesare Lombroso and the Origins of Biological Criminology.* Westport, CT: Praeger, 2002.

Gould, Stephen J. *The Mismeasure of Man.* New York: Norton, 1981.

Govoni, Paola. "The Historiography of Science Popularization: Reflections Inspired by the Italian Case." *Popularizing Science and Technology in the European Periphery, 1800-2000.* London: Routledge, 2009.

_____. "The Importance of Being Quantified: Herbert Spencer in Liberal Italy (1870s-1910s), and Beyond." *Global Spencerism.* Ed. B. V. Lightman. Boston: Brill, 2015. 218–40.

_____. *Un pubblico per la scienza: la divulgazione scientifica nell'Italia in formazione.* Roma: Carocci Editore, 2002.

Grosz, Elizabeth. *The Nick of Time: Politics, Evolution, and the Untimely.* Durham: Duke U P, 2004.

Hawkins, Mike. *Social Darwinism in European and American thought, 1860-1945: Nature as Model and Nature as Threat.* Cambridge: Cambridge UP, 1997.

Horn, David G. *The Criminal Body: Lombroso and the Anatomy of Deviance.* New York: Routledge, 2003.

_____. *Social Bodies: Science, Reproduction, and Italian Modernity.* Princeton: Princeton UP, 1994.

Kuhn, Thomas. *The Structure of Scientific Revolutions: 50th Anniversary Edition.* Chicago: U of Chicago P, 2012.

Labriola, Antonio. *Saggi sul materialismo storico.* Introd. Antonio A. Santucci. Roma: Editori Riuniti, 2019.

Lamarck, Jean-Baptiste. *Philosophie zoologique: ou exposition des considérations relative à l'histoire naturelle des animaux.* Vol. 1. Paris: Dentu, 1809.

Landucci, Giovanni. *Darwinismo a Firenze: tra scienza e ideologia (1860-1900).* Firenze: Leo S. Olschki, 1977.

Le Bon, Gustave. *Psychologie des foules.* Paris: F. Alcan, 1895.

Lombroso, Cesare. *L'uomo bianco e l'uomo di colore, letture sull'origine e le varietà delle razze umane.* Padova: F. Sacchetto, 1871.

Mantegazza, Paolo. "Carlo Darwin e il suo ultimo libro. Review of *Variation and Origin of Species*. 4th ed." *Nuova Antologia* 8 (May 1868): 70–98.

Marinetti, Filippo Tommaso. "Il manifesto del futurismo." *Gazzetta dell'Emilia*. Bologna, (5 febbraio): 1909.

McClelland, J. S. *The Crowd and the Mob*. London: Unwin Hyman, 1989.

Morselli, Enrico. "Review of Giovanni Bianconi's *La teoria dell'uomo scimmia* (1864)." *Archivio per l'antropologia e la etnologia pubblicato dal Dott. Paolo Mantegazza*. Firenze: G. Pellas, 1874. 4: 105–09.

Mussolini, Benito. "Centenario darwiniano." *Il popolo* (Feb. 11, 1909). *Opera omnia di Benito Mussolini*. Vol. 2. Ed. Edoardo Susmel and Duilio Susmel. Firenze: La Fenice, 1951.

Owen, Richard. *On the Nature of Limbs*. London: John van Voorst, 1849.

Pancaldi, Giuliano. *Darwin in Italy: Science across Cultural Frontier*. Transl. Ruey B. Morelli. Bloomington: Indiana UP, 1991.

Pareto, Vilfredo. *The Rise and Fall of the Elites: An Application of Theoretical Sociology*. Totowa, N.J.: Bedminster Press, 1968.

Pascoli, Giovanni. *La grande proletaria si è mossa*. Bologna: Zanichelli, 1911.

Pireddu, Nicoletta. "Alchemies of the Collective Soul." *The Criminal Crowd and Other Writings on Mass Society*. Transl. Nicoletta Pireddu and Andrew Robbins. Forward Tom Huhn. Toronto: Toronto UP, 2018. xv—lxxii.

Sen, Amartya. "On the Darwinian View of Progress." *Population and Development Review* 19.1 (1993): 123–37.

Sergi, Giuseppe. *Problemi di scienza contemporanea*. Torino: Bocca, 1916.

Sighele, Scipio. *La coppia criminale: Saggio di psicologia morbosa*. Torino: Bocca, 1892.

_____. *La delinquenza settaria*. Milano: Treves, 1897.

_____. *La donna nova*. Roma: Enrico Voghera, 1898.

_____. *Eva moderna*. Milano: Treves, 1910.

_____. *La folla delinquente: Saggio di psicologia collettiva*. Torino: Bocca, 1891; II ed. Torino: Bocca, 1895.

_____. *L'intelligenza della folla*. II ed. Torino: Bocca, 1911.

_____. *Letteratura e sociologia*. Milano: Treves, 1914.

_____. *Letteratura tragica*. Milano: Treves, 1906.

_____. *La morale individuale e la morale politica: saggio di sociologia*. Roma: casa editrice italiana, 1896.

_____. *Il nazionalismo e i partiti politici*. Milano: Treves, 1911.

Spencer, Herbert. *Education: Intellectual, Moral, and Physical*. London: G. Manwaring, 1861.

_____. *Essays: Scientific, Political, and Speculative*. Vol. 1. London: Williams and Norgate, 1868.

_____. *First Principles*. London: Williams and Norgate, 1862.

_____. *Herbert Spencer on Social Evolution, Selected Writings*. Ed. J. D. Y. Peel. Chicago: U of Chicago P, 1972.

_____. *The Principles of Biology*. London: Williams and Norgate, 1864.

_____. *The Principles of Sociology*. London: Williams and Norgate, 1874.

_____. "A Theory of Population Deduced from the General Law of Animal Fertility." *Westminster Review* (1852): 32-35.

Stewart-Steinberg, Suzanne. *The Pinocchio Effect: On Making Italians, 1860-1920*. Chicago: U of Chicago P, 2007.

Van Ginneken, Jaap. *Crowds, Psychology, and Politics, 1871–1899*. Cambridge Studies in the History of Psychology. Cambridge: Cambridge UP, 1992.

Wallace, Alfred Russel. "Letter to Charles Darwin". 2 July 1866. Darwin Correspondence Project, "Letter no. 5140." Accessed on 20 January 2020. https://www.darwinproject.ac.uk/letter/DCP-LETT-5140.xml.

Welch, Rhiannon Noel. "Race and Colonial (Re)productivity in Post-Unification Italy." *Annali d'Italianistica* 32 (2014): 197–213.

_____. *Vital Subjects: Race and Biopolitics in Italy*. Oxford: Oxford UP, 2016.

ELENA BORELLI

Traduzione o tradizione?
Il dibattito sulla letteratura italiana ne *Il marzocco* (1897-98)

Sinossi: Il saggio discute i risultati di un'inchiesta apparsa sulle pagine della rivista fiorentina *Il marzocco* nel novembre 1897. Nell'inchiesta si chiedeva a vari intellettuali stranieri di valutare l'originalità della letteratura italiana contemporanea rispetto alla coeva produzione europea. Dalle risposte pervenute emerge il problema del rapporto tra autori italiani e le traduzioni di autori stranieri circolanti sul mercato e della necessità per gli italiani di ritrovare una propria voce, una questione non puramente letteraria o economica ma anche politica nel clima del nascente nazionalismo alla fine dell'Ottocento.
Parole chiave: *Il marzocco*, traduzioni, letteratura straniera, identità nazionale, tradizione classica, editoriaottocentesca

Introduzione

Nell'ultimo numero del novembre 1897 de *Il marzocco* venivano pubblicati sulla prima pagina della rivista fiorentina i risultati di un'inchiesta che gli editori, capeggiati da Angiolo Orvieto, avevano deciso di proporre "ai letterati e agli artisti esteri più ragguardevoli" (Orvieto, "Introduzione", 1). La rivista fiorentina non era nuova a tali inchieste che invitavano i lettori ad esprimere la loro opinione su temi ritenuti di particolare interesse o controversi. Si era infatti appena conclusa la sensazionale inchiesta a seguito dell'intervento di Mario Morasso intitolata "La politica dei letterati" nel maggio 1897, in cui si era dibattuto il ruolo dell'intellettuale nella vita politica della nazione.[1]

La nuova inchiesta differiva dalla precedente in quanto non si indirizzava direttamente al pubblico italiano de *Il marzocco,* ma era rivolta, in francese, sotto forma di tre domande, ai letterati ed artisti con cui gli editori intrattenevano frequenti scambi culturali e alle cui opere in traduzione avevano spesso dato spazio all'interno della rivista. L'inchiesta, che si protrasse fino al febbraio 1898,

---

[1] L'inchiesta di Mario Morasso aveva provocato quasi uno scandalo tra le file degli intellettuali marzocchini, tra cui prevaleva una visione apolitica del letterato. Morasso invitava gli intellettuali ad uscire dall'inattività e dalla torre d'avorio della letteratura e ad impegnarsi in politica per contribuire a creare una classe politica "giovane e salutare di energie vigorose e intatte" (Morasso, "La politica", 2). L'intervento di Morasso suscitò un acceso dibattito tra gli intellettuali italiani, il che mostra come la questione dell'impegno politico dell'intellettuale fosse fortemente sentita negli ambienti culturali italiani della fine del secolo. Su questa questione si veda il capitolo "Action or Contemplation? The Role of the Artist in *fin-de-siècle* Italy" in Borelli 21-42.

verteva principalmente sull'importanza e l'originalità della letteratura italiana contemporanea in rapporto alle altre letterature europee e sulla possibilità di una rinascita delle arti e lettere italiane in un prossimo futuro. Nella pletora di risposte che seguirono l'inchiesta emerge con chiarezza il problema della relazione tra gli autori italiani e i modelli stranieri che già da qualche decennio inondavano il mercato editoriale italiano grazie alle traduzioni e allo sviluppo dell'industria del libro e dei periodici a larga diffusione. L'inchiesta inoltre riprendeva la provocazione che Ugo Ojetti aveva lanciato sulle pagine de *Il marzocco* l'anno precedente, in un articolo del 15 marzo 1896 intitolato "La grande illusione", in cui dichiarava l'inesistenza di una vera e propria letteratura italiana. Secondo Ojetti, la mancanza di una letteratura italiana era un riflesso delle condizioni di disagio e isolamento in cui i letterati italiani si trovavano, privi di un centro culturale e perfino di una lingua comune, e concludeva che l'unità d'Italia era fallita non solo sul piano morale ma anche su quello intellettuale: "[…] se la nostra unità è solo politica, anzi amministrativa, se manca ogni indizio di unità morale o intellettuale […] che dovremo fare noi artisti?" ("La grande illusione", 1-2).[2]

È evidente che la questione dell'originalità della letteratura italiana e del suo rapporto con i modelli stranieri in traduzione non riguardava puramente il piano letterario ma affondava le radici nel problema dell'unità politica e culturale dell'Italia. In particolare, l'ultimo decennio del diciannovesimo secolo aveva visto delinearsi con certezza il fallimento del programma dei governi postunitari, incentrato sul tentativo di creare una cultura e letteratura nazionale attraverso la propaganda e la centralizzazione del sistema scolastico, e improntato a un trionfante positivismo e all'idea che la scienza potesse risolvere i problemi sociali (Capuana, *Studi* 34). La Firenze degli anni '80 e '90, cosmopolita, aperta agli influssi culturali provenienti da Francia, Inghilterra e Germania, rappresentò l'ambiente in cui prese forma il movimento dell'estetismo che fin dal suo incipit, nelle riviste come *La vita nuova* (1889-91) e *Germinal* (1892-93), si apriva a modelli stranieri e a nuovi modi di intendere la funzione dell'arte, della letteratura e della critica, e così facendo si opponeva non solo al programma culturale dell'*establishment,* ma anche alle premesse politiche di tale programma.

La metà degli anni '90, tuttavia, registró negli ambienti culturali di Firenze e della nuova capitale, Roma, una tendenza contraria ai principi dell'estetismo cosmopolita: un ritorno o una rinascita di un nazionalismo ispirato allo stesso culto della Bellezza che aveva caratterizzato il movimento dell'*art pour l'art* a

---

[2] In questo articolo Ojetti riprende da un lato l'argomentazione di un articolo da lui pubblicato sulla *Revue de Paris* l'anno precedente (citato da De Lorenzi 1074), dall'altro condensa qui gli esiti delle sue interviste ai maggiori letterati italiani sul tema della condizione presente delle belle arti nella penisola. Tale inchiesta era stata pubblicata come libro nel 1895 con il titolo *Alla scoperta dei letterati*. Dalle inchieste condotte da Ojetti emerge chiaramente la mancanza di una lingua unitaria, agile e "capace di esprimere il pensiero moderno" (*Alla scoperta* 115).

cui a sua volta si opponeva. [3] Questa alternanza di movimenti culturali è perfettamente incarnata, in quegli anni, nella figura di Gabriele D'Annunzio e nella sua trasformazione da *décadent* a intellettuale impegnato nel nome della rinascenza latina e della sua personale interpretazione del superuomo nietzscheano. Una reazione, questa, visibile nella citata inchiesta, scaturita dall'articolo di Morasso "La politica dei letterati" e, ancor di più, nell'articolo pubblicato dallo stesso nel febbraio 1897, "Ai nati dopo il Settanta", ove si predicava che "la terza reazione si incarna nelle pure fonti eterne e solenni dell'arte nazionale, nella semplicità, nella forza, nell'anima e nella terra natale" (3). In questo articolo Morasso esplicitamente mette in contrapposizione questo movimento nazionalista al cosmopolitismo culturale e letterario—e all'atrofia politica—che contraddistinguono la seconda reazione. In esso, attacca apertamente il movimento degli esteti fiorentini che si erano resi colpevoli di avere invocato "una coorte di combattenti dal Nord, per dare il colpo di grazia al genio latino", definendo i suoi aderenti "giovani simbolisti [che] esagerarono nel cosmopolitismo" (3).

Nelle pagine che seguono si inquadrerà l'inchiesta sul rapporto tra letteratura italiana e modelli stranieri, pubblicata su *Il marzocco* nel 1897 nel contesto dello stato delle traduzioni nell'Italia della fine dell'Ottocento, con particolare attenzione al cosmopolitismo di Firenze. Questo contesto dovrà essere letto nella chiave politica dei cambiamenti ideologici che occorsero nell'ultimo decennio del secolo, dalla crisi del positivismo all'avvento del nazionalismo moderno e alla creazione dei miti nazionali, con il conseguente rifiuto dei modelli stranieri e delle correnti culturali che avevano caratterizzato gli anni '80 e i primi anni '90, e avevano visto l'Italia assorbire avidamente forme letterarie e movimenti filosofici d'Oltralpe, resi popolari dallo sviluppo dell'industria libraria e del mercato delle traduzioni.

Il mercato librario nell'Italia della seconda metà dell'Ottocento

Per comprendere meglio il significato dell'inchiesta sul rapporto tra letteratura italiana e straniere occorre esplorare la situazione del mercato librario nell'Italia della seconda metà dell'Ottocento.

L'Ottocento fu il secolo che vide lo sviluppo dell'editoria di massa, capace di raggiungere un numero molto alto di lettori che prima non avevano accesso alla lettura, grazie anche all'intensa opera di alfabetizzazione da parte del governo postunitario. Sui giornali e periodici ottocenteschi si pubblicavano soprattutto, a puntate, traduzioni di romanzi e racconti provenienti dall'estero:

[...] opere che configurano in modo inedito l'immaginario della metropoli moderna. La

---

[3] Per una trattazione dell'opposizione tra movimenti culturali nell'Italia degli ultimi decenni dell'Ottocento si veda "Action or Contemplation? The Role of the Artist in *fin-de-siècle* Italy", in Borelli 21-42.

nascita dell'immaginario urbano contemporaneo è fondata essenzialmente su due modelli europei, che interpretavano la voga del realismo nell'Ottocento, la Francia di Balzac e l'Inghilterra di Dickens.

(Ruggiero 226)

Come nota Stefano Ondelli,

le traduzioni hanno svolto indubbiamente un ruolo di primo piano nella definizione dei modelli letterari e culturali del nostro paese, fin dal momento in cui viene avviata l'industrializzazione del processo di produzione, distribuzione e consumo della letteratura in prosa e ha avuto inizio la stabilizzazione del genere del romanzo di consumo.

(Ondelli 87)

Uno spoglio compiuto sul catalogo dei libri pubblicati nell'Ottocento (CLIO), in particolare dal 1880 al 1889 rivela che circa 75% dei libri pubblicati erano opera di prosa (Ondelli 90-95), mentre la restante percentuale si divideva tra poesia e teatro, generi più di nicchia e meno apprezzati dal grande pubblico. Sono dunque le opere di prosa che subiscono maggiormente l'influenza dei modelli stranieri e quelle che assorbono la maggior parte delle traduzioni. Tra le lingue di partenza la più tradotta è il francese, seguita dal tedesco e dall'inglese, ma il francese da solo assomma un terzo di tutte le traduzioni e conta un numero di traduzioni pari alla somma delle altre due (93). Non è dunque sorprendente che la Francia costituisse la pietra di paragone a cui i letterati italiani guardavano nel considerare lo sviluppo della propria letteratura nazionale.

Data la costante immissione di autori in traduzione nel mercato librario, è facilmente comprensibile come gli scrittori italiani si nutrissero per forza di testi di letteratura straniera, o fossero costretti a emulare modelli stranieri se volevano assicurarsi un contratto con un editore e il successo nelle vendite. Sul fronte della letteratura popolare le imitazioni erano molto più ovvie che su quello della letteratura di elite: Carolina Invernizio, per esempio, autrice molto cara al pubblico femminile, non esitó mai a dichiarare di ispirarsi a modelli d'Oltralpe come Ponson du Terrail, Walter Scott e Alexandre Dumas (Sassoon 651). Sassoon, inoltre osserva che, a differenza di quanto avveniva tra gli scrittori d'Oltralpe, i dibattiti tra scrittori italiani vertevano invariabilmente su quali fossero i modelli stranieri da seguire o imitare. Di fatto il mercato librario era dominato da autori stranieri, con l'eccezione di alcuni autori di successo come Giovanni Verga, Grazia Deledda, Edmondo De Amicis, Luciano Zuccoli, Matilde Serao e naturalmente Gabriele D'Annunzio, i quali potevano contare su tirature di almeno 20.000 copie (651). Al tempo stesso, soltanto tre autori italiani venivano tradotti con successo al di fuori del mercato italiano: Edmondo de Amicis con il suo bestseller *Cuore* (1886); Carlo Collodi con il famoso *Pinocchio. Storia di un burattino* (1881-82); e Gabriele D'Annunzio, cosa che non sorprende, considerando le sue relazioni con editori francesi e la sua lunga permanenza in Francia. Come si vedrá, dall'inchiesta emerge la preoccupazione non solo sul carattere autentico e nazionale della letteratura italiana, ma anche sulla mancanza di successo degli autori italiani all'estero.

I centri maggiori dell'industria libraria erano Milano, Roma e Napoli, seguiti da Firenze, città in cui si sviluppò il fenomeno del giornalismo letterario. Le cosiddette riviste letterarie che proliferarono nell'Italia postunitaria offrivano uno spazio in cui gli intellettuali italiani potevano non solo esprimere un'opinione sullo stato delle lettere del paese, ma anche penetrare nella sfera del dibattito politico, offrendo un importante punto di contatto tra cultura e società e un interessante esperimento di superamento della divisione tra letteratura e impegno civile (Billiani 445). Tali riviste presentano infatti una commistione di temi culturali e politici, con una svolta distintamente impegnata attorno ai primi anni del ventesimo secolo, in periodici come *Il regno* (1903-5), *Il leonardo* (1903-7), *La voce* (1908-14), ma anche ne *Il marzocco* sotto la direzione di Enrico Corradini dal 1897, nonostante la missione di questa rivista fosse all'inizio essenzialmente apolitica. Il fenomeno del giornalismo letterario in quegli anni si pose come riflesso e risposta allo sviluppo del mercato di massa e della letteratura di consumo, un aspetto della modernità a causa del quale l'intellettuale tradizionale assistette alla baudelairiana perdita d'aureola.[4] Il giornalismo letterario, infatti, offriva all'intellettuale uno spazio non soltanto dove testare il proprio ruolo in un confronto tra pari, ponendosi al di fuori dei bisogni del pubblico di massa e delle richieste dell'editoria di consumo, ma anche più prosaicamente, un modo per incrementare il proprio numero di lettori e diffondere il proprio lavoro (Somigli 49). È attraverso il dibattito dei giornalisti che l'inchiesta sull'originalità e la rinascita della letteratura italiana si può comprendere non soltanto alla luce del successo editoriale ma anche di quello politico del rapporto tra cultura e rinascita del giovane stato italiano.

Il marzocco fra cosmopolitismo e estetismo
Il marzocco si contraddistinse fin dall'inizio per l'apertura alle letterature straniere, in particolare alla letteratura francese, all'estetismo inglese, alla filosofia di Arthur Schopenhauer, e per il fatto che, questa rivista si era tenuta alla larga dalla retorica nazionalista del ritorno alla stirpe promulgata ad esempio dal quasi coevo *Convito* (Oliva 149).[5] Fieramente antipositivista, antinaturalista e

---

[4] Il termine "perdita d'aureola" deriva da uno dei *Petits poèmes en prose* di Charles Baudelaire (*Oeuvres complètes* 133-34), testo che diviene emblematico della condizione del poeta nella modernità, ove l'intellettuale non riveste più un'alta funzione pedagogica ma è soggetto alle logiche del mercato e alla commercializzazione dell'arte. Per una trattazione del tema della perdita d'aureola nel poeta nella società moderna si veda l'introduzione del libro di Somigli, *Legitimizing the Artist* 4-16.

[5] Nel proemio del *Convito* l'autore Gabriele D'Annunzio, invitava gli intellettuali italiani a "sostenere militarmente la causa dell'Intelligenza contro i barbari" (2: 286). Secondo D'Annunzio, "ebbene, c'è ancòra qualcuno che in mezzo a tanta miseria e a tanta abjezione

contrario alla propaganda del nuovo regno d'Italia, *Il marzocco* si imperniava sul rifiuto dell'arte come veicolo di contenuti sociali e promulgava il culto della Bellezza fine a se stesso (Billiani 449-51).[6] Il rifiuto della propaganda nazionalista del neonato governo unitario andava di pari passo con il cosmopolitismo della città di Firenze.

Nel diciannovesimo secolo Firenze era divenuta la culla del fenomeno dell'anglomania in Italia, come scrivono Billiani e Evangelista, "subito seguito da un crescente interesse in Inghilterra per le cose italiane.... Firenze era la città in cui la cultura inglese circolava estensivamente nei saloni letterari alla moda" (141). Gli scrittori nei circoli letterari fiorentini sostenevano da un punto di vista più elitario quello che già avveniva nel mercato di massa e ribadivano da un lato che l'Italia, come entità nazionale finalmente unita, poteva ingaggiare relazioni culturali alla pari con altri paesi, e dall'altro che l'estetica delle arti italiane poteva e doveva essere migliorata grazie al confronto e all'assorbimento di modelli stranieri (143). A Firenze personaggi come Enrico Nencioni, Vernon Lee e Carlo Placci favorivano scambi proficui tra la cultura inglese e quella italiana, mentre altri come Angelo Conti si ispiravano direttamente alle idee di Walter Pater e John Ruskin sulla funzione dell'arte e sulla missione dell'artista e del critico. Estetismo e cosmopolitismo nella Firenze di fine secolo erano indissolubilmente intrecciati: il cosmopolitismo era sia un'etica che un'estetica: "[...] scrittori la cui attitudine trasgressiva nei confronti delle idee borghesi di patria, città e nazione li portava a relazionarsi con un caleidoscopio di networks internazionali e a identificarsi come cittadini del mondo" (Parejo Vadillo 164). Tali scrittori ricercavano al tempo stesso la natura del loro paese nello studio del suo passato: "nei loro viaggi in altre nazioni e culture le loro opera si relazionavano con queste altre nazioni, le loro lingue e culture e soprattutto con il loro passato: un'estetica geostorica" (165).

Il cosmopolitismo tuttavia non era immune da critiche: secondo Luigi Capuana, lo scambio e ibridazione della letteratura italiana con modelli stranieri, benché tratto distintivo e inevitabile del mondo moderno, "uccideva il carattere nazionale" (*Gli ismi* 14). Abbiamo già inoltre citato la critica di Mario Morasso nei confronti di chi invocava "i combattenti dal Nord" ("Ai nati" 3) per rinvigorire le lettere italiane. La reazione all'inchiesta de *Il marzocco* diede spazio ai fautori del ritorno alle fonti dell'arte nazionale contro il cosmopolitismo e estetismo di cui Firenze era la capitale, ribadendo la necessità per l'Italia di trovare una propria voce.

---

italiana serba la fede nella virtù occulta della stirpe, nella forza ascendente delle idealità trasmesseci dai padri, nel potere indistruttibile della Bellezza" (2: 285).

[6] Si veda ad esempio Orvieto nel prologo de *Il marzocco*: "L'idea politica e sociale, anzi, piuttosto che dare all'artista ispirazioni profonde lo turba e lo travia [...]. Guardatevi intorno: quale poesia bella è mai uscita dal nostro Risorgimento?" (*Proemio* 1)

L'inchiesta su Il marzocco

L'inchiesta sull'originalità delle lettere italiane apparve su *Il marzocco* del 28 novembre 1897, preceduta da un'introduzione da parte degli editori, i quali giustificavano la scelta di interrogare autori stranieri con il fatto di dover dirigere l'attenzione dei lettori all'estero sulla letteratura italiana contemporanea. Ai letterati d'Oltralpe si ponevano le seguenti domande:

> Se avete avuto l'occasione di esaminare qualcuna delle manifestazioni letterarie o artistiche dell'Italia contemporanea, qual è a vostro avviso la loro importanza?; Credete ad una rinascita della nostra letteratura e della nostra arte, e quale tendenza vi sembra che esse seguano?; Secondo la vostra opinione quale rapporto hanno la nostra letteratura e la nostra arte con l'arte e la letteratura d'Europa e quale spazio occupano nella produzione contemporanea?
>
> (Corradini 1; la traduzione è mia)

Dall'inchiesta e dalla sua prefazione trapela la preoccupazione nei confronti di una letteratura nazionale che non ha ancora stabilito un carattere originale e che quindi non può dialogare alla pari con le altre nazioni. Le risposte all'inchiesta si trovano su *Il marzocco* a partire dal 26 dicembre 1897 e fino al febbraio dell'anno successivo. La tendenza preponderante tra gli intellettuali stranieri intervistati è quella di affermare che la letteratura italiana a loro contemporanea manca di originalità e che nasce come riflesso e imitazione dei molto modelli, perlopiù francesi, che circolavano in traduzione. È questa, per esempio l'opinione di Remy de Gourmont, il quale, pur riconoscendo la fioritura di buoni autori in Italia, dichiara che neppure il migliore di quelli, Gabriele D'Annunzio, è capace di stupire il pubblico francese con la sua originalità, in quanto non fa altro che riproporre le idee di Tolstoj, Ibsen e Nietzsche, "rese europee dal loro passaggio attraverso Parigi" (de Gourmont 1). L'italiano Domenico Alessandro Parodi concorda con de Gourmont quando afferma che tutti gli autori italiani hanno invariabilmente subito l'influenza francese e che non vi è effettivamente nulla in loro di originale (1). L'unico autore che si salva delle influenze straniere è Giosue Carducci, la cui poesia mantiene un carattere unico, dovuto al suo "accento indigeno e alla sua fedeltà alla tradizione greco-romana" (Parodi 1; la traduzione dal francese è mia). È interessante notare come la poesia, in quanto genere di nicchia e meno pubblicato e tradotto, sembrasse, secondo gli intervistati, preservare una sua originalità, nel bene o nel male: de Gourmont aveva infatti notato l'arcaicità della produzione poetica italiana ancora soggetta a strutture metriche rigorose e tradizionali (1). A sua volta, il visconte Meichier de Vogüe ribadisce che la poesia italiana, grazie a Carducci, D'Annunzio e Giovanni Pascoli, mantiene non solo la sua individualità ma anche il suo primato in Europa, grazie alla fusione originale di spirito sensuale e pagano e idealismo mistico (de Vogüe 2). L'idea preponderante è che in prosa, nonostante la visibilità di D'Annunzio, unico autore ad attraversare i confini, gli autori italiani imitassero modelli non solo francesi ma anche russi, belgi e scandinavi senza che vi fosse un'influenza reciproca. Di fatto, molti degli intervistati ammettono di conoscere ben poco della letteratura italiana contemporanea: l'emulatissimo Emile Zola, ad esempio, confessa di non conoscere quasi nessun autore italiano (3). Il fatto che gli intervistati sembrassero conoscere tra i prosatori soltanto D'Annunzio riflette i dati sulle scarse traduzioni di opere italiane all'estero, come sia François Curel che George Hérelle (l'entusiasta traduttore in francese e critico dei romanzi di D'Annunzio) confermano (Curel 1; Hérelle 1). L'Italia subisce troppe influenze francesi e germaniche, dichiara Amedée Roux nel 1898, e per questo si può tranquillamente affermare che la letteratura italiana non sia che un riflesso di quella francese e non si possa davvero parlare di rinascita delle lettere, dato che "il grande ostacolo proviene dalla miseria prodotta da un pessimo governo" (1). Della stessa opinione sono Jules Case e Philip Zlicken:

> L'arte subisce una faziosa tendenza al cosmopolitismo in cui si perdono le tradizioni e il gusto della varietá: se ne affrancherá per forza, singolarizzandosi di nuovo nelle proprie forme nazionali, anche se rinforzata, bisogna ammetterlo, dall'acquisizione di escursioni straniere.
>
> (Case 2)

Secondo Philip Zlicken, "l'arte italiana era autoctona, ma quella contemporanea sembra cosmopolita: subisce influenze diverse, francesi e spagnole" (3). Tra gli autori stranieri intervistati nell'inchiesta, alcuni non vedono la mancanza di originalità della letteratura italiana come un fattore negativo, ma come un segno del cosmopolitismo che a sua volta costituisce una conseguenza inevitable della modernità e dello sviluppo dell'industria libraria moderna. Ad esempio, secondo Paul Adam, la commistione e gli scambi reciproci sono inevitabili e sono un segno della vitalità del mercato librario e "della circolazione di idee a livello internazionale" (3). L'intervento di André Gide vede inoltre in una luce positiva il dibattuto tema dei plagi dannunziani: D'Annunzio infatti, pur non essendo originale, ha attirato l'attenzione del pubblico sullo sviluppo del romanzo europeo e sui suoi temi principali, ispirandosi altrove "dato che il suolo italiano era sterile" (Gide 4).

Non tutti i participanti dell'inchiesta esprimono dubbi sull'originalità della letteratura italiana. Alcune voci rispondono direttamente alla domanda sulla possibilità di una futura rinascita delle lettere italiane. Tale rinascita si associa a due elementi fondamentali: la forza dell'unità politica italiana, così faticosamente raggiunta, e il *revival* della tradizione classica e latina che rappresenta il tratto distintivo del carattere italiano. Così si esprime Paul Fischer: "Ai miei occhi l'importanza della letteratura italiana contemporanea consiste in ció che ella rimanga fedele a queste gloriose tradizioni" (1), dove la parola "tradizioni" indica non solo la latinità, ma anche il senso di unità culturale e linguistica, e la volontà di indipendenza che avevano guidato l'unificazione politica del paese. Ancora più ottimista è la voce di Eugène Muntz, secondo il quale è impossibile che lo spirito italiano, dopo avere prodotto il Rinascimento e la grande musica del sedicesimo secolo, non provveda un nuovo movimento da contrapporre all'epidemia del realismo e del fantasismo venuti dal Nord:

[...] il suo ruolo sarà di conciliare, come altre volte, il rispetto dovuto ai capolavori classici con la freschezza delle impressioni e lo spirito d'iniziativa; di consolidare l'unione tra forma e idea; essa opporrà una sintesi, vivida e generosa, alle analisi artificiali e morbose dei degenerati settentrionali così ben caratterizzati da Nordau.

(Muntz 1)

È interessante come lo spirito latino venga qui invocato come un sano antidoto alla letteratura "degenere",[7] una categoria critica ideata da Max Nordau e entusiasticamente abbracciata da critici italiani come Vittorio Pica per costruire l'idea del decadentismo italiano (27-28). In Italia infatti, il ritorno alla latinità verrà proposto esattamente come una risposta alla virata decadente della letteratura della fine del secolo, ad esempio nel romanzo *Le vergini delle rocce* di Gabriele D'Annunzio. Ancora su questi toni è il commento di Robert de la Sizeranne: "[...] i costumi e le leggende popolari latine sono ricche e quasi inesplorate. Tutto ciò che è particolarmente italiano, nei romanzieri di oggi, è incomparabile [...]. Sono certo che ci sarà una rinascenza letteraria italiana a condizione che l'Italia *farà da sé*" (2). Opinioni simili vengono espresse anche da Léon de Rosny: la rinascita dell'Italia ha le sue radici nel ritorno alla classicità come antidoto all'influenza del Nord e deve essere un riflesso dell'unità politica raggiunta:

L'Italia contemporanea [...] è l'Italia che ha smesso di essere frammentata in piccoli stati... Si tratta dell'Italia unita, io trovo nel movimento letterario che si è formato negli ultimi anni la manifestazione eloquente di un popolo che ha compreso come conciliare le gloriose prerogative del suo passato e le esigenze ineluttabili del suo presente.

(4)

Nella prima pagina del febbraio 1898, gli editori della rivista fanno il punto sulle varie opinioni raccolte e trasmettono ai lettori il messaggio de *Il marzocco* sui temi proposti agli autori stranieri. Con tono dolente gli editori riconoscono la veridicità delle accuse di decadenza all'arte e alla letteratura italiana e concordano nell'attribuirne la causa all'eccessiva influenza dei modelli stranieri, in particolare francesi:

Michele Rossetti crede vedere una delle ragioni della nostra fiacchezza nell'influenza eccessiva che esercitano su di noi gli stranieri, e specialmente la grande letteratura e arte della Francia. I francesi sono grandi non perché imitano servilmente gli stranieri ma perché cercano di essere prima e sopra tutto francesi.

(Autori vari, "Intorno alla nostra inchiesta", 1)

---

[7] Il testo di Max Nordau (dal titolo *Entartung*, pubblicato nel 1892) costituiva uno dei testi più letti e commentati durante la fine dell'Ottocento. Qui vi troviamo il concetto di degenerazione applicato ad alcune manifestazioni artistiche contemporanee all'autore inteso come "la deviazione morbosa da un modello originario" (35; traduzione mia).

Il tema della dipendenza e incorporazione dei modelli stranieri era stato effettivamente notato da molti dei contributori all'inchiesta, modelli che gli italiani avrebbero assorbito passivamente: "[...] quei modelli non li superano e neppure li agguagliano" (Autori vari, "Intorno alla nostra inchiesta", 1).

La ragione viene fatta risalire anche al cosmopolitismo delle lettere, un fenomeno della modernità di cui *Il marzocco* stesso si era fatto promotore: "Molti e tra i non meno autorevoli rilevano pure una tendenza che è comune oggi, del resto, a tutta l'Europa, la tendenza cioé al cosmopolitismo nell'arte e nelle lettere" (1). Tuttavia, in questo articolo gli editori de *Il marzocco* sembrano fare proprio il consiglio del secondo gruppo di contributori all'inchiesta di cui si è discusso sopra, quelli che predicavano un ritorno alle tradizioni nazionali come antidoto alla decadenza delle arti: "E meritano di essere bene considerate le parole di Giulio [sic] Case, quando ha deplorato questo cosmopolitismo in cui si perdono il senso delle tradizioni locali e nazionali e il gusto della varietà" (1).

Nei paragrafi successivi gli editori suggeriscono la via agli artisti italiani che vogliano ritrovare l'ispirazione autentica. Il segreto, affermano, è ritornare allo studio diretto della Natura e all'ingegno, lasciando perdere l'imitazione: "non vi perdete, o giovani, nell'imitazione del vostro autore preferito, fosse anche il più perfetto che mai siasi rivelato agli uomini. Chi imita è schiavo ed è condannato a mai superare il maestro" (1). Se queste righe riprendono l'adagio ruskiniano dell'imitazione diretta della natura nel sommario dell'inchiesta troviamo anche un accenno alla necessità di inserire la rinascita delle lettere italiane all'interno di una risorgenza dello spirito nazionale che ha risonanza politica: "L'arte non sorge e non risorge se non quando l'anima di un individuo o di un popolo è sorta o risorta libera, sincera e schietta" (1).[8]

Appare con chiarezza nei commenti all'inchiesta l'inversione di tendenza rispetto alla posizione di Ojetti ne *Il marzocco* del 15 marzo 1896, con il suo pessimismo sulla condizione della letteratura italiana. L'articolo di Ojetti aveva da subito suscitato vive polemiche, risvegliando le ire perfino di Carducci, vecchio difensore del genio italiano, il quale aveva veementemente risposto su *La vita italiana* (Carducci 25: 363-68) e di Luigi Capuana nel già citato saggio "Idealismo e cosmopolitismo". Il saggio di Capuana è particolarmente interessante in quanto offre una riflessione sul tema delle traduzioni come fonte del cosmopolitismo in letteratura e, d'altro lato, come strumento dell'appiattimento delle peculiarità linguistiche di un'opera. Dopo avere osservato

---

[8] John Ruskin (1819-1900), uno dei più famosi studiosi e critici d'arte dell'Inghilterra vittoriana, reitera nelle sue opere le concezioni sull'arte e la funzione dell'artista. Ruskin credeva in una presenza spirituale irradiante dalla natura direttamente nell'occhio dell'artista e poi nella sua opera (48-50). In Italia Angelo Conti divenne il discepolo e il divulgatore di questa teoria, che ebbe grande influenza nei circoli estetici fiorentini e che promosse l'interesse verso l'arte preraffaellita (Mazzanti 497-98). In *Giorgione*, Conti ribadisce come il vero artista non imiti mai un maestro o un predecessore ma si ispiri sempre direttamente alla propria visione spirituale della natura (39-41).

la scarsità degli autori italiani ad arrivare sui mercati d'Oltralpe, Capuana fa notare come il mediocre successo di un autore pur grande come il Verga fosse dovuto all'intraducibilità della lingua regionale e del dialetto, divenuti scialbi e stinti in francese, e attribuisce a questo fatto la scarsità del successo della traduzione francese de *I Malavoglia* ("Idealismo", 8-9). Le opere di un autore come D'Annunzio, d'altro canto, la cui lingua scevra di particolarismi nazionali e regionali costituisce un esempio di lingua letteraria cosmopolita, "nella traduzione di Hérelle si sono trovate come a casa loro" (8). Il problema della mancanza di una lingua "capace di esprimere il pensiero moderno con le sue sottigliezze e sfumature" (Ojetti, *Alla scoperta* 115) era emerso con chiarezza dalle interviste che Ojetti aveva condotto presso i letterati italiani (la citazione viene dall'intervista a Cesare Cantù in questa opera). Questa mancanza può forse spiegare, come illustra Valerio Ferme nel suo studio delle traduzioni dall'inglese in Italia sotto il Fascismo, la preferenza dei lettori per le traduzioni, "stanchi della perfezione formale e delle tematiche tradizionali favorite da gran parte dei prosatori italiani a scapito di tematiche e linguaggi più moderni" (44).

Nell'introduzione al libro da cui il saggio sul cosmopolitismo è tratto, *Gli ismi contemporanei,* Capuana deplora anche la mancanza, *ante litteram,* di strategie di mercato efficienti per gli autori italiani: un lettore preferiva acquistare la traduzione di un libro francese, benché scadente, piuttosto che un libro italiano, giudicato noioso dal pubblico medio ("Introduzione", 4-5). Occorre notare come nella scelta da parte del pubblico di leggere opera in traduzione ci fossero anche importanti fattori economici. Innanzitutto, le traduzioni di autori deceduti erano più economiche di libri di autori viventi, dato che i diritti d'autore cessavano di esistere a dieci anni dalla morte dell'autore (Ferme 47). Inoltre, poiché le case editrici retribuivano poco i traduttori, mentre gli autori italiani esigevano compensi più remunerativi, le case editrici preferivano immettere sul mercato traduzioni che non opere italiane, come scrive lo stesso studioso (50). È ovvio che per un letterato che doveva vivere della sua professione, i compensi delle case editrici parevano sempre esigui, come notano alcuni letterati intervistati da Ojetti: "In Italia il compenso pecuniario è minimo, per la povertà e l'ignoranza degli editori" (*Alla scoperta* 206). Gli autori italiani competevano con i prodotti delle traduzioni che risultavano estremamente più lucrative per le case editrici, che riuscivano a spendere poco e raggiungere un mercato di massa. Nel capitolo "La traduzione dall'inglese sotto il Fascismo" (39-84) Ferme mostra inoltre come la diffusione di romanzi a basso costo, con tematiche atte a soddisfare i gusti del pubblico, tradisce anche una manipolazione ideologica delle masse, che venivano tramite questi libri "educate" a valori tradizionali e medio borghesi (52-54). Per quanto riguarda le dinamiche di mercato della fine dell'Ottocento si può certamente affermare che la diffusione di romanzi tradotti contribuì ad allargare divario tra letteratura "alta" e letteratura di consumo, un divario già presente a causa del problema della lingua.

Il ritorno ad una letteratura nazionale

Capuana e Carducci rappresentavano ancora l'antico baluardo del positivismo post-unitario, del verismo come capisaldo della letteratura nazionale e del nazionalismo di stampo risorgimentale, idee che ispiravano la loro antipatia per il cosmopolitismo in letteratura. Tuttavia, simili posizioni riguardo al ritorno alle radici nazionali verranno però sostenute anche dalla nuova generazione di intellettuali, quelli che Morasso chiama "i nati dopo il settanta," impegnati nella "terza reazione letteraria" (Morasso, "Ai nati", 3). Questa reazione si definiva "terza" in quanto veniva dopo il patriottismo risorgimentale, ormai svuotato di senso, e dopo il distacco dell'*art pour l'art* praticato dagli esteti decadenti degli anni '80, raccolti attorno alle riviste fiorentine, in primis *Il marzocco*. In una sorta di movimento sintetico hegeliano, Morasso riproponeva un ritorno al nazionalismo nel nome della Bellezza, ideale squisitamente estetico ma ricaricato in senso nazionalistico come ritorno alle origini e all'arte propria della "stirpe" (3).

È chiaro come entrambe le posizioni—il raffinato cosmopolitismo letterario di Firenze che andava di pari passo con l'anglomania e l'esterofilia da un lato, e la veemente riscossa nazionalista dall'altro—fossero facce della stessa medaglia e dello stesso fenomeno: la perdita d'importanza del letterato tradizionale nel contesto della modernità e la sua sottomissione alle logiche del mercato. È D'Annunzio che incarna più di ogni altro la proposta morassiana della creazione di un'arte nazionale e popolare, sia simbolicamente, nel suo alter ego Stelio Effrena de *Il fuoco,* autore di drammi *a la* Wagner capace di conquistare lo spirito delle masse, sia nella realtà, con la produzione di opere teatrali capaci di raggiungere il popolo. L'estetismo cosmopolita d'altro canto, aveva costruito la propria *turris eburnea* di letterati che, attraversando i confini nazionali, condividevano lo stesso disprezzo per la commercializzazione delle arti. Benché nate dalla stessa radice, le due tendenze si contrapponevano l'una all'altra sul tema dell'impegno politico del letterato, sulla relazione tra la letteratura e arte italiane e le influenze straniere e sulla possibilità di raggiungere un pubblico di larga scala.

Oltre *Il marzocco*

Una stessa dinamica culturale pervadeva altre riviste e centri culturali della penisola come Milano e Torino. Nella città lombarda una rivista come *L'idea liberale* (1891-1906) mostra un susseguirsi di tendenze che vanno dall'apertura totale a opere e autori stranieri e alla costruzione di un movimento aristocratico intellettuale anticorporativista (Bagnoli 50) a un progetto di manipolazione delle masse attraverso la letteratura. Queste tendenze si scontrano sul caso D'Annunzio, mettendo in luce da un lato i plagi dannunziani e i debiti alle opere straniere e dall'altro la critica al D'Annunzio decadente per poi invece mostrare un appoggio incondizionato alla svolta nietzscheana dell'autore abruzzese. Similmente nella torinese *Gazzetta letteraria* assistiamo a un influsso notevole di autori stranieri, con frequenti brani di opere in traduzione, seguito dalla nascita di un "movimento rinnovatore" improntato alla necessità di una letteratura nazionale (de Rienzo 576).

Il clima politico e culturale era maturo per la svolta nazionalista: il 1896 vide l'infamante battaglia di Adua, in cui le truppe italiane vennero clamorosamente sconfitte dall'esercito abissino. Perfino il disimpegnato *Il marzocco* espresse il cordoglio alla sconfitta militare che segnó il crollo del sogno imperialista italiano. Nello stesso anno cadde il governo socialista di Francesco Crispi e con lui si spense la cultura del positivismo ormai stanco e di maniera che aveva caratterizzato l'ambiente della prima Italia postunitaria. Già nel 1895, il "fratello" romano de *Il marzocco, Il convito,* aveva commissionato a D'Annunzio la scrittura del proprio prologo. Benché affine al prologo *de Il marzocco* nel suo invocare la Bellezza come unica ragione dell'arte, la rivista romana conteneva un più veemente ritorno al culto della razza di Roma e al ritorno alla stirpe. Non a caso Pascoli entrò a far parte dei circoli dei conviviali di Adolfo de Bosis grazie alla sua fama di poeta latino e grande traduttore dei classici. Nonostante la copertina di gusto squisitamente decadente, nella rivista trovò posto il primo romanzo nazionalista di D'Annunzio, *Le vergini delle rocce,* e vi collaborava Edoardo Scarfoglio, fervente sostenitore del nazionalismo. *Il marzocco* rimase dapprima in disparte, ma dal 1897, anno dell'inchiesta di cui ci siamo occupati, la direzione fu presa da Enrico Corradini, il più impegnato degli intellettuali marzocchini e il più affine alle idee di Mario Morasso.

Conclusione

Al pari delle altre inchieste pubblicate su *Il marzocco*, anche quella sull'originalità delle lettere italiane si rivela un importante indicatore del clima sociopolitico, economico e culturale dell'Italia di fine Ottocento. Lungi dall'essere soltanto un'inchiesta di natura letteraria, essa aiuta ad inquadrare il mondo dei letterati italiani nella società ormai moderna della fine dell'Ottocento. Da un lato abbiamo infatti la cruda realtà del mercato librario che segue le ferree leggi della domanda, per cui il destinatario detta il prodotto, un cambiamento che destabilizza profondamente il concetto che il letterato tradizionale italiano ha di sé e della propria funzione nella società. La reazione a tale declassamento della figura dell'intellettuale si può vedere ad esempio nel tentativo di Giovanni Pascoli di ripristinare il poeta come il sacerdote della modernità (117), o nella creazione da parte di D'Annunzio della propria persona artistica come poeta vate delle masse anche se nel contempo egli cerchi di scrivere romanzi che rispondano al "bisogno del sogno" delle masse e che quindi vendano bene.[9] Le traduzioni e le imitazioni

---

[9] L'espressione viene dall'articolo "Il bisogno del sogno" che D'Annunzio pubblicó su *Il mattino* del 31 agosto-1 settembre 1892 (D'Annunzio 1: 72), ove il poeta discuteva il destino della letteratura italiana in un'Italia umbertina inondata di piccoli editori e libri di poco prezzo e poco valore.

di autori stranieri sul mercato italiano ci informano sul bisogno di letteratura di consumo a cui molti scrittori italiani, ancora prigionieri di una letteratura elitaria, non sempre riescono a rispondere. Inoltre, la presenza massiccia di traduzioni straniere sul mercato italiano ci allerta del problema della lingua, già rivelato da Ojetti ne *Alla scoperta dei letterati.* Appare infatti chiaro il divario tra la lingua della letteratura colta e la lingua parlata. Le traduzioni, ad opera di traduttori professionisti, adottano per scelta, come mostra Ferme nella sua analisi degli anni del Fascismo (61), una lingua scorrevole e accessibile e quindi adatta al grande pubblico non necessariamente colto. D'altronde le opere degli autori italiani rimanevano spesso ancorate alla tradizione colta, esibendo uno stile prezioso e difficile. Da ultimo, nell'inchiesta de *Il marzocco* si riesce ad intravvedere il riflesso che il problema delle traduzioni e imitazioni ebbe sul dibattito politico italiano. Come abbiamo notato infatti, nelle riviste letterarie gli intellettuali potevano ricavare uno spazio in cui intessere la riflessione sociale alle correnti ideologiche del tempo. In questo contesto il cosmopolitismo, visto come la faccia elitaria degli scambi culturali con l'estero, veniva associato alla decadenza dell'Italia postunitaria e con l'atrofia politica degli intellettuali dell'Italia umbertina, privi di un senso forte della propria appartenenza nazionale. A tale decadenza viene contrapposto, da Morasso, ma anche dagli editori dell'inizialmente apolitico *Il marzocco*, un ritorno all'italianità, alla tradizione italica e greco-romana, un movimento che prelude al nazionalismo d'inizio secolo e alla retorica della stirpe propria del Fascismo dei decenni a venire.

King's College, London, UK

Opere citate
Adam, Paul. "Inchiesta su l'arte e la letteratura". *Il marzocco* 2.49 (1898): 3.
Autori vari. "Intorno alla nostra inchiesta". *Il marzocco* 2.1 (1898): 1-2.
Bagnoli, Vincenzo. "La missione dell'artista. Il dibattito ne *L'idea liberale* su D'Annunzio, Nietzsche e il rifiuto dell'estetismo". *Studi novecenteschi* 26. 57 (1999):47-86.
Baudelaire, Charles. *La Perte d'auréole. Oeuvres complètes.* Paris: Michel Lévy, 1869. 133-34
Billiani, Francesca. "Political and Aesthetic Trangressions: Florentine Reviews à la mode." *Il marzocco (1896-1932); Il Regno (1903-5); Il Leonardo (1903-07); Hermes (1904), and La Voce (1908-14)."* A cura di Peter Brooker, et alii. *The Oxford Critical and Cultural History of Modernist Magazines.* Vol. 2. *Europe 1880-1940.*Oxford, UK: Oxford UP, 2009. 445-68.
Billiani, Francesca e Stefano Evangelista. "Carlo Placci and Vernon Lee: The Aesthetics and Ethics of Cosmopolitanism in *Fin-de-siècle* Florence." *Comparative Critical Studies* 10.2 (2013): 141-61.
Borelli, Elena. *Giovanni Pascoli, Gabriele D'Annunzio, and the Ethics of Desire.Between Action and Contemplation.* Madison, Teaneck: Fairleigh Dickinson UP, 2017.
Burns, Jennifer, Hallamore Caesar, Ann, Romani, Gabriella (a c.di). *The Printed Media in*

Fin-de-siècle Italy: Publishers, Writers, and Readers. London UK: Legenda, 2011.

Capuana, Luigi. "Idealismo e cosmopolitismo". In Luigi Capuana, *Gli ismi contemporanei. Verismo, simbolismo, idealismo, cosmopolitismo ed altri saggi di critica letteraria ed artistica.* Catania: Giannotta, 1898. 7-11.

_____. "Introduzione". *Gli ismi contemporanei. Verismo, simbolismo, idealismo, cosmopolitismo ed altri saggi di critica letteraria ed artistica.* Catania: Giannotta, 1898. 4-6.

_____. *Studi sulla letteratura italiana contemporanea.* Milano: Brigola, 1880.

Carducci, Giosue. *Edizione nazionale delle opere.* 30 vols. Bologna: Zanichelli, 1939-54.

Case, Jules. "Inchiesta su l'arte e la letteratura". *Il marzocco* 2, 48 (1898): 2.

Conti, Angelo. *Giorgione. Studio di Angelo Conti,* Firenze: Fratelli Alinari, 1894.

Corradini, Enrico (a c. di) "La nostra inchiesta." *Il marzocco,* 2, 41 (1897): 1.

Curel, François. "Inchiesta su l'arte e la letteratura". *Il marzocco* II, 47 (1897): 1.

D'Annunzio, Gabriele. *Scritti giornalistici.* A cura di Annamaria Andreoli e Giorgio Zanetti. 2 vols. Milano: Mondadori: 2003.

De Gourmont, Remy. "Inchiesta su l'arte e la letteratura". *Il marzocco* 2, 47 (1897): 1.

De la Sizeranne, Robert. "Inchiesta sull'arte e la letteratura." *Il marzocco* 2, 47 (1897): 2.

De Lorenzi, Giovanna. "Ugo Ojetti e 'Il marzocco'". *Annali della Scuola Normale Superiore di Pisa. Classe di lettere e filosofia* Serie III Vol. 22, 4 (1992): 1073-1109.

De Rienzo, Giorgio. "Riviste letterarie in Piemonte nel secondo Ottocento." *Giornale storico della letteratura italiana* 1 (1971): 464-553.

De Rosny, Léon. "Inchiesta su l'arte e la letteratura." *Il marzocco* 2, 49 (1898): 4.

De Vogüe, Meichier, Vicomte. "Inchiesta su l'arte e la letteratura." *Il marzocco* 2, 47 (1897): 2.

Ferme, Valerio. *Tradurre è tradire. La traduzione come sovversione culturale sotto il Fascismo.* Ravenna: Longo Editore, 2003.

Fischer, Paul. "Inchiesta sull'arte e la letteratura". *Il marzocco* 2, 47 (1897): 1.

Gide, André. "Inchiesta sull'arte e la letteratura". *Il marzocco* 2, 49 (1898): 4.

Hallamore Ceaser, Ann, Romani, Gabriella, Burns, Jennifer (a c. di). *The Pronted Media in Fin-de-siècle Italy: Publishers, Writers, and Readers.* London UK: Legenda, 2011.

Hérelle, Georges. "Inchiesta sull'arte e la letteratura." *Il marzocco* 2, 48 (1898): 1.

Lolla, Maria Grazia. "Reader/ power. The Power and Poetics of Reading in Post-unification Italy." Burns, Jennifer, Hallamore Caesar, Ann, Romani, Gabriella, *The Printed Media in Fin-de-siècle Italy: Publishers, Writers, and Readers.* London UK: Legenda, 2011. 20-38.

Mazzanti, Anna. "Angelo Conti as the Ruskin and Pater of Italy: Promoter and Elucidator of Symbolism." Rosina Neginsky (a c. di). *Symbolism Its Origins and Its Consequences.* Cambridge: Cambridge Scholars Publishers, 2010.

Morasso, Mario. "Ai nati dopo il Settanta" *Il marzocco* 2, 1 (1897): 3.

_____. "La politica dei letterati". *Il marzocco* 2, 13 (1897): 1.

Muntz, Eugène. "Inchiesta sull'arte e la letteratura". *Il marzocco* 2, 47 (1897): 1.

Nordau, Max. *Degeneration.* London: William Heinemann, 1895.

Ojetti, Ugo. *Alla scoperta dei letterati.* Milano: Bocca, 1899.

_____. "La grande illusione". *Il marzocco* 1, 18 (1896): 1-2.

Oliva, Gianni. *I nobili spiriti: Pascoli, D'Annunzio e le riviste dell'estetismo fiorentino.* Venezia: Marsilio, 2002.

Ondelli, Stefano. "Per un censimento della traduzioni." *Rivista internazionale di tecnica della traduzione,* 2013.

Orvieto, Angiolo. "Introduzione." *Il marzocco* 3, 43 (1897): 1.

_____. "Proemio del *marzocco.*" *Il marzocco* 1, 9 (1896): 1.

Parejo Vadillo, Ana. "Cosmopolitan Aestheticism: the Affective 'Italian' Ethics of A. Mary F. Robinson." *Comparative Critical Studies* 10, 2 (2013): 163-82.

Parodi, Domenico Alessandro. "Inchiesta sull'arte e la letteratura." *Il marzocco* 2, 48 (1898): 1.

Pascoli, Giovanni. *L'era nuova. Pensieri e discorsi*. Milano: Egea, 1994.

Pica, Vittorio. *Letteratura d'eccezione*. Milano: Baldini e Castoldi, 1909.

Pieraccini, Gianna. "Il superuomo dannunziano come archetipo dei miti dell'ideologia di destra." *Strumenti critici. Rivista quadrimestrale di cultura e critica letteraria* 10, 3 (1995): 387-416.

Roux, Amedée. "Inchiesta sull'arte e la letteratura." *Il marzocco* 2, 48 (1898): 1.

Ruggiero, Nunzio. "Storia della traduzione come storia della cultura." Di Sabato, Bruna, Perri, Antonio (a.c. di). *I confini della traduzione*. Padova: Libreria universitaria edizioni, 2014. 221-28.

Ruskin, John. *The Two Paths — Being Lecture on Art, and its Application to Decoration and Manufacture delivered in 1858-59*. New York: John Wiley and Sons: 1875.

Sassoon, Donald. *The Culture of the Europeans from 1800 to the Present.*London: Harper Collins, 2006.

Schnapp, Jeffrey. "Nietzsche Italian style: Gabriele D'Annunzio." *Stanford Italian Review* 6 (1986): 247-63

Somigli, Luca. *Legitimizing the Artist: Manifesto Writing and European Modernism 1885-1915*. Toronto: Toronto University Press, 2003.

Zlicken, Philip. "Inchiesta sull'arte e la letteratura." *Il marzocco* 2, 49 (1898): 3.

Zola, Emile. "Inchiesta sull'arte e la letteratura." *Il marzocco* 2, 49 (1898): 3.

DANIELA MANGIONE E DANIELE NIEDDA

Una traduzione e una nazione da fare:
la prima ricezione di *Tristram Shandy* in Italia[1]

Sinossi: Il saggio chiarisce i motivi della mancata traduzione di *Tristram Shandy* in Italia nei secoli XVIII e XIX, concentrandosi su tre figure chiave nella storia della ricezione del romanzo di Sterne meritevoli di maggior attenzione critica: Francesco Gritti, Carlo Bini e Francesco Domenico Guerrazzi. Dei tre il secondo è l'unico a confrontarsi con la traduzione del testo sterniano e a dimostrare una profonda comprensione del doppio registro comico, cervantesco e rabelaisiano, della fonte. In Gritti e Guerrazzi lo Sterne shandiano si rivela assai diverso dal modello di sentimentalismo prevalente in Italia, soprattutto dopo la riscrittura foscoliana del *Viaggio sentimentale*: funge piuttosto da ispirazione per la sua carica eversiva e dissacratoria in aperta opposizione al *mainstream* del romanzo italiano.

Parole chiave: Sterne, Laurence; ricezione italiana; traduzione; nazione; Gritti, Francesco; Bini, Carlo; Guerrazzi, Francesco Domenico.

Introduzione

Quando nel 1922 *The Life and Opinions of Tristram Shandy, Gentleman* di Laurence Sterne giunge a essere tradotto in Italia, dopo avere già allineato traduzioni in almeno sei Paesi europei, il ritardo italiano non sembra caricarsi di significati particolari. Un differimento dovuto a circostanze culturali, motivato in parte dalla complessità del testo e, ancor più, dall'attenzione per il *Sentimental Journey through France and Italy*, che aveva prodotto nel 1813 la libera traduzione, se non una vera e propria riscrittura, da parte di Ugo Foscolo (sotto lo pseudonimo di Didimo Chierico) del *Viaggio sentimentale di Yorick lungo la Francia e l'Italia*, diventato nel corso del XIX secolo l'emblema di Laurence Sterne in Italia. *Tristram Shandy* in traduzione italiana integrale viene pubblicato al termine di una lunga gestazione nella collana dei "Classici del ridere" dall'editore modenese Angelo Fortunato Formiggini, che lo considera il suo capolavoro (D'Ambrosio: 100). È riconosciuto come "classico dell'umorismo" anche sulla spinta dell'ammirazione dichiarata da Luigi Pirandello nel suo *Non*

---

[1] Pur essendo stata la ricerca concepita e condotta in totale sintonia tra autrice e autore dell'articolo, all'interno di questo contributo Daniela Mangione è responsabile dei paragrafi "L'immediata ricezione italiana", "Una riscrittura anti-manzoniana" e "Conclusioni", e Daniele Niedda dei paragrafi "Introduzione" e "La prima traduzione incompiuta".

conclude alcuni anni prima;[2] dal saggio sul riso di Henri Bergson; e, non ultimo, forse, dalla riscoperta angolata del comico di intrattenimento all'inizio del Ventennio fascista (Battisti).

La prima traduzione italiana del *Tristram Shandy* si situa dunque a cavallo fra un asse comico-burlesco, almeno esteriore, di classificazione, e il richiamo all'umorismo filosofico pirandelliano. Sulla potenza e complessità meta-romanzesca e dissacrante per cui il testo è noto pare prevalere il rintoccare di esigenze nazionali, di vario tipo, che contribuiscono ad allontanare l'opera dal contesto settecentesco in cui vide la luce. Gli oltre centocinquant'anni di ritardo della traduzione non sembrano però rimandare a scelte casuali; non paiono essere estranei ad un utilizzo del testo legato strettamente alle esigenze culturali e politiche della nazione in costruzione. A partire dal suo ingresso in Italia, infatti, la storia della ricezione del testo di Sterne sembra strutturarsi in modo poco neutro; l'arrivo del *Tristram Shandy* nel Novecento, inserito nella larga categoria del riso, mostra in tralce uno specifico, consistente peso della categoria di comico: un comico talmente dissacratore e destabilizzante da essere profondamente connesso a istanze politiche.

La ricezione delle opere letterarie si lega indissolubilmente al fenomeno storico di costruzione politica della nazione: ovvero, nei termini di Anne-Marie Thiesse, alla creazione delle identità nazionali europee. Come si sa a partire da Hobsbawm, Anderson e Homi Bhabha, l'identità nazionale intesa nel senso forte dei nazionalismi—che nulla ha a vedere col normale senso di appartenenza dell'individuo a una comunità—è una costruzione ideologica che si afferma nel contesto europeo a partire dalla seconda metà del Settecento sulla scorta di un sistema fai-da-te, efficacemente definito da Thiesse come sistema Ikea (9).[3] Non a caso il momento di svolta di tale fenomeno viene fissato nel falso letterario più famoso di sempre: i canti dell'immaginario bardo Ossian, inventati da James Macpherson e esportati dalla Scozia illuminista attraverso l'Inghilterra (che se ne appropria) in tutto il mondo.

---

[2] L'idea della traduzione risale infatti ai primi del Novecento, e precisamente al 1912, anno in cui *Tristram Shandy* appare fra i libri programmati da offrire al pubblico italiano, e al 1913, anno in cui Giovanni Rabizzani si propone a Formiggini come il primo traduttore italiano (D'Ambrosio: 93-96). Da questi contatti scaturisce il profilo (*Lorenzo Sterne*) che Rabizzani pubblica l'anno seguente.

[3] Secondo Thiesse si perpetua a metà Settecento il modello di una compenetrazione fra sorti letterarie e linguistiche e costruzione della nazione. La svolta è il falso di Ossian a opera di Macpherson e la sua ricezione europea. Madame de Staël vi legge l'origine del costituzionalismo inglese, che si radica nello spirito di libertà e indipendenza dei guerrieri di Fingal. La letteratura ha quindi un peso decisivo nell'avviare questo processo. Altro snodo fondamentale è la saldatura herderiana dei concetti chiave di lingua e genio della nazione. Infine, l'opera di diffusione della letteratura popolare da parte dei fratelli Grimm accompagnata dalla redazione di grammatiche, dizionari e simili strumenti pedagogici diventa il punto di riferimento internazionale del XIX secolo per ogni progetto di creazione di identità nazionale di pronto consumo, per così dire.

Che nell'Ottocento italiano il nome di Sterne sia associato dunque al *Sentimental Journey through France and Italy* dipende senza dubbio da fattori nazionali: è un'opera dalle tonalità più comprensibili per il carattere italiano, recando fin dal titolo un diretto riferimento al Paese, e in qualche modo promuovendolo. Invece la potenza trasgressiva del *Tristram Shandy* si esprime in una forma e *verso* una forma, quella del romanzo, che in Italia non ha ancora vissuto le decadi di avvio e sperimentazione che già appartengono al mondo anglosassone (Biondi: 138); assai minore risulta, quindi, la possibilità di una profonda comprensione del discorso sotteso all'opera uscita tra il 1759 e il 1767. Se è stato il *Sentimental Journey* a rappresentare lo Sterne più letto e leggibile nell'Italia romantica, conviene capire quale sia stato, parallelamente al *Viaggio sentimentale*, il più complesso ruolo di *Tristram Shandy* all'interno della cultura italiana: se l'interesse che il nostro XIX secolo manifesta per Sterne è connesso alle istanze nazionali, è ipotizzabile che il cospicuo ritardo della traduzione italiana possa restituire un simile, e forse più complesso, legame.

L'immediata ricezione italiana
Nelle ricostruzioni del rapporto tra l'Italia e le opere di Sterne, la storia del *Tristram Shandy* è stata ripercorsa in quattro indagini diacroniche da Giovanni Rabizzani, Paul Kirby, Francesca Testa e Olivia Santovetti. Il dialogo con l'opera parte essenzialmente dal XIX secolo: inizia, cioè, con la traduzione didimea della *Storia di Maria* e le prime traduzioni di Carlo Bini risalenti al 1829. Si pensi che Arturo Graf nel suo *Inglesi in Italia nel Settecento* cita *Tristram Shandy* una sola volta, con le parole di Voltaire ad Algarotti (298), a confermare e consolidare la convinzione di un rapporto con Sterne che passa elettivamente dal *Viaggio sentimentale*. Non sembra inutile però citare un passaggio italiano precoce, che esula dai semplici incontri fra l'autore inglese e gli scrittori (Alessandro Verri, Gian Carlo Passeroni) che sono stati poi, nella letteratura critica posteriore, considerati come i primi eventi italiani significativi da annoverare nel rapporto già settecentesco con Laurence Sterne.[4]

Nella Venezia del XVIII secolo, infatti, a dimostrazione della diretta permeabilità dell'Italia rispetto alla cultura anglosassone, si incontra un immediato utilizzo della matrice shandiana, nell'anno stesso in cui Sterne pubblica l'ultimo volume di *Tristram Shandy*. Francesco Gritti, magistrato veneziano barnaboto, cioè patrizio povero e non nobile, pubblica nel 1767 *La mia*

---

[4] Alessandro Verri (1741-1816), letterato e romanziere, fu con il fratello Pietro fra i maggiori rappresentanti dell'Illuminismo italiano. Conobbe Sterne a Milano nel 1765. Anche il poeta Giancarlo Passeroni (1713-1803) incontrò Sterne a Milano in quello stesso anno. Nel suo lungo *Il Cicerone*, poema giocoso che utilizza ampiamente la digressione, Passeroni cita uno Sterne che si sarebbe detto debitore, per l'idea del *Tristram Shandy*, al *Cicerone* (Testa 27-33).

istoria, ovvero Memorie del signor Tommasino scritte da lui medesimo, opera narcotica del dottor Pifpuf, edizione probabilmente unica: un romanzo che si mostra profondamente sterniano per molti aspetti (Mangione, *Fielding and Sterne*).

L'impianto metanarrativo, ludico, ironico, dissacrante, digressivo, rimanda chiaramente alla fonte inglese, come dimostra il fatto che nel luglio dello stesso anno, mentre il romanzo stava per "mette[r]e il capo sotto il Torchio", il "Magazzino Italiano" lo disse nelle sue pagine:

> Libro capriccioso quanto la Vita di *Tristrano Shandy*. […] chi si sente un pò di quello spirito che animava *Rabelais, Verville, Svvift*, e che anima tutt'ora l'Inglese *Mons. Sterne* e una intera Accademia d'Italiani non peranche famosa, facciasi innanzi, e dia una mano a questo nuovo modo d'illustrazione.
>
> (Anonimo 113)

L'indicazione che compare sul periodico è probabilmente ad opera dello stesso Gritti; ma che sia o non sia di sua mano, il modello sterniano viene espressamente dichiarato prima dell'uscita del testo. All'interno del romanzo, poi, ci sono precisi richiami a *Tristram Shandy*. Troviamo per esempio nell'Articolo X della Parte III intitolato "I Baffi" un'allusione al capitolo I del V volume dell'opera inglese "Upon Whiskers".[5] Inoltre, nell'*Avvertimento* della Parte III dell'opera di Gritti il gioco espresso da Tristram circa i "my Lord A, B, C, D, E […]" (Sterne, *Tristram Shandy*: 44) è richiamato con "le Duchesse non solo di A … ma di B, C, per sino all'Ipsilonne" (Gritti: 104). La tonalità dell'opera sintonizzata su riso e dissacrazione è chiara fin dalla sua apertura: nella dedica sono richiamate le "ridicole mostruosità [che] deformano […] e fanno ismascellar dalle risa [la] Repubblica Letteraria"; ci si fa beffe della mania delle dediche italiane (12), dell'Accademia della Crusca, dell'Arcadia (23), dei sonettisti (33). Sono citate contese presenti, come quella tra Chiari e Goldoni; sono messi in cattiva luce i Gesuiti, i "Reverendi padri della Compagnia", le Missioni, e sono dipinti come seduttori i Padri Inquisitori (128): circostanze che non rendono strana la scarsa circolazione dell'opera di Gritti. Infine, la forma romanzo viene ripercorsa e messa in gioco attraverso la citazione dei modelli romanzeschi, dal *Calloandro fedele* al *Candide*, dal *Don Chisciotte* alla *Nouvelle Héloise*.

Il romanzo è dedicato a Carlo Sackville, conte di Middlesex, nobile appartenente alla Massoneria e *trait d'union* fra Italia e letteratura di lingua inglese. È proprio lui a importare i canti di Ossian nella Venezia degli anni Sessanta del XVIII secolo e a farli conoscere a Melchiorre Cesarotti. Ulteriore conferma del contesto culturale attorno a Gritti è la vicinanza di quest'ultimo col padovano illuminista e filo-rivoluzionario Alberto Fortis, ex frate agostiniano poi restituito al secolo, così galileiano nei rapporti fra religione e scienza

---

[5] "A chapter upon whiskers! alas! the world will not bear it—'tis a delicate world" (Sterne, *Tristram Shandy* 340).

che, secondo Ciancio, gli sarebbe stata negata la cattedra di Storia naturale all'università di Padova. Fortis aveva probabilmente curato i primi due numeri del "Magazzino Italiano", al quale collaborava lo stesso Gritti; e plausibilmente aveva avuto un ruolo importante nella redazione del romanzo grittiano (Del Negro).

È importante sottolineare che un testo di tale portata dissacratoria come le *Memorie* di Gritti nei confronti di autorità, istituzioni, parametri della forma romanzo, pedanterie letterarie e con posizioni fortemente critiche verso gli apparati religiosi cattolici, esca dalle mani di un personaggio che non si trova in una posizione di privilegio e persegue una sorta di guerra contro la nobiltà. Si tratta di uno scrittore singolare, di cui spicca "lo spirito eversivo, l'insofferenza, se non la rabbia, 'classista'" (Del Negro); e i personaggi che fanno parte del suo orizzonte culturale hanno convinzioni similmente tutt'altro che conservatrici.

La prima traduzione incompiuta

Nel passaggio epocale tra Settecento e Ottocento *Tristram Shandy* in versione italiana cambia casa, vestiario e accento, ma non perde la sua carica eversiva. Da Venezia approda a Livorno in un contesto che per collocazione geografica e tradizione culturale non potrebbe essere più diverso da quello di partenza. Foscolo lo contamina nel passaggio, impregnando Sterne di patetismo didimeo, che ben affiora da questo breve passo del *Viaggio sentimentale*: "un viaggio del cuore in traccia della Natura e di tutti que' sentimenti soavi che da lei sola germogliano, e che ci avvezzano ad amarci scambievolmente—e ad amare una volta un po' meglio tutti gli altri mortali" (Foscolo 126). Indipendentemente dall'intrinseca differenza tra le due lingue letterarie, il testo originale inglese risulta assai più sobrio e lineare della *overtranslation* foscoliana: "[…] 'tis a quiet journey of the heart in pursuit of Nature, and those affections which arise out of her, which make us love each other— and the world, better than we do" (Sterne, *Sentimental Journey* 109). Foscolo, tuttavia, non riesce a assorbirlo completamente, ché tra le righe dei democratici toscani che lo prendono in carico Sterne assume una coloritura politica più che libertaria, addirittura socialista.

A Carlo Bini si deve la prima traduzione, parziale e minimalista per concezione e impianto, dell'opera di Sterne, presentata sulle pagine di un periodico diretto da Francesco Domenico Guerrazzi, "L'Indicatore Livornese. Giornale di scienze, lettere, ed arti", il quale, a dispetto del titolo, ha un respiro nazionale attestato da chi vi partecipa, come, tra gli altri, Giuseppe Mazzini e due suoi collaboratori all'"Indicatore Genovese", Elia Benza e Filippo Bettini. La traduzione rientra a pieno titolo nella campagna di svecchiamento della cultura italiana inaugurata alla fine degli anni Venti dell'Ottocento dal gruppo che ne anima le pagine.[6] Tra i collaboratori di Guerrazzi, il poco più giovane Bini riveste

---

[6] Le spinte innovatrici della parte più progressista della borghesia livornese si concentrano ad esempio sulla riforma dell'istruzione, che andava liberata dalla rigida impostazione

il ruolo fondamentale di mediatore culturale non solo con riferimento alle lingue straniere che padroneggia (inglese, francese e tedesco), bensì per il tramite che solo lui è in grado di fornire alla borghesia livornese con proletariato e sottoproletariato locali, ovvero ciò che Guerrazzi chiama in termini spregiativi plebe per distinguerla dal popolo. Bini si divide tra i salotti e le bettole, tra le signore della buona società e le prostitute del porto; è il *trait d'union* tra i colti e gli analfabeti; lui, che da quest'ultimi proviene (lavora nell'impresa del padre, un operaio arricchito che era riuscito a aprire un negozio di granaglie) fa opera di proselitismo tra loro alla causa italiana, ma prima di tutto ha a cuore la loro liberazione dall'ignoranza e dalla miseria. Bini non ha i titoli accademici dei vari redattori del giornale; non ha fatto l'università; è un dilettante, ma conosce il latino meglio di Guerrazzi e ha un bagaglio di letture impressionante. La sua prosa piana, semplice, naturale, risulta perfetta per la tribuna dell'"Indicatore". Su quelle colonne Bini pubblica nel maggio 1829 le due parti di *Tristram Shandy* in traduzione italiana considerate dalla critica come le più patetiche e foscoliane (*Storia di Yorick* e *Storia di Le Fever*), lasciando inedito il più rabelaisiano *Racconto di Slawkenbergius*, che esce postumo col titolo *Il naso grosso* nel 1843 nell'edizione completa dei suoi scritti, introdotta dalla famigerata presentazione anonima di Giuseppe Mazzini.[7]

Sterne si rivela a Bini scrittore ideale per scardinare le barriere ideologiche della Restaurazione. Barriere che si dimostrano assai solide, visto che l'"Indicatore" sopravvive poco più di un anno (dal 12 gennaio 1829 al 5 febbraio 1830), soppresso a causa di un articolo proprio del giovane Bini, che aveva osato attaccare i notabili dell'Accademia Labronica (a cui pure Guerrazzi era associato) con le armi affilate della sua ironia. Nell'articolo del 14 dicembre 1829 in risposta alle osservazioni eccessivamente benevole del moderato forlivese Melchior Missirini, Bini si augurava infatti che l'Accademia diventasse il "rovescio [di quel che era, ovvero] un'adunanza di gente che pensa, e non di gente che fa rumore" e che lasciasse "a casa i sonetti, e quante altre mai cianciafruscole in prosa, [ché] in rima inventò l'ozio, e la povertà del cervello" (Bini 2: 436).[8] Come se non bastasse, poco tempo dopo (11 gennaio 1830) nel saggio su Byron prorompeva in un'esclamazione iperbolica dall'innegabile sapore sterniano—"Dio perdoni l'impudente, che scrisse siffatte miserie perché io non posso" (444): era la sua risposta alla denigrazione di autori stranieri in cui s'era lanciato il padre Antonio

---

retorico-grammaticale dei collegi. A ciò doveva contribuire un rinnovato concetto di letteratura, di cui si metteva in risalto la funzione civilizzatrice dei popoli (Baglini: 32-56).

[7] Madrignani giudica l'edizione con la premessa di Giuseppe Mazzini "un vero oltraggio al lettore e prima ancora all'autore" (IX), per i tagli effettuati laddove il testo si faceva più dissacrante o di denuncia.

[8] Tutti i numeri dell'"Indicatore" sono consultabili al sito https://www.letteraturatattile.it/libri-antichi/varia-libri-antichi/l-indicatore-livornese-giornale-di-scienze-lettere-ed-arti.html. I contributi di Bini si leggono ora nell'edizione indicata in fondo, a cui si riferiscono le citazioni nel testo.

Bresciani in occasione della presentazione di un volume di *Novelle* dell'altro padre, Antonio Cesari, che Bini giudicava "povere tanto d'invenzione, e di subbietto" (444).[9]

Secondo il classico studio di Rabizzani (*Sterne in Italia* 142), Bini sarebbe il più foscoliano degli appassionati italiani di Sterne per aver valorizzato la dimensione patetico-sentimentale dell'umorismo della fonte inglese a scapito di quella più decisamente ironica. Lo dimostrerebbe le prove tanto del giovane critico autore del saggio *Lorenzo Sterne* (Bini 2: 389-99), pubblicato sull'"Indicatore" prima delle traduzioni shandiane, quanto dell'esordiente traduttore, entrambi oltremodo condizionati dalla riscrittura foscoliana del *Sentimental Journey*. Nel riflettere sulla ricezione italiana di Sterne, più recentemente anche Flavio Gregori si allinea insieme a Francesca Testa alla visione inaugurata da Rabizzani di un Bini mazziniano didimeo, che si troverebbe perfettamente a suo agio nel tradurre i sentimentali *Yorick* e *Le Fever*, ma entrerebbe in crisi nella resa del più scribleriano *Slawkenbergius's Tale*, da lui trasformato in una romantica storia d'amore.[10] In realtà, i tagli operati sul testo del *Naso grosso* (pubblicato postumo) assomigliano troppo a quelli fatti sul *Manoscritto di un prigioniero* dai 'benpensanti' curatori dell'edizione del 1843 per non indurre il sospetto di un intervento della medesima mano censoria. Non a caso viene contestualmente escluso dagli *Scritti* pure il dialogo *Forte della Stella*, dove meglio emerge il tratto più settecentesco dell'ironia di Bini (Tellini 211). Dal *Naso grosso* vengono così eliminate le parti che potevano urtare la censura religiosa: si veda, ad esempio, l'ampia lacuna sulla disputa teologica riguardante il nome di Lutero e i commenti di Walter Shandy (Bini 2: 526). Più contenuti di dimensione, ma ugualmente significativi, i tagli delle parti allusive all'organo sessuale di Diego tramite l'appendice alle braghe (516-18), che nell'originale lo stesso Tristram non osa tradurre.[11]

---

[9] In questo scambio Bresciani-Bini è ravvisabile l'asprezza della polemica classico-romantica: "[...] *il Byron, Gualtieri Scott e somiglianti ingegni così gagliardi a mo' di palloni si levano sulle nubi sino a che ad un soffio di aura nemica vuoti, e vizzi ricaggiano al suolo. E seguitando di questa maniera vien confortata l'Italia a spregiare i più rei d'oltremare, e d'oltremonte* accettando invece un pugno di baje *a guidare la gioventù per quella via fuor della quale non sono, che greppi, e balzi romantici*" (Bini 2: 443-44). Bini proseguiva invitando a diffidare dei libri "vuoti" e deprecando la prassi reazionaria di misurare la qualità letteraria dei testi sulla base dell'"*aurea favella*" in essi contenuta (445).

[10] La schiera di critici capeggiata da Rabizzani include Borgini, Maffei, Testa e Gregori. Viceversa, su una linea interpretativa analoga alla nostra si muove Viscardi (1-3), il quale accentua addirittura l'ethos pessimista coniugato con la funzione satirica del comico tanto sterniano quanto biniano.

[11] "[...] (appendage to them, which I dare not translate)" (Sterne, *Tristram Shandy* 253). Purtroppo, gli autografi biniani della traduzione di *Slawkenbergius's Tale* sono andati distrutti o dispersi e ci si può muovere solo nel campo delle supposizioni, come fanno i curatori della più recente edizione degli scritti di Bini quando affermano che i tagli in

Bini è stato assimilato forse un po' indistintamente alla generale ricezione romantica di Sterne in Italia e trattato alla stregua di tanti scrittori dell'Ottocento (Ferri di San Costante, Passanti, Borsini, Torelli, Varese) come esempio di foscolismo esasperato. È indubbio che il ventitreenne scrittore dell'"Indicatore" sia intriso di cultura romantica, che nel saggio critico si manifesta oltre che nella concezione del linguaggio verbale (391-93) anche nell'uso che fa del concetto di Genio (394-99). Eppure, qua e là si rintracciano indizi di una comprensione profonda del testo shandiano, come in questo invito al lettore:

Leggi Lorenzo Sterne perché con vario governo esercitando le leggi eterne del cuore non consente all'umano le superbie del sistema, ma sì lo stringe a piangere, e a ridere, destino solenne cui lo chiamò la Natura, e col motteggio; che sa molto d'amaro, ma d'amaro che medica, lo contiene nel cerchio delle sue umanità, perché non cresca una ragione al severo, che veglia allo sprezzo della schiatta di Adamo.

(395)

Come osserva opportunamente Gino Tellini, il romanticismo del giovane saggista-traduttore risulta, per i suoi tratti libertari di "rifondazione civile e culturale", atipico rispetto al contesto culturale italiano, "lontano sia dal costruttivismo lombardo di Manzoni sia dal moderato pedagogismo fiorentino dell'*Antologia*, e meno che mai assimilabile alla spavalda oratoria tribunizia dell'amico Guerrazzi" (195). Proprio Sterne è la fresa usata da Bini per smussare le asperità del titanismo romantico e così operare la "significativa correzione" di Byron (195). Sulla scorta dell'importante studio di Alma Borgini su Bini traduttore, possiamo affermare che Bini era perfettamente attrezzato per la resa tanto dello humour cervantesco quanto del riso scribleriano, per usare i termini di Gregori (*L'umana polifonia*). Lo si evince dalla traduzione ben riuscita del seguente brano di *Slawkenbergius's Tale*, in cui Borgini sente "la sensibilità umoristico-ironica e la padronanza di una lingua toscana schietta e saporita" (386): "Tu avresti potuto più agevolmente mettere insieme un vescovo e un tegame, che indovinare da qual parte del naso si sarebbero tratte le due Università" (Bini 2: 526), che rende "'Twas a square cap with a silver tassel upon the crown of it—to a nut-shell—to have guessed on which side of the nose the two universities would split" (Sterne, *Tristram Shandy* 265). Ulteriore esempio di toscanismo efficace nella resa dell'umorismo shandiano si rinviene nella traduzione della frase: "He dies of a plethora, said they—or must spit blood, and in a fortnight or three weeks go off in a consumption" (Sterne, *Tristram Shandy* 261), volta da Bini in: "Ei muor di pletora,—riprendevano,—o sputa sangue, e in quindici giorni, o al più tre settimane, va consumato a *babboriveggoli*" (Bini 2: 524). D'altronde, già Dino Provenzal coglieva la cifra dell'umorismo di Bini nell'ironia del popolano di Livorno, con la sua rude franchezza, l'aspirazione a

---

questione "appaiono scelte di autocensura" (2: 511). In realtà, come evidente da quanto sopra, ci permettiamo di dissentire da tale congettura.

una maggiore giustizia sociale, la ribellione e il sarcasmo contro i nuovi arricchiti. Anche Tellini ne dà conferma, quando per farsi un'idea della multiforme ironia biniana, invita a leggere le terze rime bernesche scritte in carcere per l'amico Angiolo Angiolini, un avvocato compagno di prigionia. Infine, Diafani rintraccia i grandi modelli della satira settecentesca Swift e Parini dietro l'uso delle personificazioni iperboliche da parte di Bini in molti luoghi del *Manoscritto*.[12]

Insomma, l'opportuna revisione dell'immagine mazziniana del Bini "santa anima",[13] una vera e propria falsificazione secondo Timpanaro (283), andrebbe accompagnata da un'altrettanto auspicabile liberazione dalla camicia di forza critica che immobilizza l'intellettuale livornese in una posa foscoliana. Vale in particolare per l'opera del traduttore. Sia la scelta di realizzare una traduzione aderente al testo nel rispetto autoriale sterniano e non funzionale alla propria opera, come nel caso del *Viaggio sentimentale*; sia la selezione delle storie di *Tristram Shandy* da tradurre—*Il naso grosso* accanto alle due più 'sentimentali'— indicano un interesse autentico per l'opera di Sterne slegato dall'influsso di Foscolo. L'impossibilità di Bini di dedicarsi a tempo pieno alla traduzione del "*Tristano Shandy*, bellissimo libro" (Bini 2: 390) va senz'altro annoverata tra le occasioni perdute del nostro Ottocento.

Una riscrittura anti-manzoniana
Tristram Shandy è modello nelle mani anche dell'altro livornese, il democratico Francesco Domenico Guerrazzi, che lo usa secondo modalità d'eco differenti, eterogenee. L'opera pervade i suoi scritti, particolarmente nella seconda parte della vita e della sua produzione. Guerrazzi cita lo sternismo sentimentale, ma è *Tristram Shandy* a incarnare il maggior significato, presentandosi e ripresentandosi come un modello di apertura e scardinamento.

Nel *Discorso a modo di proemio sopra le condizioni della odierna letteratura in Italia* l'opera di Sterne è modello di tolleranza:

---

[12] Diafani (76-77) registra nel *Manoscritto di un prigioniero* le seguenti personificazioni che rimandano a figurazioni dell'immaginario greco-latino: Fede, Dubbio, Incredulità, Logica e Fisica (cap. I); Immaginazione (cap. III), Ragione e Fanatismo (cap. XII); Libertà, Fortuna e Giustizia (cap. XIII); Torto, Diritto e Sorte (cap. XIV); Pietà, Destino, Sventura e Genio (cap. XVI); Filosofia, Fatalità, Virtù e Gloria (cap. XVIII); Tempo (cap. XX).

[13] Così Giuseppe Mazzini apre la sua introduzione *Ai Giovani* all'edizione del 1843 degli scritti di Bini: "Gli Scritti in parte editi, in parte inediti, raccolti in questo volume, sono l'unico indizio ch'oggi ci avanzi d'una santa anima che passò, alla quale Dio aveva elargito tanto tesoro d'amore da benedirne un'intera generazione, e che gli uomini e i tempi costrinsero a riconcentrarsi in sé stessa" (ora si può leggere in Bini 3: 1122). Dopo Timpanaro, anche Madrignani, come già ricordato, ha parole durissime sull'operazione editoriale dei curatori (Silvio Giannini e i coniugi Bartolommei), ultramoderati livornesi che mutilano i testi biniani dove si fanno più duri verso religione e status quo.

Tristano Shandy, racconta Lorenzo Sterne, non volle uccidere neppure la mosca che lo infastidiva, ma schiusa la finestra la cacciò via dicendo: "Va', creatura, il mondo è largo assai per bastare a noi due senza darci molestia". Pensi un po' V.S. con quanto maggiore obbligo noi dobbiamo comportarci ugualmente per le opinioni degli uomini che non occupano spazio, e si spandono per un mondo senza confine.

(23)

Nel suo romanzo tardo *Il buco nel muro* (1862), *Tristram Shandy* è modello assunto su più livelli. L'ironia del dettato, la titolazione, il dialogo esplicito che Guerrazzi instaura con il lettore, la deformazione della forma romanzo: anzitutto il modello inglese è capace di mostrare la complessità del genere. Permette, poi, un'ironia che brucia istituzioni, religione, modelli letterari. L'impronta umoristica del romanzo si presenta subito, nel prologo, attraverso l'evocazione dello Yorick shakespeariano e poi sterniano. Come nel *Tristram Shandy* Uncle Toby, nel *Buco nel muro* esiste un Tobia che, umoristicamente, è il cane. Vi sono precisi richiami, come l'allusione agli "angeli scribi", che evocano "the Recording Angel" dell'ipotesto sterniano (Sterne, *Tristram Shandy* 411), e un'intera maledizione, che richiama direttamente l'anatema sterniano rivolto da Walter Shandy al servo Obadiah (184-91): nel *Buco nel muro* la maledizione è rivolta a librai e stampatori. Dichiaratamente si differenzia dal *Tristram Shandy* poiché si dice non *in genitalibus*;[14] gli stampatori sono "invocati chirurghi ostetrici ai parti letterarii", chiara allusione sterniana, i quali però "se salvano il parto, ammazzano il padre" (Guerrazzi, *Il buco nel muro* 84). Così come anticattolico è il contesto shandiano, con il *lillibullero* che compare ogni qualvolta si presenti una situazione impossibile, anche la maledizione guerrazziana è anticattolica e anticlericale: "[...] gittai gli occhi sopra le bacheche e lessi:—*Dizionario apostolico.*—*Teologia del cardinale Pietrone.*—*Opere del Domenicano Lacordaire.*—*Manuale dei preti.*— *Atlante dei predicatori*, ecc., ecc., ecc., e via discorrendo; opere, che promovessero il senno civile nemmeno una". E anzi: "Come dal sole emana la copia dei raggi che spandesi a illuminare la terra, da cotesta maluriosa officina diffondevansi tenebre di beghineria a rendere più gravi le miserie della patria" (83). Nel capitolo quarto del *Buco nel muro*, poi, un'ampia ricognizione umoristica sulla storia del romanzo innesca una serie di complicati rimandi a Sterne. A risaltare, nell'ampia digressione metanarrativa sulla storia del romanzo, è in particolare la critica a Manzoni narratore: Guerrazzi lo accusa, infatti, di non risolvere in termini onesti i suoi veri rapporti con il romanzesco. Manzoni combatterebbe il romanzesco in favore della categoria di Storia, e tuttavia sarebbe colpevole di usarlo a piene mani—pende sull'autore dei *Promessi sposi* una sorta di conflitto irrisolto. Manzoni è, del resto, il simbolo della moderazione che

---

[14] Guerrazzi stesso in una nota al romanzo scrive infatti: "Questa scomunica di Marcello contro i librai farabutti la è molto terribile cosa e pure non arriva a quella del Papa la quale investe perfino nei *genitalibus*. Basta, quello che consola si è, che l'una non farà maggior danno dell'altra" (Guerrazzi, *Il buco nel muro* 192).

prevale a Italia unita: e i moderati sono una "empia setta", pari a quella che mise a morte Gesù: "Gli antichi Moderati, misero Cristo, i moderni mettono in croce la Italia".[15]

Tristram Shandy è dunque più che un modello alluso: è un modello percorso e utilizzato come esempio morale, prototipo di dissacrazione, denuncia, pretesto di polemica anticattolica, di critica della forma romanzo e del contesto moderato a essa legata. Che le scelte stilistiche e letterarie travalichino la pagina è chiaro anche nelle parole di Mazzini, che in alcune note all'*Assedio di Firenze* di Guerrazzi porrà lo stile di racconto come emblema di una posizione politica: "La redenzione del popolo, unico mezzo di rigenerazione, unico elemento vitale della Nazione, è predicata nell'*Assedio* in ben altro e più potente modo che non ne' libri della scuola Manzoniana: dov'essi non vedono che l'individuo e non tendono che a redimere l'uomo del popolo, egli guarda al popolo collettivo, alla società, alla Nazione" (120).

Conclusioni

Nel momento cruciale degli anni dell'Unità d'Italia, dunque, lo stile scelto, il tipo di narrazione assumono una chiara valenza ideologica. La narrativa assume un ruolo politico già nel suo farsi. Non è un caso che chi denuncia e demistifica si appoggi allo Sterne dissacratore del *Tristram Shandy* e che, viceversa, questo sia bandito dal predominante gusto moderato. L'umorismo sterniano che è stato rintracciato in Manzoni dagli studi di Ezio Raimondi, Salvatore Nigro e Giovanni Macchia non usa la cifra sterniana più destabilizzante. Ne è stato messo in rilievo il prestito digressivo, di scatti narrativi, immagini o citazioni, ma in Manzoni non passa la carica destabilizzante di cui *Tristram Shandy* è portatore, capace di dissacrare e sconsacrare. Che la funzione dell'umorismo fosse sentita come minacciosa dai padri della patria, lo fa intendere anche Francesco De Sanctis quando scrive dello stile dei democratici, contrapponendolo a quello dei liberali (Mangione, *Come fare col furore*). Troppo indulgenti con le passioni i democratici; per De Sanctis "questo calore di sentimento penetra nello stile e vi rende impossibile la precisione storica e scientifica: la passione lo impregna, e vi traboccano tutte le agitazioni di questo povero cuore umano, l'ironia, l'umorismo, il sarcasmo, l'indignazione ecc." (394). Ironia, umorismo e sarcasmo sono agitazioni sconvenienti, a cui lo stile liberale, che elimina tali passioni in favore di un'analisi "scientifica" delle cose, si contrappone. La carica trasgressiva e di contestazione del *Tristram Shandy* sarà ripresa ancora e variamente anche dagli Scapigliati, come ricorda Testa: ancora un "antidoto contro la concezione

---

[15] "L'empia setta dei moderati ha parlato al popolo in altra parola che è questa—scegliti prima il padrone, e poi, quando ti chiameremo a pagare il suo contributo di sangue, corri a gambe" (Guerrazzi, *Prolegomeni* 19).

monolitica della cultura" (Santovetti 206-08), pur senza essere modello così pervasivo come in Gritti, Bini e Guerrazzi.

All'umorismo di *Tristram Shandy*, "ossimoro della serietà del riso", che esprime la "narrativizzazione della funzione del riso (serio)" (Gregori, *"A Kingdom"* 89), pare essere riconosciuta una portata trasgressiva non integrabile con il sistema. Accolto e sentito fin dal suo esordio, con Gritti, come dissacrante e minaccioso, è silenziato poi nell'Ottocento in favore dell'altra tonalità sterniana, quella del sentimentale. Croce confermava del resto la necessità della visione di De Sanctis sopra ricordata quando nel 1912 su "La Critica" condannava la passione guerrazziana come negativa perché troppo piena di immaginazione, suggestione, allucinazione (81): è la tipica critica rivolta dai moderati in politica ai democratici, che quasi osmoticamente passava nelle tonalità della scrittura.

Di fatto, dunque, *Tristram Shandy* incarna un umorismo funzionale pericoloso, così estremo da non potere essere accolto se non da chi denuncia e critica il *mainstream*—e dunque per questo escluso dal *mainstream* fino al 1922. Un umorismo che si sposa con la matrice democratica; il riso denuncia e destabilizza, inverte le gerarchie: da Gritti a Guerrazzi, passando per il *Manoscritto* di Bini, che denuncia una società basata sull'ingiustizia sociale. Osserva Madrignani che "è fin troppo ovvio constatare quanto il povero di Bini sia diverso da quello che è ritratto dal Manzoni secondo l'ottica cattolica e moderata" (XI). I veri affondi shandiani prima della traduzione del 1922 si rivelano legati a chi, rispetto alle istituzioni, al sistema, alle tradizioni o alla politica, si pone in una posizione di denuncia, dissacrazione, polemica. Questo aiuta a capire perché solo nel 1922 si arrivi a una traduzione integrale dell'opera, accolta in epoca fascista perché probabilmente interpretata come latrice di una comicità di svago che darà inizio alla riscoperta del *Tristram Shandy*, ponendolo al centro della riflessione letteraria novecentesca. Il comico shandiano nella sua pienezza mostra di avere, nel sistema culturale e politico italiano, un'alta valenza destabilizzante, demistificatrice, popolare e democratica: a cui l'Italia non poteva aprirsi nella fase di costruzione come entità politica e a cui perviene oltre un secolo dopo, sotto lo stimolo di un umorismo—quello pirandelliano, dal quale parte la proposta dell'editore Formiggini—di fatto ancora modestamente polifonico, con una prevalenza di toni sentimentali e individuali sui timbri più vigorosi della dissacrazione swiftiana o più generalmente scribleriana.

Sapienza Università di Roma

e

Università degli Studi Internazionali di Roma

Opere citate

Anderson Benedict. *Imagined Communities. Reflections on the Origin and Spread of Nationalism.* London: Verso, 1991.

Anonimo. [Articolo senza titolo]. "Magazzino italiano delle cose letterarie, piacevoli, interessanti, utili ed erudite." 4 (1767).

Baglini Mario. *Della vita e del pensiero di Carlo Bini.* In Bini. *Tutti gli scritti.* 1: 1-186.

Battisti Leonardo. *La menzogna irriverente. Appunti sulla ricezione di Sterne nella narrativa umoristica del Ventennio fascista.* "Between" 6.12 (2016) <http://www.betweenjournal.it/. Data di accesso 30 gennaio 2020.

Bergson Henry. *Le Rire. Essai sur la signification du comique.* Paris: F. Alcan, 1900.

Bhabha Homi (a c. di). *Nation and Narration.* London: Routledge, 1990.

Bini Carlo. *Tutti gli scritti.* A c. di Roberto Antonini, Patrizia Cascianelli e Roberto Goracci. 3 voll. Livorno: Edizioni Erasmo, 2015.

Biondi Marino. *Carlo Bini. Lettura del "Manoscritto di un prigioniero".* In *Carlo Bini. Un livornese europeo.* A c. di Pier Fernando Giorgetti. Pisa: ETS, 2008. 79-140.

Borgini Alma. *Carlo Bini traduttore.* "Rassegna della letteratura italiana" 68 (1964): 382-98.

Ciancio Luca. *Alberto Fortis.* In *Dizionario biografico degli Italiani.* Roma: Istituto della Enciclopedia Italiana, 1997.

Croce Benedetto. *Gli ultimi romanzi di F. D. Guerrazzi.* "La critica" 10 (1912): 81-94.

D'Ambrosio Mariano. *Il processo editoriale delle prime edizioni italiane del Tristram Shandy: Formiggini (1922) ed Einaudi (1958).* "Prassi ecdotiche della modernità letteraria" ns. 4 (2019): 89-152.

De Sanctis Francesco. *La letteratura italiana nel secolo XIX. La scuola liberale e la scuola democratica.* A c. di Franco Catalano. Roma: Laterza, 1954.

Del Negro Piero. *Francesco Gritti.* In *Dizionario biografico degli Italiani.* Roma: Istituto della Enciclopedia Italiana, 2002.

Diafani Laura. *Carlo Bini: una poetica dell'umorismo.* Firenze: Società editrice fiorentina, 2015.

Foscolo Ugo. *Prose d'arte varie.* A c. di Mario Fubini. Firenze: Le Monnier, 1951.

Graf Arturo. *Inglesi in Italia nel Settecento.* Roma: Nuova antologia, 1911.

Gregori Flavio. *"Inverted Sublime": Humorism in the Nineteenth-Century Italian Reception of Swift and Sterne.* In *Reading Swift. Papers from The Fifth Münster Symposium on Jonathan Swift.* A c. di Herman J. Real. München: Fink Verlag, 2008. 491-518.

_____. *"A Kingdom of Hearty Laughing Subjects." L'umana serietà del riso nel "Tristram Shandy" di Lawrence Sterne.* In *Modi di ridere. Forme spiritose e umoristiche della narrazione.* A c. di Emanuele Zinato. Pisa: Pacini, 2015. 59-98.

_____. *L'umana polifonia dello spirito più libero.* In Laurence Sterne. *La vita e le opinioni di Tristram Shandy, gentiluomo.* Milano: Mondadori, 2016. IX-CVII.

Gritti Francesco. *La mia istoria, ovvero memorie del signor Tommasino scritte da lui medesimo, opera narcotica del dottor Pifpuf, edizione probabilmente unica (1767).* A c. di Barbara Kuhn. Padova: Editrice Antenore, 2010.

Guerrazzi Francesco Domenico. *Il buco nel muro.* (1862). A c. di Daniela Mangione. Bologna: Millennium, 2005.

_____. *Discorso a modo di proemio sopra le condizioni della odierna letteratura italiana.* In *La battaglia di Benevento. Storia del secolo XIII.* Milano: Manini, 1845. 3-23.

_____. *Prolegomeni.* In *Lo assedio di Roma.* Livorno: Zecchini, 1866. 9-10.

Hobsbawm Eric. *Nation and Nationalism since 1780: Programme, Myth, Reality*. Cambridge: Cambridge University Press, 1990.

Kirby Paul. *Sterne in Italy*. In *The Winged Skull*. A c. di Arthur H. Cash e John M. Stedmond. London: Methuen, 1971. 210-26.

Macchia Giovanni. *Manzoni e la via del romanzo*. Milano: Adelphi 1996.

Madrignagni Carlo Alberto. *Un libro di speranza e di progetto*. In Carlo Bini. *Manoscritto di un prigioniero*. Macerata: Quodlibet, 2008. IX-XVIII.

Maffei Giovanni. *Carlo Bini traduttore di Sterne*. In *Effetto Sterne. La narrativa umoristica in Italia da Foscolo a Pirandello*. A c. di Giancarlo Mazzacurati. Pisa: Nistri-Lischi, 1990. 341-89.

Mangione Daniela. *Come fare col furore? Guerrazzi e le storie rimosse di passione patriottica*. "Fictions. Studi sulla narratività" 12 (2013): 63-71.

_____. *Fielding and Sterne: Reception, New Debts and Echoes in the Italian Novel of the First Hundred Years*. In *Britain and Italy in the Long Eighteenth Century: Literary and Art Theories*. A c. di Rosamaria Loretelli e Frank O'Gorman. Newcastle-upon-Tyne: Cambridge Scholars Publishing, 2010. 194-204.

Mazzacurati Giancarlo (a c. di). *Effetto Sterne. La narrativa umoristica in Italia da Foscolo a Pirandello*. Pisa: Nistri-Lischi, 1990.

Mazzini Giuseppe. *Frammento di lettera sull'Assedio di Firenze*. In Francesco Domenico Guerrazzi. *Memorie scritte da lui medesimo*. Livorno: Poligrafia Italiana, 1848. 117-47.

Nigro Salvatore. *La tabacchiera di don Lisander. Saggio sui "Promessi sposi"*. Torino: Einaudi, 1996.

Pirandello Luigi. *Non conclude*. "La preparazione" ns. 17-18 (agosto 1909): 1-2.

Provenzal Dino (a c. di). *Le più belle pagine di Carlo Bini*. Milano: Treves, 1931.

Rabizzani Giovanni. *Lorenzo Sterne*. Genova: Formiggini, 1914.

_____. *Sterne in Italia: riflessi nostrani dell'umorismo sentimentale*. Roma: Formiggini, 1920.

Raimondi Ezio. *La dissimulazione romanzesca. Antropologia manzoniana*. Bologna: il Mulino, 1990.

Santovetti Olivia. *Sterne in Italy*. In *The Reception of Laurence Sterne in Europe*. A c. di Peter De Vogd e John Neubauer. London: Continuum, 2004. 193-220.

Sterne Laurence. *The Life and Opinions of Tristram Shandy, Gentleman*. Harmondsworth: Penguin, 1967.

_____. *A Sentimental Journey through France and Italy*. Harmondsworth: Penguin, 1967.

Tellini Gino. *Carlo Bini, scrittore postumo e clandestino*. In Carlo Bini. *Manoscritto di un Prigioniero e altre cose*. Palermo: Sellerio, 1994. 184-212.

Testa Francesca. *Tristram Shandy in Italia*. Roma: Bulzoni, 1999.

Thiesse Anne-Marie. *La creazione delle identità nazionali in Europa*. Bologna: il Mulino, 2004.

Timpanaro Sebastiano. *Alcuni chiarimenti su Carlo Bini*. In *Antileopardiani e neomoderati nella sinistra italiana*. Pisa: ETS, 1982. 199-285.

Viscardi Marco. *Un'altra visione delle cose. Note sulla satira nel Risorgimento*. "Diacronie. Studi di Storia Contemporanea" 11.3 (2012): 1-17.

DANIEL RAFFINI

La via europea della cultura italiana nelle riviste degli anni Venti e Trenta

Sinossi: A partire dall'analisi di scritti teorici e programmatici apparsi su riviste attive negli anni Venti e Trenta, il saggio analizza come gli intellettuali italiani, affrancandosi progressivamente da un nazionalismo di stampo italocentrico, arrivino ad auspicare un rinnovamento della letteratura italiana basato sulla traduzione e la ricezione degli autori europei e statunitensi contemporanei. In questo modo si crea una terza via, alternativa alla negazione avanguardistica e all'autarchia del regime, che si rifà alla tradizione europea e alle esperienze del modernismo e della poesia pura e sul cui modello effettivamente andrà a crearsi la nuova idea di letteratura nazionale, per cui ha un ruolo determinante la pratica traduttoria.

Parole chiave: riviste, modernismo, classicismo, tradizione, canone, Fascismo, traduzioni, ricezione

Nazionalismo ed europeismo

Nelle riviste degli anni immediatamente successivi alla Prima Guerra Mondiale si assiste da parte degli intellettuali a un deciso richiamo alla rifondazione della cultura a seguito del trauma storico rappresentato dal conflitto bellico. Molti sono coloro che per operare tale rifondazione guardano alle culture europee, il cui sviluppo sembrava aver superato quello della letteratura italiana ferma tra dannunzianesimo e persistenze ottocentesche. L'Europa diventa un modello di rinnovamento per quegli intellettuali che già nei primi due decenni del secolo avevano vissuto in un clima cosmopolita e che ora si trovano a fronteggiare le derive autarchiche del nascente regime fascista. Non si tratta in un primo momento di un'opposizione netta tra nazionalismo e antinazionalismo, ma tra due differenti idee di nazionalismo: una improntata alla chiusura e l'altra all'apertura. In molte riviste il confronto con le altre nazioni ha lo scopo di rifondare la cultura nazionale, permettendo alla letteratura italiana di gareggiare alla pari all'interno del contesto europeo.

Una simile visione, nazionalista e cosmopolita insieme, è già presente prima della guerra ed è rilevabile nell'impostazione della rivista *La voce*. Emilio Gentile parla di un "complesso di idee, problemi e temi che essa aveva introdotto nella cultura italiana operando in una duplice dimensione, nazionale ed europea" (21) e afferma che la rivista seppe essere "un ponte attraverso il quale sono stati introdotti in Italia autori, idee e movimenti della moderna cultura europea" (22).

È su *La voce* che viene posto per la prima volta il problema della "formazione di una identità nazionale nel quadro di una nuova comunità di nazioni europee" (23) e ha luogo quella commistione tra "gli ideali dell'italianismo" e un "limitato cosmopolitismo" (23) che sarà fatta propria dopo la guerra dagli intellettuali attivi nelle nuove riviste. Ciò lega il formarsi della nuova coscienza nazionale italiana, fondata sulla fiducia in un nuovo umanesimo, al confronto con l'altro così come si esprime nella pratica della traduzione, che in questi anni vede una decisa crescita.

Fra le prime riviste del dopoguerra a proporre l'idea di una rifondazione su basi europee della cultura nazionale è *La ronda*.[1] Nel "Prologo in tre parti" Cardarelli afferma la necessità di "essere moderni alla maniera italiana, senza spatriarsi" (6). Più avanti lo scrittore spiega che con il divieto a "spatriarsi" non intende un rifiuto del contesto culturale europeo, ma solo l'affrancamento dalle mode letterarie d'importazione:

L'Italia sta per divenire un paese moderno, ecco la stupenda e sconfinata promessa che si offre al nostro avvenire artistico e spirituale. Ritardata la nostra modernità di più d'un mezzo secolo, a causa di avvenimenti storici che non è il caso di discutere, e rifatta l'Italia grettamente nazionalistica e provinciale nelle arti, la nostra letteratura intraducibile e poco valida ad attestare della nostra universalità tra le nazioni contemporanee, forse è giunto il momento di uscire e di farci intendere in questo contagioso crepuscolo della civiltà moderna europea.

(6)

Nella visione di Cardarelli la letteratura italiana non deve restare isolata, ma entrare a far parte della cultura europea, all'interno della quale spiccare grazie alla sua peculiarità. Per fare questo è necessario che essa torni a essere traducibile, obiettivo che può essere raggiunto attraverso il confronto con le letterature straniere. Lo scrittore tornerà sulla questione un anno dopo, nell'articolo "Aprile 1919 −Aprile 1920", in cui viene ribadito l'obiettivo di "creare in Italia nel campo della letteratura un movimento capace di inserirsi in una moderna civiltà letteraria europea" (9). I rondisti rifiutano le tendenze svilenti e in particolare le avanguardie, lo psicologismo e la letteratura di consumo. Contro questi mali i redattori innalzano i grandi modelli della cultura europea, quei "convitati di pietra" che aprono i fascicoli come numi tutelari dell'azione portata avanti dai rondisti: Leopardi, Nietzsche, Montaigne, Péguy, Goethe, Delacroix, Poe,

---

[1] A dispetto della vulgata che ha spesso bollato *La ronda* come una rivista chiusa e reazionaria, alcuni studi più recenti hanno dimostrato l'apertura internazionale della rivista. Tra di essi particolarmente rilevanti sono quelli di Giuseppe Langella, che sottolinea come i rondisti si pronunciarono più volte contro "una visione grettamente nazionalistica, accademica e pedante, della tradizione" (96), e di Edoardo Esposito, che più recentemente ha affermato che la rivista "sembrava farsi carico, con una serie di interventi e di rubriche intitolati appunto alle letterature straniere, di un'attenzione non episodica sia [...] all'orizzonte della sorella Francia, sia a quello d'oltre Manica" (*Con altra voce* 4).

Baudelaire, Taine.[2] Emerge da *La ronda* un canone tutt'altro che chiuso nei confini nazionali. Anche se i redattori non sembrano porre particolare attenzione alla questione della traduzione in sé, essa diventa mezzo indispensabile per la creazione e la fruizione di un canone letterario europeo. La componente cosmopolita de *La ronda* non è spinta dalla necessità di un incontro con l'altro, dal momento che nella rivista rimane ferma l'attitudine nazionalista: punto centrale del confronto con le altre culture resta la cultura italiana, la sua rifondazione e la sua competitività a livello europeo.

Anche per *Il convegno* di Enzo Ferrieri si può parlare di "posizione decisamente italocentrica", come scrive Fancelli:

C'è, infatti, in tutte le dichiarazioni di Ferrieri, accanto alla coscienza del ritardo della cultura nazionale e della necessità di un recupero, una esigenza di conoscere sempre tesa ad una comparazione e ad un confronto senza sudditanze e da posizioni di parità. La misura e il tipo di contributo dato da "Il Convegno" nel campo delle letterature straniere saranno tanto più chiare quanto più si riesca a vedere il punto preciso dell'osservatorio di Ferrieri, almeno nella fase iniziale: l'oggetto privilegiato resta, come scrive lo stesso Ferrieri nel primo numero del 1921, "la letteratura e l'arte italiana del presente".

(105)

L'attenzione alle letterature straniere è finalizzata alla valorizzazione e alla rinascita della produzione nazionale. Il carattere antologico de *Il convegno* rende più importante la pratica della traduzione: anche se ancora non si riscontra un'attenzione teorica al problema, rispetto a *La ronda* si nota una maggiore attenzione alla specializzazione dei traduttori. Tra i collaboratori della rivista troviamo esperti di lingue e letterature straniere: Carlo Linati ed Emilio Cecchi per la letteratura inglese, Giacomo Prampolini per le letterature nordiche, Giacomo Prezzolini, Giuseppe Ungaretti ed Eugenio Montale per l'area francese, Lavinia Mazzucchetti per quella tedesca.[3] *Il convegno* inaugura uno specialismo che sarà tipico di molte riviste di questi anni e a cui va collegata anche la nascita delle discipline legate allo studio delle letterature straniere.[4] Caratteristica

---

[2] *I convitati di pietra* è il titolo della rubrica che apre a mo' di epigrafe i numeri della rivista, in cui vengono antologizzati i passi di famosi scrittori e pensatori europei.

[3] La rivista ha il merito di aver fatto entrare in Italia autori come Joyce, i fratelli Mann, Kafka e Proust. Esposito ha calcolato che il 38% dei testi pubblicati su *Il convegno* afferisce all'ambito delle letterature straniere e che tra di essi si nota una preponderanza dell'area franco-tedesca, in linea con le altre riviste di questi anni, ma anche un interesse maggiore per l'Inghilterra e gli Stati Uniti ("L'europeismo", 23).

[4] Risale a questi anni ad esempio la nascita dell'ispanistica, che si stacca dagli studi romanzi, come ricorderà Macrì: "Correva il primo decennio postbellico. Verso la fine si conclude il primo concorso universitario di spagnolo puro; in cattedre le tre M di Mancini, Meregalli e Macrì in ordine di graduatoria. Nasceva il nuovo ispanismo dalla matrice della filologia romanza, della linguistica, della storiografia spagnola" (136). L'emancipazione

peculiare de *Il convegno*, assente ne *La ronda*, è la volontà di farsi ricettore delle novità: il canone europeo della rivista di Ferrieri si sposta sul Novecento, rispetto a quello ancora ottocentesco de *La ronda*.

Il convegno e *La ronda* mostrano una visione prettamente italocentrica, finalizzata all'affermazione del primato nazionale italiano all'interno del contesto europeo. Un passo verso l'affrancamento da questa visione viene compiuto da *La cultura* negli anni della direzione di Cesare de Lollis e Ferdinando Neri, tra il 1921 e il 1935.[5] Se da una parte De Lollis riprende la definizione di Nietzsche di cultura come "unità di stile artistico in tutte le manifestazioni vitali di un popolo" ("L'ideale", 3), dall'altra la rivista dà ampio spazio al dibattito sull'universalità della cultura, a cui si lega una difesa in chiave antifascista degli ideali libertari.[6] L'orientamento filoeuropeista, legato alla visione crociana e delollisiana dell'unità culturale europea, dimostra la sua carica dissidente se rapportato all'esterofobia del regime fascista. Scrive Alfredo Luzi a tal proposito:

Mentre l'Italia stava progressivamente chiudendosi in un isolamento politico e culturale che aveva come conseguenza la fossilizzazione dei problemi, l'esaurimento dei temi letterari, il silenzio delle voci più genuine dell'arte, la rivista cercava, al contrario, di acquisire una dimensione europea in una libera circolazione di idee e di esperienze.

(24)

Secondo Nisticò il "principio [...] della base etnica degli stati sovrani", pure ancora presente nella rivista, "cominciava ad affiancarsi alla ricerca non tanto delle diversità [...] quanto piuttosto di quegli elementi condivisibili, utili a profilare una comune radice culturale" (312). Appare chiaro quanto ciò assuma un valore significativo in rapporto al recente conflitto mondiale, che aveva lasciato un'Europa divisa nei fatti e nelle rappresentazioni. Dall'altro lato anche *La cultura*, seppur non proponendo un nazionalismo retrivo, non fu del tutto

---

dell'ispanistica dalla filologia romanza determina uno spostamento da interessi di tipo medievistico allo studio della letteratura spagnola contemporanea. Altrove, ho parlato di come questo passaggio vada legato all'azione di una serie di studiosi e divulgatori, che si avvalgono del contatto diretto con intellettuali spagnoli, come Unamuno e Ortega y Gasset, per avere informazioni sulla letteratura spagnola ("La rete culturale").
[5] *La cultura* viene fondata nel 1882 da Ruggiero Bonghi, ma già nel 1891 la direzione passa a Ettore De Ruggiero. De Lollis subentra per la prima volta alla guida della rivista con la terza serie, inaugurata nel 1907. La rivista viene chiusa tra il 1915 e il 1921 e riaprirà in quell'anno sotto la direzione dello stesso De Lollis, per chiudere nuovamente nel 1936.
[6] Sull'antifascismo dei redattori della rivista scriverà più tardi Bosco: "L'atteggiamento verso il fascismo, anche se non ostentato, era preciso. Un liberalismo illuminato, direi attento a salvare i valori della libertà morale. [...] Nel rifiuto del fascismo eravamo con diverse sfumature tutti concordi; ma con questo non facemmo né credevamo di fare nulla di eroico" (11). L'ideale de *La cultura* si basava su un legame inscindibile tra cultura e morale, letteratura e vita civile, in quello che Sasso ha definito un "azionismo etico-politico" (166).

esente dalla retorica dell'epoca, dando spazio a immagini di esaltazione nazionale e a idee come quella del carattere intrinseco dei singoli popoli. Tuttavia, conclude Nisticò, la rivista si impegnò per "un superamento delle retoriche particolaristiche e di primato" (312), quel primato che ancora era obiettivo ultimo della visione pure europeista di riviste come *La ronda* e *Il convegno*.

Tra le altre cose, la rivista di De Lollis ha il merito di aver portato all'attenzione il problema della traduzione, che viene affrontato, come ricorda Bosco, "sia sul piano teorico, circa la legittimità del tradurre, sia nel campo della denuncia precisa e talora spietata dei casi di faciloneria o addirittura di traduzioni condotte su precedenti altre traduzioni in italiano o in altre lingue più accessibili, e vantate come condotte su testi originali" (9) Pur notando "l'abbondanza postbellica delle traduzioni" ("Traduzioni", 142), De Lollis si sofferma spesso sul problema della qualità della traduzione, affrontando questioni come la scelta della traduzione in prosa o in versi per la poesia, le libertà del traduttore, il confine tra traduzione e riscrittura e il difficile equilibrio tra fedeltà all'originale e avvicinamento al lettore. Tutte questioni che dimostrano l'interesse scientifico e tecnico che De Lollis volle imprimere alla questione della traduzione, dando dignità a questa pratica e affrancandola dal dilettantismo (Esposito, *Con altra voce,* 48-52).

Fondamentale per l'apertura all'impegno de *La cultura* era stata l'adesione agli ideali gobettiani. *Il Baretti* rappresenta in questi anni il più importante esempio di europeismo culturale utilizzato in funzione antifascista. La rivista, ideata come supplemento culturale de *La rivoluzione liberale*, finì per sostituirla quando quest'ultima fu chiusa dal regime. Attraverso *Il Baretti* Piero Gobetti volle spostare sul piano della militanza culturale l'azione politica che ormai gli era impedita, restando fedele al legame tra cultura e vita civile professato fin dagli esordi della sua attività intellettuale.[7] *Il Baretti* nasce come una rivista "europea nei risultati e nell'ispirazione" (Marchi 103) con l'obiettivo specifico di "metterci in grado di intendere le manifestazioni più moderne di tutte le letterature e di farle nostre con serenità e oggettività senza lo stupore dei provinciali" (103-04).[8] Nell'articolo "Illuminismo", Gobetti lega la "battaglia contro culture e letterature chiuse nei limiti della provincia, chiuse in dogmi angusti e piccole patrie" alla "difesa della cultura insediata e minacciata dalla politica" (1), facendo riferimento all'avvento del fascismo come a "una nuova invasione di barbari" e scagliandosi contro quegli intellettuali pronti a "cantare le arti di chi regna". La ricetta proposta

---

[7] Maria Clotilde Angelini afferma che *Il Baretti* non fu "un orticello letterario in cui rifugiarsi", ma "un altro campo di battaglia" (28); mentre Giorgio Luti nota come la rivista fu "l'erede in sede letteraria di tutto il fervore e l'attività del gruppo antifascista torinese degli anni del dopo guerra" (43-45).

[8] Le espressioni sono dello stesso Gobetti e sono tratte dal comunicato stampa inviato a Lionello Fiumi il 20 dicembre del 1924, a pochi giorni dall'uscita del primo numero della rivista, per essere pubblicato su "Il gazzettino di Venezia" (ora in Marchi 103-04).

da Gobetti è una rifondazione etica della cultura in chiave antiprovinciale, attraverso la ricerca di uno "stile europeo" (1), intendendo con questa formula quello stile tipico della modernità letteraria che in Italia stentava ancora a prendere piede. Di lì a poco Montale pubblicherà su *Il Baretti* l'articolo "Stile e tradizione", in cui scrive: "Gli uomini migliori d'oggi saranno un giorno veduti meglio inquadrati nella storia del nostro paese, che non li esclude dal loro posto di cittadini europei" (7). Nella visione del poeta si presuppone dunque l'esistenza di una letteratura europea che si affianchi e finisca per sovrapporsi a quelle nazionali.

L'apertura europea della rivista continuerà anche dopo la morte del suo fondatore, soprattutto grazie all'impegno di Ada Prospero Gobetti e di Santino Caramella, che tra i "Propositi del Baretti" pubblicati nel dicembre del 1926 inseriva quello di "mettere in contatto più intimo la nostra cultura con le letterature straniere" (1), mentre qualche mese dopo Edoardo Persico scriverà che "la nuova cultura promette di essere non tanto provinciale quanto europea" (27). Ancora oltre si spingerà Benedetto Croce nell'articolo "Letteratura mondiale", pubblicato nel marzo del 1927. Qui il filosofo chiarisce i possibili significati di universalità in letteratura, mettendo in guardia su come l'universalismo si possa facilmente convertire in nazionalismo, nel momento in cui "le opere, alle quali si assegna quel valore canonico, sono rappresentate da una particolare letteratura" (15).

Tra il 1925 e il 1928 anche *La fiera letteraria* si dimostrerà attenta e partecipe al dibattito sull'europeismo. In una piccola nota dal titolo "Europeismo" apparsa sul primo numero della rivista, si legge un richiamo all'unità europea: "Il vecchio continente, rigenerato dalla guerra, ha bisogno di dirsi, dall'una all'altra terra, il suo nome o ripeterselo come un pegno di unità culturale" (4). Nel maggio 1927 Giovan Battista Angioletti riprenderà l'articolo di Croce sulla letteratura mondiale, concordando con il filosofo sull'idea di una letteratura "costituita non dalla eliminazione delle differenze nazionali e individuali, ma anzi attraverso di esse e per mezzo di esse giungenti a una concreta universalità" (7). Un mese dopo ancora Angioletti interverrà sulla questione con l'articolo "Difesa dell'Europa", in cui individua nell'idea di Europa un argine "all'anarchia spirituale del dopoguerra" (6). Angioletti distingue due tipi di europeismo: quello mistico di matrice orientale e quello classico, che si ricollega invece alle origini della "civiltà greco latina temperata dal cristianesimo" (6), schierandosi in favore di quest'ultimo.

Anche in *Solaria* si nota il proposito di una rifondazione della cultura attraverso nuovi modelli, tra cui abbondano quelli stranieri. Manifesto dell'europeismo solariano è l'articolo "Perché l'Italia abbia una letteratura europea" di Leo Ferrero, che si apre con la costatazione dell'isolamento degli intellettuali italiani. Per Ferrero una letteratura veramente europea è "quella che dipinge il proprio paese, sottintendendo gli altri" e lo scrittore europeo deve "acquisire, conoscendo il mondo, quel sottointeso" (32). Continua Ferrero notando che se molte riviste straniere recano la questione europea fin nel titolo, "nessuna rivista italiana rivela, dal titolo, questa gioia o, almeno, questa inquietudine" (32). Il critico sottolinea così da una parte il ruolo delle riviste nella ricezione delle letterature straniere, dall'altra palesa l'inquietudine che sta alla base del dibattito sull'Europa in questi anni. Gli scrittori italiani secondo Ferrero non sono più europei perché privi di "sentimento morale" (33) e non più partecipi della "sofferenza morale" (33) del mondo. I letterati devono essere la coscienza morale e politica del paese e per questo non possono asservirsi al potere. I grandi scrittori sono quelli che hanno saputo portare con sé ed esprimere il "male che affliggeva il loro tempo e i loro paesi" (33). Si nota insomma nel periodo che intercorre tra *La ronda* e *Solaria*, al di là di una condivisa apertura verso le culture europee, un graduale affrancamento dall'europeismo nazionalista dei primi anni Venti verso forme di europeismo più militante e finalizzate all'acquisizione dei modelli stranieri. Bisognerà ora andare a vedere quale tipo di letteratura viene scelta per essere tradotta e presa a modello per la rifondazione della cultura italiana.

Tradizione e modernità
Per valutare l'importanza delle traduzioni nella formazione della nuova coscienza nazionale occorrerà capire quale fosse il tipo di letteratura preferita dagli intellettuali italiani di questi anni. Un dato abbastanza comune è la volontà di rifondazione della cultura basata sul ritorno alla tradizione. Il richiamo alla tradizione dimostra come il compito della traduzione e della divulgazione delle letterature straniere non fosse necessariamente sovversivo nei confronti del sistema letterario. La pratica traduttiva in Italia negli anni Venti e Trenta sembra rivolta alla ricerca di basi solide per rifondare la cultura smarrita tra varie degenerazioni. La traduzione e la ricezione entrano così in un discorso di creazione dell'identità letteraria nazionale su basi classiciste e conservatrici. Molti intellettuali che operano nelle riviste italiane legano il ritorno alla tradizione a una raggiunta maturità personale, che permette loro di staccarsi dagli ardori e dalle confuse idee giovanili.[9] Nel campo della letteratura questo si configura con un rifiuto diffuso dell'avanguardia, che interessa la maggior parte delle riviste di questi anni.[10]

Ne *La ronda* il richiamo alla tradizione appare fin nel "Prologo in tre parti". Qui Cardarelli attribuisce ai classici uno scopo prima di tutto formativo, quando afferma: "Dai classici […] abbiamo imparato ad essere uomini prima che letterati" (5). La posizione su cui *La ronda* si stanzia è quella di un difficile equilibrio tra

---

[9] Tale volontà appare evidente in molti degli articoli manifesto delle riviste di questi anni: "A trent'anni la vita è come un gran vento che si va calmando", esordisce Cardarelli nel suo "Prologo in tre parti" (3), mentre Ferrieri parla di "una giovinezza che svicola via tangibilmente e la sentiamo andarsene per sempre" (3) e Gobetti dichiara il proprio distacco dalla "giovanile innocenza" (1).
[10] Fanno eccezione le riviste programmaticamente legate all'avanguardia, come *Noi, Dinamo futurista*, *Futurismo*, *Sant'Elia* e *'900*.

classicismo e modernità, una dicotomia che a un anno dalla fondazione della rivista verrà definita "l'enigma della nostra posizione" (Cardarelli, "Aprile", 6). Il "prodigio d'armonia" tra classicismo e modernità è per i rondisti la via da percorrere affinché una nazione possa produrre "qualche valore universale nel campo dello spirito" (6), come è avvenuto nell'antichità per i Greci o nel Rinascimento in Italia. Il Risorgimento avrebbe interrotto la ricerca di questa armonia, facendo chiudere la cultura su questioni politiche e prettamente nazionali. Il proposito de *La ronda* per la rifondazione della cultura italiana si basa sul ritorno a quell'equilibrio. La passione per Leopardi deriva dalla sua commistione tra classicismo e modernità e dal fatto che l'opera di Leopardi, insieme a quella di Manzoni, segna il momento in cui "la tradizione classica italiana era venuta a paragone col vivace spirito moderno europeo" (7).

In quello stesso 1920 anche Enzo Ferrieri, inaugurando *Il convegno*, esprimeva una simile necessità:

Riprendere la tradizione è legge così naturale che nessuno pensa di contraddirla. Ogni poeta, in quanto sia tale, riprende la tradizione. Ma se noi possiamo trasportare la nostra poesia fuori dal nostro tempo, non possiamo assolutamente trasportare il nostro tempo fuori dalla nostra poesia. Memore ed esatto esso prende le sue vendette.

(3)

La visione di Ferrieri, rispetto a quella dei rondisti, sembra tendere una mano alla storia, declinando la questione della modernità non solo come elemento formale, ma anche condizione storica.

La stessa "volontà di coerenza con le tradizioni" (1) è affermata da Gobetti in "Illuminismo". Lo stile europeo auspicato dall'intellettuale torinese passa attraverso un confronto con la tradizione. La questione è affrontata da Montale nell'articolo "Stile e tradizione", in cui afferma l'urgenza per gli scrittori contemporanei di operare uno "sforzo verso la semplicità e la chiarezza, a costo di sembrar poveri" (7) e lamenta la mancanza in Italia di "una letterature civile, colta e popolare insieme" (7). Montale sottolinea inoltre l'impegno da profondere nel lavoro necessario alla rifondazione della letteratura e si oppone alle derive avanguardiste in favore della tradizione:

Non vorremmo accettare alcuna mitologia; ma alle nuove che si pretendesse d'imporci preferiremmo decisamente quelle del passato che hanno una giustificazione e una storia. [...] Troppo lavoro rimane da compiere oggi, perché ci tentino questi salti nel buio; ed è [...] un ingrato travaglio senza luce e senza gioia: la creazione di un tono, di una lingua d'intesa che ci leghi alla folla per cui si lavora, inascoltati; che ci conceda l'uso del sottinteso e dell'allusione, e la speranza di una collaborazione; la creazione di un centro di risonanza che permetta alla poesia di tornare ancora a costituire il decoro e il vanto del nostro paese, e non più una solitaria vergogna individuale.

(7)

La rinascita della letteratura passa per Montale attraverso la condivisione delle forme e del linguaggio. Rispetto al concetto di stile, Montale mette in guardia dal dilettantismo derivante dalla ripresa sterile della tradizione e lancia un monito:

Per tradizione non s'intenda un morto peso di schemi, di leggi estrinseche e di consuetudini—ma un intimo spirito, un genio di razza, una consonanza con gli spiriti più costanti espressi dalla nostra terra; allora riesce alquanto difficile proporsene un modello esteriore, trarne un preciso insegnamento. Non continua chi vuole la tradizione, ma chi può, talora chi meno lo sa.

(7)

In apertura del primo numero de *La fiera letteraria*, il direttore Fracchia spiega la scelta del titolo attraverso la contrapposizione tra il tempio, dove i letterati si isolano nella contemplazione dell'arte, e la fiera, luogo di incontri e scambi, in cui la riscoperta della tradizione si affianca al nuovo e gli stili si confondono per parlare a un pubblico più ampio. Anche qui la tradizione deve fare i conti con il presente:

La fiera invece è il luogo che si conviene ad uomini della nostra età: che i nostri propilei e la nostra scuola di Atene siano fatti di baracche rabberciate alla meglio, con insegne sfacciate e bugiarde, piuttosto che di lucidi marmi e di statue armoniose, non ci impedirà di essere quali noi saremmo stati nel secolo di Pericle o in quello di Augusto, o nello stupido adorabile XIX secolo.

(1)

La fiera letteraria è una delle riviste in cui troverà ampio spazio il dibatto sul peso della tradizione nella rifondazione della letteratura. Come si è accennato, nell'articolo "Difesa dell'Europa" Angioletti prende le parti del classicismo di matrice europea, quello della "civiltà greco latina temperata dal cristianesimo" (6). Questo tipo di europeismo—tra i cui esponenti Angioletti cita Chesterton, Berdaieff, Valéry ed Eliot—si basa su due principi: "l'intelligenza realistica" e "l'ordine spirituale" (6). Si tratta di un'impostazione tradizionalista, per la quale Angioletti si rifà al pensatore francese Henri Massis e al suo *Défense de l'Occident*. Contro le derive del romanzo decadente e dello psicologismo, Angioletti propone un ritorno "alla civiltà originale": a Maeterlinck e Dostoevskij lo scrittore contrappone il Rinascimento italiano, "la disciplina morale e sociale" inglese, l'intelligenza francese, "l'universalità poetica di Leopardi" (6). La civiltà europea viene presentata in contrapposizione a un nemico esterno, che si incarna nelle derive orientalistiche di molti intellettuali europei; ancora una volta la rinascita passa per la tradizione, attraverso la riaffermazione di quel carattere specifico europeo che è "l'aderenza perfetta della forma allo spirito, in un tutto unico, concreto e armonioso" (6). Ciò che gli intellettuali europei devono perseguire è:

Il senso della ragione, della semplicità lineare, dell'ordine spirituale e, infine, della verità *umana*. La verità di Omero, di Orazio, di Dante, che è anche la verità di tutti i giorni, del re e dell'ultimo cittadino, l'unica che sorregga l'arte e governi i popoli: la verità europea per eccellenza.

(6)

Su *Solaria*, nell'articolo "Perché l'Italia abbia una letteratura europea", Ferrero similmente sostiene che affinché la letteratura italiana torni ad essere europea è necessario, oltre al recupero del sentimento morale, anche la ripresa della tradizione. Codesta deve configurarsi come una catena ininterrotta: "Le opere si spandono quando si continuano spiritualmente, perpetuandosi l'una nell'altra" (35). Per la diffusione all'estero di un'opera, la traduzione non basta in quanto è essenziale che verso di essa si manifesti "un continuo interesse e molti echi, come di un alone" (36). Ferrero sottolinea insomma come accanto alla traduzione sia necessaria l'attenzione continua dei critici e quella dei lettori e degli scrittori. Questi ultimi devono far risuonare nelle loro opere i classici, in un discorso ininterrotto che leghi tempi e luoghi diversi sotto il comune denominatore della coscienza morale della letteratura: "Quando in un romanzo noi sentiamo la presenza diffusa di un modello o di una tradizione, risaliamo naturalmente il corso della storia letteraria" (39). Secondo Ferrero la letteratura italiana, a differenza di altre letterature europee, si è fermata perché ha interrotto il legame con la tradizione, ragion per cui, in conclusione:

Bisogna che gli scrittori non si lascino accecare dall'orgoglio candido di inaugurar, ogni volta che scrivono un libro, un nuovo genere letterario; che perpetuino invece, rinnovandole, delle grandi tradizioni; ma, soprattutto, che abbandonino il deserto, ridiventino uomini.

(40)

Fuori dal coro è la voce di Bontempelli dalle pagine della rivista *'900*. Più che un rifiuto della tradizione come corpus di testi tramandati, lo scrittore vuole provocatoriamente privare di senso lo stesso concetto di tradizione:

Vorrei sapere chi è stato—tre, cinque, dieci anni fa—lo sciagurato che per primo ha messo in giro quella parola d'ordine: "Bisogna riattaccarsi alla tradizione".
Ma sarà difficile riconoscerlo. Buon per lui, perché dovrebbe essere subito preso, frustato in piazza, impiccato senza processo. La sua azione è stata peggiore che quella di colui che ha importato l'uso della cocaina; perché la manìa della cocaina non ha attaccato che sugli imbecilli; mentre la manìa della tradizione ha preso anche certa gente, non certo di prima forza, ma che qualche lume d'intelligenza lo aveva, e con quella son diventati del tutto inutili. […]
Questa gente non sa, che la tradizione è la cosa più strana che esista. Anzi, non esiste affatto: è una formula a posteriori, è una finzione giuridica con la quale la Storia Letteraria accomoda tutto.

(Bontempelli 19-20)

La tradizione per Bontempelli è un organismo in continuo rinnovamento, un perpetuo superamento di ciò che c'era prima, e per questa ragione non ha senso parlare di un ritorno alla tradizione, dal momento che ogni tradizione si forma per negazione della stessa: "Ognuno degli autori che la tradizione accoglie, è un ribelle all'aspetto immediatamente precedente di essa: era uno che della tradizione santissimamente se ne infischiava" (21).

Pur partendo da queste posizioni, anche Bontempelli punta a rifondare l'arte europea, attraverso la nuova mitologia rappresentata dal novecentismo.[11] Per dare forma e legittimazione a tale progetto Bontempelli fa riferimento a un canone europeo di autori afferenti alla linea mitologico-fantastica, all'interno della quale inserisce Gómez de la Serna, Mac Orlan, Joyce, Kaiser, Ehremburg. Altri elementi sono tuttavia da tenere in considerazione. Primo tra essi è la messa in campo di un europeismo strettamente mediterraneo, in cui la romanità si configura come tradizione da emulare e riprendere, nonostante il rifiuto espresso nei passi citati. Ciò rimanda al tentativo di Bontempelli di inserire il novecentismo all'interno dell'ortodossia fascista, proponendolo—in concorrenza ai selvaggi e futuristi—come arte ufficiale del fascismo (Ferme, 29-37). Dall'altra parte va considerata l'idea di traducibilità teorizzata da Bontempelli: la letteratura novecentista si contrappone al culto dello stile fino a considerare indifferente la lingua impiegata ai fini della comunicazione: di qui la scelta di pubblicare '900 in francese, lingua che garantiva una maggiore diffusione ma che si allontanava dal culto dell'italianità di stampo fascista. Nella proposta bontempelliana si riassumono in maniera problematica i termini del dibattito di questi anni: il ruolo della tradizione, l'idea di traduzione e di traducibilità, la ricerca di un'arte nazionale, il rapporto tra autarchia fascista e cosmopolitismo dell'arte. Il canone del fantastico europeo proposto da Bontempelli e la scelta del francese per '900 determineranno—nonostante un iniziale appoggio da parte di Mussolini—l'inconciliabilità tra novecentismo e fascismo che decreterà il fallimento del progetto.

Gli anni Venti sono dunque caratterizzati da un costante dibattito sulla rifondazione dell'arte italiana e sul ruolo delle letterature straniere. Alle questioni teoriche si affianca il lavoro pratico, sia degli scrittori impegnati nella creazione di nuove forme sia delle riviste che al lavoro di questi scrittori diedero spazio e risalto. È il caso di *Solaria*, che secondo quanto scrive Fava Guzzetta "si fa, per il contributo dei suoi collaboratori, così ricca com'è, [...] stimola questi

---

[11] Nel primo dei preamboli della rivista, Bontempelli afferma che "il compito più urgente e preciso del secolo ventesimo sarà la ricostruzione del tempo e dello spazio", cui dovrà seguire "il rinnovamento dell'individuo" (9). Ciò si configura come la costruzione di un nuovo mondo: "Quando avremo collocato un nuovo solido muro davanti a noi, la nostra più solerte occupazione sarà passeggiarlo ed esplorarcelo; tagliarne blocchi di pietra e porli uno sopra l'altro per metter su fabbricati pesanti, e modificare senza tregua la crosta della terra riconquistata" (9).

continuamente, li aiuta ad essere sé stessi, offrendo dopo l'occasione di rivelarsi e di crescere" (137). Il dibattito teorico e il lavoro pratico sembrano dare i loro frutti, come dimostrano alcune dichiarazioni di Adriano Grande in apertura di *Circoli*, che registrano un tenue ottimismo verso la condizione della nuova letteratura italiana. Nel "Programma" di *Circoli* si riconosce "la validità dell'attuale coscienza estetica, a cui si deve la profonda trasformazione della giovane letteratura italiana" (3). Si inizia a percepire negli intellettuali la consapevolezza che qualcosa di nuovo sta nascendo: "Riteniamo, dunque, che passato il tempo dell'aratura adesso sia stagione di maturazioni: e che s'approssimi il momento del raccolto" (4). Il rinnovamento passa anche qui attraverso un ritorno all'interno della tradizione: "I continuatori della tradizione siamo noi: quelli che verranno dopo di noi dovranno camminare per la nostra stessa strada" (5). Pare insomma ormai compiuta, o perlomeno avviata, quella rifondazione che da almeno un decennio gli intellettuali auspicavano. *Circoli* sarà per la poesia ciò che *Solaria* era per la prosa, almeno nei primi anni. Come nella rivista di Carocci, si ha anche in *Circoli* la compresenza di poeti italiani contemporanei e poeti stranieri presentati in traduzione, che vanno a formare un unico canone della nuova poesia occidentale.[12]

Un canone europeo per la letteratura italiana

Nel contesto europeo e americano si sviluppano nel primo scorcio del Novecento nuove esperienze di riutilizzo in chiave contemporanea della tradizione e del classicismo. La ripresa di forme, temi e modelli non avviene tuttavia in maniera pedissequa, ma accettando le sfide del tempo alla ricerca nuove forme espressive. Già *La ronda* ritaglia un proprio canone all'interno di quell'"Europa delle favole e dell'armonia" (Cardarelli, "Prologo", 5) di cui i redattori si sentivano parte integrante. Questa consapevolezza li porterà a tradurre sulle pagine della rivista testi di autori come Belloc, Chesterton, Butler e Shaw. Non si tratta ancora di un canone consolidato e si dovrà aspettare per l'affermazione dei nomi sui quali andrà a rifondarsi la prosa italiana: in particolare Joyce, Proust e Virginia Woolf. Nei primi anni Venti vengono infatti scoperti in Italia gli autori del modernismo europeo. Su *Il convegno* esce nel 1920 la prima traduzione italiana del dramma *Esuli* di Joyce a cura di Carlo Linati, che era anche amico e corrispondente dello scrittore irlandese. Nell'introduzione al dramma Linati annuncia:

D'un ultimo lavoro del Joyce, *Ulysses*, una sorta di allucinante e caleidoscopico periplo di sensazioni, con le risorse di una lingua estremamente ricca e sensuale, egli tenta con arditezza una nuova forma di notazione-racconto, tutta a segni e vibrazioni di stile, vennero pubblicati alcuni *Episodi* sul "The Egoist" e sulla "Little Review" di New Jork [sic]. Ma la

---

[12] Tra le traduzioni apparse su *Circoli* di particolare importanza sono quelle di Jorge Guillén di Montale, di poeti svedesi, romeni, olandesi e cechi per mano di Giacomo Prampolini, la prima traduzione de *La terra desolata* di Praz nel luglio-agosto 1932 e il numero speciale dedicato alla nuova poesia statunitense nel novembre-dicembre 1933.

pubblicazione venne interrotta da un veto della censura governativa. Quando sarà raccolta in volume, ne riparleremo, con piacere, su queste pagine.

(27)

L'interesse di Linati e de *Il convegno* per il nuovo romanzo joyciano è precedente all'uscita dello stesso. Le traduzioni dall'*Ulisse* appariranno sulla rivista di Ferrieri nel dicembre del 1926, qualche mese dopo le prime traduzioni in francese pubblicate su *'900* da Bontempelli. In una lettera del 20 marzo 1923 Cecchi, dopo aver recensito il romanzo sul quotidiano *La tribuna*, proponeva a Ferrieri di tradurre dei passi dell'*Ulisse*, con l'idea di sottoporne ai lettori alcune delle scene più audaci. Il 17 maggio 1924 Cecchi torna a promettere per la rivista di Ferrieri un saggio di Joyce seguito da traduzioni e critica la scelta di Linati di proporre un Joyce in tono minore. Si instaura così all'interno della rivista un dibattito tra i due principali anglisti su come presentare lo scrittore. Legato a Joyce è anche Italo Svevo: Ferrieri è in contatto con lo scrittore triestino dal marzo 1926 e gli chiede ripetutamente di tenere una conferenza al Circolo del Convegno, proposta che Svevo accetterà dopo varie titubanze nell'ottobre del 1925, annunciando: "Non di Freud io parlerò ma di Joyce. Sto raccogliendo documenti sulla sua attività a Trieste. Credo di poter fare una cosa abbastanza interessante" (Stella, 49). La conferenza avrà luogo il 3 marzo 1927, ma sarà pubblicata sulla rivista solo nel 1937, dopo la morte dello scrittore.

Svevo rappresenta in questo contesto uno dei primi esempi del forte legame tra la cultura europea e la nuova narrativa italiana che si svilupperà in maniera organica qualche anno dopo tra i prosatori di *Solaria*. La rivista di Carocci testimonia il graduale ritorno al romanzo e al racconto, dopo la stagione frammentista e della prosa d'arte. La nuova narrativa italiana nasce in stretto contatto con il canone europeo proposto da *Solaria*, basti pensare al connubio Svevo-Joyce o all'influenza di Virginia Woolf su Gianna Manzini. Nella rivista fiorentina si realizza finalmente il proposito di molti intellettuali di inserire la letteratura italiana nel contesto europeo, giacché nelle sue pagine gli scrittori italiani convivono con quelli europei all'interno di una visione coerentemente innovativa della letteratura. Una simile necessità era stata avvertita già qualche anno prima da Arrigo Cajumi, che parlando su *Il Baretti* della crisi del romanzo aveva indicato i modelli stranieri come fonte di rinnovamento:

Il romanzo europeo negli ultimi anni ha cambiato—o sta cambiando—risolutamente tecnica, e ciò in base alle recenti teorie circa la formazione della personalità […]. Orbene, questo graduale rinnovamento della tecnica romanzesca nato da autori per letterati come Huxley, Conrad, Proust, Giraudoux, e popolarizzato poi da un Badel o da un Chadourne, o magari da un Mac Orlan, è passato da noi fra l'indifferenza più sconcertante.

(10)

La causa della mancata ricezione è la scarsezza di traduzioni: nel momento in cui tale lacuna inizierà a essere colmata i modelli stranieri saranno finalmente assimilati.

Se per la prosa il modello sul quale basare il rinnovamento del romanzo italiano fu il modernismo internazionale, per quanto riguarda la poesia si nota nelle riviste italiane degli anni Venti una forte attenzione verso due autori di impostazione decisamente classicista: Rainer Maria Rilke e Paul Valéry. Rilke è il poeta più tradotto nelle riviste italiane di questo periodo.[13] Importante per la ricezione del poeta tedesco è il ruolo di Vincenzo Errante, spesso presentato fin dai titoli degli interventi e delle recensioni come il traduttore ufficiale di Rilke in Italia, ruolo che a partire dalle *Elegie Duinesi* sarà condiviso con Leone Traverso. La morte di Rilke nel 1926 rappresenta uno spartiacque nella sua ricezione in molte riviste italiane. In questa occasione appaiono molti articoli commemorativi, cui segue un aumento delle traduzioni e degli interventi. Per quanto riguarda la scelta delle poesie tradotte si registra la ricezione in un primo momento del Rilke paesaggista e più tardi delle poesie metafisiche ed esistenziali contenute nelle *Elegie Duinesi* e nei *Sonetti a Orfeo*, in cui il classicismo assume la forma contemporanea della riscrittura del mito. Questa scelta conferma la tendenza da parte degli intellettuali italiani a ricercare le esperienze straniere in cui risulti il connubio tra tradizione e modernità.

L'altro protagonista della poesia europea di questi anni e presenza assidua nelle riviste italiane è il francese Paul Valéry. Se l'abbondanza di interventi e recensioni dimostra l'avvenuta consacrazione di Valéry in Italia, dall'altro lato la scarsità di traduzioni rispetto a Rilke testimonia la difficoltà nella ricezione effettiva dei suoi testi, dovuta probabilmente alla loro matrice filosofica.[14] Il problema è anche di traduzione, se consideriamo che le prime poesie pubblicate di Valéry su *Il Baretti* non sono tradotte ma presentate in lingua originale. Non bisogna tuttavia dimenticare che negli anni presi in esame gli intellettuali e gran parte del pubblico leggeva correntemente il francese. La canonizzazione del poeta è testimoniata da numerosi articoli di cronaca sui riconoscimenti ricevuti e sulle visite presso accademie e istituzioni. Interessate notare come già nel 1943 Lionello Fiumi su *Meridiano di Roma* indaghi i legami tra Ungaretti e Valéry, inaugurando un indirizzo che troverà poi una certa fortuna nella critica italiana (Fiumi). Lo stesso Ungaretti si era occupato di Paul Valéry, inserendolo nella nuova genealogia letteraria europea. In una conferenza tenuta il 15 dicembre 1924

---

[13] I dati si basano sullo spoglio di un campione di circa trenta riviste degli anni Venti e Trenta effettuato nel contesto della mia tesi di dottorato *Europeismi e poesia straniera nelle riviste italiane tra le due guerre*, per i quali ci si è avvalsi anche di strumenti come il catalogo Circe dell'Università di Trento e lo spoglio curato da Edoardo Esposito nel volume *Le letterature straniere nell'Italia dell'entre-deux-guerres*.

[14] Il legame tra Valéry e la filosofia è analizzato da diversi critici in questi anni. Ad esempio: Valéry; Capasso; Pignato.

presso il Circolo del *Convegno*, il poeta aveva infatti parlato di poesia francese in un intervento così sintetizzato in una lettera a Ferrieri del 16 ottobre:

Sto scrivendo la mia conferenza 'punto di mira'. È un saggio sull'interpretazione e il sentimento moderni della realtà. Parlo del mondo morale dei poeti dal Romanticismo ad oggi, della rivalutazione della parola in Leopardi, in Mallarmé, in Valéry, di quello ch'io chiamo lo spirito enfatico di Hugo, lo spirito contemplativo di Leopardi, lo spirito critico di Baudelaire e lo spirito prezioso di Mallarmé.

(Stella 91)

Nel primo numero de *La fiera letteraria* Ungaretti pubblicherà l'articolo "La rinomanza di Paul Valéry", in cui sostiene che l'elezione di Valéry all'Accademia di Francia lo innalza a rappresentante del "tradizionale prestigio letterario della Francia" (6). Partendo da qui il poeta prosegue alla ricerca delle ragioni profonde che animano i "libri di idee concentrate, di distillata poesia" (6) del francese. Il vero valore di Valéry risiede "nella violenta aderenza della lettera allo spirito", nel suo riflettere "molto sull'uomo, sull'uomo in sé e sull'uomo sociale", insomma in quella di cui Angioletti parlerà come di tensione alla verità. Valéry con la sua arte ha cercato di guidare le coscienze fuori dallo sfacelo della guerra, trovando nella filosofia solide basi per la sua poesia. Per fare ciò ha deciso di passare attraverso la tradizione:

Scrivere versi per Valéry non è un fine, è un mezzo di suprema disciplina spirituale. E perciò usa le forme più chiuse, ricorre alla tradizione più rigida, s'ostina a dominare la materia più ostile. Non crede al mistero, ma crede a blocchi di buio da diradare. Si serve della poesia come del faro più splendente, nelle procelle della conoscenza. La logica ha l'immenso campo di ciò che è dimostrabile, e dove più non arriva, illumina la poesia.

(6)

La rifondazione spirituale dell'Europa passa attraverso una rivalorizzazione della funzione della poesia, non attraverso il suo svilimento come proponevano alcune avanguardie. Questo permette di considerare l'idea di nazione e di letteratura nazionale in funzione costruttiva, edificante e fondativa, tralasciando le spinte nichiliste e distruttive. Ciò avviene attraverso la traduzione e la canonizzazione dei poeti europei contemporanei. Nell'articolo Ungaretti nota la novità di Valéry che, seppur attivo già da alcuni decenni, era fino a pochi anni prima "noto a pochissimi" e "fuori dalla Francia non più di dieci persone" (6), facendo implicito riferimento alle traduzioni come importante mezzo di divulgazione.

Anche Rilke trova negli stessi anni la sua consacrazione in Italia. In un trafiletto di prima pagina nel numero del 2 gennaio 1927 de *La fiera fetteraria* si legge che "la sua fama per lungo tempo limitata al mondo germanico, era diventata recentemente europea" (Jovine, 1). Nel numero successivo, nell'introduzione alla traduzione di Vincenzo Errante de *La ballata su l'Amore e su la Morte dell'alfiere Cristoforo Rilke*, si legge che Rilke "era considerato in

Germania, accanto a Stefan George, il più grande poeta lirico tedesco" e si registra il suo successo in Francia "specialmente negli ambienti intellettuali vicini a Paul Valéry" (Errante, 6). Valéry e Rilke vengono così accostati in una diade rappresentativa del nuovo corso della poesia europea su basi classiciste. Come per Valéry, Errante sottolinea in Rilke l'elaborazione formale e la forza del pensiero, definendolo il "poeta della solitudine, della vita interiore e della morte; poeta integrale" (6).

A voler completare una sorta di triade canonica della nuova poesia europea si potrebbe inserire il nome di Thomas Stearns Eliot, che appare per la prima volta in Italia sulle pagine del *La fiera letteraria*. Anche se meno presente rispetto a Valéry e Rilke, spicca per precocità e profondità l'articolo su di lui a firma di Mario Praz uscito nel numero del 31 gennaio 1926. Se Ferrarin riconosceva il peso della funzione Góngora per i poeti spagnoli della nuova generazione, Praz individua in John Donne il modello della nuova poesia inglese, in cui spicca la figura di Eliot, accostato anche ai poeti maledetti francesi e presentato come corrispettivo lirico di Joyce. Eliot, poeta cosmopolita, figlio di tutte le letterature europee, le cui reminiscenze si intrecciano nella sua opera, capace di digerire "i più disparati alimenti" e assimilarli "nella sua arte nuovissima" (7), è l'espressione perfetta della nuova arte europea:

In una parola, l'Eliot è, come il Donne, come i poètes maudits, un poeta dell'esperienza: tutto è stato da lui conosciuto, tutto messo in dubbio, e, al tempo stesso, non v'è ipotesi destinata a ripugnargli […]. Anche per l'Eliot, come pel Donne, l'immagine del mondo è in pezzi, e non vi è saldo terreno su cui la fiducia possa riposare.

(7)

La poesia è il mezzo per porre rimedio alla disgregazione della realtà. Laddove ciò non sia possibile, essa può almeno offrirne la rappresentazione sentimentale:

Non vi è per il poeta fissa gerarchia di valori, e neppure di veri e propri valori egli può parlare, ma solo di elementi, elementi potenziali, condizionati, diversamente combinabili in infinite possibilità, come frantumi di vetro in un caleidoscopio.

(7)

In questo modo nella poesia di Eliot si sovrappongono la componente personale e temporale assieme a quella universale ed eterna; come Valéry, anche Eliot mostra la sua modernità nel rivolgersi all'oscurità. L'articolo di Praz, al di là dell'acutezza critica, si impone come momento centrale della ricezione del poeta, non solo per ragioni cronologiche, ma anche per la capacità di inserirlo all'interno della rete della nuova poesia europea. Negli anni successivi Eliot diventerà uno dei poeti che più attirarono l'attenzione degli intellettuali italiani. Tra i suoi traduttori troviamo nomi importanti del panorama letterario di quegli anni, come quelli di Eugenio Montale e Alberto Moravia.[15] Viene segnalato già da ora da molti critici il legame tra Eliot e Dante e l'importanza teorica attribuita dal poeta inglese al peso della tradizione nella letteratura contemporanea (Praz, "Dante"; "T. S. Eliot e Dante"; Berti; Fiorentino). Anche in Eliot, come in Joyce, si trova infatti l'equilibrio tra nuove forme espressive e riutilizzo dell'antico che molti intellettuali italiani avevano auspicato.

Mentre la ricezione di Rilke e Valéry fu costante durante tutto il periodo tra le due guerre, nel caso di Eliot si nota un ritardo. Se i primi interventi di Praz su *La fiera letteraria* risalgono al 1926, per la prima traduzione in rivista si dovrà aspettare quella di Montale del *Canto di Simeone* pubblicata su *Solaria* nel 1929. I primi brani tradotti da *The Waste Land* vedranno la luce solo nel 1932 su *Circoli*, dieci anni dopo l'uscita dell'opera in Inghilterra. A partire dagli anni Trenta possiamo invece dirne consolidata la ricezione, con frequenti apparizioni in riviste come *Circoli*, *Letteratura*, *Meridiano di Roma*, *Corrente* e *Il frontespizio*. Nell'aprile del 1937 Praz tornerà a parlare di Eliot dalle pagine di *Letteratura*, formulando un giudizio ormai complessivo che denota l'avvenuta canonizzazione del poeta in Italia:

> Può dirsi che nella poesia di Eliot la parabola è esaurita: non più possibilità di vita spontanea, ma fondamentale constatazione della vanità del processo "nascita-copula-morte". Il poeta si è domandato quale fosse lo scopo della vita, e non ne ha trovato alcuno, al di fuori di un meccanico e monotono, e quindi grottesco, ripetersi di atti fisiologici: onde il tono di parodia, l'accento di music-hall [...]. Possiamo vedere nel *Frammento di un agone* (1927) uno stadio estremo, di completa consumazione, della poesia di un'élite intellettuale ormai decidua e pronta a cedere il terreno ai «nuovi barbari», quali che essi siano, investiti di primitiva fede nella vita più elementare, che è fine a sé stessa.
>
> (103)

Nelle riviste di questi anni, particolare attenzione sarà rivolta anche a esperienze affini come quella di Yeats, Pound o George, nomi che, insieme ad altri, andranno a completare il canone della nuova poesia contemporanea. In questo modo si spiega anche l'attenzione ai poeti repubblicani spagnoli, in particolare Machado e García Lorca, e la contraddizione fra il successo che registrano in Italia e l'intervento di Mussolini a favore di Franco. L'attenzione agli spagnoli da parte di riviste non allineate come *Campo di Marte* o *Letteratura* si affianca all'interesse di riviste allineate come *Meridiano di Roma* e *Prospettive*. La ragione va ricercata nel fatto che i poeti spagnoli furono in questi anni—come erano stati Rilke, Valéry ed Eliot—interpreti del rinnovamento della poesia europea. Macrì vedrà la guerra civile spagnola come un "evento epocale alle origini della nuova

---

[15] Montale traduce Eliot su *Solaria* nel 1929 e su *Circoli* nel 1933 (Eliot, "Canto", 11-12; "La figlia", 50-57), mentre le traduzioni di Moravia appariranno su *Meridiano di Roma* nel 1937 (Moravia 1937).

Europa che si sta formando con faticosa volontà e speranza; alle origini nel segno simbolico della letteratura" (139-40), mentre Carlo Bo inserirà la poesia degli spagnoli nella corrente della poesia pura, forse in un tentativo di proteggerla da connotazioni politiche rischiose. L'avanguardia, pure presente nelle riviste di questi anni nonostante le continue condanne di molti intellettuali, rappresenta una linea minoritaria e sulla quale gli intellettuali italiani che ruotano attorno alle maggiori riviste non sembrano puntare. Anche se dalla Francia arriva l'esperienza del Surrealismo, non è tuttavia in questa che essi identificano una possibile fonte di rinnovamento. Il modello per la rifondazione della letteratura nazionale sono le traduzioni della nuova letteratura europea di stampo modernista, in cui alla tradizione è assegnato un ruolo inedito.

Attraverso le riviste e l'azione di intellettuali e traduttori si impone in Italia il canone della poesia e della prosa europea e statunitense contemporanea alla base dell'auspicato rinnovamento della letteratura italiana. Fu dunque il confronto con l'Europa e con gli Stati Uniti a determinare la nascita di una nuova identità culturale italiana, che sarà ancora parzialmente vincolata da fattori politici durante il Fascismo, ma che invece troverà libera espressione nel Dopoguerra. Attraverso la traduzione e la ricezione delle letterature straniere viene a delinearsi in questi anni un nuovo concetto di nazione e di letteratura nazionale, in cui l'apertura alle esperienze straniere fa da contraltare all'autarchia del regime e propone una terza via, alternativa alle negazioni avanguardiste e alle chiusure della cultura ufficiale. Il canone modernista e classicista, fondato sul ritorno alla tradizione, tradotto e importato in questi anni, è dunque il modello per la nuova letteratura italiana del Novecento.

Università di Roma La Sapienza

Opere citate

Angelini, Mara Clotilde. "All'opposizione per uno 'stile europeo' della cultura.'" A c. di M. C. Angelini. *Il Baretti (1924-1928)*. Roma: Edizioni dell'Ateneo, 1978. 27-46.

Angioletti, Giovanni Battista. "Difesa dell'Europa." *La fiera letteraria* 3. 25 (19 giugno 1927): 6.

_____. "Letteratura mondiale." *La fiera letteraria* 3. 20 (15 maggio 1927): 7.

Berti, Luigi. "Eliot con Dante." *Prospettive* 6. 28/29 (15 aprile/15 maggio 1942): 15-18.

Bontempelli, Massimo. *L'avventura novecentista*. Firenze: Vallecchi, 1974.

Bosco. Umberto. "Una rivista giovane." *La cultura (1921-1928)*. Roma: Edizioni dell'Ateneo, 1971. 7-13.

Cajumi, Arrigo. "La crisi del romanzo." *Il Baretti* 4 (16 febbraio 1928): 10-11.

Capasso, Aldo. "La poesia di Valéry e la filosofia." *Il convegno* 10.11/12 (25 dicembre 1929): 553-66.

Caramella, Santino. "Proposti del Baretti." *Il Baretti* 3. 12 (dicembre 1926): 1.

Cardarelli, Vincenzo. "Aprile 1919 – Aprile 1920." *La ronda* 2.3 (marzo 1920): 5-10.

_____. "Prologo in tre parti." *La ronda* 1.1 (aprile 1919): 3-6.

Croce. Benedetto. "Letteratura mondiale." *Il Baretti* 4.3 (marzo 1927): 15.

De Lollis, Cesare. "L'ideale della cultura*." La cultura* 1.1 (15 novembre 1921): 1-4.

_____. "Traduzioni." *La cultura* 1.2 (15 gennaio 1922): 142.

Eliot, Thomas Stearns. *Canto di Simeone.* Trad. Eugenio Montale. "Solaria" 4.12 (dicembre 1929): 11-12.

_____*. La figlia che piange; Canto di Simeone.* Trad. Eugenio Montale. "Circoli" 3. 6 (novembre/dicembre 1933): 50-57.

_____*. Poesie di T. S. Eliot tradotte da Alberto Moravia.* "Meridiano di Roma" 2. 23 (6 giugno 1937): 7.

Esposito, Edoardo. *Con altra voce. La traduzione letteraria tra le due guerre.* Roma: Donzelli, 2018.

_____. "L'europeismo del *Convegno.*" A c. di A. Modena. *Enzo Ferrieri, rabdomante della cultura*: teatro, letteratura, cinema e radio a Milano dagli anni venti agli anni cinquanta. Fondazione Arnoldo e Alberto Milano: Mondadori, 2010. 23-27.

_____*. Le letterature straniere nell'Italia dell'entre-deux-guerres.* Atti del convegno di Milano, 26-27 febbraio e 1 marzo 2003. Lecce: Pensa multimedia, 2004.

Errante, Vincenzo, "Rainero Maria Rilke." *La fiera letteraria* 3. 2 (9 gennaio 1927): 6.

"Europeismo." *La fiera letteraria* 1. 1 (13 dicembre 1925): 4.

Fava Guzzetta, Lia. *Solaria e la narrativa italiana intorno al 1930.* Ravenna: Longo, 1973.

Fancelli, Maria. "L'Archivio del *Convegno.* Epistolario di autori stranieri." *Autografo* 25 (1992): 103-12.

Ferme, Valerio. *Tradurre è tradire. La traduzione come sovversione culturale sotto il Fascismo.* Ravenna: Longo, 2002.

Ferrarin, Arturo Radames. "Il ritorno di Góngora." *La fiera letteraria* 3.21 (22 maggio 1927): 12.

Ferrero, Leo. "Perché l'Italia abbia una letteratura europea." *Solaria* 3.1 (gennaio 1928): 32-40.

Ferrieri, Enzo, "Editoriale." *Il convegno* 1.1 (febbraio 1920): 3-4.

Fiorentino, Luigi, "'Dante' di T. S. Eliot." *Meridiano di Roma* 7. 35 (30 agosto 1942): 4-5.

Fiumi, Lionello. "Ungaretti e le estetiche del Mallarmé e del Valéry." *Meridiano di Roma* 8.8 (21 febbraio 1943): 5.

Fracchia, Umberto. "Esistere nel tempo." *La fiera letteraria* 1.1 (12 dicembre 1925): 1.

Gentile, Emilio. "Italianismo e umanismo. Le ambivalenze de *La Voce.*" A c. di D. Rüesch e B. Somalvico. *La Voce e l'Europa. Il movimento fiorentino de "La voce" dall'identità culturale italiana all'identità culturale europea.* Roma: Presidenza del Consiglio dei Ministri, 2004. 21-38.

Jovine, Francesco. "La morte di Rainero Rilke." *La fiera letteraria* 3.1 (2 gennaio 1927): 1.

Gobetti, Piero. "Illuminismo." *Il Baretti* 1.1 (23 dicembre 1924): 1.

Grande, Adriano. "Programma." *Circoli* 1.1 (gennaio-febbraio 1931): 3-8.

Langella, Giuseppe. "Passaporto per La Ronda." A c. di C. Gubert e M. Rizzate. *Le riviste dell'Europa letteraria.* Trento: Università degli Studi di Trento, 2002. 95-115.

Linati, Carlo. "Joyce." *Il convegno* 1.3 (aprile 1920): 27-28.

Luti, Giorgio. *La letteratura nel ventennio fascista. Cronache letterarie tra le due guerre,* Firenze: La Nuova Italia, 1999.

Luzi, Alfredo, "'La cultura' di De Lollis: gli uomini, le idee." *La cultura (1921-1928).* Roma: Edizioni dell'Ateneo, 1971. 18-33.

Macrì, Oreste. "L'ispanismo a Firenze." *L'apporto italiano alla tradizione di studi ispanici. Atti del congresso. Napoli, 30 e 31 gennaio, 1 febbraio 1992. Nel ricordo di Carmelo Samonà.* A c. di Carmelo Samonà. Associazione ispanisti italiani. Roma: Istituto Cervantes, 1993. 135-40.

Marchi, Gian Paolo. *Il viaggio di Lorenzo Montano e altri saggi novecenteschi.* Padova: Antenore, 1976,

Montale, Eugenio. "Stile e tradizione." *Il Baretti* 2.1 (15 gennaio 1925): 7.

Nisticò, Renato. "La 'Cultura' di De Lollis, o del 'comparatismo immanente.'" A c. di E. Esposito. *Le letterature straniere nell'Italia dell'entre-deux-guerre*s. 309-46.

Persico, Edoardo. "Lettera a Sir J. Bickerstaff." *Il Baretti* 4.5-6, (maggio-giugno 1927): 27.

Pignato, Luca. "Richiamo alla filosofia." *L'Italia letteraria* 3.18 (3 maggio 1931): 1.

Praz, Mario. "Dante in Inghilterra." *La cultura* 9.1 (gennaio 1930): 65-66.

_____. "Giovani poeti inglesi: T. S. Eliot." *La fiera letteraria* 2.5 (31 gennaio 1926): 7.

_____. "Nota a 'Frammento di un agone.'" *Letteratura* 1.2 (aprile 1937): 87-103.

_____. "T. S. Eliot e Dante", *Letteratura* 1.3 (luglio 1937): 12-28.

Raffini, Daniel. "La rete culturale italo-spagnola attraverso gli archivi di primo Novecento: intellettuali, riviste, ricezione." *Quaderni del '900* 18 (2018): 47-56.

Sasso, Gennaro. *Variazioni sulla storia di una rivista italiana: la cultura.* Bologna: Il Mulino, 1992.

Stella, Angelo, a c. di. *Il "Convegno" di Enzo Ferrieri e la cultura europea dal 1920 al 1940*, Pavia: Università degli Studi di Pavia, 1991.

Ungaretti, Giuseppe. "La rinomanza di Paul Valéry." *La fiera letteraria* 1.1 (13 dicembre 1925): 6.

Valéry, Paul. "Filosofia e poesia filosofica." *Il Baretti* 3. 11 (novembre 1926): 114.

ELOISA MORRA

Traduzione e tradizione nella ricezione di Proust in Italia: Croce, Gobetti, Debenedetti[1]

Sinossi: Questo saggio ricostruisce il clima culturale che anima il dibattito sulla traduzione nei primi anni Venti, sottolineando dapprima le differenze di posizioni critiche tra Benedetto Croce, Giovanni Gentile e Piero Gobetti per poi analizzare questo dibattito nel contesto della ricezione italiana di Proust. In un secondo momento, il saggio esaminerà le pratiche di traduzione di Giacomo Debenedetti, mettendone in risalto le mediazioni letterarie nonché la sostanziale adesione del suo modello di traduzione alle profonde riflessioni sul rapporto tra testo di partenza, traduzione e tradizione letteraria esposte da Gobetti.

Parole chiave:
Riviste degli anni Venti, Benedetto Croce, Giovanni Gentile, Piero Gobetti, Giacomo Debenedetti, Proust.

> Ma soprattutto mi stava a cuore quello che avrei dovuto chiedergli e quello che lui mi avrebbe risposto: quello che pensava dell'Italia e di Manzoni e di Dante e di Leopardi, se conosceva le teorie di Croce e se le approvava, quale fosse il suo metodo di lavoro, se Elstir era proprio Manet, Bergotte France, e se Giacomino fosse anche per lui il migliore dei suoi critici.
>
> (Soldati, *Laurea in Lettere* 888)

Introduzione

In apertura di un noto saggio, *L'influsso degli eventi*, Cesare Pavese faceva riferimento al "decennio delle traduzioni" come a un momento fondamentale per ritrovare un nuovo modo di fare letteratura in Italia attraverso il rapporto con tradizioni letterarie altre. In realtà, a queste preziose riflessioni è preceduto un animato dibattito sulle riviste nei primi anni Venti, che ha segnato in modo imprescindibile due diversi modi di accostarsi alla pratica traduttiva e, di conseguenza, alla relazione tra pratica della traduzione e identità nazionale. Obiettivo di questo saggio è triplice: cercherò di ricostruire il clima culturale che anima il dibattito sulla traduzione nei primi anni Venti, sottolineando le differenze

---

[1] Ringrazio Elisa e Antonio Debenedetti per avermi permesso di consultare e citare le lettere del carteggio Bompiani-Debenedetti (conservato presso l'Archivio Vieusseux) nella terza parte del contributo; si ringrazia inoltre il personale dell'Archivio per la disponibilità e la gentilezza.

di posizione critica tra Benedetto Croce, Giovanni Gentile e Piero Gobetti; trasferirò poi questo dibattito facendo riferimento alla ricezione italiana di un autore chiave per la modernità quale è Proust; infine, mi concentrerò sull'operazione di traduzione da parte del critico italiano Giacomo Debenedetti, mettendone in risalto le mediazioni letterarie nonché la sostanziale adesione del suo modello di traduzione alle profonde riflessioni sul rapporto tra testo di partenza, traduzione e tradizione letteraria esposte da Gobetti nei suoi pionieristici articoli.

1.1. Teorie della traduzione e identità nazionale: Croce, Gobetti, Gentile

Il ventennio che separa le due guerre mondiali ha estrema rilevanza se pensiamo agli sviluppi della pratica traduttologica in ambito culturale italiano. È a partire dalle riflessioni e dibattiti nati sovente sulle pagine delle riviste che in Italia, a poco più d'un cinquantennio dall'indipendenza, si ha opportunità di iniziare a riflettere sulle pratiche della traduzione in relazione ai concetti di formazione dell'identità nazionale e possibilità stessa dell'atto traduttorio.[2] E gli anni Venti e Trenta sono cruciali perché, per la prima volta, dalla riflessione esclusiva sulla pratica traduttoria di autori classici si passerà a quella su autori moderni, appartenenti a tradizioni culturali spesso sideralmente lontane da quella italiana.[3]

I partecipanti al dibattito sulla traducibilità dei moderni sono numerosi e il quadro diversificato, ma un ruolo di primo piano è stato senz'altro svolto da Benedetto Croce, che, pur differenziando negli anni la sua posizione, aveva in origine espresso un serio dubbio sull'utilità stessa dell'atto di traduzione. Così, ad esempio, se in *Breviario d'estetica* tradurre veniva ritenuto potenzialmente di poco successo, "in quanto [le traduzioni] abbiano la pretesa di porre in un recipiente di natura diversa" (19), un passo di *Estetica come scienza dell'espressione* pone la pietra tombale sul dibattito sulla traducibilità. Non è possibile una teoria della traduzione poiché ogni opera è a sé, e una buona traduzione non può che essere al più un'approssimazione che miri a riprodurre una serie di *somiglianze* con l'originale:

Ma sono somiglianze quali si avvertono tra gl'individui, e che non è dato mai fissare con determinazioni concettuali: somiglianze, cioè, alle quali mal si applicano l'identificazione, la subordinazione, la coordinazione e le altre relazioni dei concetti, e che consistono semplicemente in ciò che si chiama *aria di famiglia*, derivante dalle condizioni storiche tra cui nascono le varie opere, dalle parentele d'anima degli artisti. E in siffatte somiglianze si fonda la possibilità relativa delle traduzioni; non in quanto riproduzioni (che sarebbe vano

---

[2] Già le pagine de "Il marzocco" negli anni 1897-1898 avevano ospitato un dibattito sulla necessità della traduzione, dibattito che sarebbe continuato anni più tardi sia nel contesto di "Novecento", con le riflessioni di Massimo Bontempelli, sia, in epoca fascista, sulle colonne di riviste come "Il Torchio": si veda Ferme.

[3] Sulle riflessioni relative alla traduzione dei classici nei primi del Novecento rimando ai fondamentali saggi di Zoboli e Giusti.

tentare) delle medesime espressioni originali, ma in quanta produzioni di espressioni somiglianti e più o meno prossime a quelle. La traduzione, che si dice buona, è un'approssimazione, che ha valore originale d'opera e può stare da sé.

(Estetica 81-82)

Per Croce la traduzione è dunque in sé stessa un atto impossibile e, pur utile, non potrà che essere concepita o come mera appendice al testo originale—di cui nulla potrà intaccare lo status vicario di letteratura di secondo grado—o come opera totalmente autonoma. Che sia commento o nuova creazione poco importa: tradurre rimane atto confinato alla "non-poesia", come avrà a chiarire più tardi: "L'impossibilità della traduzione è la realtà stessa nella sua creazione e sua ricreazione" (*La poesia* 103). Da qui deriva la nota dicotomia tra "belle infedeli" e "brutte fedeli" (*Estetica* 87) cui il filosofo si manterrà sostanzialmente coerente per tutta la vita, pur tentando di sfumare le sue prese di posizione negli ultimi lavori.

La condanna di Croce non potrà che orientare—e in parte silenziare—il dibattito sulle riviste, in cui troviamo omissioni a dir poco sorprendenti: se i Futuristi non si espressero mai sull'opportunità delle traduzioni, nessuna traccia del dibattito teorico si trova né sui numeri di *Solaria* né sulla *Ronda*, pure fondamentali per la ricezione di alcuni autori sul suolo italico. Poche, insomma, le eccezioni alla ripulsa crociana; ma da analizzare con attenzione, anche per la ricaduta che una diversa ermeneutica dell'atto traduttorio eserciterà nel caso particolare della ricezione di Proust in Italia, sia a livello critico che di pratica stessa della traduzione. Prima eccezione al "no" crociano alle traduzioni di autori stranieri è senz'altro costituita da Piero Gobetti, [4] autore di numerosi saggi-commenti sulle novità editoriali, in particolare quelle legate alla traduzione di letterature straniere in Italia. [5] Lo stretto legame tra letteratura nazionale, letterature straniere e pratiche editoriali costituisce, non a caso, il fulcro dell'intelligente analisi gobettiana del problema. È un'attenzione profonda, che non si può spiegare limitandosi a constatare che Gobetti era editore estremamente percettivo e dunque più attento al tema della letteratura tradotta[6]: va pertanto ripercorsa nelle sue tappe fondamentali, e non solo per l'influenza che avrà nel caso specifico dell'ancora poco nota attività di Giacomo Debenedetti come

---

[4] La bibliografia sulla vita e l'azione politica di Gobetti è vastissima. Si vedano almeno: Morra di Lavriano, *Vita di Piero Gobetti;* Ward, *Piero Gobetti's New World*; l'ampia introduzione a Piero Gobetti, *Carteggio 1918-1922*, a cura di Alessandrone Perona; Gervasoni, *L'intellettuale come eroe*; Bagnoli, *Piero Gobetti: cultura e politica in un liberale del Novecento*; Spriano, *Gramsci e Gobetti*; Brioschi, *L'azione politico-culturale di Piero Gobetti*, e la rivista del Centro Studi Piero Gobetti "Mezzosecolo".

[5] Su Gobetti editore si vedano Frabotta, *Gobetti: l'editore giovane*; Accame Lanzillotta, *Le edizioni e i tipografi di Piero Gobetti*.

[6] Tuttora poco approfondito, almeno in ambito italiano: fa eccezione il recente volume di Sisto, *Traiettorie*.

traduttore, non solo critico, di Proust. Al contrario di Croce, per Gobetti la traduzione è un fattore fondamentale per l'identità linguistico-letteraria nazionale e strettamente funzionale al suo rinnovamento:

> Tradurre, in realtà, è la condizione d'ogni pensare e d'ogni apprendere; e non si traduce soltanto, come si dice empiricamente parlando e presupponendo così lingue diverse, da una lingua straniera nella nostra, ma si traduce altresì dalla nostra, sempre: e non soltanto dalla nostra dei secoli remoti e degli scrittori di cui noi siamo lettori, ma anche dalla nostra più recente, ed usata da noi stessi che leggiamo e parliamo.
>
> (Gobetti 27-28)

L'identità letteraria italiana—sembra suggerire in questa sede—è il risultato d'una continua negoziazione tra tradizione e traduzione, e ogni autore che si rispetti ingaggia un dialogo con la prosa dei secoli passati e con le opere di autori appartenenti ad altre tradizioni, considerando ogni letteratura nazionale come una letteratura che traduce perennemente dall'interno di se stessa.[7] Questo approccio spiega non solo l'attenzione—del tutto inedita per l'epoca—all'influenza che le traduzioni dei classici stranieri hanno esercitato sulla letteratura italiana, ma pone le basi di un'ermeneutica della traduzione radicalmente diversa da quella di Croce, la cui teoria estetica sul tema viene apertamente criticata in un'articolata nota del 1919:

> Non è qui il luogo, né io m'arrogherei la capacità, d'indagare il concetto di traduzione. Che, se non m'inganno, è anche uno dei punti men chiari dell'estetica crociana. E deriva, a mio debole avviso, dalla mancata spiegazione del concetto di lingua - come formazione, oltreché individuale, nazionale - e dalla mancata indagine delle relazioni tra le lingue. Problema che ci riporta insomma a quello della giustificazione della personalità individuale e delle distinzioni sociali. Senz'entrare in questi argomenti dirò (se si vuole, con termini abbastanza imprecisi) che io intendo la traduzione come sforzo di chiarire a se stessi la creazione fantastica dell'autore e di rifarla sviluppandone le caratteristiche (è chiaro che qui bisognerebbe indagare la realizzazione di questa sforzo e precisamente le relazioni tra le lingue, come formazioni storiche). Dare l'opera originale come la sentiamo noi, ma in modo che si riconosca anche l'autore. Opera d'attività creativa nel senso di creazione di una relazione di simpatia (in senso etimologico) tra due stati d'animo e due intuizioni. La negazione assoluta della traduzione è dunque legittimata nelle estetiche mistiche e trascendentali; ma logica ne è invece l'affermazione quando si ponga l'identità

---

[7] Si legga, ad esempio, un altro significativo intervento gobettiano, "Nuove traduzioni", nella rivista *Poesia ed Arte* del giugno-luglio 1920, citata in *Scritti storici*: "La storia della nostra lingua presenta, proprio nel periodo di formazione della letteratura nazionale, il fenomeno d'una fioritura copiosa di traduzioni, di riduzioni e 'volgarizzamenti'. La lingua appare nascente, sboccia con intimo fervore; sente il bisogno di sperimentare la sua capacità d'assimilazione e a tutte le difficoltà si cimenta. Dal Duecento al Cinquecento gli italiani traducono tutti i classici: traducono i latini in volgare, i greci in latino e in volgare. E troviamo in relazione con questo fenomeno gli ultimi fiori di letteratura umanistica e assistiamo al formarsi rigoglioso della nostra letteratura italiana" (477). Su questo tema si veda Morra 2019.

d'espressione e intuizione (altrimenti verrebbe tolta insieme alla traduzione anche ogni possibilità di comprensione) e specialmente quando si sviluppi il carattere dialettico d'attività che c'è nell'identità, quando s'intenda insomma l'identità crociana come identificarsi progressivo.

(Gobetti 166-68)

Si capisce quanto fondamentale fosse, in quest'ottica, la traduzione, e quanto il tradurre bene fosse visto da Gobetti come un modo di non rendere la tradizione letteraria italiana estranea a se stessa.[8] Con grande eleganza Gobetti rovescia il problema posto da Croce: più che un'approssimazione, o al contrario un'opera nuova e originale, la traduzione viene innanzitutto letta come atto ermeneutico. Si tratta non solo di avvicinarsi al singolo autore, ma di interpretarlo a nostro modo, facendo riferimento a quella *sympatheia* che attraversa secoli di storia letteraria. Più che uno scrittore, il traduttore è un interprete che si avvicina al testo e ha l'obbligo morale di "rifarlo" seguendo sì le sue personali inclinazioni linguistiche, ma anche restando il più possibile fedele alla singolarità del testo di partenza (al suo "tono", avrebbe detto anni dopo Giacomo Debenedetti).[9]

Ogni atto interpretativo, sembra suggerire Gobetti, è quindi una traduzione; così come traduzione è ogni atto di scrittura, tanto più in Italia, dove il canone letterario nazionale nasce per tradizione dallo sforzo di 'rifare' a proprio modo i classici, costruendo così un canone alternativo. L'idea stessa di traduzione sembra dunque inglobare entro i suoi confini gli atti della critica e della scrittura creativa—al punto che, ristabilendo la vecchia dicotomia di De Sanctis, Gobetti arriverà a scrivere che esistono ottimi scrittori che non sono poeti, ma esprimono il loro talento molto meglio nell'atto di tradurre. Scrittore, dunque, ma più di ogni altra cosa interprete: il buon traduttore sarà colui che, avendo un'ottima conoscenza della tradizione letteraria legata alla lingua d'arrivo e quella di partenza, farà in modo di ricostruire le peculiari relazioni linguistiche, sintattiche, lessicali del singolo autore inserendole in un diverso contesto di senso.

A livello pratico, Gobetti sembra immaginare il traduttore come un eterno studente alle prese con la traduzione d'un classico greco o latino: si tratterà di smembrare il periodo e ricostruire una nuova architettura adatta alla lingua d'arrivo, che possibilmente ne assorba anche i riferimenti letterari, le allusioni, le singole sfumature lessicali. A quale tipo di complessità mirasse questa complicata operazione, che comporta una visione multistrato della lingua, lo mostrano i molti brillanti commenti usciti in *Energie Nove* alle traduzioni da autori russi e tedeschi, in cui l'autore-editore si fa forte della sua stessa esperienza e delle sue dense letture critiche.

---

[8] Sull'influenza eccessiva che la letteratura tradotta ha avuto sulla prosa italiana ha scritto pagine interessanti Ficara, *Lettere non italiane.*

[9] Molti anni dopo, Jacques Derrida considererà esattamente questo il valore della traduzione: non tanto l'equivalenza, ma l'esposizione di alcuni significati che possono essere reconditi nell'originale. Si veda Derrida, *What is a 'Relevant' Translation?*

Ma le posizioni "eretiche" di Gobetti avevano trovato nutrimento, oltre che dall'esperienza e delle sue dense letture critiche, anche nelle posizioni espresse da Giovanni Gentile pochi anni prima. Gentile aveva sferrato il suo attacco all'estetica crociana proprio mettendo in risalto le ambiguità della sua condanna delle traduzioni; anzi, il filosofo aveva estremizzato le sue posizioni, arrivando a identificare la lettura stessa con l'atto di traduzione:

[...] noi traduciamo sempre, perché la lingua, non quella delle grammatiche e dei vocabolari, ma la lingua vera, sonante nell'animo umano, non è mai la stessa, né anche in due istanti consecutivi; ed esiste a condizione di trasformarsi, continuamente inquieta, viva.

(Gentile 130-31)

Tanto per Gobetti quanto per Gentile dunque la letteratura nazionale non potrà che basare il suo successo sull'idea di *traducibilità*, e proprio per questo trarre giovamento dalle traduzioni dei grandi capolavori della letteratura mondiale: nessuna traccia, in loro, di quel nazionalismo che, impermeabile alle novità del modernismo internazionale, dominerà il dibattito su rivista nei decenni successivi. Le posizioni anticrociane di Gentile e Gobetti risulteranno tanto più feconde nel momento in cui uno dei nostri migliori critici si troverà a fronteggiare l'impresa tra le più onerose della "letteratura tradotta" del nostro novecento: interpretare — e parzialmente tradurre—uno dei capisaldi della tradizione del romanzo moderno, la *Recherche* di Marcel Proust.

1.2. Proust in Italia (1923-48): una difficile ricezione

Stratificata e difficile già in Francia,[10] la ricezione di Proust in Italia nasce precocemente sotto l'egida di Lucio D'Ambra, che ad appena un mese dall'uscita di *Du Côté de chez Swann* ne scrive una prima entusiasta recensione, pubblicata nel dicembre 1913 sulle colonne della "Rassegna Contemporanea".[11] A quell'iniziale giudizio critico, che leggeva Proust come erede novecentesco di Stendhal, preannunciandone la fortuna europea con anni d'anticipo, segue però un silenzio di quasi un decennio. Fin dall'inizio, infatti, la ricezione italiana di Proust riflette l'evoluzione del processo di formazione dell'identità letteraria nazionale e i limiti della cultura ufficiale. Lo sconosciuto Lucio D'Ambra e il noto Debenedetti sono eccezioni: un'analisi delle recensioni ha rivelato lo scarso apprezzamento della stampa fascista per la *Recherche*, accolta dagli elzeviristi o con freddezza o con osservazioni di cattivo gusto. Tra i primi a recepire negativamente l'opera occorre menzionare Giuseppe Prezzolini che nel 1923—a pochi mesi dalla scomparsa di Proust—darà un durissimo giudizio basato su considerazioni relative alla tradizione del romanzo d'introspezione.

Agli occhi di Prezzolini, Proust appare come uno scienziato che altera le

---

[10] Per una storia della ricezione di Proust in Francia e in Italia si vedano Agostini-Ouafi, *Proust en Italie*; Dolfi, *Non dimenticarsi di Proust*.

[11] Su D'Ambra si veda Macchia, *Lo scopritore italiano della Recherche*, in *Tutti gli scritti su Proust* 241-45.

percezioni della realtà ("un naturalista che guarda degli animali, anzi degli animaletti, e non degli uomini; il suo mondo mi fa l'effetto degli insetti veduti con la lente d'ingrandimento o col microscopio", 125), arrivando a descrivere il suo universo attraverso una lente deformante. Ma quella che potrebbe inizialmente apparire come una critica di stampo formalista assume in realtà radici ideologiche: il fascista Prezzolini non può infatti sopportare la società francese descritta nel romanzo, letta come "ristrettissimo universo, dove i più alti interessi umani sono quelli di essere o non essere ricevuti in un salotto, dove non vi è nulla di buono, nulla di bello, nulla di superiore al movimento di organi fisici" (125). Inumano e decadente, così appare il Proust di Prezzolini: anni più tardi, con l'avvicinarsi delle leggi razziali, queste riserve diverranno ancora più forti, e molta della critica su Proust in Italia assumerà connotazioni antisemite. Così, ad esempio, scriveva rozzamente Piero Bargellini sulle pagine del *Frontespizio*:

Il fenomeno è questo. La cosiddetta letteratura d'*élite*, quella letteratura malaticcia e malsana, torbida, a sfondo sessuale (e omosessuale); quella letteratura decadente, equivoca, abulica; falsa spiritualità; tutta in una parola la letteratura areligiosa e immorale si è rivoltata, nei suoi massimi e miserabili rappresentanti, contro l'Italia cattolica e fascista. Non poteva essere diversamente. Chi ama Proust non può amare la serenità e virilità italiana.

(1)[12]

È un tipo di critica, quella di venatura antisemita, che verrà purtroppo accolto da molti. Solitamente più percettivo della media, anche Emilio Cecchi nell'articolo incluso nel collettivo "Hommage à Marcel Proust" ricondurrà Proust nell'alveo del romanzo d'introspezione, paragonandolo alle innovazioni apportate da Henry James—in ambito italiano verranno invece fatti i nomi di Tozzi e Pirandello—alla forma-romanzo. Questa temporanea esclusione dal pantheon della letteratura mondiale da parte della cultura dominante nell'Italia degli anni Venti e Trenta non deve sorprendere: è difficile immaginare un autore più distante dallo spirito del fascismo di Proust, niente di più lontano della sua prosa dagli impulsi superomisti del ventennio.

Sarà questa iniziale resistenza che porrà un freno alle traduzioni e a far sì che Proust, almeno fino al dopoguerra, resti un autore riservato all'*élite* francofona, cosmopolita, antifascista.[13] Ma se il binomio Proust-antifascismo risulta già

[12] Sul forte connotato antisemita nelle letture di Proust tra le due guerre, si veda Bosetti, Gilbert, S*ignification socioculturelle et sociopolitique du proustisme en Italie* in Agostini-Ouafi, *Proust en Italie* (39-40).
[13] Si pensi, per far menzione d'un episodio noto della sua fortuna letteraria, all'immagine di Proust riflessa in *Lessico famigliare* di Natalia Ginzburg: Proust è letto dalla madre e dalla sorella Paola, e assume la fisionomia d'un autore che porta novità e speranza in un clima sempre più repressivo e ostilmente sovranista. Nel romanzo Debenedetti appare sotto le spoglie del ragazzo "piccolo, delicato e gentile" (959-60). Sull'episodio si veda anche

pienamente analizzato dalla critica, ancora una volta invece sarà interessante vedere la posizione presa a riguardo da Croce, bussola della cultura italiana dell'epoca. Come nel caso dell'arte della traduzione il giudizio è netto, e arriverà in risposta allo studio di una delle più fini interpreti della prosa di Proust in Italia, Lorenza Maranini. Nel suo saggio d'esordio *Proust: arte e conoscenza* (1933) la studiosa aveva stupendamente definito la prosa di Proust—e la sua stessa visione dell'arte—come un "pensare il sentito" (271), chiamando in causa proprio l'estetica crociana, sulla quale veniva dato un giudizio pungente:

> E in confronto, come ci pare più sentimentale la definizione di Croce: l'arte è intuizione di uno stato d'animo; e meno intellettualistica anche; quello stato d'animo, quella liricità, che substrato sentimentale e passionale lasciano trasparire. [...] Mentre Proust, che ci dice: pensare il sentito, ignora tutto ciò; anche l'oggetto del pensiero in lui è conoscenza. Croce lascia una visione orizzontale aperta, Proust ci mostra una guglia altissima, sostenuta da tutta la cattedrale composta intorno a lei.
>
> (271-72)

All'invio di quella prima monografia Croce risponde impietosamente, dando un giudizio negativo sullo stile di Proust e sulla sua stessa poetica; la sua teoria dell'arte a suo parere non è data, e l'autore della *Recherche* viene ritratto come un romantico attardato:

> Proust non dà una teoria dell'arte, perché una teoria dell'arte deve spiegare l'arte di ogni forma e di ogni tempo, e la sua non spiega nulla, ed è nient'altro che un programma posto a se stesso. Nemmeno può dirsi che egli celebri col pensiero le sensazioni attuali o ricordate che siano; giacché, per pensarle veramente, bisognava quel criterio di valori che, come senza valori, non si pensa, non si storicizza, giudicandolo, il reale. Era, a suo modo, un sensuale, un romantico delle sensazioni e della reviviscenza delle sensazioni: una sorta di eremita pascoliano, quello che gridava a Dio: "Fa' che io mi ricordi!". La sensazione ricordata è il fior che solo odora quando le manifestazioni del contemporaneo romanticismo, variamente, come ogni romanticismo, morboso. La sanità dello spirito consiste nel ricordare quel che bisogna, via via, per operare, e nell'obliare tutto il resto. Il romantico malinconico autocommentatore alla ricerca della sensazione ricordata; era un artista, e ha potuto darci la rappresentazione del suo voluttuario da romantico. La sua arte non era *ricerca* della sensazione, ma nel superare la ricerca con lo *stile*.
>
> (Croce, *Alcune lettere* 462-63)

Croce sembra insomma ridurre le *intermittences du coeur* a un mero espediente stilistico, trascurandone la complessità e il ruolo chiave nell'architettura romanzesca proustiana.[14] In un altro contributo, le innovazioni della *Recherche*

Pedullà, *Il Novecento segreto di Giacomo Debenedetti* (145-46). Sul rapporto speciale tra Proust e Ginzburg traduttrice rimando al bell'articolo di Bertini, *Attraverso Natalia. Un percorso proustiano degli anni Sessanta*, in Dolfi.

[14] Così uno dei capitoli più commoventi della *Recherche*, che originariamente avrebbe dovuto proprio titolarsi in questo modo. Proust, *À la Recherche du temps perdu*: "Car aux

vengono ricondotte alla *Vita* di Alfieri, e schedate come una versione moderna e aggiornata dell'autore piemontese. Croce si trova dunque in bilico: lontano dalle riserve degli scrittori fascisti, sente comunque il dovere di circoscrivere la novità della ricerca di Proust a fonti già note. Non è difficile tracciare i motivi che lo hanno condotto a tale scelta; Proust è autore troppo 'moderno', instabile, prismatico per trovare un lettore congeniale nel filosofo, che letterariamente rimarrà sempre legato a un ideale di olimpica classicità.[15]

Di opinione antipodica sarà il giovane Debenedetti che, nell'enucleare il suo metodo critico, penserà proprio a Croce come a uno dei principali antagonisti, e non a caso farà di Proust l'autore da cui partire e al quale sempre tornare per leggere e meglio collocare gli altri scrittori. Molto più del modesto D'Ambra, Giacomo Debenedetti, scrive Giaveri, è colui che più di ogni altro "ha accompagnato la scoperta di Proust in Italia, ne ha difeso il disegno compositivo, anticipato gli esiti, secondato genialmente l'affermazione e il trionfo" (7). Il rapporto del critico con Proust è ben descritto in una nota, a lungo rimasta inedita, di uno dei suoi ultimi saggi dedicati all'autore:

Oggi, passati quasi 25 anni, rileggere Proust significa non solo mettere a confronto la sua gloria—quale si è consolidata—con la sua fama, quale brillò repentina, con una dolce, ineluttabile e perfino calamitosa prepotenza, nel cielo letterario, e umano anche, in cui apparve quella cometa dalla lunga chioma. […] Significa anche mettere a confronto noi con noi stessi; i noi di allora con ciò che il logorio e l'edificazione, i disastri e i risultati di molti mutamenti hanno fatto oggi di noi.

(Rileggere Proust 11)

In Proust Debenedetti troverà un doppio a cui sempre tornare. La sua lettura di Proust si evolverà radicalmente con gli anni, rispecchiando anche la sua vicenda biografica. Da autore inizialmente amato per le qualità musicali e di dandy, nelle pagine del critico l'autore della *Recherche* diviene, durante la guerra, talismano per affrontare la propria personale discesa agli inferi: "[...] ogni vero romanzo", scriverà più tardi in *Personaggi e destino*, "contiene una sua nekuia" (*Saggi* 918). Che in questo radicale cambiamento interpretativo entrino in gioco fattori biografici, in primis il fatto che Debenedetti stesso dovrà affrontare la sua personale *nekuia*, causata delle leggi razziali e dalla persecuzione, è indubbio. Tuttavia, l'invisibile pietra angolare del mutamento di segno è da individuarsi in un ben preciso episodio della biografia intellettuale debenedettiana, ovvero nel passaggio dal ruolo di critico a quello di traduttore di *Un amore di Swann*

---

troubles de la mémoire sont liées les intermittences du cœur. C'est sans doute l'existence de notre corps, semblable pour nous à un vase où notre spiritualité serait enclose, qui nous induit à supposer que tous nos biens intérieurs, nos joies passées, toutes nos douleurs sont perpétuellement en notre possession" (201).
[15] È un atteggiamento, questo, di fraintendimento del modernismo europeo che si riscontra anche nel Lukács di *L'Anima e le forme*.

(Bompiani, 1948) durante il periodo passato a Cortona durante la guerra.

1.3. Nel segno di Gobetti: il Proust "segreto" di Giacomo Debenedetti

Se si escludono poche eccezioni, quest'episodio della storia intellettuale di Debenedetti sembra essere stato finora trascurato dalla critica. [16] Complice l'antica diffidenza verso le versioni ereditata dal magistero crociano da un lato e verso un'idea di critica mimetica dall'altro, [17] spesso ci si è semplicemente limitati a notare la simultaneità tra gli anni del lavoro di traduzione e l'emergere della nuova interpretazione della *Recherche* come *corpus* che si snoda a mo' di interrogatorio di gelosia. Ma qual è la posizione di Debenedetti traduttore rispetto al testo e ai dibattiti sulla traduzione, e qual è la relazione tra quest'episodio e le sue successive interpretazioni critiche?

Già dagli esordi Debenedetti si era preoccupato delle difficoltà che un eventuale traduttore del maestro francese avrebbe dovuto attraversare: l'interprete, scriveva nell'omonimo articolo su *Il Baretti,* "cambierà voce e imprimerà certe larghe inflessioni al suo dire e tenterà di smorzare le parole, suggerendole con un timbro velato e spento, simile a quello di persona dolente e alquanto remota" (*Proust* 25). Ma solo nel 1943 Debenedetti aveva iniziato ad accarezzare l'idea che quel traduttore potesse essere lui stesso. L'occasione si era presentata nel pieno della guerra, quando il critico si trova a corrispondere con l'editore Bompiani, conosciuto da tempo, proponendogli diversi progetti di traduzione. La prima idea risale a una lettera del luglio 1943, in cui si parla distintamente della possibilità di tradurre quello specifico episodio del grande romanzo proustiano:

Caro Bompiani,
Come ti avevo detto a suo tempo, ho tradotto buona parte di *Un amour de Swann* (cioè il romanzo d'amore del *Du cote de chez Swann*) [sic]. Potrei consegnarti il ms. per la fine di novembre (meglio ancora: per la metà di novembre). Se vuoi invece tutto il *Du coté* [sic] dovrei chiederti un paio di mesi di più. Ma credo che *Un amour de Swann* sia sufficiente per una "Corona" di 250 pagg. nutrite. E basta per presentare al nostro pubblico Proust nel suo carattere, e per farne sentire il fascino. E avrebbe anche il vantaggio di costituire un'opera chiusa. Erano queste le ragioni per cui, con Vittorini, si era parlato di limitare la traduzione a quel capitolo. Comunque, sono a tua disposizione. Fammi sapere subito qualche cosa, perché mi possa regolare. Speriamo che questo espresso di [sic] raggiunga con la desiderata celerità.
Credimi, colla più viva amicizia
tuo
Giacomo Debenedetti. [18]

---

[16] Lavagetto, *La sollecitazione ermeneutica, Il Novecento di Debenedetti* 59-70; e Agostini-Ouafi, *Debenedetti traducteur de Proust.* L'episodio viene menzionato in breve da Frandini , *Il teatro della memoria* 176.

[17] Si veda il dibattito Fortini-Citati chiaramente riassunto in Francioni (207-08).

[18] *Carteggio Bompiani-Debenedetti,* G.Deb. I. 132 a. 2.

La proposta di Debenedetti ha motivazioni che vanno ben al di là della brevità e del carattere conchiuso dell'episodio riferito nella lettera. Tradurre la sezione iniziale della *Recherche* è una scelta per molti aspetti coraggiosa, non solo per l'impegno che richiede a livello critico e interpretativo, ma anche come operazione culturale ad ampio raggio: assumerà infatti un ruolo decisivo, oltre che nel personale itinerario del critico, a livello dei dibattiti sulla traduzione di autori stranieri dei due decenni precedenti e nel quadro della storia della ricezione di Proust in Italia. Che il maggior critico di origine ebraica in Italia traducesse un altro (anzi, il maggiore) autore ebreo, massacrato per anni dalla critica fascista, va già letto come un concreto atto di resistenza al ventennio e ai suoi ideali di letteratura.

Come si è visto, l'autore della *Recherche* rappresentava tutto ciò che la cultura nazionale fascista non voleva, non poteva essere. Tornare al rozzo articolo antisemita di Bargellini, poi, svela implicitamente l'altra radice di novità dello *Swann* di Bompiani e Debenedetti: Proust veniva letto come l'emblema di "quella letteratura malaticcia e malsana, torbida, a sfondo sessuale (e omosessuale); quella letteratura decadente, equivoca, abulica" (Bargellini 1). Scegliere di tradurre per la prima volta in Italia un episodio di un romanzo che metteva in luce il tema dell'omosessualità e dell'amore saffico—si pensi, ad esempio, alla scena della figlia del maestro di pianoforte e compositore Vinteuil sedotta da una sua compagna, e alla relazione lesbica che, osservata di nascosto da Marcel, avviene di fronte e in spregio al ritratto del padre della ragazza—è senz'altro da leggersi come un secondo atto di resistenza alla cultura fascista che assume notevole significatività.

Ma oltre che per l'ininterrotta fedeltà a temi cari al suo autore di riferimento, la scelta di tradurre *Un Amour de Swann* va forse letta alla luce d'una motivazione dalle radici più profonde: l'identificazione da parte di Debenedetti nel personaggio di Swann. In quell'ebreo che tendeva alla raffinatezza ma in realtà prediligeva donne comuni, della piccolissima borghesia, e che non riuscirà mai ad affrontare la verità senza indulgenza, e dunque a trovare la sua vera voce, Debenedetti rivedeva il se stesso della gioventù, dandy ancora indeciso tra la narrativa e la sua vera vocazione, la critica. Inoltre, l'episodio di Swann lo colpiva per le sue peculiarità stilistiche rispetto al grande, infinito affresco del romanzo, come acutamente chiarirà in una quarta di copertina di sua mano:

La recherche du temps perdu è un grande affresco popolato di figure prese nei meandri e nelle complicità di una trama comune, *Un amore di Swann* è una di quelle scene particolari che si vedono ai margini di un quadro, lavorate con più amore del caratteristico e dell'individuale; o come gli idilli, oasi sentimentali nei grandi poemi epici e cavallereschi. L'arte di Proust si fa qui ancor più analitica. La stanchezza, la gelosia, i momenti di distensione, e di nuovo il dolore e il tormento, che il modo di essere di una donna non altrettanto sensibile possono far nascere nell'animo raffinato e complicato di un uomo quale è Swann, sono le peripezie sentimentali che queste pagine ci presentano in un'atmosfera elegante e mondana. Nel quadro perituro di una società che, pur non lontana nel tempo ma travolta dai cataclismi storici, ha acquistato per noi la seduzione delle cose dissuete, Proust ci dà la storia eternamente vera di un sentimento umano.

(Debenedetti, quarta di copertina in Proust, *Un amore di Swann* 1948)[19]

Numerosi sono gli elementi autobiografici presenti in questo pezzo, ma quello più scoperto e significativo è senz'altro il riferimento a "una società [...] travolta dai cataclismi storici", in cui il critico vedeva il riflesso dell'Italia tranquilla (e forse della Torino che frequentava da giovane) precedente alla guerra, momento in cui si troverà ad affrontare il lavoro di traduzione. Per portare a termine quell'impresa c'erano voluti molti più anni del previsto, almeno tre, e non privi di contrasti, come emerge dall'analisi del carteggio Bompiani-Debenedetti conservato presso il Gabinetto Vieusseux. Un primo dato che viene messo in risalto dalle lettere è la finezza editoriale di Bompiani, molto attento alle possibili novità del mercato. Bompiani accetta subito e di buon grado la proposta debenedettiana, intuendo immediatamente la rilevanza dell'impresa; ma non esita a mettere da parte l'operazione e a insistere col critico traduttore affinché tutto venga pubblicato al più presto, come emerge da una lettera del 4 settembre 1943:

Caro Debenedetti, per ragioni che ti dirò a voce ho bisogno di pubblicare subitissimo il volume DU COTE DE CHEZ SWANN [sic]. Fammi il piacere perciò di dirmi a che punto è la tua traduzione e quanto tempo ti occorre per condurla a termine, prendendo in proposito un impegno assolutamente preciso. Aspetto una tua risposta per espresso.
Ti ringrazio intanto e ti saluto molto cordialmente,
Valentino Bompiani.[20]

L'editore era ben conscio della possibilità di essere preceduto da altri (così un telegramma del 17 settembre dello stesso anno: "Prego Rassicurarmi avvenuta consegna Proust parare voci edizioni concorrenti").[21] E non aveva torto: in effetti quella che poteva essere una novità viene, a causa dei ritardi di Debenedetti, a essere solo una delle tante uscite relative a Proust sul mercato italiano.

Già nel 1944 viene infatti pubblicato quello che Giovanni Macchia definirà il primo episodio del 'romanzo' di Albertine (*Proust: eccovi* 3), vale a dire *La precauzione inutile*, titolo di Proust tradotto dalla casa editrice Jandi Sapi nel 1944. Ma è il biennio 1945-46 a essere decisivo per la quantità di titoli di stampo proustiano, al punto che—come ha scherzosamente suggerito Alberto Beretta Anguissola—"si direbbe che i carri armati abbiano portato nel nostro paese non solo cioccolato, sigarette pregiate e libertà, ma anche traduzioni di Proust" (110). Oltre alla nota traduzione einaudiana di Natalia Ginzburg, troviamo almeno altri quattro titoli presenti sul mercato editoriale italiano: Beniamino Dal Fabbro

[19] Il riferimento è alla quarta di copertina della traduzione di Debenedetti di Proust, *Un amour de Swann* (1948), ed è senza indicazione di pagina.
[20] *Carteggio Bompiani-Debenedetti*, G. Deb I. 132.9.
[21] *Carteggio Bompiani-Debenedetti*, G. Deb I. 132.12.

pubblica una scelta di testi tratti da *Les Plaisirs et les jours* col titolo di *Malinconica villeggiatura*; la traduzione del *Soggiorno a Venezia* da *Albertine disparue*, con incisioni di De Pisis, viene stampata dalle eleganti Edizioni del Cavallino di Venezia; Sansoni pubblica *Casa Swann* nella traduzione dello scrittore fiumano Bruno Schacherl. Infine, esce la poco nota traduzione di *Un amour de Swann* a firma di Armando Landini per Jandi Sapi. Disuguali per qualità ed intenti, queste prime traduzioni testimoniano comunque un interesse che negli anni si sarebbe fatto sempre più intenso, e avrebbe aperto la strada ai grandi progetti per le edizioni integrali della *Recherche*.

Debenedetti si sentirà ampiamente chiamato in causa in seguito a queste uscite, e in dovere di commentarle, come emerge da un secondo interessante elemento emerso dal carteggio con l'editore: da alcune lettere si deduce che il critico aveva in programma di apporre alla sua traduzione un saggio di suo pugno dal titolo provvisorio "Del tradurre Proust" volto, scriveva, a chiarire gli errori e le disattenzioni notate nelle traduzioni di Proust appena uscite, quasi tutte considerate non all'altezza del compito.[22] Atteso inutilmente da Bompiani per quasi due anni, quel saggio non uscirà mai: rimarrà inedito fino alla morte del critico, e verrà pubblicato in seguito per le cure di Mario Lavagetto e Vanessa Pietrantonio col titolo di *Proust in Italia I e II*. Ed è mettendo a confronto l'elegante traduzione debenedettiana del 1948 con questo ed altri scritti dedicati alle traduzioni di Proust che possiamo dedurre non solo le posizioni critiche di Debenedetti, ma anche quali fossero le sue fonti teoriche riguardo al dibattito sul rapporto tra letteratura in traduzione e letteratura nazionale.

A parere di Debenedetti due erano le trappole in cui erano caduti i traduttori di Proust: da un lato ci si trova davanti ad una "traduzione-non-opera", dall'altro ad una "traduzione senza storia". Il primo caso è incarnato dalla traduzione di Armando Landini (alias Ettore Giovannetti), già considerata "brutta, delittuosamente" nelle lettere a Bompiani e criticata con dovizia di particolari in *Proust in Italia I*.[23] Si tratta del caso meno interessante, anche perché la traduzione in questione presenta dei limiti oggettivi (errori di resa, e numerosi esempi di traduttese) che portano a concordare con il giudizio del critico. L'altro modello cui Debenedetti traduttore sente di doversi opporre, pur rispettandolo, è quello della *traduzione senza storia*, rappresentata dalla versione di *La strada di Swann* di Natalia Ginzburg:

Il connotato proustiano che la Ginzburg sembra aver voluto—consapevolmente, o no— cogliere con più coerenza, è forse quello cui Proust deve la simpatia umana che egli esercita, la sua facoltà di non sopraffarci mai, anzi di farsi sentire vicino, confidenziale, fraterno, dovunque spinga—magari a un estremo che, a prima vista, potrebbe parere troppo

---

[22] Così Debenedetti a Bompiani, in una lettera del 1946: "certe leggerezze non si possono lasciar passare sotto silenzio, perché nuocciono al nome del nostro autore" (*Carteggio Bompiani- Debenedetti*).

[23] *Carteggio Bompiani-Debenedetti*, G. Deb I. 132.15 (a-b)|b.

sottile, prolisso, insaziato e farraginoso—la sua ricerca. Ed è il suo modo continuamente di "sliricare" un discorso che pure tocca di continuo, per tangenze luminosissime, di un radioso fulgore musicale, cantante, e a volte persino canoro—la sfera di massima tensione lirica.

(Debenedetti a cura di Lavagetto, *Proust* 217)

A dividere i due interpreti in questo caso non sono dettagli legati alla resa o questioni tecniche, ma la loro personale visione dell'autore: Mariolina Bertini ha dimostrato come Ginzburg si faccia portatrice d'un un Proust sliricato, che mira a tradurre nei suoi aspetti più quotidiani facendo riferimento a "un piccolo serbatoio degli equivalenti" (Proust, *Un amore di Swann,* trad. Debenedetti 209) in cui vediamo in controluce tratti della sua futura voce di narratrice. Debenedetti non può che dissentire da questo Proust letto in chiave esclusivamente quotidiana e personale, a suo parere troppo monocorde: gli sembra che una traduzione del genere ne soffochi il lato lirico e poetico, e manchi delle necessarie mediazioni letterarie (sia nella lingua di partenza che nella lingua di arrivo) imprescindibili per il vero traduttore-interprete. La sua raffinata traduzione di *Un amore di Swann* va tutta in questa direzione, incarnando la principale norma etico-stilistica dispensata in *Proust in Italia II*:

[...] il periodo originale andava dipanato, smontato e poi ricostruito in maniera da rifare un'architettura analoga, ma con altre regole d'ingegneria: un'altra grammatica, insomma, un'altra morfologia, un'altra sintassi, capaci tuttavia di rievocare la medesima emozione e persuasione ritmica, gli stessi rapporti. Tradurre Proust è come tradurre un poema in versi.

(Debenedetti a cura di Lavagetto, *Proust* 213-14).

Forte della *sympatheia* che—come scrive Risset—lo lega al suo "oggetto privilegiato e come modello interiore" (115), lo scrittore-traduttore tenterà con ogni mezzo l'impresa in cui a suo parere avevano fallito i precedenti interpreti, ovvero comunicare la medesima *emozione e persuasione ritmica* del testo-fonte pur mantenendo un personale "colorito psichico" (*Proust in Italia II* 217) dovuto al fatto che ogni traduzione equivale a un'interpretazione. La versione debenedettiana è costantemente alla ricerca d'un equilibrio che trasmetta in italiano i molteplici piani sui quale si muove il periodo di Proust, tenendo insieme una frammentazione del dettato attraverso un calibrato uso delle virgole, e allo stesso tempo mantenendone la musicalità attraverso l'inserzione di inserti poetici e figure retoriche ben dosate.

A questo spingere la prosa verso la poesia corrisponde una parallela predilezione per un fondo lessicale prezioso dal quale far emergere per contrasto delle sonorità petrose ed espressionistiche, come sottolineato da Agostini-Ouafi.[24]

---

[24] Così, "groupe de personnes" è "crocchio di gente", mentre "attente" e "habitants" vengono resi con i rari "aspettazione" e "abitatori". Faccio riferimento rispettivamente a Debenedetti 1948: 173; *À la Recherche du temps perdu* 326; *Debenedetti* 1948: 166; *À la*

Ma il tocco che distingue questa traduzione dalle altre è dato dalle parole-palinsesto, ovvero dagli intertesti attraverso cui anni di letture dei classici italiani vengono messi a servizio dell'autore più amato: dove Ginzburg aveva guardato al suo personale lessico famigliare, Debenedetti aveva fatto riferimento alla sua biblioteca e a quella del suo pubblico di lettori. A tornare più spesso nella sua traduzione sono infatti gli italiani autori più cari al canone letterario italiano del tempo, Leopardi su tutti: evidente, ad esempio, è il filtro leopardiano attraverso cui Debenedetti legge alcune espressioni proustiane in diversi passi della traduzione, di cui ci si limita a citare un esempio:

Est-ce un oiseau, est-ce l'âme incomplète encore de la petite phrase, est-ce une fée, cet être invisible et gémissant dont le piano ensuite redisait tendrement la plainte? Ses cris étaient si soudains que le violiniste devait se précipiter sur son archet pour les recueillir. Merveilleux oiseau! Le violiniste semblait vouloir le charmer, l'apprivoiser, le capter.

(Proust, *Du côté* 346)

Invisibile e gemente, era un uccello, o forse l'anima ancora incompleta della piccola frase, o forse una fata, quella di cui il pianoforte ripeteva poi con tenerezza il lamento? Così repentini erano i suoi gridi, che il violinista doveva precipitarsi sull'archetto per raccoglierli. Meravigliosa creatura dell'aria! Il violinista pareva volerla incantare, addomesticare, captare.

(Debenedetti, *Un amore* 193-94)

L'uccello viene qui trasformato in una più poetica "creatura dell'aria", echeggiando il Leopardi dell'*Elogio degli uccelli* ("Sono gli uccelli naturalmente le più liete creature del mondo. [...] E in guisa che l'aria, la quale si è l'elemento destinato al suono, fosse popolata di creature vocali e musiche" (Leopardi, 227). Spezzato in senari, il dettato della *Recherche* viene allo stesso tempo dotato d'un nuovo spessore e reso più familiare al lettore italiano. Debenedetti aveva insomma già in sé i mezzi per confrontarsi in prima persona con la prosa di Proust, senza bisogno di avvalersi della "consultazione di specialisti per certi termini speciali" cui si riferiva in una delle lettere a Bompiani.[25]

Tra gli autori più citati sotto mentite spoglie troviamo, oltre a Leopardi, il Pascoli delle *Myricae*, D'Annunzio, Montale.[26] Essi sono spesso menzionati facendo riferimento alle loro opere maggiori, così da rendere le loro citazioni parzialmente cifrate e assorbite in un contesto tipicamente francese, eppure—cosa finora mai abbastanza sottolineata—riconoscibili: alcune volte soltanto dal lettore più avvertito, altre volte invece da quello di media scolarizzazione. Così, ad esempio, quando Swann e Odette utilizzano la loro espressione segreta per alludere al fare l'amore, *faire cattleya*, Debenedetti cita la vischiosa sensualità del

---

Recherche du temps perdu 320; *Debenedetti* 1948: 208; *À la Recherche du temps perdu* 358.

[25] *Carteggio Bompiani-Debenedetti*, G. Deb. 132 b.4.

[26] Su questo punto, si veda Agostini-Ouafi, 2003: 59-65.

Gelsomino notturno, riferendosi a un fiore che appare "gualcito" (così viene tradotto l'originale francese *fripet*); e quando Proust scrive "au moment du soleil couchant" (*Du Côté* 246), il traduttore fa riferimento al proverbiale "in sul calar del sole" (Debenedetti, *Un amore di Swann* 238) di Leopardi, ovviamente da "Il sabato del villaggio". Non solo dunque la componente espressionista, ma anche quella quotidiana entra in gioco nella traduzione attraverso i riferimenti letterari, resi al tempo stesso irriconoscibili e memorabili: l'intento del traduttore in questi casi è rendere in lingua italiana la specificità della forma-romanzo, che per sua natura implica, come scrive Debenedetti, "la compresenza, la simultaneità di vari livelli stilistici e di linguaggio: [...] un procedimento misto che riesca a mettere insieme il passo di strada e il volo: un modo di procedere, mettiamo pure, anfibio; tutto sta nel come arriva a mediare, a concertare diversi livelli, a modulare il passaggio dall'uno all'altro" (*Saggi critici* 25).

Ci troviamo sovente davanti a parole-palinsesto, dunque, ma non solo: si tratta di parole-segno che rivelano tracce di fonti che—in modo esplicito o implicito—agiscono nel testo, svelando al tempo stesso l'atto di riflessione profonda del traduttore sul proprio lavoro. Con la sua traduzione Debenedetti sta tentando un'operazione complessa e apparentemente impossibile: da un lato, come si è dimostrato, la scelta di tradurre un autore come Proust rappresenta una critica sotto più versanti—per i dati biografici dell'autore e i temi privilegiati dall'opera—all'ideologia della cultura nazionale promossa dal fascismo; dall'altro, tradurre le numerose mediazioni letterarie presenti nel testo di partenza attraverso il riferimento a possibili equivalenti presenti nel canone nazionale rivela l'implicita volontà di italianizzare Proust, di renderlo domestico, nell'intento di creare un fecondo dialogo tra la sua opera e la letteratura italiana a venire. Non siamo insomma lontani da quanto scriveva molti anni prima Piero Gobetti, senz'altro il principale riferimento teorico per Debenedetti traduttore:

> [...] io intendo la traduzione come sforzo di chiarire a se stessi la creazione fantastica dell'autore e di rifarla sviluppandone le caratteristiche (è chiaro che qui bisognerebbe indagare la realizzazione di questo sforzo e precisamente le relazioni tra le lingue, come formazioni storiche). Dare l'opera originale come la sentiamo noi, ma in modo che si riconosca anche l'autore. Opera d'attività creativa nel senso di creazione di una relazione di simpatia (in senso etimologico) tra due stati d'animo e due intuizioni.
>
> (Gobetti 166-68)

A legare i due è, oltre alla visione del traduttore come ermeneuta, anche l'idea delle lingue—sia di partenza sia d'arrivo—come *Gestaltung*, formazioni in continuo divenire di cui le parole sono il corpo vivente, e che proprio in virtù di questa mobilità non possono prescindere dalla storia che le precede. *Un Amour de Swann* tradotto da Debenedetti non fa che confermare questa visione duale, rivelando l'ombra lunga di Gobetti. Proust resta intimamente se stesso pur non rinunciando a un dialogo con la tradizione letteraria nazionale, confermando quanto già ipotizzato da George Steiner: "Vi sono traduzioni che sono atti supremi di esegesi critica, in cui la comprensione analitica, l'immaginazione storica, la competenza linguistica articolano una valutazione critica che è al contempo un'esposizione assolutamente lucida e responsabile" (398).

University of Toronto

Opere Citate

Accame Lanzillotta, Maria. *Le edizioni e i tipografi di Piero Gobetti: studio di bibliografia storica*. Firenze: Sansoni, 1980.

Carteggio Bompiani-Debenedetti 1937-1948, Archivio Contemporaneo A. Bonsanti, Gabinetto G.P. Vieusseux, Firenze.

Alessandrone Perona, Ersilia, a cura di Piero Gobetti, *Carteggio 1918-1922*. Torino: Giulio Einaudi, 2003.

Agostini-Ouafi, Viviana. *Debenedetti traducteur de Proust*. Caen: Presses Universitaires de Caen, 2003.

_____. *Proust en Italie: lectures critiques et influences littéraires*. Caen: Presses Universitaires de Caen, 2003.

_____, e Maria Teresa Giaveri, a c. di. *Poetiche della traduzione. Proust e Giacomo Debenedetti*. Modena: Mucchi, 2010.

Bagnoli Paolo. *Piero Gobetti: cultura e politica in un liberale del Novecento*. Pref. Norberto Bobbio. Firenze: Passigli, 1984.

Bargellini, Piero. *Schiamazzo in salotto*. "Frontespizio." 7.1 (gennaio 1936): 1-4.

Beretta Anguissola, Alberto. *A proposito di alcuni errori dolosi o colposi nelle traduzioni di Proust*. "Quaderni Proustiani." 1 (2007): 109-21.

Bertini Mariolina. *Attraverso Natalia. Un percorso proustiano degli anni Sessanta*. In *Non dimenticarsi di Proust. Declinazioni di un mito nella cultura contemporanea*. A c. di Anna Dolfi. Firenze. Firenze University Press, 2014. 191-201.

Bosetti, Gilbert. *Signification socioculturelle et sociopolitique du proustisme en Italie*. In *Proust en Italie. Lectures critiques et influences littéraires*. A c. di Viviana Agostini-Ouafi. Caen: Presses Universitaires de Caen, 2003. 17-40.

Brioschi Franco. *L'azione politico-culturale di Piero Gobetti*. Milano: Principato, 1974.

Cecchi, Emilio. *Marcel Proust et le roman italien*. "Hommage à Marcel Proust." "La Nouvelle Revue Française." 112 (janvier 1923): 280-83.

Croce, Benedetto. *Alcune lettere inedite a Lorenza Maranini*. "Il Confronto letterario." 7.14 (1990): 462-63.

_____. *Breviario di estetica*. Roma: Laterza, 1909.

_____. *Estetica come scienza dell'espressione e linguistica generale. Teoria e storia*. Roma: Laterza, 1965.

_____. *Personaggi e destino: la metamorfosi del romanzo contemporaneo*. Milano: Il saggiatore, 1977.

_____. *La poesia. Introduzione alla critica e storia della poesia e della letteratura*. Roma: Laterza, 1963.

Debenedetti Giacomo. *Proust*. "Il Baretti." 2.6-7 (aprile 1925): 25-26.

_____. *Proust*. A c. di Mario Lavagetto e Vanessa Pietrantonio. Torino: Bollati Boringhieri, 2005.

_____. *Rileggere Proust*. Milano: Mondadori, 1982.

_____. *Saggi*. Progetto editoriale e saggio introduttivo di Alfonso Berardinelli. Milano: Mondadori, 1999.

_____. *Saggi critici. Prima serie.* Venezia: Marsilio 1989.

De Carli, Lorenzo. *Proust. Dall'avantesto alla traduzione.* Milano: Guerini e Associati, 1992.

Derrida, Jacques. *What Is a "Relevant" Translation?* "Critical Inquiry." 27.2 (2001): 174-200.

Dolfi, Anna, a c. di. *Non dimenticarsi di Proust. Declinazioni di un mito nella cultura contemporanea.* Firenze: Firenze UP, 2014.

Ferme, Valerio. *Tradurre è tradire. La traduzione come sovversione culturale sotto il fascismo.* Ravenna: Longo, 2002.

Ficara, Giorgio. *Lettere non italiane. Considerazioni su una letteratura interrotta.* Milano: Bompiani, 2016.

Frabotta, Maria Adelaide. *Gobetti: l'editore giovane.* Bologna: Il Mulino, 1988.

Francioni, Mirko. *La presenza di Proust nel Novecento italiano. Debenedetti, Morselli, Sereni.* Pisa: Pacini, 2010.

Frandini, Paola. *Il teatro della memoria: Giacomo Debenedetti dalle opere e i documenti.* Lecce: Manni, 2001.

Gentile, Giovanni. *Tradurre e leggere.* "Giornale storico della filosofia italiana." 11 (1921): 130-31.

Gervasoni, Marco. *L'intellettuale come eroe: Piero Gobetti e le culture del Novecento.* Firenze: La Nuova Italia, 2000.

Ginzburg, Natalia. *Lessico famigliare.* 1963. In *Opere, raccolte e ordinate dall'autore.* Vol. 1. Pref. Cesare Garboli. Milano: Mondadori 1986.

Giavieri, Maria Teresa. *Introduzione.* In Viviana Agostini-Ouafi, e Maria Teresa Giavieri. 7-10.

Giusti, Simone. *Teoria e critica della traduzione sulle riviste di cultura*, in *Le letterature straniere nell'Italia dell'entre-deux-guerres. Spogli e studi* a cura di E. Esposito, Lecce, Pensa Multimedia («Quaderni Per Leggere»), 2004: 405-419.

Gobetti, Piero. *Scritti storici, letterari e filosofici.* A c. di Paolo Spriano, Torino: Einaudi, 1969.

Lavagetto, Mario. *La sollecitazione ermeneutica/* In *Il Novecento di Debenedetti.* A c. di Rosita Tordi. Atti del Convegno, Roma 13-15 dicembre 1988. Milano: Fondazione Arnoldo e Alberto Mondadori, 1991. 59-70.

Leopardi, Giacomo. *Operette morali.* Milano: Garzanti, 1984.

Lukács, György. *L'anima e le forme.* Milano: Sugar Editore, 1963.

Macchia, Giovanni. *Proust: eccovi il romanzo di Albertine.* In *Corriere della Sera* (ottobre 13, 1991): 3.

_____. *Tutti gli scritti su Proust.* Torino: Einaudi, 1997.

Maranini, Lorenza. *Proust: arte e conoscenza*, Firenze: Novissima Editrice, 1933.

Morra di Lavriano, Umberto. *Vita di Piero Gobetti.* Torino: UTET, 1984.

Morra, Eloisa. *Building the Canon through the Classics. Imitation and Variation in Renaissance Italy (1350-1580).* Leiden: Brill, 2019.

Kruger, Jean-Louis. *Translating Traces: Deconstruction and the Practice of Translation,* "Literature" (2004): 47-71.

Pavese, Cesare. *L'influsso degli eventi* (1946). In *Saggi letterari.* Torino: Einaudi 1968: 223.

Pedullà, Walter. *Il Novecento segreto di Giacomo Debenedetti.* Milano: Rizzoli, 2004.

Pietrantonio, Vanessa. *Una traversata con Marcel Proust. Giacomo Debenedetti e il suo doppio.* Bologna: Il Mulino 2003.

Prezzolini, Giuseppe. *Marcel Proust.* "Il Convegno." 4.3 (1923): 121-26.

Proust, Marcel. *À la Recherche du temps perdu.* Édition publiée sous la direction de J. Y. Tadié. Paris: Gallimard, 1987-1989.

_____. *Un amore di Swann.* Trad. Armando Landini. Roma: Jandi Sapi, 1945.

_____. *Un amore di Swann.* Pegaso letterario 8. Trad. Giacomo Benedetti. Milano: Bompiani, 1948.

_____. *Un amore di Swann.* Trad. Giacomo Benedetti. Introd. Jacqueline Risset. Milano: Bompiani, 1991.

_____. *Casa Swann.* Trad. Bruno Schacherl. Firenze: Sansoni, 1946.

_____. *Le intermittenze del cuore.* A c. di Matteo Noja. Firenze: La Vita Felice, 2018.

_____. *Malinconica Villeggiatura.* Trad. Beniamino Dal Fabbro. Milano: Bompiani, 1946.

_____. *Soggiorno a Venezia.* Con incisioni di De Pisis. Venezia: Edizioni del Cavallino, 1944.

_____. *La strada di Swann.* Trad. Natalia Ginzburg. Torino: Einaudi, 1946.

Risset, Jacqueline. *Debenedetti e Proust.* In *Giacomo Debenedetti: letteratura e arte,* 2020. http://www.giacomodebenedetti.it/wp/alle-frontiere-della-letteratura/il-novecento-di-debenedetti/debenedetti-e-proust/

Sisto, Michele. *Traiettorie. Studi sulla letteratura tradotta in Italia.* Macerata: Quodlibet, 2019.

Soldati, Mario. *Laurea in lettere.* In *Romanzi e racconti.* Milano: Mondadori, 1999.

Spriano, Paolo. *Gramsci e Gobetti: introduzione alla vita e alle opere.* Torino: Einaudi, 1977.

Steiner, George. *Dopo Babele. Aspetti del linguaggio e della traduzione.* Milano: Garzanti, 1984.

Ward, David. *Piero Gobetti's New World: Antifascism, Liberalism, Writing.* Toronto: U of Toronto P, 2010.

Zoboli, Paolo. *Sulle versioni dei tragici greci in Italia (1900-1960). Tra teoria e pratica.* "Aevum" 3 (2001): 813-78.

FABIANA FUSCO

"Il giovane Holden non è mai stato così giovane…" Due (ri)traduzioni di *The Catcher in the Rye* di J. D. Salinger a confronto

Synopsis: The aim of this article is to comment on some peculiar linguistic features in the Italian retranslations of J. D. Salinger's famous novel, *The Catcher in the Rye* (1951), known in Italy under the title *Il giovane Holden* (published by Einaudi). Attention will mainly be focused on the ways in which the translators—Adriana Motti in 1961 and Matteo Colombo in 2014—reproduced the colloquial style typical of youth language. By analyzing the effects of the choices made by the translators, we aim to offer a descriptive and non-prescriptive examination of the development of the national language triggered by the two translations in relation to the socio-historical context in which they appeared.
Key Words: (re)translation, translational norms, youth language, Italian language.

Introduzione

Muovendo dal presupposto, convintamente sostenuto da Lawrence Venuti, che le traduzioni sono "profoundly linked to their historical moment" (34), lo studio delle ritraduzioni della stessa opera nella stessa lingua di arrivo non può non tenere conto del contesto storico, sociale, culturale e linguistico in cui esse sono apparse. Infatti le ragioni che spingono gli editori e i traduttori ad intraprendere una nuova traduzione possono essere molteplici; tuttavia, quella che viene evocata più spesso è il sempre più fragile apprezzamento nei confronti delle traduzioni esistenti, sintetizzabile in un inevitabile invecchiamento delle versioni che si sono succedute.

I teorici, i critici letterari e i traduttori stessi sono concordi nel riconoscere la caducità della traduzione e nell'attribuire sia a fattori linguistici, sia a ragioni estetiche e ideologiche, la causa di tale fragilità. Scrive Brownlie:

The retranslations are narrative versions which are elicited and constrained by specific conditions. It is those conditions which can explain the similarities and differences between the different translations. The conditions comprise broad social forces: changing ideologies and changing linguistic, literary and translational norms; as well as more specific situational conditions: the particular context of production and the translator's preferences, idiosyncrasies, and choices.

(167)

Detto altrimenti è naturale pensare che il mutamento del contesto di arrivo, delle esigenze traduttive, delle attese e degli usi linguistici dei destinatari comporti il bisogno o l'urgenza di riproporre in una nuova veste un'opera già nota. I condizionamenti imputabili al trascorrere del tempo sono infatti correlati ai cambiamenti tanto dello stile traduttivo quanto della lingua nazionale verso cui si traduce. Si scorge, infatti, nelle traduzioni più recenti, in specie di opere letterarie che hanno ottenuto una notevole risonanza nel paese ricevente, l'adozione di uno stile più rispettoso del testo originario, che proietta il lettore verso la lingua e la cultura di partenza. Una tale strategia può generare la necessità di rivedere dopo un certo lasso di tempo scritti che filtrano opzioni traduttive avvertite come antiquate (un esempio in tale direzione è anche il recupero di precisi aspetti culturali che in precedenza erano stati adattati all'italiano mediante un lavoro di addomesticamento ora non più apprezzato).[1] Ma il passare del tempo investe anche la lingua nazionale, i cui movimenti "fisiologici" sono particolarmente significativi e visibili negli ultimi decenni. La lingua italiana, pur preservando un tenace legame con l'assetto della tradizione, negli ultimi tempi è cambiata più velocemente di quanto non sia accaduto per secoli. Per tale ragione, i testi tradotti prima, durante o dopo la comparsa e il consolidamento di questi cambiamenti così repentini esibiscono in maniera più spiccata, rispetto ad altri periodi, i segni del loro invecchiamento e sono dunque soggetti esemplari per una operazione di ammodernamento tesa a limare i tratti che rendono più datata/e la/e precedente/i versione/i. Inoltre è giusto rammentare che non è solo la lingua nazionale che cambia, ma che mutano anche gli strumenti di cui i traduttori possono disporre: il potenziamento delle risorse lessicografiche, della ricerca terminologica e una sempre più apprezzabile competenza della lingua straniera consentono ai traduttori di lavorare con maggior inventiva. Certo l'avanzamento tecnologico e la professionalità del traduttore non garantiscono *ipso facto* una traduzione migliore, ma possono contribuire, assieme a un'analisi critica più accurata dell'opera e del suo autore, ad una comprensione più puntuale del testo di partenza. In questa cornice non può infine essere sottaciuto l'impatto della dimensione editoriale. Gli addetti ai lavori sono consapevoli che la ritraduzione permette un guadagno più elevato rispetto alla riedizione di una traduzione esistente; ed è oltretutto meno dispendiosa per l'editore rispetto all'acquisto dei diritti di una traduzione esistente. A tal riguardo lo studioso precisa:

A commercially oriented publisher may decide to issue retranslations of foreign canonical texts that have fallen into the public domain simply because their canonicity ensures a market demand and they are cheaper to publish than copyrighted texts, which require the purchase of translation rights from a foreign author or his assignees.

(30)

Infatti bisogna anche ammettere che una ritraduzione si rivela da un lato più interessante e convincente agli occhi del lettore o del critico rispetto alla proposta di una traduzione obsoleta; e dall'altro più remunerativa per l'editore i cui piani

---

[1] Martina Testa precisa che le eventuali scelte di semplificazione del testo possono essere anche ascrivibili "alla politica generale dell'editore, che potrà, per sua vocazione, per sua strategia, preferire la strada della fedeltà assoluta all'opera originale o della maggiore accessibilità per il pubblico" (65).

commerciali puntano a sottolineare la novità dell'operazione di ritraduzione in modo da suggerire al pubblico che si trova di fronte a un testo più autentico.[2]

Ispirandoci a tali presupposti, e dopo aver passato in rassegna alcune peculiarità linguistiche del testo originale, intendiamo mettere a confronto le due ritraduzioni di *The Catcher in the Rye*, pubblicate a circa cinquant'anni di distanza (per i tipi di Einaudi, da Adriana Motti nel 1961 e da Matteo Colombo nel 2014),[3] con l'obiettivo di far emergere l'incidenza di talune scelte espressive, proprio attraverso la fortuna delle traduzioni, nello sviluppo della varietà giovanile giovanile, quale componente decisiva dei "movimenti" dell'italiano nazionale contemporaneo.[4] Prima di scendere nel dettaglio delle varie opzioni traduttive, è però opportuno delineare brevemente alcune coordinate socio-culturali del contesto italiano, comprese tra gli anni Sessanta e i giorni nostri, con l'obiettivo di ancorare le rese a due momenti diversi della storia linguistica nazionale italiana e di dimostrare come le stesse testimonino tanto una adesione alle norme dell'epoca quanto una spinta verso una lingua nazionale in evoluzione.

La ritraduzione e le trasformazioni della lingua nazionale italiana

Il fenomeno della ritraduzione riguarda per lo più i grandi capolavori della letteratura straniera, periodicamente ri-immessi sul mercato in una veste inedita, di cui si pone in evidenza la novità della traduzione. Il dibattito critico sollecitato dall'uscita delle nuove edizioni si è spesso attardato sul ricorso a peculiari soluzioni traduttive, anche quando queste non si rivelano sempre unanimemente gradite. Tuttavia ciò che va riconosciuto è che le più recenti traduzioni di opere

---

[2] Del resto non possiamo dimenticare che, come scrive Rodriguez, "les traductions, et a fortiori, les retraductions, sont aussi des objets de consommation, des produits dont la mise en circulation est réglée par les lois de l'offre et de la demande. Commanditée, la retraduction porte la mention 'nouvelle', fort argument de vente dans une société nourrie des 'remakes' du cinéma américain. C'est au lecteur-consommateur de choisir alors entre diverses (re)traductions en compétition les unes avec les autres [...]" (74); altri spunti sono rintracciabili in Fusco, Gallitelli, Cadera e Walsh.

[3] D'ora in poi si farà riferimento alle due traduzioni di *Il giovane Holden* di Adriana Motti e Matteo Colombo, rispettivamente, usando l'abbreviazione Motti oppure Colombo. Le traduzioni pubblicate da Einaudi sono state in realtà precedute da una prima traduzione del 1952 confezionata da Jacopo Darca (pseudonimo sotto il quale si celava presumibilmente lo scrittore, traduttore e critico Corrado Pavolini) per i tipi dell'editore romano Gherardo Casini con il titolo *Vita da uomo* e l'ammiccante sottotitolo *Un libro scandaloso o profondamente morale?* Tale versione ha riscosso scarsa fortuna, forse perché non autorizzata dall'autore o per le scelte traduttive assai azzardate per l'epoca, come dimostra Martina Gentili.

[4] Il presente contributo trae alimento da nostri precedenti interventi, nei quali abbiamo iniziato a riflettere sulla fortuna delle ritraduzioni di Salinger e sulle ricadute delle scelte traduttive nella lingua italiana (Fusco, "Oralità e gergo giovanile"), ma si ispira anche ai lavori di Campanini e Ondelli, volti a comparare l'originale e le traduzioni italiane del romanzo tramite il trattamento automatico dei testi al fine di ricostruire una serie di tendenze proprie della varietà giovanile italiana.

letterarie hanno avuto il merito di consegnarci proposte di notevole impatto: la consapevolezza del mutamento recente della lingua nazionale è sempre più avvertita fra i traduttori che partecipano attivamente alla discussione, talora anche con dichiarazioni fatte in spazi originali, collaterali alla traduzione stessa, argomentando su scelte ed interventi messi in campo per trasferire le esigenze espressive della lingua di partenza nel testo di arrivo, e a volte anche puntando l'interesse sui tratti utilizzati per rendere il testo tradotto più concorde ad una varietà credibile di italiano.[5] Tale comportamento, che in generale implica una cura peculiare nelle scelte formali, è più visibile quando la (ri)traduzione presta il fianco a sfide particolarmente ardue, come la resa di varietà distanti dallo *standard* già nell'originale.

È il caso che ci riguarda da vicino, perché, come vedremo, *Il giovane Holden*, nelle sue diverse versioni, esibisce stili e registri non facilmente conciliabili con il modello di lingua letteraria nazionale, stando anche alla testimonianza dei traduttori stessi. Ma che cosa è cambiato nel contesto linguistico e culturale della nazione dal 1961 al 2014?

Posto che rispondere ad un quesito del genere richiederebbe tempo e spazio che non ci son consentiti, ciò che di certo va segnalato è che in quel lasso di tempo sono intervenuti numerosi fatti che hanno inciso profondamente sull'assetto della lingua nazionale. Molti, naturalmente, sono fenomeni di tipo sociale, che possiamo qui riassumere grazie al documentato affresco tracciato da Francesco Sabatini:

Nel secolo e mezzo che è alle nostre spalle i segni del passaggio a una diversa fase si colgono negli anni finali del Novecento, nei quali si addensano molti fatti nuovi: gli effetti più netti dell'internazionalizzazione della vita individuale e sociale (la globalizzazione e più specificamente l'apertura delle frontiere europee); la pressione, su tutte le tradizioni culturali, delle generazioni più giovani (entrate in particolare agitazione tra gli anni Sessanta e Settanta); gli scuotimenti demografici prodotti dai consistenti e incessanti flussi immigratori; il sopraggiungere ed il moltiplicarsi delle emittenti radiofoniche e televisive private, portatrici anche di inusitata libertà linguistica; la pervasività dei nuovi media capillari e interattivi.

(967)[6]

---

[5] Vale la pena di far notare quanto il punto nodale riguardante la lingua sia comunque l'espressione di una attenzione verso il lavoro del traduttore e del riconoscimento del suo ruolo nel concorrere alla ricezione di un libro in un dato paese: a tal proposito è raccomandabile scorrere gli spunti e i materiali rintracciabili nelle cosiddette "fonti esterne", cioè negli scritti dei traduttori, che hanno il pregio di attirare l'attenzione dei lettori e della critica verso la pratica della (ri)traduzione: Daniele Petruccioli, Susanna Basso, Franca Cavagnoli, Ilide Carmignani, ad esempio, sono intervenuti con saggi preziosi in cui spiegano la loro interpretazione del testo anche in relazione alle precedenti versioni.

[6] D'Achille, in merito alle attuali linee di tendenza del sistema italiano, mette in evidenza tre "fenomeni, esterni al sistema della lingua ma con effetti rilevanti su di essa, che hanno segnato il volgere del millennio": la grande diffusione della comunicazione mediata dal

Muovendo da tali suggerimenti si possono passare in rassegna alcune delle più rilevanti ripercussioni sulla lingua nazionale che in qualche modo possono sollecitare l'attenzione dei traduttori e degli studiosi (Pizzoli 202-05).

La globalizzazione ha generato le condizioni per una difforme relazione con le lingue e le culture straniere, rispetto alle quali è possibile documentare, oltre a una conoscenza più diffusa, anche una condivisa inclinazione ad accogliere prestiti non adattati; in seguito alla circolazione di beni e di persone in Italia, si è accresciuta una notevole familiarità con *realia* un tempo sconosciuti, con il conseguente acclimatamento in italiano dei nomi che li designano (la pressione dell'inglese, o meglio della sua versione globalizzata, cioè l'onnipresente *globish*, permea ormai il lessico di tutte le lingue occidentali e non solo). Non va taciuto che alla più tempestiva propagazione di realtà inedite ha di certo contribuito la nutrita presenza sul mercato di libri tradotti: vedremo infatti come Motti da un lato recepisca talune opzioni espressive tipiche del cinema americano e dall'altro addomestichi alcuni ostacoli culturali, che invece Colombo può recuperare e restituire al lettore.

La sollecitazione delle generazioni più giovani ha determinato l'affermazione dei linguaggi giovanili, connotati a livello di stile e registro e rapidamente importati nella scrittura letteraria e nei prodotti cinematografici. Si tratta di una varietà senz'altro più ricettiva di tratti e aspetti tipici della contemporaneità, ma soprattutto contraddistinta da peculiarità lessicali, fraseologiche e sintattiche che trovano la loro realizzazione nell'italiano colloquiale (in specie in una sintassi in cui prevale l'intensificazione dell'oralità mediante la risalita di tratti informali e originali).[7] Nel corso degli anni ha inoltre portato con sé anche un significativo abbassamento del grado di formalità ed una netta contrazione della censura sul turpiloquio, rintracciabili anche nella lingua scritta. Tale componente, del tutto inedita (a parte qualche sporadica emersione) fino agli anni Settanta e Ottanta, riesce comunque a far capolino nella traduzione di Motti: questa resa costituisce infatti una delle prime fonti di tipo letterario utili per documentare lo sviluppo della lingua giovanile (Coveri), laddove quella di Colombo non resta impagliata in giovanilismi effimeri e troppo marcati, ma asseconda più volentieri le spinte della lingua letteraria nazionale.

---

computer, l'espansione dell'inglese, i massicci fenomeni immigratori di fine millennio (166). Per uno sguardo sui tratti emergenti dell'italiano contemporaneo, si rimanda, oltre a D'Achille, alle aggiornate analisi di Antonelli, Berruto, che tuttavia non trascurano i fili che legano le novità al passato.

[7] I linguaggi giovanili sono apparsi in Italia soprattutto a partire dagli anni Sessanta, quando la realtà giovanile si è imposta come componente autonoma e identificabile nella società: per un approfondimento sulla storia e gli sviluppi di tale varietà all'interno del contesto italiano, rimandiamo alla pregevole sintesi di Cortelazzo (583-86) e alla raccolta di saggi di Coveri; una ragguardevole documentazione sul lessico giovanile è rintracciabile nei repertori di Simonetti e di Ambrogio e Casalegno, che tra le proprie fonti citano anche la traduzione di Motti.

A partire dalla fine degli anni Settanta la perdita del ruolo modellizzante di radio e televisione è imputabile allo sviluppo delle emittenti private che si sono affiancate alle reti del servizio pubblico. Il successo di molte trasmissioni ha garantito maggiore visibilità a forme di varietà di lingua più dimesse, intrecciate a particolarismi locali e ricche di fenomeni tipici della lingua parlata, un tempo negletti nella lingua standard. I tratti del cosiddetto uso medio (altrimenti definito neo-standard, tendenziale, senza aggettivi) descritti a partire dagli anni Ottanta nei classici studi di Francesco Sabatini e Gaetano Berruto, come *lui, lei, loro* soggetti, *gli* per *a loro, ci* attualizzante, *che* polivalente, dislocazioni, *cosa* interrogativo al posto di *che cosa*, da sempre o da vario tempo ricorrenti nella lingua italiana, hanno guadagnato terreno in molte varietà di italiano (cfr. nota 6). Tali cambiamenti hanno sempre più ridotto la distanza tra il discorso scritto e quello orale, favorendo altresì una contaminazione tra i canali appena citati (sempre più marcata dall'utilizzo delle nuove tecnologie). Motti non può ancora ostentare tali fenomeni, sebbene cerchi qua e là di far emergere una lingua meno imbrigliata nei vincoli dello standard, più nel lessico che nella sintassi; Colombo, invece, favorito anche da una maggiore fedeltà al testo di partenza, esibisce forme prevalentemente disinvolte, che meglio si conciliano con i "movimenti" dell'italiano nazionale.

Infine anche l'italiano letterario—che ha abdicato al ruolo di modello linguistico di riferimento (ora assunto dalla comunicazione giornalistica e saggistica, disposta pure ad accogliere a piene mani anche tecnicismi anche di vari àmbiti disciplinari)—ha aperto le porte all'oralità, compresa quella caratteristica dei registri molto informali (come i linguaggi giovanili). La rappresentazione del parlato, che costituiva da oltre due secoli una delle principali insicurezze degli autori italiani, ed era stata risolta prevalentemente grazie alla poderosa inclusione (in proporzioni tali da compromettere l'assetto standard) dei tratti tipici della lingua parlata menzionati dianzi e di tecniche narrative più attuali (come il discorso indiretto libero, la rappresentazione del flusso di coscienza, il diverso grado di presenza e di funzioni del dialetto), si è mossa verso forme più imponenti di intensificazione dell'oralità (in cui entrano in gioco espedienti espressivi originali in una rincorsa, non necessariamente originale, di intreccio tra scritto e parlato, spinta anche dalla sovrapposizione con i testi digitati). Rimandiamo alle conclusioni per una analisi delle reazioni dei due traduttori in merito a tale punto.

Questo breve excursus sull'assetto della lingua nazionale illustra come la modernità linguistica sia iniziata in Italia a partire dagli anni Sessanta; infatti, dopo avere vissuto per secoli soprattutto come lingua scritta, l'italiano via via conquista la dimensione parlata spontanea. Tale avanzamento però genera un attrito tra un uso parlato finalmente anche informale ed una norma nata e custodita soprattutto nello scritto. Tale conflitto si risolve in una spiccata tendenza a simulare l'oralità nello scritto, che inizia a permeare lo stile dei giornali e di molta letteratura e più di recente la comunicazione telematica, non solo con incursioni lessicali nei registri più bassi, ma anche con costrutti sintattici anomali, abbondanti interiezioni e segnali discorsivi, affabili disfemismi (cioè figure retoriche opposte agli eufemismi), che si cristallizzano in una manieristica stilizzazione dell'oralità (Antonelli 177-98).

Tale rapporto dinamico, che include anche le altre ricadute citate dianzi, è particolarmente visibile nella lingua delle traduzioni (non solo quelle qui esaminate), all'interno delle quali si intrecciano, con pesi di volta in volta diversi, l'influsso della lingua da cui si traduce e lo stile personale del traduttore costruito all'ombra dello stile del periodo storico-culturale di riferimento; combinazione, questa, unica e peculiare fra tutte le molteplici possibilità offerte dalla lingua. Nel nostro caso va infatti ricordato che la resa di Motti è stata pubblicata nel 1961, ma è stata letta fino al 2014, quindi ha retto e fronteggiato le evoluzioni, anche linguistiche, di un lungo lasso di tempo; Colombo invece, lavorando nel solco di chi l'ha preceduto, può sfruttare meglio le novità affiorate nella lingua nazionale, compresa la varietà giovanile. Per comprendere il ruolo della (ri)traduzione come luogo in cui le tendenze linguistiche nazionali vengono intercettate e rimbalzate come rinforzo per delineare un assetto generale inevitabilmente dinamico, è necessario anzitutto presentare la *facies* linguistica dell'originale, che in un modo o nell'altro è condizionante, e successivamente le due traduzioni, con le loro scelte attendibili e convincenti.

La lingua seduttiva di *The Catcher in the Rye* (1951)

Nell'*incipit* di un corposo volume dedicato allo scrittore, leggiamo: "J. D. Salinger trascorse dieci anni a scrivere *Il giovane Holden* e il resto della sua vita a rimpiangere di averlo fatto" (Shields e Salerno XI). Può darsi che ciò sia vero, resta comunque acclarato che il romanzo di formazione, ma anche un po' di costume, con un protagonista alle prese coi patimenti dell'adolescenza ed incline alla ribellione nei confronti delle istituzioni, è diventato un modello generazionale di lunga durata. Va però rimarcato che il tributo a Holden Caulfield, riconosciuto da schiere di giovani inquieti, non risiede tanto nell'aver affidato la sua personale rivolta ad azioni e comportamenti singolari ed eclatanti, quanto piuttosto pertiene alla sua lingua seducente ed inventiva, propria degli adolescenti dell'epoca. A detta di molti studiosi, *The Catcher in the Rye* è infatti uno dei primi testi che abbia sperimentato l'uso esteso di un linguaggio alternativo a quello convenzionale, definibile nei termini di *slang* giovanile, che, come vedremo, non risulta sempre facilmente riproducibile in italiano.

Senza nulla togliere alla sua inedita originalità, il racconto dell'irrequieto transito di Holden dall'adolescenza alle soglie della vita adulta, attraverso un dedalo di esperienze ed iniziazioni, trova la sua incomparabile forza proprio nelle stravaganti e disinibite opzioni linguistiche che conferiscono al parlato un ritmo appropriato. Se la scansione dei fatti è lineare (il viaggio nel tempo e nello spazio del protagonista è commentato con chiarezza), il montaggio risulta però discontinuo ed incompiuto, perché Salinger sollecita con sapienza il lettore a rincorrere i percorsi mentali di Holden che si dipanano tra le numerose rievocazioni del passato e la successione cronologica dei fatti. Tali digressioni, dal punto di vista della caratterizzazione psicologica, permettono quindi di svelare anche i lati più oscuri dell'anima del personaggio. Il suo itinerario, se non particolarmente avventuroso, lo diventa come viaggio della coscienza, mediante una narrazione in cui si avvicendano sia dramma e comicità sia satira che poesia.

Tuttavia l'elemento decisivo del romanzo è, come si è detto dianzi, la lingua che Salinger sceglie per il suo protagonista. Essa raggiunge una indimenticabile compiutezza espressiva nel registro confidenziale di Holden, nelle reiterate espressioni idiomatiche e nelle funamboliche acrobazie lessicali. Il ritmo serrato e digressivo dell'io-narrante, nonché l'ampiezza concessa ai dialoghi, conferiscono alla narrazione la spontaneità e la sonorità di un ininterrotto racconto orale. La parlata del protagonista è spiccatamente individuale, sebbene essa riecheggi lo stile di un adolescente brillante, metropolitano e di buona famiglia, a cavallo tra gli anni Quaranta e Cinquanta. Il processo di intensificazione stilistica ha il suo punto focale nell'adozione di una lingua letteraria del tutto originale, che prende le mosse dall'uso vivo dell'idioma reale. Pertanto la lingua di Holden risulta assai verosimile, poiché esibisce i tratti morfosintattici e lessicali che ne convalidano l'autenticità. Occorre altresì osservare come sotto l'iterazione delle formule colloquiali e dello *slang* si nasconda un impiego estremamente versatile e raffinato dell'angloamericano che risponde, senza mai allontanarsi dal ritmo e dai suoni della lingua parlata, alle funzioni tradizionali della varietà letteraria: narrazioni, descrizioni, dialoghi e reminiscenze sono di volta in volta declinati stilisticamente assecondando il registro del dramma o della parodia, oppure come voce di coscienza interiore. Un racconto insomma che ammicca continuamente al lettore e ne sollecita il coinvolgimento.

Un significativo punto di riferimento per l'analisi linguistica del romanzo è ancora il saggio di Donald P. Costello (cui siamo debitori per molte delle considerazioni qui discusse), in cui scopriamo che Salinger non aveva come obiettivo principale quello di documentare la parlata giovanile dell'epoca, ma semmai di creare un personaggio memorabile; infatti egli "was faced with the artistic task of creating an individual character, not with the linguistic task of reproducing the exact speech of teenagers in general" (173). Tuttavia, per ottenere tale risultato, lo scrittore decise che

Holden had to speak a recognizable teenage language, and at the same time had to be identifiable as an individual. This difficult task Salinger achieved by giving Holden an extremely trite and typical teenage speech, overlaid with strong personal idiosyncrasies.

(173)

Tra le abitudini linguistiche riscontrate nel romanzo, una in particolare rappresenta la marca distintiva dell'idioletto di Holden, poiché si incontra incessantemente nel fluire del suo racconto. Alludiamo alla ripetizione insistente, identificabile come un tratto giovanile che però Salinger trasforma in comportamento personale e originale. A tal proposito Holden, ad esempio, adopera espressioni indeterminate come *and all, or something, or anything* collocati invariabilmente in coda alla frase. Si tratta di tipi ricorrenti della parlata giovanile, privi di una precisa funzione comunicativa, ma l'uso ossessivo che ne viene fatto tramuta queste strutture in un elemento caratterizzante del suo idioma, ne connota le reazioni emotive ed imprime un peculiare ritmo alla narrazione in quanto, come scrive Costello:

> [...] they give a sense of looseness of expression and looseness of thought. Often they signify that Holden knows there is more that could be said about the issue at hand, but he is not going to bother going into it.
>
> (173)

L'altro tipo espressivo che punteggia di frequente le affermazioni di Holden, in specie quelle in cui rivela la volontà di essere franco e trasparente (in contrapposizione con l'ipocrisia del mondo adulto), è *if you want to know the truth*, cui si affianca l'uso dell'avverbio *really* in una gamma di costrutti rafforzativi (*It really is, It really did, It really wasn't*). Tale modo incalzante di chiudere o di puntualizzare ogni suo atto comunicativo rende peculiare e indimenticabile il suo modo di parlare ad un tempo giovanile ed individuale.

Anche i determinanti *old* e *phony* ricorrono continuamente come qualificativi di oggetti e persone: l'uno, sebbene non sia sempre chiaramente correlato all'età anagrafica, può implicare affetto e tenerezza (se attribuito alla adorata sorella Phoebe) oppure scherno (come nel caso del professor Spencer), o rievocare, con malcelata nostalgia, una situazione sgradevole (*old* Maurice); l'altro (usato anche come sostantivo) delinea, in prospettiva morale ed estetica, tutto ciò che il protagonista giudica sarcasticamente e amaramente esecrabile e falso: le affettazioni degli adulti, le mode culturali, i fasti hollywoodiani o l'euforia natalizia della città. In generale gli aggettivi e gli avverbi sono relativamente poco variati, benché adoperati incessantemente proprio perché non c'è situazione che Holden affronti, né persona che incontri che non gli ispirino un commento critico, ironico o benevolo: tra le voci più frequenti segnaliamo *lousy, pretty, crazy, crumby, terrific, quite, stupid*, che, come nota Costello, "all used, as is the habit of teenage vernacular, with little regard to specific meaning" (177). Lo stesso vale per le due iperboli assai gradite a Holden, *like madmen* e *it kills me*, che compaiono in molti contesti con le più diverse sfumature emotive.

Un trattamento analogo è riservato anche alle interiezioni e ai termini ingiuriosi tipici del parlato, anche giovanile, ma facendo attenzione al fatto che Holden si astiene dall'abuso di turpiloquio, come *fuck*, il cui utilizzo anzi è da lui stesso deprecato. Si contano circa un centinaio di voci dello *slang*, spesso inserite da Holden nelle costruzioni idiomatiche dal sapore comico o ironico o anche semplicemente come rafforzativi: è il caso di *Goddam*, che contiene la parola *God*, "Dio". Si tratta di una imprecazione ormai adoperata come un intercalare: "This word is used with no relationship to its original meaning, or to Holden's attitude toward the word to which is attached. It simply expresses an emotional feeling toward the object" (Costello 175). Altri vocaboli, che hanno sfumato via via la patina ingiuriosa e trasgressiva, intensificando il valore espressivo, sono *ass* e *crap* (*freezing my ass off, to shoot the crap*), *hell* (particolarmente frequente nelle similitudini: *cold as hell, old as hell, pretty as hell*), *bastard* (correlato quasi sempre ai *phonies*) e *sonuvabitch* (tipico negli scatti d'ira del protagonista). Per dirla con Costello, "All we can conclude from Holden's slang is that is typical teenage slang: versatile yet narrow, expressive yet unimaginative, imprecise often crude, and always trite" (177).

Tale uso ripetuto ed insistente di talune voci e modalità comunicative è indicativo di un certo esibizionismo verbale che talora si spinge fino all'esagerazione linguistica, tanto da rendere comiche alcune situazioni. La versatile abilità nell'esagerare si concretizza nella parlata di Holden tramite espressioni crudamente immaginifiche ("He started handling my exam paper like it was a turd or something," Salinger 11) ovvero formule iperboliche ("It was about five hundred thousand years in the life of this one old couple," Salinger 125).

In generale va segnalato che Salinger, per rispettare l'effetto di verosimiglianza e di comicità, permette a Holden di alternare una lingua misurata e persino formale (quando si rivolge direttamente al lettore) ad un registro assai più colorito ed espressivo nei dialoghi, e ogni qual volta i fatti lo coinvolgano affettivamente.[8] Pur rimanendo sempre perfettamente intelligibile, il protagonista viola talora consapevolmente alcune regole della grammatica e della sintassi, ad esempio impiegando regolarmente pronomi relativi generici e la doppia negazione, oppure ignorando la corretta coniugazione tra ausiliare e verbo e la posizione dei pronomi personali. Il romanzo sfrutta quindi le iterazioni e le pause del racconto orale in prima persona, così come i colloquialismi e i cortocircuiti morfosintattici dello *slang*, senza tuttavia pregiudicare la scorrevolezza della lettura. Per enfatizzare l'effetto di una oralità spontanea e trascinata dall'emotività lo scrittore si avvale di strategie che si orientano verso la semplificazione sintattica, in specie l'impiego della paratassi, di costrutti ellittici e di frasi brevi e frante che conferiscono al racconto un andamento incalzante e sincopato:

I mean that's all I told D.B. about, and he's my *brother* and all. He's in Hollywood. That isn't too far from this crumby place, and he comes over and visits me practically every

---

[8] Costello sottolinea che "Holden possesses, and can use when he wants to, many words which are many a cut above Basic English, including 'ostracized,' 'exhibitionist,' 'unscrupulous,' 'conversationalist,' 'psychic,' 'bourgeois.' Often Holden seems to choose his words consciously, in an effort to communicate to his adult reader clearly and properly [...]" (178-79); e, in tal modo, fa emergere che "Such a conscious choice of words seems to indicate that Salinger, in his attempt to create a realistic character in Holden, wanted to make him aware of his speech, as, indeed, a real teenager would be when communicating to the outside world" (179). Si ricordi inoltre che Holden, sebbene espulso dalla sua prestigiosa scuola, è un appassionato lettore di classici e, stando al giudizio del suo professore Antolini, si rivela particolarmente capace nella stesura degli elaborati scritti.

week end. He's going to drive me home when I go home next month maybe. He just got a Jaguar. One of those little English jobs that can do around two hundred miles an hour. It cost him damn near four thousand bucks. He's got a lot of dough, now.

(Salinger 1)[9]

Da notare anche l'uso enfatico del corsivo, adoperato come segnale prosodico, per parole intere o parti di esse: una strategia di connotazione fonetica che accentua la sonorità e conferisce un particolare ritmo alle battute dei personaggi ("Now *shut up*, Holden. God damn it—I'm *warn*ing ya," Costello 180-1), come del resto le numerose elisioni, contrazioni e deviazioni dalla pronuncia standard tipiche dell'oralità non sorvegliata. Tali espedienti sono riservati soprattutto ai turni dialogici, che peraltro costituiscono una parte preponderante della narrazione.

Costello, nella sua dettagliata analisi linguistica, non manca quindi di ribadire come parte del successo del romanzo nel contesto della narrativa americana sia ascrivibile proprio alla forza espressiva della lingua consegnata a Holden. In effetti Salinger è stato abile nel creare e sperimentare una varietà letteraria dalle tinte colloquiali e gergali, oramai indiscutibilmente impressa nella memoria linguistica collettiva:

In coming decades, *The Catcher in the Rye* will be studied, I feel, not only as a literary work, but also as an example of teenage vernacular in the 1950s. As such, the book will be a significant historical linguistic record of a type of speech rarely made available in permanent form. Its linguistic importance will increase as the American speech it records becomes less current.

(Costello 172)

Da *The Catcher in the Rye* (1951) a *Il giovane Holden* (1961 e 2014)

L'accurata disamina consegnataci da Costello costituisce inevitabilmente un riferimento importante cui ispirarsi per osservare la varietà di italiano adottata dai traduttori e nel contempo per cercare di confrontare le rese in vista di una migliore comprensione dell'impatto di determinati elementi lessicali e modalità espressive nella lingua dei giovani e del loro contributo all'affermazione o alla contrazione di taluni tratti rilevanti nell'italiano nazionale nell'àmbito della parentesi che si estende dagli anni Sessanta ai nostri giorni. Prima di procedere con il confronto delle ritraduzioni, riteniamo opportuno presentare i due traduttori, Adriana Motti e Matteo Colombo, e la loro relazione con l'opera originale.

Il protagonista di Salinger acquista nel 1961 il meritato successo, grazie alla traduzione di Adriana Motti per Einaudi e al memorabile titolo, *Il giovane Holden*.[10] Per sua stessa ammissione, Motti non aveva sùbito compreso le

---

[9] Costello infatti puntualizza che "the structure of Holden's sentences indicates that Salinger thinks of the book more in terms of spoken speech than written speech" (180).

[10] Come spiega la *Nota al titolo* dell'edizione einaudiana (Motti 2), redatta, a quanto si dice, da Italo Calvino, si è preferito optare per una traduzione libera, suggerendo di

ripercussioni che la sua traduzione avrebbe prodotto sul pubblico. In una intervista rilasciata a Sofri (da cui sono tratte le citazioni che seguono) la traduttrice ammette con candore:

Sembrerà un'eresia: sono diventata celebre col *Giovane Holden* che io non ho preso sul serio per niente. Mi è piaciuto, molto acuto, molto profondo, ma non gli ho dato quest'importanza: divenne un dogma, un catechismo che non capisco tutt'ora.

(Sofri 4)

E poco più in là dichiara sconsolata: "Ho tradotto quaranta libri e si ricordano solo quello" (Sofri 8).[11] Tale versione è stata però eseguita con raffinata e acuta abilità, coniando espressioni compatibili con lo *slang* salingeriano; infatti l'Holden italiano, cioè tradotto, non avrebbe potuto sopravvivere senza i suoi *e compagnia bella, una cosa da lasciarti secco, marpione sfessato, infanzia schifa*, ecc. Lei spiega le sue scelte, asserendo: "Allora i ragazzi parlavano così. Mi sono dovuta adeguare, e chiedere ai miei nipoti: in americano poteva esser più sobrio, aveva lo stile di Salinger che lo sosteneva, in italiano io dovevo reinventarmelo" (Sofri 7). Precisa inoltre, che "Salinger usava espressioni che non potevo tradurre e cercavo di compensare, per rendere il suo stile" (Sofri 7). *Il giovane Holden* è pertanto scritto in maniera esemplare: la spontaneità e l'originalità di quella versione, costretta continuamente a emanciparsi dall'originale, sono le ragioni che l'hanno resa così leggibile allora, al punto da assurgere oggi a libro inedito del canone letterario italiano. Anche per tali ragioni, si è dubitato a lungo della necessità di una nuova traduzione, mirata a "svecchiare" il testo e renderlo più appetibile ai giovani di oggi (Giachetti 27-29). Verso la fine degli anni Novanta Alessandro Baricco e Sandro Veronesi si erano infatti rivolti a Einaudi per una nuova proposta traduttiva, ma non si approdò a nulla di fatto.

Abbiamo dovuto aspettare più di dieci anni da quell'invito e, nel 2014, dopo qualche anno di lavoro, è uscita la traduzione, con lo stesso titolo e sempre per Einaudi, svolta da Matteo Colombo, giovane e capace traduttore che si è cimentato anche con Don De Lillo, Jenniger Egan, Dave Eggers, Chuck Palahniuk e altri ancora. Colombo, su richiesta dell'editore, ha reso Holden un adolescente

---

intitolare il romanzo con il nome del protagonista, anziché per una traduzione letterale (*l'acchiappatore nella segale, il coglitore nella segale, il pescatore nella segale* ovvero *il terzino nella grappa*) che sarebbe apparsa fuorviante, sebbene il significato del titolo (che allude altresì a una canzone scozzese di Robert Burns) sia via via svelato quando il protagonista motiva la ragione della presenza del campo di segale, ovvero è lì che qualcuno prende al volo i bambini per impedire loro di cadere nell'abisso. La metafora, essenziale per comprendere il pensiero ed il comportamento di Holden lungo tutta la narrazione, sembra quindi far resistenza in italiano, ma non in spagnolo, *El guardián entre el centeno*, e in tedesco, *Der Fänger in Roggen*; in francese, *L'attrappe-coeurs*, si discosta mantenendo però la correlazione con l'originale *catcher*.

[11] In verità Motti è famosa anche per aver prestato la sua voce a Karen Blixen, Edgar Morgan Forster, P. G. Wodehouse, Catherine Porter e molti altri.

contemporaneo, anzi senza tempo, longevo perché privato delle espressioni esuberanti ma datate della versione di Motti.[12] Ciò che tuttavia preme segnalare è l'ingombrante relazione che il traduttore intrattiene con la fortunata precedente traduzione da cui non può prescindere, ma dalla quale ben presto si distanzia. Colombo infatti in principio non può emanciparsi completamente dalla resa di Motti e la deve far propria per creare la nuova versione. Del resto il traduttore (nella corrispondenza con Nadotti) confessa:

Come se non bastasse, verso la fine la traduzione di Motti migliora molto. A tratti è perfetta, e trovare un equilibrio, distanziarsi in modo non pretestuoso—riuscendo comunque a migliorarla—si sta rivelando difficile. Dopo quasi un anno di beata incoscienza comincio ad avvertire la pressione.

(Nadotti e Colombo 4)

Dal confronto delle ritraduzioni, come vedremo, appare evidente come Colombo abbia optato per una resa più fedele all'originale, rispettando sia talune scelte gergali, sia l'oralità e il ritmo della struttura frasale, anche mediante una riproduzione della punteggiatura e dei corsivi enfatici. Crediamo che tale fedeltà risponda per lo più alla necessità di rispettare la condizione di disagio psicofisico in cui si trova il protagonista quando racconta le sue vicende. I suoi turbamenti nel corso del racconto emergono con chiarezza tanto da sconfinare, in taluni casi, in veri e propri attacchi di panico. Le modalità espressive di Holden, inframmezzate da ripetizioni ossessive e da frasi sincopate, costituiscono quindi non solo tratti tipici della comunicazione giovanile, e in generale di quella del parlato spontaneo, ma anche il segnale della profonda crisi esistenziale patita dall'adolescente che si confronta con l'età adulta.

Un raffronto tra i due testi
Procediamo ora con una comparazione di alcuni passi dell'originale con le due traduzioni in maniera da rendere visibile il peso assegnato a determinati tratti lessicali e sintattici dai rispettivi traduttori e di correlarlo al ruolo della lingua delle (ri)traduzioni nel processo tanto di sviluppo della varietà giovanile quanto di diffusione dei "movimenti" propri della lingua italiana contemporanea.

Se Salinger sfrutta abilmente il gergo vivace per evocare il comportamento linguistico degli adolescenti americani, Motti dispone di strumenti limitati e lavora in un contesto in cui la pressione della varietà letteraria inibisce fortemente l'espansione del parlato nella resa scritta. Ciononostante la traduttrice nella sua raffinata mimesi dell'italiano adolescenziale riesce a consegnare una versione credibile per l'italiano dell'epoca, costruita (inevitabilmente) su una solida architettura fornita dallo standard, ma puntellata da tratti propri dei registri

---

[12] Abbiamo tratto questo e altri punti di vista di Matteo Colombo dal suo appassionato scambio epistolare con Anna Nadotti, che ha curato la revisione del testo, rintracciabile sul sito della casa editrice (Nadotti e Colombo).

informali e colloquiali, da inserti (para)gergali e da espressioni coniate per l'occasione (celebre è l'intercalare *e compagnia bella*). Il suo pregio è di aver proposto non solo una lingua giovanile che, escluse qualche "parolaccia" bandita dalla censura e qualche soluzione un po' troppo creativa, risulta autentica, ma soprattutto di aver offerto una voce verosimile ad un ragazzo in preda a una forte tensione emotiva, le cui peripezie metropolitane si ritrovano ancora nei ricordi dei lettori. A distanza di circa cinquant'anni si affaccia sul mercato la nuova traduzione di Colombo, che ha il compito di fronteggiare una sfida particolarmente ardua, cioè riproporre un "giovane" Holden che adotta una lingua ripulita dai vistosi segni di invecchiamento riconosciuti all'edizione precedente. Per risvelare il ritmo e il tono del discorso di Holden, Colombo deve tener conto dello sviluppo che negli anni ha caratterizzato la varietà giovanile e la lingua nazionale in generale, senza però dimenticare la distanza temporale con le vicende raccontate. Il rischio dell'ammodernamento di una vecchia traduzione è quello di indulgere a semplificazioni giovanilistiche azzardate, scelte lessicali anacronistiche e forme che banalizzano l'originale. Colombo, nel suo lavoro di revisione, è però facilitato dalla disponibilità di risorse lessicografiche e multimediali inedite, che gli hanno consentito ricerche tempestive e confronti puntuali; e inoltre ha potuto sfruttare una maggiore familiarità con la realtà linguistica e culturale americana che, se appariva distante a Motti, a lui ha permesso una più accurata aderenza al testo di partenza, in virtù della globalizzazione di cui si è fatto cenno all'inizio: ad esempio il *football game* giocato di sabato, i *doughnuts*, con cui Holden accompagna il caffè, sono resi con la "partita di rugby", le "frittelle" da Motti e, giustamente, con la "partita di football" e le "ciambelle" da Colombo.

Fin dall'inizio del romanzo siamo in presenza di un modo di raccontare concitato che imprime una notevole accelerazione al discorso, spiegabile anche dal fatto che Holden sta attraversando una fase tormentata della sua adolescenza. Nella traduzione è pertanto decisivo da un lato non arrestare l'insistente, progressiva urgenza del racconto; e dall'altro non rinunziare alla freschezza narrativa di Holden, ovvero al suo uso idiolettale della lingua angloamericana di cui privilegia l'espressività della dimensione parlata. L'operazione di attualizzazione del traduttore si realizza soprattutto sul piano dello stile colloquiale: il ricorso ai tratti dell'uso medio rende infatti la traduzione più vicina alla lingua contemporanea, specie nell'immediatezza del parlato. Pur rispettando l'indimenticabile resa di Motti, Colombo se ne allontana, privilegiando scelte difformi. Innanzitutto adotta sistematicamente il passato prossimo come tempo della narrazione, lasciando da parte il passato remoto.[13] Poi si avvale dell'uso

---

[13] Anche Pizzoli evoca Colombo quale testimonianza della riduzione del passato remoto; Cavagnoli sostiene tale scelta, segnalando che: "il *simple past* si traduce in genere con il passato remoto, il tempo letterario per eccellenza. Ma certe storie si ha la sensazione che sia meglio raccontarle al passato prossimo, per catturarne l'immediatezza. Il tono orale

della ripetizione incalzante, di una punteggiatura e una struttura sintattica originali. Grazie alla maggiore flessibilità dell'italiano odierno, ascrivibile ai cambiamenti che hanno contraddistinto la lingua nazionale a partire dagli anni Sessanta in poi, Colombo ha così potuto calibrare le opzioni espressive di Holden per rappresentare con più verosimiglianza la sua personalità ribelle ed irrequieta. La cadenza della narrazione è segnata, come nell'originale, dalla ripetizione ossessiva e dall'occorrenza di intercalari insistenti: il primo fra tutti è *and all* che Colombo alterna fra *e tutto quanto/e via dicendo* o addirittura evita di tradurlo, laddove Motti, che predilige una maggiore *variatio*, traduce con *e tutto quanto, e via discorrendo, e le solite storie, e vattelappesca* e soprattutto con il popolare *e compagnia bella.*

Salinger	Motti	Colombo
"She's a dancer," I said. "Ballet and all. She used to practice about two hours every day, right in the middle of the hottest weather and all. She was worried that it might make her legs lousy- all thick and all. I used to play checkers with her all the time' (p. 27).	—Studia ballo, lei,— dissi.—Danza classica con quel che segue. Faceva almeno due ore al giorno di esercizi, proprio quando si crepava più dal caldo e via discorrendo. Aveva paura che le venissero delle gambe orribili, grosse così e via discorrendo. Giocavamo sempre a dama. (37)	—Fa la ballerina,—ho detto io.—Studiava proprio danza classica. Mi ricordo che si esercitava qualcosa come due ore al giorno tutti i giorni, anche quando fuori faceva caldissimo, sempre. Aveva paura le venissero delle brutte gambe, sai, grosse e via dicendo. Io e lei giocavamo sempre a dama. (37)
I didn't much want to see it, but I knew old Sally, the queen of the phonies, would start drooling all over the place when I told her I had tickets for that, because the Lunts were in it and all. (116)

Anyway, I couldn't get that off my mind, so finally what I figured I'd do, I figured I'd better sneak home and see her, in case I died and all. I had my door key with me and all, and I figured what I'd do, I'd sneak in | Io non ci tenevo molto a vederlo, ma sapevo che non appena le avessi detto che avevo quei biglietti, la vecchia Sally, la più balorda delle balorde sbruffone, se ne sarebbe andata in sollucchero perché ci recitavano i Lunt e compagnia bella. (137)

Ad ogni modo, non riuscivo a togliermi dalla testa quell'idea, sicché alla fine mi venne in mente quello che avrei fatto, mi venne in mente che era meglio se andavo a casa di nascosto e vedevo Phoebe, nell'ipotesi che fossi morto e via | Non mi andava tanto di vederlo, ma sapevo che la vecchia Sally, regina delle ipocrite, avrebbe letteralmente cominciato a sbavare, scoprendo che avevo preso i biglietti per quello, perché ci recitavano i Lunt e via dicendo. (137)

Comunque non riuscivo a togliermi quella cosa dalla testa, così alla fine mi è venuta un'idea, di andare a trovarla entrando in casa di nascosto, nel caso fossi morto e via dicendo. Avevo la mia chiave e tutto quanto, e |

della narrazione" (71).

the apartment, very quiet and all, and just sort of chew the fat with her for a while. (156)

discorrendo. Avevo la mia chiave e tutto quanto, sarei entrato di nascosto nell'appartamento, piano piano e tutto quanto, e mi sarei fermato il tempo di far quattro chiacchiere con lei. (183)

ho pensato che potevo entrare in casa di nascosto, facendo pianissimo e via dicendo, e scambiare due parole con lei. (184)

Quanto al lessico ripetitivo, dobbiamo notare le rese di *crumby*, *stupid* e *lousy*, peraltro caratteristici delle modalità espressive di Holden:

Salinger	Motti	Colombo
He's in Hollywood. That isn't too far from this crumby place […]. (1)	Sta a Hollywood, lui. Non è poi tanto lontano da questo lurido buco […]. (3)	Lui sta a Hollywood, quindi non lontanissimo da questo schifo di posto […]. (3)
I didn't want to hang around in that stupid atmosphere any more. (50)	Non volevo più restare in quell'aria schifa. (59)	Di stare in quello schifo di atmosfera non mi andava più. (60)
I'd spent a king's ransom in about two lousy weeks. (107)	Roba da pagarci il riscatto di un re, con quello che avevo speso in due schife settimane. (126)	In due stupide settimane avevo speso l'ira di Dio, sul serio. (126)[14]

Dal confronto non si possono non notare le originali e fortunate libertà di Motti, rispetto al testo originale, che sfiorano l'acrobazia lessicale, come *aria schifa* e *schife settimane* (che si correlano all'*infanzia schifa* dell'*incipit* del romanzo); è una scelta che, rivitalizzando un aggettivo desueto, rende immediatamente riconoscibile la voce ribelle dell'adolescente. Colombo invece privilegia tipi colloquiali ma meno marcati.

Ma è con la punteggiatura e con le ripercussioni sulla sintassi che Colombo si distanzia da Motti e insegue Holden Caulfield. Preservare la punteggiatura dell'originale, soprattutto rispettando la posizione dei segni d'interpunzione forti che segnalano i confini frastici, significa riprodurre con più fedeltà la sintassi. In questo senso i due traduttori tendono a riproporre con modalità diverse i confini di frase che incontrano nel testo di partenza. Motti esibisce una certa tendenza alle frasi esclamative e adopera più frequentemente il punto e virgola, che risulta assente in Colombo; entrambi però ricorrono ai due punti, probabilmente per collegare enunciati isolati e per scongiurare un periodare eccessivamente franto. La sintassi della lingua di Holden contribuisce alla resa del registro informale e al

---

[14] Si noti il tentativo di recupero del tipo idiomatico *king's ramson* come "una fortuna, patrimonio" nella resa di Colombo, rispetto all'ingenuo calco di Motti.

tono colloquiale che contraddistingue il suo discorso; nelle traduzioni di Motti e Colombo non mancano, infatti, dislocazioni (ad esempio in Motti "a lui gli dispiace" e in Colombo "Ma alla fine me ne sarei uscito dalla stanza senza averglielo tirato il pugno"), anacoluti (assai ricorrenti in Motti: "I bambini non c'è niente da ridire") e soprattutto frasi scisse che rispondono alla spiccata frammentazione sintattica che caratterizza l'originale (ad esempio in Motti il lettore si imbatte in: "Ma è che sono appena tornato da New York con la squadra di scherma […]" e in Colombo "Ma con lei dov'è che andate?"). Talora però Colombo per recuperare il testo originale insiste con lo stile franto, contrariamente a Motti, come nell'esempio seguente:

Salinger	Motti	Colombo
Then what she did—it damn near killed me—she reached in my coat pocket and took out my red hunting hat and put it on my head. (218)	E allora lei fece una cosa che per poco non mi lasciava secco: mi infilò la mano nella tasca del soprabito, ne tirò fuori il mio berretto rosso da cacciatore e me lo mise in testa. (245)	Poi che ha fatto—a momenti ci resto secco, accidenti a lei—mi ha infilato una mano nella tasca del cappotto, ha tirato fuori il mio cappello da caccia rosso e me l'ha messo in testa. (248)

Osserviamo che la sintassi dell'originale fa una pausa e il ritmo diventa sincopato, perché con il breve inciso Salinger vuole sottolineare l'emozione di Holden. Se Motti sceglie di non rendere quell'effetto e di mantenere una lingua più scorrevole, trasformando l'incidentale in una relativa, Colombo decide di preservare la frase spezzata, ottenendo un effetto efficace e aderente al testo di partenza. Sempre analizzando l'intervento di Colombo sulla frammentazione sintattica, Sam Whitsitt mette però in evidenza alcune rese che si allontanano dal testo di partenza, normalizzando la struttura, come nei frammenti seguenti:

Salinger	Motti	Colombo
What I liked about her, she didn't give you a lot of horse manure about what a great guy her father was. She probably knew what a phony slob he was. (3)	Quello che mi piaceva di lei era che non vi rifilava le solite merdate che suo padre era un grand'uomo. Doveva sapere che razza di marpione sfessato che era. (5)	Quel che mi piaceva di lei era che non stava a raccontarti boiate per convincerti che il padre era un grand'uomo. Probabilmente sapeva anche lei che era un povero cialtrone. (5)
I didn't like the way he said it, so I said, "The reason she did that, she probably just didn't know what a handsome, charming bastard you are. If she'd *known*, she	Non mi piacque come lo disse, perciò ribattei: — Probabilmente l'ha fatto soltanto perché non sapeva che razza di meraviglioso e affascinante bastardo sei tu. Se l'avesse *saputo*,	Il modo in cui l'ha detto non mi è piaciuto, perciò ho risposto: —L'avrà fatto perché non sapeva che razza di bastardo seduttore sei. Se lo sapeva, secondo me

probably would've signed out for nine-thirty in the *morning*. (34).	probabilmente avrebbe chiesto il permesso fino alle dieci e mezzo di *domattina*. (41)	chiedeva permesso fino alle nove e mezza del *mattino*. (40)

Whitsitt si rammarica del fatto che Colombo non abbia mantenuto

> that curious syntax, so typical of Salinger's text, which not only reflects the orality of Salinger's text, which comes from the 'repairs' Holden makes—starting out to say one thing, but then shifting to something else—but also that certain lack of focus, that hesitation, that questioning of everything he set out to do.
>
> (11)

Il comportamento traduttivo di Colombo, nonostante tali (inevitabili) riformulazioni, risulta comunque efficace: Matteo Motolese gli attribuisce il merito di averci restituito un Holden dallo stile inedito:

> Non è tanto una questione di singole parole ma soprattutto di ritmo, cioè di sintassi. E in questo il lavoro che Matteo Colombo ha fatto nella sua nuova traduzione è eccellente. [...] È l'energia di Salinger, ovvio. Ma gestire quell'energia è una cosa difficilissima. Gestirla senza farla sembrare falsa. Nei dialoghi, negli scarti del ragionamento, nei continui cambiamenti di umore e di tono.
>
> (27)

Un ulteriore tratto ricorrente tanto nell'originale quanto nelle ritraduzioni è l'impiego del corsivo, che ha una funzione espressiva, come nell'esempio prima citato. Si tratta di un espediente grafico che, come abbiamo già ribadito, intende sottolineare le intonazioni enfatiche e le deviazioni della pronuncia standard tipiche dell'oralità non sorvegliata, rintracciabili soprattutto nelle molteplici battute di dialogo. Nei frammenti che seguono riportiamo casi di contrazioni gergali e corsivi enfatici e le loro riproduzioni italiane, che, non potendo recuperare la carica espressiva del parlato spontaneo, compensano con opzioni vuoi neutre, quasi asettiche (Motti), vuoi più disinvolte (Colombo):

Salinger	Motti	Colombo
"Who belongsa this?" Ackley said / "Where the hellja get that hat?" he said. (22)	Di chi è quest'affare?— disse Ackley / Dove diavolo hai preso quel berretto?— disse. (26; 27).	Questa di chi è? - ha detto Ackley / Dove l'hai pescato, 'sto cappello?— mi fa. (26; 27).
Wudga say? she said. (71)	Come ha detto?—disse. (84)	Che hai detto?—fa lei. (84)
Listen. I toleja about that. I don't like that type language," she said. (72)	*Stia a sentire*, lei. Gliel'ho già detto. Non mi va questo modo di parlare—disse. (86)	*Senti un po'*. Te l'ho già detto. Questo modo di parlare non mi piace,— mi fa. 86)

Rafforzano l'impressione di autenticità anche i numerosi termini disfemici, che, come spesso accade nel linguaggio giovanile, lasciano sullo sfondo la carica trasgressiva per assumere il ruolo di intensificatori espressivi. I due traduttori affrontano in modo diverso il turpiloquio, in virtù della distanza con lo standard della lingua letteraria nazionale cui comunque i due si rifanno. Motti, rivelando la sua generale castigatezza, fa filtrare raramente termini scurrili, con l'eccezione di *merdate* e *stronzi* per tradurre *morons* (reso da Colombo con *imbecille/i*); inoltre, subendo le influenze degli stereotipi del doppiaggese di matrice hollywoodiana (indizio decisivo della globalizzazione già in atto all'epoca), punteggia la sua versione con numerosi *dannato/dannazione, maledetto/maledettamente*. Colombo, beneficiando di una maggior libertà nell'affrontare i volgarismi, esaspera il tono attraverso scelte, quali *cazzo/col cazzo, coglione, culo/culetto, imbecille, stronzate, vaffanculo*, sulla scia di quanto fa notare Pizzoli:

[...] la ormai larga affermazione del linguaggio giovanile e l'abbassamento del grado di formalità rendono più facilmente accettabili, anche nelle traduzioni, termini disfemici un tempo evitati.

(208)[15]

Ma vediamo qualche esempio:

Salinger	Motti	Colombo
Game, my ass. (8)	Partita un accidente. (11)	Partita un cazzo. (11)
"You asked for it, God damn it." (45)	—Te la sei voluta, maledizione.—(54)	—Te la sei cercata, cazzo.—(53)
I mean if somebody *yawns* right while they're asking you to do them a goddam favor. (28)	Se uno *sbadiglia* proprio mentre ti sta chiedendo di fargli un maledetto favore, dico. (34)	Quando uno *sbadiglia* mentre ti sta chiedendo di fargli un cazzo di favore. (34)
Strange, my ass. (193)	Strano, accidenti a lui! (224)	Strano un cazzo. (227)

La scelta del termine italiano in sostituzione di *goddam* risulta, a tutti gli effetti, più immediata, dato che il suo frequente utilizzo nel parlato contemporaneo ha via via sfumato la sua valenza volgare rendendolo ormai un intercalare rafforzativo, di ampia diffusione tra i giovani ma anche fra gli adulti.

Un ulteriore cenno va riservato al termine gergale *hell*, la cui resa ha per così dire alimentato l'inventiva dei traduttori che hanno proposto soluzioni di volta in volta originali:

Salinger	Motti	Colombo
You take somebody old	Prendi uno che è un	Per un vecchio decrepito

---

[15] Pizzoli porta proprio come esempio Colombo, in cui è inserito, seppur in forma per così dire contenuta, "un nutrito drappello di occorrenze del termine *cazzo* come traducente di *goddam*" (208).

as hell, like old Spencer. (7)	vecchio bacucco, come il vecchio Spencer. (9)	come lui. (9)
I said it suave as hell. (64)	Ero tutto latte e miele. (75)	Gliel'ho detto tutto gentile. (76)
I said it fast as hell. (69)	E lo dissi a precipizio. (82)	Gliel'ho detto velocissimo. (82)
Two guys came out, drunk as hell. (90)	Ne uscirono due tizi, ubriachi fradici. (107)	Sono usciti due tizi ubriachi da far schifo. (107)
Or whether they're just scared as hell. (92)	O se hanno soltanto una paura d'inferno. (109)	O se hanno solo una gran paura. (109)
Boy, my voice was shaking like hell. (101)	La voce mi tremava in modo schifo, accidenti. (118)	Con una voce, ragazzi, che mi tremava da maledetti. (119)
I won't tell you *where* it snapped it, but it hurt like hell. (103)	*Dove*, non ve lo dico, ma mi fece un male del diavolo. (121)	Non vi dico *dove*, ma mi ha fatto un male cane. (121)
I always shiver like hell when I'm drunk. (152)	Quando mi sbronzo tremo a tutto spiano. (178)	Quando sono ubriaco tremo sempre un sacco. (179)
Or one of those streets way the hell uptown. (110)	O in una di quelle strade a casa del diavolo. (129)	O in una di quelle vie lontanissime. (130)
When she went to the ladies' room way the hell down. (213)	Quando a un certo momento è andata alla toletta delle signore, che sta a casa del diavolo. (47)	Quando questa se n'è andata al bagno delle donne, che sta lontanissimo. (250)
Just for the hell of it. (39)	Così, tanto per farlo. (46)	Così perché mi andava. (46)
The hell he did, the bastard. (42)	Col fischio che l'aveva fatto, quel bastardo. (50)	Col cazzo che l'aveva fatto, quel bastardo. (50)
I figured the hell with it. (69)	Accidenti, pensai. (82)	Amen, mi sono detto. (82)
He'll give me hell again. (150)	Mal che vada, mi dà un altro liscio e busso. (194)	Mal che vada mi dà l'ennesima strigliata. (195)
He … looked at me like he'd just beaten hell out of me in ping-pong or something. (12)	Mi guardò come se mi avesse clamorosamente battuto a ping-pong o che so io. (15)	Ha fatto una faccia come si avesse appena stracciato a ping-pong o roba simile. (15)
Besides, I know it annoyed hell out of Ackley. (22)	E poi sapevo che scocciava a morte il vecchio Ackley. (26)	E poi sapevo di dare fastidio al vecchio Ackley. (26)
It fascinated hell out of her. (51)	La affascinarono enormemente. (68)	È rimasta affascinatissima. (68)
I don't know why, but it bothered hell out of me. (79)	Non so perché, ma mi sentii tutto scombussolato. (93)	Non so perché, ma questa cosa mi ha turbato un sacco. (93)
Boy, it really scared hell out of me. (172)	Ragazzi, mi venne proprio un accidente! (223)	Ragazzi, mi è venuto un colpo. (225)
That depressed the hell out of me. (211)	Mi sentii depresso da morire. (244)	A me ha depresso da morire. (247)

A detta di Costello, "*Hell* is perhaps the most versatile word in Holden's entire vocabulary" (175); Holden lo utilizza con diverse accezioni e in costrutti varii, spesso del tutto personali, assecondando la funzione ludico-creativa della varietà giovanile. Un uso ricorrente è rintracciabile nella struttura comparativa *as/like hell* (all'interno delle quali *hell* "has non relationship to its original meaning," Costello 176), tradotta in modi difformi da Motti e da Colombo: se la prima si avvale di espressioni varie (vale la pena di notare le soluzioni eufemistiche con *accidente, accidenti*, il regionalismo di area centro-meridionale *liscio e busso*), l'altro sembra invece preferire, ove possibile, i superlativi. In generale Colombo si sforza di mimare il parlato attuale ricorrendo anche a tipi popolari, propri dell'italiano giovanile, come l'espressione con valore avverbiale l'elativo *un sacco di*, la locuzione *col cazzo* con valore rafforzativo in sostituzione della negazione, ecc. Però, è anche vero che il termine, esibendo un elevato tasso di frequenza (di poco inferiore al già più volte citato *and all*), viene talora lasciato sullo sfondo, favorendo la scorrevolezza del racconto: è il caso di costrutti con *way the hell* che altrimenti vengono resi da Colombo con dei superlativi, decisamente più addomesticanti rispetto alla fantasiosa proposta di Motti *a casa del diavolo*, in cui si apprezza il plausibile tentativo di recuperare il significato, ma che nell'oralità attuale risulta assai bizzarro.

I fenomeni ora illustrati non rendono pienamente conto dell'assetto linguistico e delle scelte traduttive adottate da Motti e Colombo. Ulteriori approfondimenti sono raccomandabili in vista di una analisi più documentata sul rinnovamento lessicale e sui fenomeni considerati tipici del registro colloquiale ed informale, in specie a livello morfologico e sintattico. Tuttavia i dati raccolti, seppur parziali, possono consegnarci una immagine tendenziale dei "movimenti" che contraddistinguono un testo rispetto all'altro. Alla nota conclusiva che segue è affidato il compito di tirare le fila del discorso e schiudere ulteriori possibili prospettive di ricerca.

A mo' di conclusione

Le traduzioni di Motti e di Colombo si possono considerare come due voci distinte la cui compresenza nel panorama letterario italiano è funzionale al suo arricchimento culturale e linguistico. Entrambe le versioni, rivendicando esiti innovativi circa la resa dello stile colloquiale, anche giovanile, possiedono tratti e registri che fanno di ognuna di esse un contributo atto alla comprensione dell'opera di Salinger, una risorsa per potenziare la sua diffusione nel contesto letterario nazionale, ed un valido strumento per intendere i "movimenti" e le resistenze della lingua italiana, così come sono stati via via intercettati dai traduttori.[16]

Nel caso specifico qui preso in considerazione è necessario riprendere alcuni

---

[16] Sulla scia della considerazione espressa da Marello, a proposito di studi analoghi "che non mirano tanto a stigmatizzare errori, ma a mettere in luce l'eventuale precoce emergenza o la maggiore presenza di fenomeni di variazione nelle traduzioni e la loro potenziale successiva influenza sulla lingua non tradotta" (1510).

fatti che si sono intrecciati nel corso della storia linguistica italiana ed analizzare la loro visibilità nelle traduzioni di Motti e Colombo, tenendo sempre presente la distanza temporale che le separa. È proprio il fattore tempo che ci aiuterà come bussola di orientamento.

Nel periodo storico che intercorre tra le due versioni, un fattore rilevante è la creazione e lo sviluppo di un linguaggio italiano giovanile che ha preso forme di volta in volta diverse, ma che è connotato soprattutto da un significativo abbassamento del grado di formalità, condiviso dall'italiano parlato e anche da certe scritture letterarie. L'aspetto da segnalare è che Motti traduce in un momento in cui le varietà giovanili stavano muovendo i primi passi (Coveri) e non potevano essere ispiratrici di modalità comunicative ancora troppo incerte. L'abilità della traduttrice è stata quella di trasferire la dirompente carica espressiva della lingua di Salinger su una solida impalcatura suggerita dall'italiano standard (in specie nella sintassi), astutamente sorretta da tratti propri dei registri informali e colloquiali che stavano lentamente affiorando nello scritto, da inserti (para)gergali (alcuni modellati dal doppiaggio dei film hollywoodiani) e da espressioni coniate per l'occasione. La sua traduzione, per certi versi addomesticante e rispettosa della norma linguistica dell'epoca, si rivela altresì innovativa, perché propone un prodotto inedito sia nei contenuti sia nella forma, dal momento che crea i presupposti per un tipo di linguaggio giovanile che resterà a lungo impresso nell'immaginario collettivo. La traduzione, come è noto, ha avuto un notevole successo, ma col trascorrere del tempo ha iniziato ad accusare qualche contraccolpo ascrivibile alla distanza creatasi con gli sviluppi della lingua dei giovani, soprattutto dopo il 1968. L'esigenza di una ritraduzione è sorta di certo dalla volontà di svecchiare la lingua originale e pur sempre credibile che Motti ha scelto per il giovane ribelle protagonista del romanzo di Salinger. Tuttavia tale necessità è altresì correlata a precise scelte editoriali e di mercato: il calo delle vendite riscontrato negli anni ha infatti convinto Einaudi a riproporre il testo in una veste linguistica aggiornata che potesse essere altrettanto longeva e di successo.

La ritraduzione di Colombo mira innanzitutto a un pubblico diverso rispetto a quello di Motti, che si rivolgeva alle generazioni di giovani dell'Italia postbellica, della ripresa economica e dell'apertura culturale anche al di fuori dai confini europei. I destinatari a cui invece fa riferimento Colombo conoscono e, per molti versi, hanno fatto propria la lingua e la cultura americana, anche nelle sue sfaccettature (para)gergali. Ma si badi bene che l'approccio adottato da Colombo non indulge mai a semplificazioni giovanilistiche azzardate o a scelte lessicali anacronistiche, che invece rischierebbero un invecchiamento altrettanto repentino. Holden Caulfield resta sempre un adolescente americano degli anni Cinquanta che non può avvalersi di espressioni tipiche della contestazione post-sessantottina, né della comunicazione digitale, ma semmai di un italiano giovanile che non suoni troppo artefatto e che tenga conto dei mutamenti occorsi a questa varietà, senza però mai dimenticare i cambiamenti verificatisi nella varietà letteraria che, rinunciando al ruolo di modello linguistico di riferimento, si è aperta, sempre più di frequente, al parlato, anche quello riconducibile a registri molto informali. Colombo infatti esibisce una traduzione straniante ma conciliante, in virtù di un certo alleggerimento della sintassi che, svolta secondo un ordine poco lineare, privilegia costrutti substandard e frasi brevi o addirittura spezzate. Il tutto infarcito da un affabile turpiloquio che sorregge l'immediatezza del parlato nella scrittura. Il traduttore pertanto abbandona la varietà giovanile giocosa e creativa, prescelta da Motti, ed enfatizza il parlato giovanile, assecondando i tratti dell'intensificazione dell'oralità e del marcato abbassamento del grado di formalità, tipici della lingua nazionale contemporanea. Pur nella sua stilizzazione artistica, egli è quindi riuscito a consegnare ai lettori italiani un nuovo "giovane" Holden che parla a questo tempo, come scrive Zanuttini.

Alla luce di quanto argomentato crediamo sia utile sottolineare come l'uso che si fa della lingua, anche (e soprattutto) nelle traduzioni, rifletta i progressi e le contraddizioni, anche linguistiche, di una nazione che è mutata e continua a mutare.[17] Posto che ci troviamo di fronte a creazioni letterarie, vincolate altresì dalla stretta interdipendenza con il testo originale, e che la conferma di taluni orientamenti avrebbe bisogno di un'analisi linguistica e traduttiva di un *corpus* significativo di testi tradotti, possiamo comunque affermare di avere a disposizione due istantanee linguistiche che, recependo ed innovando, rendono testimonianza del cammino della lingua nazionale, così come ci insegna Folena: "È noto che all'inizio di nuove tradizioni di lingua scritta e letteraria, fin dove possiamo spingere lo sguardo, sta molto spesso la traduzione" (3).

Università degli Studi di Udine

Opere citate

Ambrogio, Renzo, e Giovanni Casalegno. *Scrostati gaggio! Dizionario storico dei linguaggi giovanili*. Torino: Utet Libreria, 2004.

Antonelli, Giuseppe. *L'italiano nella società della comunicazione 2.0*. Bologna: il Mulino, 2016.

Basso, Susanna. *Sul tradurre. Esperienze e divagazioni militanti*. Milano: Bruno Mondadori, 2010.

Berruto, Gaetano. "Dinamiche nell'architettura delle varietà dell'italiano nel ventunesimo secolo." *Italiano e dintorni. La realtà linguistica italiana: approfondimenti di didattica, variazione e traduzione*. A c. di Giovanni Caprara e Giorgia Marangon. Frankfurt am Main: Peter Lang, 2017. 7-31.

---

[17] Un ulteriore punto di vista intrigante che andrebbe approfondito è quello suggerito da Antonelli, secondo il quale "sempre più spesso la scrittura dei libri italiani di successo somiglia, invece, a quella dei libri stranieri nella loro versione tradotta. Se si guarda alle classifiche, la sensazione è che il punto di riferimento sia diventato proprio lo stile corretto, scorrevole, pacatamente brillante o moderatamente letterario delle traduzioni" (217).

Brownlie, Siobhan. "Narrative Theory and Retranslation Theory." *Across Languages and Cultures* 7.2 (2006): 145-70.

Cadera, Susanne M., e Andrew S. Walsh, a c. di. *Literary Retranslation in Context.* Frankfurt am Main: Peter Lang, 2017.

Campanini, Silvia, e Stefano Ondelli. "Holden Caulfield può ringiovanire? Strategia traduttive 1961-2014." *Rivista internazionale di tecnica della traduzione* 18 (2016): 161-83.

Carmignani, Ilide. "L'italiano delle traduzioni o la lingua degli altri." *Nuovi argomenti* 73 (2016): 69-73.

Cavagnoli, Franca. *La voce del testo. L'arte e il mestiere di tradurre.* Milano: Feltrinelli, 2012.

Cortelazzo, Michele A. "Linguaggio giovanile." *Enciclopedia dell'italiano.* A c. di Raffaele Simone. Roma: Istituto dell'Enciclopedia Italiana, 2011. 583-86.

Costello, Donald P. "The Language of *The Catcher in the Rye*." *American Speech* 34.3 (1959): 172-81.

Coveri, Lorenzo. *Una lingua per crescere. Scritti sull'italiano dei giovani.* Firenze: Franco Cesati Editore, 2014.

D'Achille, Paolo. "Architettura dell'italiano di oggi e linee di tendenza." *Manuale di linguistica italiana.* A c. di Sergio Lubello. Berlin: Mouton de Gruyter, 2016. 165-89.

Folena, Gianfranco. *Volgarizzare e tradurre.* Torino: Einaudi, 1991.

Fusco, Fabiana. "Oralità e gergo giovanile nell'italiano delle traduzioni di *The Catcher in the Rye* di Jerome D. Salinger." *La lingua variabile nei testi letterari, artistici e funzionali contemporanei. Analisi. Interpretazione, traduzione. Atti del XIII Congresso della SILFI* (Palermo, 22-24 settembre 2014). A c. di Giovanni Ruffino e Marina Castiglione. Firenze: Cesati, 2016. 131-48.

_____. "La ritraduzione nel panorama degli studi traduttologici." *Translationes* 7.1 (2015): 113-24.

Gallitelli, Eleonora. *Il ruolo delle traduzioni in Italia dall'Unità alla globalizzazione. Analisi diacronica e focus su tre autori di lingua inglese: Dickens, Faulkner e Rushdie.* Roma: Aracne, 2016.

Gentili, Martina. "Vita da uomo del giovane Holden. Prima di Adriana Motti, prima di Matteo Colombo." *RivistaTradurre.it.* 7 (2014): 1-8.

Giachetti, Romano. *Il giovane Salinger.* Milano: Baldini e Castoldi, 1998.

Marello, Carla. "Traduzione e lingua." *Enciclopedia dell'italiano.* A c. di Raffaele Simone. Roma: Istituto dell'Enciclopedia Italiana, 2011. 1509-11.

Motolese, Matteo. "Come rinnovare il capolavoro." *Supplemento. Il Sole 24Ore* (19 ottobre 2014): 27.

Nadotti, Anna, e Matteo Colombo. 2014. *Ogni storia d'amore è una storia di fantasmi (stralci di un epistolario lungo quasi due anni)* (http://www.einaudi.it/speciali/Il-giovane-Holden-carteggio-Anna-Nadotti-e-Matteo-Colombo).

Ondelli, Stefano. "Dal giovane Holden al vecchio Alex. La mimesi dell'italiano giovanile tra invenzione e traduzione." *RivistaTradurre.it* 11 (2016): 1-17.

Petruccioli, Daniele. *Falsi d'autore. Guida pratica per orientarsi nel mondo dei libri tradotti.* Macerata: Quodlibet, 2014.

Pizzoli, Lucilla. "La revisione del testo tradotto: dalla parte dell'italiano." *Italiano LinguaDue* 1 (2017): 199-222.

Rodriguez, Liliane. "Sous le Signe de Mercure, la retraduction." *Palimpsestes* 4 (1990): 63-80.

Sabatini, Francesco. "Lingua del Novecento." *Enciclopedia dell'italiano.* A c. di Raffaele Simone. Roma: Istituto dell'Enciclopedia Italiana, 2011. 967-71.

Salinger, Jerome D. *The Catcher in The Rye*. New York: Little, Brown & Company, 1951.
_____. *Il giovane Holden*. Traduzione di Adriana Motti. Torino: Einaudi, 1961.
_____. *Il giovane Holden*. Traduzione di Matteo Colombo. Torino: Einaudi, 2014.
Shields, David, e Shane Salerno. 2013. *Salinger. La guerra privata di uno scrittore*. Milano: Isbn Edizioni, 2014.
Simonetti, Maria. *Slangopedia. Dizionario dei gerghi giovanili*. Viterbo: Stampa Alternativa, 2015.
Sofri, Luca. "La donna che tradusse *Il giovane Holden*." *Diario* (1 settembre 1999). Ripubblicato su: http://www.ilpost.it/2011/07/17/adriana-motti-giovane-holden/
Testa, Martina. "La revisione di una traduzione." *Giornate della traduzione letteraria 2012*. A cura di Stefano Arduini e Ilide Carmignani. Milano: Marco y Marcos, 2013. 59-65.
Venuti, Lawrence. "Retranslations: The Creation of Value." *Translation and Culture*. A c. di Katherine M. Faull. Lewisburg, PA: Bucknell UP, 2004. 25-38.
Whitsitt, Sam. "Notes on Matteo Colombo's Translation of *The Catcher in the Rye*." *MediAzioni* 16 (2014): 1-19.
Zanuttini, Paola. "Il giovanissimo Holden." *Il venerdì della repubblica* (2 maggio 2014).

GIOVANNA SUMMERFIELD

"Nella nostra lingua [...] il cuore della nostra identità":[1]
Tentativi letterari siciliani e l'omologazione linguistica nazionale

Sinossi: A cominciare dal Settecento, con la poesia dialettale di Giovanni Meli e Domenico Tempio, la Sicilia coltiva un senso di rivendicazione culturale che continua nell'Ottocento con studiosi quali Salvatore Salomone Marino e Giuseppe Pitrè, padri del folclore siciliano, culminando in seguito nelle poesie di protesta sociale di Ignazio Buttitta e di alcuni poeti siciliani del dopoguerra. Il seguente saggio analizza le loro opere per poi concludersi col più recente "fenomeno" Camilleri. La lunga tradizione dialettale siciliana qui brevemente presentata, in parallelo al processo di omologazione linguistica del Paese, mette in luce la tensione esistente fra la costruzione della nazione ed altre forme di identità regionali, nonché i risultati di pratiche dialettali che a volte sembrano finire per riprodurre le medesime strutture nazionalistiche da cui intendevano discostarsi. Talvolta, al contrario, si rivelano capaci di creare un linguaggio che riproduce in profondità e fedeltà le realtà linguistiche e culturali della regione.
Parole chiave: Sicilia, dialetto, identità, lingua, nazione

Introduzione: lingua nazionale, comunità e potere

Il concetto di lingua è fortemente legato al concetto di potere e identità nazionale, come a riflessione teorica del politologo e storico Benedict Anderson che ha coniato il nuovo termine di "comunità immaginata" (6). In questa comunità immaginata i cui residenti si dicono e considerano membri, esistono delle varianze linguistiche, dovute a eredità storiche, che rivelano la precaria natura del concetto di nazione (intesa come un complesso di persone che condividono una comune origine, lingua e storia, e che di tale unità hanno coscienza).[2] Già nel Settecento, nella sua *Abhandlung über den Ursprung der Sprache* (1772),[3] Johann Gottfried von Herder dichiara non solo che la lingua è l'organo del pensiero, ma che è specifica alla sua casa e famiglia (*Treatise* 153). Tuttavia, da familiare la lingua diventa anche strumento di differenziazione, distacco, patriottismo e nazionalismo (*Outlines* 403). Ma il nazionalismo di Herder non corrisponde necessariamente al concetto moderno di nazione (stato-nazione). Quello che Herder chiama *Volk* si riferisce piuttosto a un gruppo etnico, ad un popolo—

---

[1] Intervento del Presidente della Repubblica Carlo Azeglio Ciampi in occasione della consegna delle medaglie d'oro ai benemeriti della cultura e dell'arte, Palazzo del Quirinale, 5 maggio 2003. http://presidenti.quirinale.it/Ciampi/dinamico/ContinuaCiampi. aspx?tipo=discorso&key=22144

[2] Enciclopedia Treccani, http://www.treccani.it/enciclopedia/nazione/.

[3] Tradotto in inglese come *Treatise on the Origin of Language*. Le citazioni da questo trattato sono dalla traduzione inglese. Ovviamente sul soggetto ci sono parecchi altri noti scritti da citare; qui una brevissima lista di testi moderni da prendere in considerazione: Holtgraves 2010; Cenoz 2006, 67-80 e Abrams 2004, 98-106.

un'idea, insomma che diventa ancora più evidente nei commenti del filosofo a proposito delle riforme di Giuseppe II.[4] In *Briefe zur Befördung der Humanität* (1793), Herder, infatti, sottolinea che le tradizioni, la storia, la religione, i principi stessi di vita risiedono nella lingua; ivi risiede, dunque, tutto il cuore e l'anima del popolo. Cambiare o eliminare la lingua di un popolo significa quindi mutare o sopprimere tutti questi aspetti essenziali: "Se Dio tollera tutte le lingue del mondo, un sovrano, dunque, non dovrebbe soltanto tollerare ma davvero onorare le diverse lingue del suo popolo".[5]

Nel processo di implementazione di una lingua ufficiale in un sistema geo-linguistico complesso, i gruppi linguistici subalterni subiscono svantaggi economici e sociali (Gellner 43-44), che comportano una riduzione della partecipazione sociopolitica alla vita della nazione. Karl Deutsch conferma che è proprio la lingua ufficiale che crea un senso di storia comune e di comunità nazionale, ed è per questo che a poco a poco i gruppi dialettali subalterni si adeguano e accettano come comune o lingua standard. Seguendo i parametri dettati dallo stato moderno, i cittadini imparano quindi a servirsi della lingua ufficiale per seguire le notizie, tenersi aggiornati sulle leggi locali, pagare le tasse al governo centrale e rivestire cariche ed occupazioni commerciali.

Si notano spesso moti di resistenza a questi modelli egemonici da parte delle lingue e letterature minoritarie sul territorio geografico nazionale. Pur assoggettandosi a tali cambiamenti per sopravvivere e forse, per dirla con Deleuze e Guattari (1986), chiamate in vita da questo concetto unitario di identità, le lingue minoritarie possono contribuire al ripristino di letterature ed epiche locali (Bronzini 147-96; Beccaria), e alla creazione di collezioni di canzoni e miti folcloristici o attività culturali legate al regionale, a tutto ciò che la lingua dominante tende a elidere, in linea con la teoria sull'*ethnosymbolism* di Anthony Smith, che le descrive come "human populations with shared ancestry, myths, histories and cultures, having an association with a specific territory and a sense of solidarity" (32).

Il caso italiano

L'esigenza di adottare una lingua nazionale aumentò durante l'unificazione d'Italia, soprattutto tenuto conto del fatto che ancora nel 1861—secondo Tullio De Mauro e la sua *Storia linguistica dell'Italia unita* (1963)—solo il 2,5% degli abitanti della penisola poteva essere definito "italofono". Nonostante ciò, in un periodo così complesso dal punto di vista socio-economico, politico e linguistico, che vide un significativo incremento di traduzioni letterarie da altre lingue

---

[4] Giuseppe II mise in atto l'adozione della lingua tedesca in tutti i territori appartenenti agli Asburgo a cominciare dal 1 novembre 1784, ivi inclusa l'Ungheria, residenza di numerosi gruppi etnici, e dove il latino continuava a essere la lingua principale usata in amministrazione ed istruzione.

[5] *Letters for the Advancement of Humanity* (titolo in inglese; *Lettere per il promuovimento* [in alcuni casi *promozione*] *dell'umanità* nella versione italiana). Le sue citazioni in questo saggio sono dalla traduzione inglese. Le traduzioni da altre lingue in italiano in questo saggio sono mie, se non notate diversamente.

nell'italiano standard, continuò a esistere una letteratura regionale disposta a sovvertire le imposizioni della politica di unificazione territoriale. Incentrate sull'opera letteraria di due grandi autori regionali come Salvatore Salomone Marino e Giuseppe Pitrè, vien da chiedersi se queste reazioni furono risposte estemporanee alla questione linguistica di un paese multiculturale ancora in stato di formazione o si rivelassero come alcune tra le manifestazioni più visibili di una resistenza linguistica regionale; o se esse esemplificarono i conati del "tramonto della cultura siciliana" come ebbe a dire Giovanni Gentile nel 1919.

In un momento storico come il nostro, in cui aggettivi come *multiculturale* e sostantivi come *inclusione* e *diversità* e discussioni catalitiche su immigrazioni e confini geografici riemergono incalzanti, questo saggio intende riportare al centro del dibattito la Sicilia, e il suo fenomeno di isola, in cui emarginazione e allo stesso tempo internazionalizzazione, assimilazione e reinvenzione si rimescolano. Intendendo in senso lato l'argomento di questo volume, in cui nazione e traduzione si incrociano in un percorso quasi necessario di assimilazione e inglobazione dell'eterogenia linguistica e di pensiero che sta alla base del concetto di Stato, il saggio si propone lo studio diacronico del dialetto letterario siciliano inteso a veicolare una forma di resistenza autoctona sia al concetto unificante di nazione che a quello livellatore dell'italiano standard come linguaggio ufficiale nazionale. Partendo da un excursus storico ed analitico delle opere di Giovanni Meli e Domenico Tempio, per poi proseguire coi folcloristi Pitrè e Salomone Marino e con il poeta Buttitta, la disamina converge in ultimo sul linguaggio letterario di Andrea Camilleri, visto come strumento di resistenza all'identità linguistica nazionale post-fascista. Camilleri servirà da *terminus* (e, si spera, da ispirazione intellettuale) nel processo di scavo volto ad evidenziare il mantenimento di caratteristiche socio-idiolettiche dell'isola, in opposizione all'omologazione linguistica nazionale.

La lingua siciliana *prima* della lingua italiana.
La storia della lingua italiana nasce come evoluzione della lingua latina e più precisamente dal latino volgare (*sermo rusticus*) parlato dal popolo piuttosto che dalle *élites* aristocratiche. Questa differenza si evidenziò in modo specifico verso la fine del periodo imperiale, allargandosi e dando vita nel tempo alle cosiddette lingue romanze.[4] In Italia, la prima delle lingue letterarie romanze fu proprio quella siciliana:

La sua origine coincide con la nascita del regno ruggeriano; la sua massima affermazione si colloca al tempo di Federico II (1272-1337); la sua decadenza si accompagna alla perdita della indipendenza; i suoi momenti di rivitalizzazione e di riscossa sono del pari momenti di particolare vivacità della storia politica e sociale isolana. Fino a quasi tutto il Quattrocento, il volgare siciliano è l'unica lingua che negli usi scritti va progressivamente invadendo i domini prima occupati dal latino: testi di edificazione religiosa e di argomento

---

[4] Vedi Migliorini 2004, e in particolare, il primo capitolo. Da un punto di vista filologico/ glottologico/storico, vedi anche Tagliavini, 1949, Beccaria (1975) e Varvaro 1981.

laico, atti e documenti pubblici alla fine del secolo possono già vantare una lunga e collaudata tradizione scrittoria in siciliano.

(Bruni 336)

Secondo Bruni, è nel Cinquecento che "il toscano [di Dante, Petrarca e Boccaccio] non è più lingua straniera ma non è ancora vissuto e praticato come idioma volgare alternativo al siciliano: è modello più nobile e più illustre del siciliano" (113). Quest'ultimo solo nel Settecento assume lo stato di dialetto, una caduta che coincide con il grande successo delle opere delle "Tre Corone" (ovverossia Dante, Petrarca e Boccaccio) e dunque al passaggio a lingua letteraria dominante del volgare toscano; ma tale perdita di prestigio è anche dovuta alla marginalizzazione politica ed economica di Palermo, seguita al periodo di massima potenza economica raggiunta nell'undicesimo secolo, soggiaciuta poi ad un declino progressivo causato dal trasferimento della sede del governo a Napoli, dopo l'annessione della Sicilia al regno spagnolo nel tardo Quattrocento.[5] È comprensibile comunque come il nuovo clima intellettuale, politico ed economico settecentesco, sviluppatosi soprattutto in seguito alla conquistata indipendenza del regno meridionale nel 1774, presentasse una nuova occasione di argomentare a favore dei dialetti al posto dell'italiano e del latino. Quest'insieme di condizioni culturali, economiche, storiche, unitamente all'influsso delle idee illuministiche rotanti intorno al concetto di nazione, propagatesi rapidamente in Italia, creò un nuovo interesse per la lingua come espressione dell' autonomia di un popolo.

Tale fermento linguistico venne ben presto a impattarsi contro la rivoluzione francese ed i tentativi di Napoleone di fare del francese la lingua ufficiale del suo impero. La conseguenza più drammatica in ambito italiano fu la rinascita di un certo nazionalismo culturale incentrato sull'idea di un'Italia unita che, per motivi di alleanze internazionali, risultò nel trasferimento del potere politico, economico, e intellettuale dal sud al nord. Lo sfocio linguistico e letterario di questo nuovo nazionalismo trovò la sua espressione più alta nell'opera di Alessandro Manzoni, che canonizzò il linguaggio letterario in prosa in un italiano incentrato su modelli settentrionali-toscani (Mehr 28-36, 49).

Prima dell'unificazione nazionale, e riflettendo il contesto socio-politico misto della penisola, le scelte linguistiche di autori sul territorio italiano erano state varie. Durante il Settecento, per esempio, si rinvengono autori quali Giacomo Casanova, che scrisse per la maggior parte in francese; e Vittorio Alfieri, che decise prima di "sfrancesizzarsi" e poi di "spiemontizzarsi", avendo lasciato Torino, "facendosi cittadino del regno ideale delle lettere e cercando nel toscano della tradizione più alta l'italiano dei suoi eroi" (Sorella 781). In questo contesto vieppiù fluido, le correnti poetiche siciliane riflettevano forti influenze dialettali, espresse nell'opera del palermitano Giovanni Meli (1740-1815) ed in quella del catanese Domenico Tempio (1750-1821) che si rifacevano entrambi alle teorie linguistiche rinascimentali del monrealese Antonino Veneziano (1543-93).

---

[5] Per un excursus storico su Palermo e sulla Sicilia, si possono consultare i seguenti testi: Chirico; Natoli; D'Alessandro e Giarrizzo; Giarrizzo.

A tal riguardo, Veneziano aveva dichiarato di aver scelto il siciliano come lingua letteraria per differenziarsi dai "pappagalli", che imitano senza possedere una lingua propria. Come ci informa Gaetano Cipolla, nella sua lettera di dedica al primo volume delle *Canzuni,* intitolata "Celia", Veneziano inserì un'importante dichiarazione in difesa della sua scelta linguistica che aiuta a capire l'atteggiamento del poeta riguardo alla propria produzione poetica ed al suo ruolo nel campo letterario. Veneziano dichiara infatti che sarebbe davvero irrisorio leggere un Omero che non scriva in greco od un Orazio che non si esprima in latino, o un Petrarca che non verseggi in toscano. Essendo siciliano, cresciuto con il siciliano come lingua madre, Veneziano comunica attraverso tale veicolo linguistico. Inoltre, egli aggiunge, la poesia, come espressione di sentimenti, non risiede nella lingua ma nello spirito e nei pensieri. Una grande emozione non può che essere che trasmessa nella propria madrelingua (Cipolla, "Introduzione", 11-12).

Nello stesso spirito di difesa delle proprie radici, Giovanni Meli invoca il siciliano nel sonetto IX, *A l'Accademia Patriotica in occasioni di un discursu ricitatusi a favuri di l'idioma sicilianu,* ove prima ammonisce le accademie che si servono di altre lingue invece che della propria, poi le paragona al già citato pappagallo imitatore:

Vivi la matri vostra, Iddiu la guardi/Amatila, e 'un circati na matrigna/ Sia cura e triddu di muli-bastardi/lu zappari di l'esteri la vigna/ [...]/ Lu sulu pappagaddu 'nfurgicata/S'àvi 'na lingua pri parrari a matti/facennu d'oceddu-omu capriata.

(Vive la madre vostra (s'intende la favella materna), Iddio la guardi/amatela, e non cercate una matrigna/sia cura e uzzolo di muli bastardi/lo zappare degli stranieri la vigna/ [...] /Solo il pappagallo ha imboccato una lingua per parlare invano facendo di uomo e uccello un miscuglio)

(Citato in Cipolla, *Giovanni Meli* 278-79)

Cipolla fa altresì notare che Meli, pur guardando con profonda avversione alle ingiustizie sociali che affliggevano la Sicilia, non poteva esternare i suoi sentimenti liberamente per via della censura e delle inevitabili ripercussioni politiche ed economiche che si sarebbero abbattute su di lui. Comunque egli fu certamente un ribelle la cui formazione filosofica e scientifica, ancorata alla realtà ed all'osservazione empirica, lo portava naturalmente ad avversare i nobili e a sposare la causa dei deboli, degli indigenti e degli oppressi, pur essendo costretto a frequentare la prospera ed arrogante aristocrazia palermitana, al fine di assicurarsi un minimo di decorosa sopravvivenza. Divenne per lui quindi imperativo dissimulare i propri sentimenti, camuffarli sotto il velo delle allegorie, della finzione poetica e degli apologhi, di cui sono spesso protagonisti gli animali; e infatti le sue *Favole morali* chiaramente attaccano i vizi e le ingiustizie del mondo a lui coevo (Sorrentino). Anche la ribellione letteraria di Tempio, di conseguenza, non poteva che avvalersi della lingua madre per raggiungere un certo tipo di pubblico e difendere la sua comunità siciliana.

La lingua di Domenico Tempio (autore erudito, la cui conoscenza dei classici greci e latini si rivela nella maestrìa con cui organizza il componimento poetico) prende invece in prestito elementi dal latino e da altre lingue romanze, e usa metrica e forme poetiche classiche, come l'endecasillabo, il sonetto, l'ode, l'epigramma, la sestina, in rima o versi liberi, mantenendo una musicalità e una sfrontatezza tipiche del patois catanese. Anche in questo caso, il suo illuminato pensiero poetico di tradizione arcadica fu influenzato e spesso soffocato in concreto dal suo miserando stato economico che, come uno spettro ancestrale, lo perseguitò in vita, amplificando il suo odio verso gli sprechi, i vizi e l'intricata maglia burocratica della giustizia locale. "Iu cantu la miseria" annuncia nell'*incipit* di *La Caristia*, la sua opera più importante che lo impegnò per ben vent'anni, ove descrive da testimone oculare lo stato di disagio dei suoi concittadini causato dall'aumento del costo del pane del 1798, facendo emergere, con i suoi affreschi poetici, persino gli odori e i sapori di una Catania tanto bella, quanto sfortunata e devastata dai violenti tumulti popolari (Summerfield 10).

Attraverso la sua poesia, Tempio denuncia la malignità dell'umanità e ritrova l'origine di tale perfidia nella pura ignoranza (*Odi supra l'ignuranza*) proponendo la necessità di una rivoluzione morale ed economica per il benessere delle classi meno abbienti da sempre rassegnate a vivere nella miseria e nell'ingiustizia (*La Caristia* e nelle sue *Favuli*, come *La pignata, la cucchiara e lu piattu)*. In poesie come *La maldicenza sconfitta* e *Protesta*, Tempio difende la libertà dell'artista dal giogo di censura e padronaggio, mentre in altre, come *Mbrugghereidi* e *Patri Siccia*, condanna le azioni di un prete che, con minacce fisiche e verbali, abusa dei suoi poteri per ottenere ciò che desidera. Al contempo, redigendo una lista che va dal legislatore Caronda (VII secolo AC) al poeta lirico Stesicoro (630 AC - 555 AC), Tempio canta la gloria di Catania tramite i suoi illustri figli (*Lu veru piaciri*).

Nella poesia di Meli e Tempio sono evidenti delle componenti etico-civili volte alla rivendicazione di un'identità autoctona. Rientrerebbe in essa la scelta linguistica del dialetto, che è una lingua letteraria, un siciliano illustre, con cui si vuole dotare l'isola di una sua tradizione linguistica letteraria dialettale. Durante il Settecento, epoca di giusnaturalismo,[6] di riferimenti alla forza del sangue e della terra, di nazionalismi nascenti, di ferventi sforzi a ricacciare oltralpe il francese e difendere la dignità dell'italiano, è pure vero quanto scrive Lepschy:

Si parla una lingua che non si scrive (il dialetto) e si scrive una lingua che non si parla (l'italiano). I dialetti erano stati condannati, da un punto di vista giacobino (perché rappresentano l'arretratezza, culturale e sociale), o da un punto di vista risorgimentale (perché rappresentano il frazionamento, l'assenza di un senso unitario della tradizione nazionale).

(155)

---

[6] Conosciuto anche come dottrina del diritto naturale, i cui più noti esponenti in questo periodo furono Kant e Rousseau, la cui filosofia condivide tra i tanti elementi i diritti individuali innati, libertà ed uguaglianza, contratto sociale. Per una spiegazione più estesa vedere si veda la voce sul giusnaturalismo su *Treccani. Dizionario di filosofia* (online).

La lingua siciliana *dopo* la lingua italiana

Con i moti per l'unificazione nazionale mirati a schiacciare il potere dei dialetti e a delimitare la loro presenza per poterli così associare negativamente all'arretratezza e ignoranza del popolo, il governo adottò una politica di rifiuto dei dialetti, che incontrò non pochi oppositori. Da notare che la legge Casati, promulgata nel 1859 nel Regno di Sardegna e poi applicata nel 1861 al Regno di Italia, estese in tutto il Paese la scuola gratuita e obbligatoria per tutti, un principio confermato dalla successiva legge Coppino (1877). In un periodo in cui nelle scuole elementari l'uso del dialetto era comune tra alunni e maestri e fungeva da tramite per la comprensione della lingua italiana, il ministro Coppino avvertì la necessità di emanare nuovi programmi mirati al suo studio ed apprendimento.

Adesso deve essere diretto ogni sforzo di un savio istruttore. Usi sempre egli della lingua patria insegnando, ed obblighi con frequenti colloqui i giovanetti a fare altrettanto, e corregga con amorevole pazienza le imperfezioni provenienti dal dialetto della provincia. Di qui la necessità che il maestro, con assidua diligenza, sì nella lettura, che in qualsiasi esercizio scritto, con acconce osservazioni pratiche, con semplice e piana esposizione di regole, e attenendosi all'uso più comune, si studi di conseguire ne' suoi alunni esattezza nella pronuncia e correttezza nella scrittura.

(Coveri 80)

Progressivamente, i programmi scolastici si orientarono più in senso antidialettale, ispirati com'erano alla concezione del dialetto come "malerba" di cui bisognava far piazza pulita (Lunati 128-29), per poi arrivare, successivamente, alle politiche linguistiche del regime fascista che seguirono il consolidamento del potere da parte di Mussolini.

In tale contesto fu sorprendente l'impeto iniziale del ministro dell'istruzione Gentile quando annunciò la riforma dell'istruzione nelle scuole elementari. Infatti, tra il 1922 e il 1924, sotto la direzione di Giuseppe Lombardo Radice, fu prescritto l'uso del dialetto mirato all'apprendimento dell'italiano, culminato in una serie di testi dal dialetto alla lingua che entrarono in voga tra il 1924 e il 1926 (Lunati 130). Tale politica però fu rapidamente eliminata dai ministri dell'istruzione che seguirono, come Gentile, soprattutto Pietro Fedele e Francesco Ercole, cosicché negli anni Trenta la politica linguistica del regime fascista si radicalizzò in senso inverso, escludendo l'uso del dialetto a tutti i livelli scolastici (Raffi 158).

Gentile fu un'eccezione nel panorama letterario-ideologico del fascismo. Nel celebrare il valore del dialetto nell'evoluzione letteraria siciliana, il filosofo siciliano aveva annoverato i tre autori summenzionati come esempi limitati di un regionalismo lodevole, che egli però prognosticava in fase di estinzione. In questo contesto nel famoso *Tramonto della cultura siciliana*, Gentile menzionò la limitata ed effimera rivoluzione letteraria del palermitano Giuseppe Pitrè che, laureatosi in medicina proprio nel 1866, dopo il suo servizio da garibaldino nel 1860, completò tra il 1871 e il 1913 la *Biblioteca delle tradizioni popolari siciliane* in ben 25 volumi.

Il tempo vola, ed il progresso ogni dì incalzante, spazza istituzioni e costumi. La scomparsa è fatalmente necessaria nel corso degli eventi [...] Carpe diem! Ci ripete di continuo l'orologio del Palazzo reale di Palermo; e noi cogliamo il momento, forse più difficile, per mettere in luce alcuni punti rimasti finora nella penombra [...], mezzo secolo e più di ricerche pazienti, indefesse, anche pertinaci, durate con costanza di fede e coscienza di amore nel popolo e pel popolo siciliano.

(Pitrè, *La famiglia,* vii)

Così, nella premessa del suo ultimo volume, Pitrè scandisce con chiarezza il motivo della sua opera, che aveva ufficiosamente iniziato appena tredicenne, raccogliendo storie, notizie su feste popolari, proverbi, detti, canti e filastrocche; reclutando amici e parenti ad assisterlo (incluse la madre e la figlia Maria); e collaborando con studiosi di simili interessi. Pitrè fondò infatti due giornali, *Nuove Effemeridi siciliane* nel 1869 con Di Giovanni e Salomone Marino, e *Archivio per lo studio delle tradizioni popolari* nel 1882, di nuovo insieme a Salomone. In un periodo in cui il folclore (o demopsicologia, come lui la battezzò e di cui fu insegnante all'Università di Palermo) era ancora considerato una assai nuova specializzazione—che godeva d'un'infima reputazione a livello accademico—Pitrè credette che esso fosse il canale adatto per conservare quelle tradizioni che sembravano stessero scivolando nell'oblio: "Io posso in questo momento supremo per me, ripetere [...] con l'animo sereno di chi ha compiuto il proprio dovere, l'aurea sentenza di Plinio: Turpe est in patria vivere et patriam non cognoscere!" (Pitrè xvii).

L'impatto di Pitrè sul panorama locale e nazionale, nonostante alcuni opinabili punti di vista che spesso perpetuano e, in certo senso, tollerano gli stereotipi negativi della Sicilia,[7] fu importantissimo. Uno degli intenti della sua opera fu infatti quello di collegare il linguaggio al folclore siciliano. In Pitrè, l'interesse per la lingua non è strumentale, ma diviene una chiave per agevolare l'accesso al patrimonio folclorico siciliano. In questo senso, sono fondamentali gli usi delle varianti e le spiegazioni linguistiche e di provenienza culturale, forse ancor più che le sue traduzioni:

---

[7] Si veda, per esempio, l'affermazione giustificazionista di Pitrè (1944): "La mafia non è setta né associazione, non ha regolamenti né statuti. Il mafioso non è un ladro, non è un malandrino; e se nella nuova fortuna toccata alla parola, la qualità di mafioso è stata applicata al ladro, ed al malandrino, ciò è perché il non sempre colto pubblico non ha avuto tempo di ragionare sul valore della parola, né s'è curato di sapere che nel modo di sentire del ladro e del malandrino il mafioso è soltanto un uomo coraggioso e valente, che non porta mosca sul naso, nel qual senso l'essere mafioso è necessario, anzi indispensabile. La mafia è la coscienza del proprio essere, l'esagerato concetto della forza individuale, unica e sola arbitra di ogni contrasto, di ogni urto d'interessi e d'idee; donde la insofferenza della superiorità e peggio ancora della prepotenza altrui. Il mafioso vuol essere rispettato e rispetta quasi sempre. Se è offeso non si rimette alla legge, alla giustizia, ma sa farsi personalmente ragione da sé, e quando non ne ha la forza, col mezzo di altri del medesimo sentire di lui" (292).

Ciovi, ciovi, ciovi
E la jatta meu fa
E lu surci si marita
Cu li causi di sita

(Piove, piove, piove
E la gatta fa miao
Ed il topo si sposa
Con i pantaloni di seta)

(Canti popolari siciliani 29)

Nonostante allo studioso palermitano sfuggisse il contesto subalterno in cui i suoi stereotipi di arretratezza promulgavano un discorso egemonico nazionalista, con le sue opere egli costruì e lasciò in eredità quella che oggi viene comunemente percepita come l'identità dell'isola (ad esempio, i pupi, i carretti, i mestieri, le leggende, i proverbi e le tradizioni orali), soprattutto quella che sottolinea la singolarità di certe pratiche popolari legate a forme devozionali arcaicizzanti. Al contempo, nel riportare sulla pagina scritta la vita e la cultura del popolo siciliano, Pitrè contribuì a codificare anche le modalità linguistiche dei suoi protagonisti storici, riflettendo sulle loro varianti linguistiche (Todesco).

Ne *Il tramonto*, Gentile dedica un intero capitolo al collega di Pitrè, Salvatore Salomone Marino, che viene descritto come "uno degli studiosi più rigorosi che abbia avuto la Sicilia nel campo dell'indagine documentaria" (130). La grande notorietà di Salomone Marino è dovuta alla pubblicazione del poema *La Baronessa di Carini* (1870). Il poemetto, frutto di più di tre anni di ricerche condotte in cinquanta comuni siciliani e composto da 262 versi, narra una storia d'amore conclusasi con l'assassinio di una giovane amante da parte del padre, il 4 dicembre 1563. Dieci anni dopo aver pubblicato *La Baronessa di Carini*, Marino pubblicò anche *Leggende popolari siciliane in poesia*: "io son lieto di constatare il notevole e operoso incremento che han preso in questi ultimi anni, in Italia ed all'Estero, gli studi dei dialetti e delle tradizioni popolari, studi proficui e dilettosissimi" (xxv-xxvi). La sua contentezza è dovuta al fatto di poter adempiere e di vedere altri adempiere un compito supremo, quello di vegliare ed onorare le tradizioni del popolo a cui si appartiene, ideale che era già presente chiaramente nella prefazione a *La Baronessa*:

Ogni popolo ha tradizioni religiose, politiche e storiche sue proprie, che affidate alla sola memoria, di generazione in generazione tramanda ai tardi nepoti. Ogni popolo, con non mentito culto, rispetta e geloso conserva questo retaggio degli avi, con ferma predilezione, restando più attaccato a quello che spetta ai luoghi che lo videro nascere, anziché a quello di altra nazione, foss'anco della stirpe medesima... Dallo studio di queste, come de' proverbi e de' canti popolari nostri, è a me venuta molta luce per chiarire l'indole e i costumi di questo popolo, che tanto m'è a cuore [...]. Studialo ne' primissimi tempi e mano mano sotto qualunque denominatore, nostrano o forestiere, *fino ai presenti dì*, egli è inalterabilmente *lo stesso il siculo popolo*.

(7-11; mia enfasi)

Per Gentile, la morte, a distanza di poche settimane, di Salomone Marino e Pitrè nel 1916 decretò anche la morte della cultura siciliana, visto che tali scrittori, "seppur amati" erano "senza séguito, senza collaboratori, senza consensi [...] oggi a Palermo e nel resto della regione si troverà una cultura italiana e nazionale; ma quella siciliana va cercata soltanto nei libri dei trapassati" (vii-viii).

Il tramonto di un certo localismo e, in questo caso, regionalismo siciliano era secondo Gentile la precondizione inevitabile per arrivare alla nascita della nazione (Ascoli 16). Resta da chiedersi se Gentile giungesse alla sua conclusione perché era il filosofo del fascismo o se credesse davvero che la lingua e la cultura siciliane avessero raggiunto la fine della loro storia; o, invece, se auspicasse tale fine, visto il suo idealismo incentrato sul concetto autarchico di nazione in cui la scuola doveva rinnovare, rinforzare e promuovere le tradizioni nostrane, in modo da liberare gli italiani dagli insegnamenti stranieri (Dainotto 153). Così facendo, però, Gentile restituiva Pitrè e Salomone Marino ad un regionalismo in decadenza, piuttosto che ad un contesto nazionale più fluido, come scrive Farrell:

Giovanni Gentile's interpretation of Pitrè amounts to a neutering of it. He had to make Pitrè's researches compatible with the strengthening of an Italian identity, and to ward off the possibility of its being established as some anti-Risorgimento force [...]. Gentile ensured that any political equivocation was deleted. His refrain was that Sicily was now and forever more a region, so that Pitrè had been, Gentile underlined, operating in a regional, not national or nationalistic, context, and that his work had no implications for the future.

(78)

Solo sette anni dopo la morte di Pitrè e Salomone Marino, esce *Sintimintali*, la prima raccolta di poesie scritte dal grande poeta di Bagheria, Ignazio Buttitta (1899-1997), che sembra smentire la teoria gentiliana. Buttitta, abile nel tradurre in versi un intero secolo di storia sociale, politica e intellettuale siciliana, avendo vissuto in prima linea e con impegno civico le lotte contadine, le due guerre, l'antifascismo, la lotta contro la mafia e contro la classe politica post-bellica, decide di esprimersi completamente nella sua lingua, e di recitare le sue creazioni artistiche in piazza.[8] Sua è la famosa poesia *Lingua e dialettu* (1970), in cui l'autore fa chiari riferimenti a un assoggettamento linguistico dei siciliani. Buttitta ci ricorda che non può esserci una tale debolezza: se si attacca la lingua, se si recide tale legame con la terra natale, con i propri avi e le proprie origini, un popolo e la sua storia vengono assimilati, cancellati, e non esistono più, avendo perso la loro lingua e voce:

> Un populu
> mittitulu a catina
> spugghiatulu
> attuppatici a vucca,
> è ancora libiru.

---

[8] Vedi Scalabrino e Di Marco.

Livatici u travagghiu
u passaportu
a tavola unni mancia
u lettu unni dormi
è ancora riccu.
Un populu,
diventa poviru e servu
quannu ci arribbanu a lingua
addutata di patri:
è persu pi sempri.

(Un popolo
mettetelo in catene
spogliatelo
tappategli la bocca
è ancora libero.
Levategli il lavoro
il passaporto
la tavola dove mangia
il letto dove dorme
è ancora ricco.
Un popolo
diventa povero e servo
quando gli rubano la lingua
ricevuta dai padri:
è perso per sempre.)[9]

Usando un linguaggio che Carlo Levi descrisse come "lingua di pomice e di fuoco,"[10] Buttitta, che percepì lo stato-nazione come un'invasione fisica e politica della sua terra, si lega al passato ed incita i suoi lettori a reagire: "N'arrubbaru lu suli, lu suli/ arristammu allu scuru, chi scuru/Sicilia… chianci/Tutto l'oru all'aranci /li pirati arrubbaru." ("Ci hanno rubato il sole, il sole/siamo rimasti al buio/la Sicilia… piange/Tutto l'oro delle arance/i pirati hanno rubato"; *I pirati a Palermo*). Un'altra poesia di Buttitta, *Un seculu di storia* (1970), rammenta ai lettori che la Sicilia è stata bistrattata a tal punto che il suo popolo è stato costretto a partire, a vivere altrove e soffrire ("i chiamanu terroni, zingari, pedi fitusi"; "li chiamano terroni, zingari, piedi sporchi"). Per questo, Buttitta chiede ai suoi lettori di usare la propria lingua, difendere la propria origine ("fatti a vuci cannuni, u pettu carru armatu, i gammi cavaddi di mari"; "fatti la voce cannone, il petto carro armato, le gambe cavalli di mare] per dar voce a una regione martoriata:

---

[9]   Testo e traduzione di questa e delle poesie successive sono sul sito: https://digilander.libero.it/scuolaacolori/intercultura/materiali/buttitta.htm
[10]   Commentario ed intervista rilasciati dalla Fondazione Ignazio Buttitta, https://www.youtube.com/watch?v=CkCOzf_sRF8.

Io ci calassi i cordi di vini,
i riti di l'occhi
pi tiralli du puzzu;
pirchì cca nascivu
e parru a lingua di me patri;
e i pisci
aceddi
u ventu,
puru u ventu!
trasi nt'aricchi
e ciarlaria nsicilianu.

(Io gli calerei le corde delle vene,
le reti degli occhi
per tirarli dal pozzo;
perché qui sono nato
e parlo la lingua di mio padre;
e i pesci
gli uccelli
il vento
pure il vento!
entra nelle orecchie
e ciarla in siciliano.)[11]

(*Un seculu di storia*)

Buttitta non è il solo rappresentante dialettale moderno della Sicilia. Vale in questo contesto ricordare i meriti del fondatore ed esponente di punta del Trinacrismo (movimento fondato, nel 1944, da un gruppo di giovani poeti di base catanese), nonché collaboratore del *Corriere di Sicilia* e di *Arte e Folkore di Sicilia*, Salvatore Camilleri (1921-);[12] e quelli della rivista, *La Strigghia,* che lui e i suoi colleghi usarono come veicolo attraverso cui esporre le loro idee. Il Trinacrismo aveva come scopo il rinnovamento della poesia dialettale, in risposta alla prospettiva del dialetto rifiutato ed osteggiato dal Fascismo. Tre furono i capisaldi programmatici del gruppo: "l'elaborazione e l'adozione di una *koiné* siciliana; la libertà metrica e sintattica a vantaggio della forza espressiva; e l'unità di pensiero, linguaggio e realtà che doveva garantire una visione prospettica esclusivamente siciliana" (Di Pietro 5-6). Come fa notare Salvatore Camilleri, "ho cercato nella poesia l'unica verità possibile e, giacché le parole dell'italiano erano incrostate e cristallizzate, le ho cercate nel siciliano che lasciava ampie zone […] alla ristrutturazione. Bisognava inventarsi un nuovo linguaggio" (Catania Giovani).[13]

Una ricerca diversa, che si apre ad influenze straniere, fu portata avanti da Paolo Messina (1923-2011), contemporaneo di Salvatore Camilleri. Messina fece

---

[11] Testo e traduzione da: http://www.efira.it/poesie/buttitta_un_seculu_di_storia.htm
[12] Gli altri poeti del Trinacrismo sono Mario Biondi, Enzo D'Agata e Mario Gorì.
[13] Su questo soggetto, vedere Luzi 39-45; Coveri; e Contarini.

parte di un gruppo di giovani poeti dialettali della capitale siciliana quali Ugo Ammannato, Miano Conti, Nino Orsini, Pietro Tamburello, Gianni Varvaro, con a capo Federico de Maria. Nell'ottobre 1944, essi fondarono la Società degli Scrittori e Artisti di Sicilia, ribattezzata da poi Gruppo Alessio Di Giovanni, a seguito della morte del poeta, romanziere, drammaturgo, saggista, studioso e demopsicologo siciliano Alessio Di Giovanni (1872-1946), autentico interprete della voce dei contadini e degli zolfatari e primo scrittore nel Novecento a scrivere un intero romanzo in dialetto siciliano, *La racina di Sant'Antoniu*.[14] Il dialetto divenne per questi giovani poeti siciliani un modo concreto di rompere con la tradizione letteraria nazionale, ponendo "l'accento sull'ispirazione popolare […] che doveva farci cantare con il popolo che per noi era quello siciliano, come siciliano era il nostro punto di vista sulla nuova società letteraria nazionale" (Scalabrino 1-2).

Se, nel suo voler capovolgere i rapporti con la lingua ufficiale, il dialetto sembrava una rivoluzione, il vero sovvertimento, secondo Paolo Messina, è soprattutto rilevabile nella stilistica che si separava dalle tradizioni popolari cercando modelli altrove, come, ad esempio, nella poesia surrealista ed ermeneutica francese (vedi la sua ispirazione baudelairiana e valeriana): "[...[bisognava passare da una poesia per così dire parassitaria del popolo, degli 'umili', a un'altra che fosse costruita e cantata con la stessa voce del popolo" (11). La nuova poesia siciliana, qui rappresentata dalle opere di Messina, diventa quindi un'espressione lirica libera dai parametri poetici dialettali o dalle tradizioni letterarie siciliane, anche se scritta in siciliano, e ricca di dettagli locali intesi solo come componenti contestuali di un esistenzialismo che affronta problemi universali:

Carrettu sicilianu

Tuttu roti, spinciutu di la rua
s'adduma nni lu suli
di cianciani e di giumma […]

E d'appressu
occhi nivuri
ummiri di manu tradituri
friddi raccami
dintra petti addumati. (*Rosa fresca aulentissima. Poesie siciliane*)[15]

(Tutto ruote, spinto sulla strada,
s'illumina nel sole

---

[14] Il 30 novembre 1938, nella premessa al libro "La racina di Sant'Antoniu," Di Giovanni scriveva che, pur amando e studiando attentamente la lingua nazionale, egli trovava quasi impossibile rappresentare "l'anima" della sua terra se non attraverso il dialetto e la sua connessione quasi viscerale con il paesaggio e la cultura siciliana.

[15] Il testo della poesia è stato ristampato in Bonaffini 1997 (1319).

di sonagli e di piume [...]

E d'appresso
occhi neri
ombre di mani traditrici
freddi ricami
dentro i petti accesi.)

Così, mentre nel secondo dopoguerra i poeti siciliani continuarono ad operare linguisticamente a livello regionale, con l'avvento della modernità i dialetti furono sempre più percepiti come un ostacolo all'apprendimento dell'italiano. Eppure, mentre aumenta l'italofonia nella Sicilia degli anni Sessanta e Settanta, inizia anche ad emergere una nuova sensibilità nei confronti della realtà linguistica di partenza dell'allievo. È in questo periodo che nasce il Gruppo di Intervento e di Studio nel Campo dell'Educazione Linguistica, i cui collaboratori pubblicano le *Dieci tesi dell'educazione linguistica*, documento che influenzerà i programmi scolastici della scuola media promulgati a partire dal 1979.[16] Qui il dialetto non viene più considerato solo come strumento per l'insegnamento e apprendimento dell'italiano, ma anche come oggetto di studio interdisciplinare. In seguito, a partire dagli anni Novanta, la scuola, di fronte ad un numero sempre crescente di alunni che arrivano in classe con un buon apprendimento dell'italiano standard, ripensa il proprio ruolo. Prendono forza iniziative politiche per la valorizzazione delle parlate locali, sia a livello regionale che a livello nazionale. Si torna a parlare a livello regionale di insegnamento del dialetto in occasione dell'approvazione da parte della Regione Sicilia—si sa, a statuto speciale—della legge n. 9 (2011), in cui l'assessore siciliano per l'istruzione e la formazione professionale emana un decreto contenente gli indirizzi di attuazione degli interventi didattici riguardanti la storia, la letteratura e il patrimonio linguistico siciliano (Lunati 132-38).

La lingua siciliana *insieme* alla lingua italiana

L'Italia post-unitaria continua, dunque, ad essere un paese bifronte: l'italiano è diventato ora la lingua ufficiale senza però aver provocato la morte dei dialetti. Se, come fa notare Tullio De Mauro, il 90 per cento degli italiani parla una lingua comune (ancora nel 1974 i sondaggi riportano appena il 25 per cento), metà di essi alterna l'italiano al dialetto. Inoltre, prosegue De Mauro, in una conversazione non sempre programmata, si passa facilmente dall'italiano al dialetto e viceversa: un vero e proprio *code switching* o *code mixing* che arricchisce il parlato, migliorandone l'espressività (Erbani). Questo multilinguismo contemporaneo riflette sia l'embricatura linguistica provocata dall'unificazione politica, che il processo di resistenza locale dei linguaggi minoritari alle imposizioni culturali nazionali. È naturale, dunque, che tale fenomeno si realizzi non solo nel contesto sociale, ma anche in quello letterario. Diventa necessario, per completare la presente panoramica, riflettere sul lavoro di

---

[16] Vedi Ferreri; Loiero.

un altro celebre siciliano, Andrea Camilleri (1925-2019), la cui opera ha come obbiettivo quello di rinnovare il legame con la Sicilia e i suoi dialetti. La fama di Camilleri è legata alla saga letteraria del commissario Montalbano, che l'autore usa per superare i pregiudizi nutriti verso la lingua regionale come mezzo di espressione, adoperando uno stile ed un genere letterario spesso considerato marginale, quale il giallo.[17] Come fa notare Giuliana Pieri, nonostante la sua apparenza di prodotto letterario minore, il giallo è infatti particolarmente appropriato per conferire un senso di identità culturale. Nel caso di Camilleri e del suo commissario, ci troviamo di fronte ad immagini di una Sicilia perduta, nostalgica, rurale, solitaria, uno spazio di memoria e storia, quasi onirico o, meglio, utopico. Camilleri usa anche degli specifici temi, cibi, personaggi, spazi e lingua per trasmettere questa sua Sicilia (Pieri 2000).

Così come Pitrè e Marino, Camilleri[18] è un "contastorie", quasi un puparo la cui voce narrante contestualizza personaggi ed eventi. La narrazione ed il bisogno di sperimentalizzazione linguistica sono comuni denominatori nelle opere dei grandi scrittori siciliani, a cui anche Camilleri si ispira, cosicché da Verga a Consolo, come scrive Guarrera, "one can therefore detect, despite their different styles, a common *stile della voce*, better defined as a writing style that conveys *l'illusione del parlato*" (10). Questi scrittori siciliani riescono a trasmettere, attraverso la scrittura e un plurilinguismo propriamente adattato al contesto linguistico nazionale, le realtà locali, un'autenticità identitaria del popolo siculo, un'alterità che è tipica dell'isola, del suo passato e del suo presente (Capuana 26-27).[19] Come Verga e Consolo, anche Camilleri crea un suo vocabolario ibrido per riprodurre, attraverso la sua scrittura, questa realtà siciliana.

Il Montalbano di Camilleri parla siciliano quando interroga donne e uomini durante le sue investigazioni; con Adelina, la sua devota donna di servizio; con i criminali che cattura; e con i suoi colleghi e amici. Inoltre, l'autore usa il siciliano riferendosi a proverbi, a speciali ricette, e a varie liste e descrizioni dettagliate di persone. Ma il siciliano di Montalbano si mescola con l'italiano nella scrittura di Camilleri nel discorso indiretto che riferisce i pensieri del commissario e descrive le sue azioni, per commentare le notizie, i programmi televisivi, le contorte vicende sociali dell'immaginaria Vigàta; e, nel discorso diretto libero, per riportare le discussioni tra Montalbano e Catarella, un poliziotto goffo ma sensibile, che opera sotto la supervisione diretta del commissario. Camilleri inverte anche la posizione di sostantivi-aggettivi e sostantivi-avverbi e riposiziona frasi in un modo atipico mantenendo però una sintassi prettamente italiana (come la nota frase "Montalbano sono!"). Si inventa parole che non esistono ma che si ripresentano così frequentemente che il lettore le riconosce e le contestualizza

---

[17] Questi passaggi su Camilleri ed il suo commissario Montalbano sono stati pubblicati dall'autrice nel volume da lei curato, *Patois and Linguistic Pastiche*, ed altrove, in una sua variante ("Gli arancini").
[18] Tra le più recenti critiche linguistiche relative a Camilleri sono da segnalare: Sottile 329-40; Santulli.
[19] Si veda anche l'introduzione di Bouchard.

senza problemi. Inserisce termini dialettali, come scrive Pieri, "in a creative and idiosyncratic way still perfectly understandable on an Italian national level" (3). E questa sua creatività nell'uso di neologismi, gerghi locali, e tattiche linguistiche rappresenta una chiara dichiarazione d'indipendenza linguistica dalla lingua nazionale (7).

Le scelte linguistiche di Camilleri non hanno certamente impedito il successo dei suoi lavori letterari. Tutt'altro, esse sembrano aver suscitato l'interesse di un vastissimo pubblico ed aver incrementato le vendite dei romanzi.[20] Il fenomeno Camilleri, dunque, conferma che le lingue e identità regionali sono ancora vive in Italia. La verità è che Salvo Montalbano— l'intrigante, rispettoso, quasi tenero e perspicace commissario di polizia di Vigàta—non potrebbe parlare un italiano standard. Anche se personaggio fittizio, Montalbano è stato creato per riflettere la realtà, per essere verisimile. Siccome le storie descritte da Camilleri sono espressioni di quello che Stephen Sartarelli chiama "universal humanity" (L'alterità, online), i suoi personaggi riflettono le variazioni linguistiche che derivano dalla loro formazione personale e professionale, soprattutto quando mirano a ricrearne il paesaggio linguistico-mentale.[21]

In Italia, questa non è certo la prima volta che pastiche linguistico e patois coesistono con l'italiano standard. Si pensi ad esempio all'opera di Carlo Emilio Gadda di Stefano Benni: il primo noto per Quer pasticciaccio brutto de via Merulana del 1957, il secondo conosciuto sia per i suoi romanzi comico-satirici che per i numerosi articoli pubblicati su Panorama, Il manifesto e La repubblica. È necessario, comunque, evidenziare le differenze tra i due succitati autori ed Andrea Camilleri. Nell'introduzione alla traduzione inglese de Quer pasticciaccio, William Weaver nota che esso non è un romanzo dialettale. Infatti Gadda alterna strutture e termini regionali a costrutti propri dell'italiano standard. Nel discorso indiretto della voce narrante, l'autore fa confluire il napoletano, il milanese e, qualche volta, anche il francese, il latino, il greco o lo spagnolo. Allo stesso tempo, egli sfrutta tutti i livelli dell'italiano parlato e scritto: il gergo contorto della burocrazia, gli eufemismi della stampa, e la parlata colorita dei venditori del mercato di Roma in Piazza Vittorio, inserendo spesso anche neologismi che a volte passano inosservati data la varietà ingente di altri idiomi, come fa notare Weaver (viii-ix). Il linguaggio usato da Benni è un'altra

---

[20] Pur senza aver tradotto in italiano delle conversazioni e dei termini siciliani, queste vendite sono altissime a livello nazionale ed internazionale (fino ad oggi, le vicende di Salvo Montalbano sono state vendute in 32 lingue, raggiungendo 30 milioni di copie, in tutto il mondo; la serie televisiva è stata trasmessa oltre che su rete nazionale, anche in Inghilterra, BBC4, e in altri 65 paesi (Flood e Giuffrida).

[21] Alcuni traduttori hanno utilizzato dialetti locali che possano, per certi versi, corrispondere all'originale siciliano. In mancanza di questa opzione, altri hanno creato un vocabolario originale ed un idioletto specifico per rappresentarne la variazione linguistica locale. Altri ancora hanno lasciato i termini siciliani immutati, come appare nella versione tedesca di Moshe Khan.

invenzione alquanto astuta e riflette sia il linguaggio plurilingue dell'Italia contemporanea che la giocosità linguistica associata al romanzo postmoderno. Per esempio, ne *La compagnia dei celestini*, Benni trasforma Berlusconi in Mussolardi, il premier che vive su un "policottero", satireggiando sul nesso tra Mussolini e le politiche accentratici di potere del premier del Polo, dove la polizia assume un monitoraggio quasi panottico sulla popolazione; la Coca Cola diventa Stracola; i poliziotti si trasformano in "poliziorchi"; e il papa si trasforma ne "la Grande Meringa". In questo bazar linguistico, Benni usa anche il dialetto emiliano. Ma per Benni non è il dialetto che importa nella costruzione linguistica e culturale dei suoi paesaggi, quanto l'opportunità di costruire un idioletto canzonatorio ed irriverente nei confronti della società contemporanea.

A differenza dei due autori succitati, in Camilleri l'uso del pastiche linguistico ha funzione di ricerca d'identità culturale e storica, come fanno notare diversi critici (Pieri, online; Pezzotti 137-39). L'idioma di Camilleri, il suo lessico famigliare, quello che più si avvicina alla forma parlata del suo linguaggio, è una scelta quasi inevitabile: "[...] for us Sicilians, Italian will always be an acquired language" [per noi siciliani, l'italiano sarà sempre una lingua acquisita], come scrive Panichi (online). Presentando nei suoi libri la Sicilia come terra 'acquisita' dall'italiano, la lingua di Camilleri diventa veicolo essenziale per ripercorrere il passato e recuperare la storia e cultura che il passato rappresenta:

I started to research the language I used at home with my parents, which was a mixture of Italian and dialect used by Sicily's petite bourgeoisie. I asked myself why it was that we resorted to dialect for some words, but not for others. The answer to the problem came from [Luigi] Pirandello, a distant cousin of [my] mother. Pirandello said that Italian expresses the concept, while dialect expresses the feeling. And that is the logic I followed with my novels.

(Panichi, *Italy Daily*)

Il pastiche di Camilleri non è solo di natura linguistica. Il suo stile narrativo è un incrocio di realtà culturale, immaginazione, *fiction* e storia. È da notare che Camilleri è anche l'autore di romanzi storici come *La concessione del telefono* e *Privo di titolo*. In queste opere Camilleri scrive fedelmente di fatti storici, personaggi e sviluppi di eventi avvalendosi di un siciliano del tardo 1800 ed inizi del 1900. Partendo da eventi reali, l'autore crea un *collage* in cui i nomi sono cambiati, dove l'ovvio è camuffato e, allo stesso tempo, supportato da pagine di testimonianze, ritagli di giornale, copie di documenti e corrispondenza, proprio per conferire una parvenza di realtà a ciò che intende descrivere nella finzione letteraria. Eventi sinistri si alternano a parole e fatti che sono comici e spensierati; la condizione sociale della gente e la sua sottomissione rassegnata, la dura realtà del fascismo e della mafia si alternano ad un senso di giustizia e di umanità che sono rappresentativi di tempi storici e moderni in quest'isola dove mistero e corruzione convivono con valori etici ed amore familiare. Il ritratto della Sicilia che ne emerge non è affatto semplice. La Sicilia di Camilleri è poliedrica, con dei protagonisti unicamente siciliani, prodotti di molte civilizzazioni, immagini di molte contraddizioni ma anche affermazioni di un'identità propria, di un'indipendenza e di un orgoglio difficili da definire ma diligentemente descritti attraverso un misto di codici socio-culturali e linguistici.

Conclusione

Gli autori presi in considerazione usano la lingua siciliana in opposizione alla standardizzazione linguistica (e culturale) imposta dal governo nazionale, anche attraverso cambiamenti legislativi e scolastici.[22] Questa resistenza a tradurre l'idioma siciliano viene manifestata in un'estesa e continua reinvenzione del dialetto siciliano nell'opera di intellettuali e scrittori negli ultimi due secoli, da Giovanni Meli fino ad Andrea Camilleri. Occorre anche notare, tuttavia, che la maggior parte di tali autori si è avvalsa di un'espressione mono-linguistica dialettale a scapito delle varianti dei dialetti siciliani, replicando quindi meccanismi d'identificazione e di mobilitazione analoghi a quelli messi in atto dal nazionalismo culturale. In altre parole, questi scrittori pongono in luce la tormentata vicenda del rapporto nazione-regione senza offrire una soluzione, anzi mettendo addirittura in evidenza le aporie linguistiche interne allo stesso territorio preso in esame. Pur tuttavia, tra i pochi scrittori siciliani che riescono a trascendere tale impasse, emerge Andrea Camilleri, il cui linguaggio ibrido è reminiscente della pluralità linguistica della Sicilia, prodotta da realtà locali e dei loro complessi sviluppi storici e sociali.

Auburn University

Opere citate

Abrams, Dominic e Michael A. Hogg. "Metatheory: Lessons from Social Identity Research." *Personality and Social Psychology Review* 8.2 (2004): 98-106.

Anderson, Benedict. *Imagined Communities: Reflections on the Origin and Spread of Nationalism.* London: Verso, 1991.

Ascoli, Albert Russell, e Krystyna von Henneberg, a cura di. *Making and Remaking Italy.* Oxford: Berg, 2001.

Beccaria, Gian Luigi. "È ufficiale: parliamo l'italiano". *La stampa.* 30 marzo 2007. https://www.lastampa.it/opinioni/editoriali/2007/03/30/news/e-ufficiale-parliamo-l-italiano-1.37132628. Consultato il 3 settembre 2019.

_____, a cura di. *Letteratura e dialetto.* Bologna: Zanichelli, 1975.

Bonaffini, Luigi. *Dialect Poetry of Southern Italy Anthology.* New York: Legas, 1997.

---

[22] Da notare, in questo campo, le più recenti proposte di mutamenti da apportare alla costituzione italiana, come la proposta di legge costituzionale approvata dalla Camera il 28 marzo 2007 che prevedeva la modifica dell'art. 12 della Costituzione—sul colore della bandiera nazionale—in "L'italiano è la lingua ufficiale della Repubblica nel rispetto delle garanzie previste dalla Costituzione e dalle leggi costituzionali"—quest'ultima però non approvata dal Senato. Vedere Beccaria: "È ufficiale parliamo l'italiano", https://www.lastampa.it/opinioni/editoriali/2007/03/30/news/e-ufficiale-parliamo-l-italiano-1.37132628).

Bouchard, Norma, e Massimo Lollini. *Reading and Writing the Mediterranean. Essays by Vincenzo Consolo*. Toronto: University of Toronto Press, 2006.

Bronzini, Giovan Battista, et al. "Gli stati regionali e le culture dialettali." *Lares* 61.2 (1995): 147-96.

Bruni, Francesco. *L'italiano nelle regioni. Storia della lingua italiana.* 2 voll. Milano: Garzanti, 1996.

Capuana, Luigi. *Verga e D'Annunzio.* A cura di Mario Pomilio. Bologna: Cappelli, 1972.

Catania Giovani. Serata in onore del prof. Salvatore Camilleri e della sua attività editoriale. 17 ottobre 201. https://cataniagiovani.wordpress.com/2012/10/17/serata-in-onore-del-prof-salvatore-camilleri-e-della-sua-attivita-editoriale/2.

Cenoz, Jason Iragui, e Durk Gorter. "Linguistic Landscape and Minority Languages." *International Journal of Multilingualism* 3.1 (2006): 67-80.

Chirico, Adriana. *Palermo. Tremila anni fra storia ed arte.* Palermo: Flaccovio, 2006.

Ciampi, Carlo Azeglio. http://presidenti.quirinale.it/Ciampi/dinamico/ContinuaCiampi. aspx?tipo=discorso&key=22144

Cipolla, Gaetano. "Introduzione." Antonio Veneziano. *Ninety Love Octaves*. NY: Legas, 2008. 11-22.

_____. *Giovanni Meli. La lirica I. Odi, sonetti e canzonette.* Palermo: Nuova Ipsa Editore, 2018.

Contarini, Silvia. *Lingua, dialetti, identità.* 2006. https://halshs.archives ouvertes.fr/ halshs-00753851/document

Coveri, Lorenzo. "Dialetto e scuola nell'Italia unita." *Rivista italiana di dialettologia* 5 (1981): 77-97.

_____, a cura di. "Dialetto in poesia e altrove. Storia della lingua italiana e dialettologia." Atti del VII Convegno Internazionale dell'ASLI." *Italiano LinguaDue* 3.1 (2011): 510-14.

D'Alessandro, Vincenzo, e Giuseppe Giarrizzo. *La Sicilia dal Vespro all'Unità d'Italia.* Torino: UTET, 1989.

Dainotto, Roberto M. *Place in Literature.* Ithaca: Cornell UP, 2000.

Deleuze, Gilles, e Felix Guattari. *Kafka: Toward a Minor Literature.* Traduzione di Dana Polan. Minneapolis: Minnesota UP, 1986.

Deutsch, Karl Wolfgang. "The Trend of European Nationalism: The Language Aspect." *American Political Science Review* 36.3 (1942): 533-41.

_____. *Nationalism and Social Communication: An Inquiry into the Foundation of Nationality.* Cambridge Mass.: M.I.T. Press, 1966.

Di Pietro, Cristina. "Mario Gori: un poeta di provincia." http://www. secondocircoloniscemi.gov.it/attachments/article/397/mario-gori-cristina-dipietro3.pdf.

Di Giovanni, Alessio. *La racina di Sant'Antoni. Romanzo.* Testo siciliano e traduzione italiana a fronte. Catania: Studio editoriale moderno, 1939.

Di Marco, Salvatore. *Gli occhi del mondo: saggi su Ignazio Buttitta.* Trapani: Coppola, 2011.

Erbani, Francesco. "Tullio De Mauro: gli italiani parlano (anche) in dialetto." *La repubblica Online* (29 settembre 2014). https://www.repubblica.it/cultura/2014/09/29/news/ tullio_de_mauro_gli_italiani _parlano_anche_in_dialetto-96922903/?refresh_ce

Farrell, Joseph. "The Things that Make Sicily, Sicily. Consideration on Sicilian Identity." *The Politics of Italian National Identity.* A cura di Gino Bedani e Bruce Haddock. Cardiff: University of Cardiff Press, 2000. 72-97.

Ferreri, Silvana, a cura di. *Linguistica educativa. Atti del 44esimo congresso internazionale di studi della Società Linguistica Italiana (SLI)*. Viterbo, 27-19 settembre 2010. Roma: Bulzoni, 2012.

Flood, Allison, e Angela Giuffrida. "Andrea Camilleri, Beloved Creator of Inspector Montalbano, Dies Aged 93." *The Guardian* (17 July 2019). https://www.theguardian.com/books/2019/jul/17/andrea-camilleri-beloved-creator-of-inspector-montalbano-dies-aged-93.

Fondazione Buttitta. "Il poeta e la memoria." https://www.youtube.com/watch? v= CkCOzf_sRF8.

Gadda, Carlo Emilio. *That Awful Mess on via Merulana. A Novel by Carlo E. Gadda*. New York: George Braziller, 1965.

Gellner, Ernest. *Nations and Nationalism*. Oxford: Blackwell, 2006.

Gentile, Giovanni. *Il tramonto della cultura siciliana*. Bologna: Zanichelli, 1919.

Giarrizzo, Giuseppe. *La Sicilia moderna dal Vespro al nostro tempo*. Firenze: Le Monnier, 2004.

Guarrera, Carlo. *Lo stile della voce. Mimesi del parlato dal Verga al Consolo*. Messina: Sicania, 1996.

Herder, Johann Gottfried von. *Briefe zur Beförderung der Humanität*. Riga: Johann Friedrich Hartknoch, 1793. https://www.pitt.edu/~votruba/ sstopics/ slovaklawsonlanguage/Herder_on_Language.pdf.

_____. *Outlines of a Philosophy of the History of Man*. Vol. 1. Traduzione di T. Churchill. London: Luke Hansard, 1803.

_____. "Treatise on the Origin of Language (1772)." *Herder: Philosophical Writings* Cambridge Texts in the History of Philosophy. A cura di Michael N. Forster. Cambridge: Cambridge University Press, 2002. 65-164.

Holmes, Giusi Patti. "Misteri di Sicilia. L'amaro e irrisolto caso della Baronessa di Carini." *Sicilia*. 1 febbraio 2019. https://www.ilsicilia.it/misteri-di-sicilia-lamaro-e-irrisolto-caso-della-baronessa-di-carini/.

Holtgraves, Thomas M. "Social Psychology and Language." *The Handbook of Social Psychology*. A cura di Susan T. Fiske, Daniel T. Gilbert, Gardner Lindzey. Hoboken: Wiley, 2010.

Lepschy, Giulio. "Lingua e dialetto. Oggi e allora." *The Italianist* 32.1 (2017): 154-59.

Loiero, Silvana e Edoardo Lugarini. *Tullio De Mauro. Dieci tesi per una scuola democratica*. Firenze: Franco Cesati, 2019.

Lunati, Manuela, Luciana Lanhi Balthazar, Paula Garcia De Freitas. "Il ruolo dei dialetti nelle politiche per l'educazione linguistica degli italiani dall'unità ad oggi." *Revista de italianistica* 40 (2015): 124-45.

Luzi, Alfredo. "Dal dialetto alla lingua." *Equivalences* 12.1 (1981): 39-45.

Mehr, Amir Chireh. *Lingue potenziali: il dibattito sulla questione della lingua in Italia*. Duke University Honor Thesis. Chair Roberto M. Dainotto. Durham, NC: 2012.

Messina, Paolo. *Rosa fresca aulentissima. Poesie siciliane (1945-1955)*. Palermo: Officine Grafiche del Mediterraneo, 1985.

Meli, Giovanni. *Opere di Giovanni Meli*. Palermo: Salvatore di Marzo, 1857.

Migliorini, Bruno. *Storia della lingua italiana*. Milano: Bompiani, 2004.

Natoli, Luigi. *Storia di Sicilia*. Palermo: Flaccovio, 1979.

Panichi, James. "Andrea Camilleri Decided His Writing Didn't Work Without the Dialect of His Youth." *Italy Daily*. Ddistributed with International Herald Tribune (16 May 2000). http://www.duesicilie.org/OLDSITE/article25.html

Pezzotti, Barbara. *The Importance of Place in Contemporary Italian Crime Fiction: A Bloody Journey*. Madison: Fairleigh Dickinson University Press, 2012.

Pieri, Giuliana. "Camilleri's Sicily: Between History and Identity." *Arachnofiles. A Journal of European Languages and Cultures* 1.1 (2000). http://www.selc.ed.ac.uk/arachnofiles/issue1/Pieri.html

Pitrè, Giuseppe. *Biblioteca delle tradizioni popolari siciliane.* Vol. 2. *Canti popolari siciliani.* Palermo: Pedone-Lauriel editore, 1871.

_____. *La famiglia, la casa, la vita.* Palermo: A. Reber, 1913.

_____. *Usi e costumi, credenze e pregiudizi del popolo siciliano.* Vol. 2. Firenze: Barbera, [1944].

Raffi, Francesca. "Language-Power Intersections in the Translation of Post-War Italian Cinema." *Languaging Diversity. Volume 3. Language(s) and Power.* A cura di Elena di Giovanni and Francesca Raffi. Newcastle upon Tyne: Cambridge Scholars Publishing, 2017. 156-87.

Salomone Marino, Salvatore. *La Baronessa di Carini.* Palermo: Tipografia del Giornale di Sicilia, 1870.

_____. *Leggende popolari siciliane in poesia.* Bologna: Forni, 1880.

Santulli, Francesca. *Montalbano linguista.* Milano: Arcipelago, 2010.

Sartarelli, Stephen. "Letteratura e storia. Il caso Camilleri. L'alterità linguistica di Camilleri in inglese." (July 13, 2011.) http://www.vigata.org/convegni/convegno_palermo_sartarelli.shtml

Scalabrino, Marco. *Ignazio Buttitta: dalla piazza all'universo.* Venezia: Edizione dell'Autrice, 2019.

_____. "Nino Orsini" in *Parole di Sicilia,* marzo 2010. http://www.paroledisicilia.it/principale/2010/03/

Smith, Anthony D. *The Ethnic Origin of Nations.* Oxford: Blackwell, 1986.

Sorella, Antonio. "La tragedia." *Storia della lingua italiana.* Vol. I. A cura di Luca Serianni e Pietro Trifone. Torino: Einaudi, 1993.

Sorrentino, Filomena. "Giovanni Meli, il poeta siciliano ispirato dalle donne, tradotto da Gaetano Cipolla." *La voce di New York* (7 dicembre 2018). https://www.lavocedinewyork.com/arts/lingua-italiana/2018/12/07/giovanni-meli-il-poeta-siciliano-ispirato-dalle-donne-tradotto-da-gaetano-cipolla/

Sottile, Roberto. "Dialetto e dialettalità nella scrittura di Andrea Camilleri. L'incidenza delle parole 'autoctone'." In *Dialetto. Uno nessuno centomila.* A cura di Gianna Marcato. Padova: CLEUP, 2017. 329-40.

Summerfield, Giovanna. "Gli arancini di Montalbano: More than a Sicilian Culinary Note." *Metamorphoses* 14.1-2 (2006): 286-93.

_____. *Domenico Tempio. Poems and Fables.* New York: Legas, 2010.

_____. "Introduction." *Patois and Linguistic Pastiche in Modern Literature.* A cura di Giovanna Summerfield. Newcastle upon Tyne: Cambridge Scholars Publishing, 2007. x-xv.

Tagliavini, Carlo. *Le origini delle lingue neolatine.* Bologna: Riccardo Patron, 1959.

Tempio, Domenico. *Enciclopedia di Catania.* www.cormorano.net.

Todesco, Sergio. "Un grande siciliano. Giuseppe Pitrè nel centenario della morte." *Dialoghi mediterranei* (23 gennaio 2017). https://www.istitutoeuroarabo.it/DM/un-grande-siciliano-giuseppe-pitre-nel-centenario-della-morte/.

Varvaro, Alberto. *Lingua e storia in Sicilia. Dalle guerre puniche alla conquista normanna.* Palermo: Sellerio, 1981.

Weaver, William. "Introduction." *That Awful Mess on via Merulana. A Novel by Carlo E. Gadda.* New York: George Braziller, 1965.

LINA INSANA

Translating Passage and Rescue at the Edge of "Fortress Europe": Ethics, Sicilianness, and the Law of the Sea

Abstract: Davide Enia's 2017 *Appunti per un naufragio* makes generous use of Sicilian dialect, both attributed to characters (including Enia's *alter ego*) and within the narrative voice. The ethical importance of this and other forms of Sicilian specificity is not lost on his translators into English and French (Antony Shugaar and Françoise Brun, respectively), both of whom have translated Enia's work before. *Appunti per un naufragio*, however, occasions a less transparent strategy than in the past for both translators, who have opted to maintain the Sicilian dialect sociolect in significant ways in their TTs (*Notes on a Shipwreck* and *La Loi de la mer*). Enia's deployment of dialect and his translators' maintenance of that dialect in translation function in parallel fashion as gestures of resistance against national frameworks such as Standard Italian language and the logic of nationally sovereign borders.
Key Words: migration, dialect, ethics, Sicily, Mediterranean, rescue, "Fortress Europe," "law of the sea," resistance.

Il tono di voce fu costantemente basso e misurato, in pieno contrasto con quella stazza imponente. Talvolta, nelle sue frasi, pronunciate con i suoni delle sue terre—era nato sulle montagne del profondissimo Nord italiano, laddove il mare è più astrazione che altro— affioravano parole *del mio dialetto*, il siciliano.

(Enia, *Appunti* 12; emph. added)[1]

Introduction
Davide Enia's *Appunti per un naufragio* is the product of the Palermo-born writer, actor, and playwright's twenty-some visits to the Sicilian island of Lampedusa in the aftermath of the October 3, 2013 shipwreck to embed himself with longtime friends Paola and Melo.[2] Once there, he immediately set about interviewing and

---

[1] "His tone was consistently low and measured, in stark contrast with that imposing physique. Sometimes the words *of my dialect*, Sicilian, surfaced from his phrases, pronounced with the sounds of his lands—he came from the mountains of the Italian 'deep North,' where the sea is more of an abstraction than anything else." Unless otherwise indicated, translations from Enia's texts are mine. *Appunti per un naufragio* was the recipient of the 2017 *Premio Anima Letteratura* and, in 2018, the *Premio SuperMondello* and the *Premio Mondello Giovani*.
[2] In a decade characterized by record-level crossings of the Mediterranean, the shipwreck on October 3, 2013 on Lampedusa—in which over 360 people died—marked a watershed of awareness in Italy and indeed throughout Europe. The anniversary of that shipwreck is commemorated on the island itself, as Enia recounts in *Appunti*. The third of October has now become a rallying date for activist and memory groups who organize events like the

then writing about participants in the immigrant drama.[3] Owners of a B&B on the island, Enia's friends provided a complicated mix of home-base comfort and insider-outsider informant knowledge for Enia as he interviewed a broad swath of the Lampedusan community—radiating out from Paola and Melo, themselves— who faced the by-then constant flow of migrants arriving on the island's shores. Mainly, they consisted of professionals like divers, rescue swimmers, and medical personnel. But Enia also relays the stories of fishermen and other *terraferma* bystanders like Paola and Melo. Their mere residential positions put them in the fraught ethical territory of having to decide whether to retreat or extend a helping hand of solidarity to the survivors of the often deadly journey across the Mediterranean.[4] Others still, such as physicians-turned-medical examiners and cemetery custodians, have committed themselves to the even more dire tasks of materially caring and ensuring dignity for the drowned—those who do not survive the journey but for whom Lampedusa (frequently referred to by locals as a "lembo di terra") becomes the final resting place.

The "sommozzatore" referenced in the quote that opens this article occupies a crucial position in Enia's narratives, not only *Appunti per un naufragio* but also its theatrical adaptation, eventually entitled *L'abisso* and performed by Enia and his musical collaborator Giulio Barocchieri.[5] In both texts, *Appunti* and *L'abisso*, the diver's narrative testimony of rescue efforts at sea is given pride of place to immediately introduce almost all of Enia's main themes. The traumatic nature of participants' experiences and memories is front and center in the diver's narrative, as is the vast scale of migrant landings.[6] In both *Appunti* and *L'abisso* Enia repeatedly describes the diver as "enorme," and his references to the diver's size confer a particularly strong emotional charge to his tearful and silent breakdown as he completes his testimony. It is here that we all—Davide Enia's character within his text as well as the readers who bear witness to the mediated information

---

"Giornata nazionale dell'immigrazione" in Italy and, more broadly, the "European Day of Memory and Welcome."

[3] Enia has consistently referred to *Appunti per un naufragio* as a *romanzo*, despite its clear autobiographical impulse; see the author's quote, for example, on the Sellerio web site's item page: https://sellerio.it/it/catalogo/Appunti-Un-Naufragio/Enia/9288. I use *Appunti* throughout this article to refer to Enia's narrative text.

[4] This is a journey that only in its most direct sense begins in Libya, but that is typically the last leg of migratory odysseys with origins as diverse and far away as Eritrea, Somalia, Niger, Cameroon, Syria, Sudan, Morocco, Tunisia, and even Nepal.

[5] *L'abisso* is a 75-minute performance of (mostly) excerpts from *Appunti*, that evolved from an earlier, less-complete version of the adaptation entitled "Scene dalla frontiera." I explore *L'abisso* alongside other examples of Sicilian theatre in my manuscript in progress, "Charting the Island: Sicilian Position and Belonging from Unification to the European Union." Currently there exists no published text for *L'abisso*.

[6] Throughout this article I have tried to distinguish between landings (*sbarchi*) and shipwrecks (*naufragi*) since the former often refers to surviving migrants while the latter tends to be used in episodes of high mortality. The often-indiscriminate usage of terms in Enia and in other Italian texts blurs the two terms.

he transmits—learn about the "law of the sea."[7] This ancient law governs Lampedusans' responses to the migrants' appearance in their waters (for the divers, rescue swimmers, Coast Guard, and fishermen) and on their shores (for Dr. Bartolo and Paola), and the way this law has the potential to transcend political ideology. The diver's Northern, mountainous roots (he was born in the "profondo [or profondissimo] Nord," an implicit counterpoint to the *profondo Sud* of Enia's Sicily) and his monarchist, right-leaning views do not prevent him from adhering to a mariner's code that elevates the preservation of human life over political considerations.

Less obvious, but no less important in this passage, is Enia's attribution of his own Sicilian dialect to the diver, establishing a profoundly cultural association between the diver's outsized character and the community of ethical actors operating on the tiny Sicilian island at the edge of what has been called "Fortress Europe."[8] The linguistic boundaries of Enia's dialect are of course a more complicated matter than this seemingly off-hand comment might suggest.[9] But

---

[7] Emerging from ancient fishermen's codes of conduct, the United Nations Convention for the Law of the Sea (or UNCLOS) has been in force since its 1982 ratification by the UN. Article 98 of the UNCLOS outlines an explicit "Duty to render assistance.": "Every state shall require the master of a ship flying its flag, in so far as he can do so without serious danger to the ship, the crew or the passengers [...] to proceed with all possible speed to the rescue of persons in distress, if informed of their need of assistance, in so far as such action may reasonably be expected of him [...]." See also the UNHCR's "Guide to Principles and Practice," *Rescue at Sea.* This UN policy has come up sharply against recent Italian and EU laws that have sought to address the increasing volume of migrant arrivals on its southern shores and even (in the Salvini-di Maio coalition government) begun to criminalize rescue efforts. The Italian-run Operation Mare Nostrum in 2013, and the Frontex-backed Triton (2014-18) and Themis (2018-present) Operations reflect the uneven nature of coordination between Italy and the EU, as do bilateral accords such as the Minniti agreement, which in 2017 sanctioned Italian payments to Libya to stop travel from the North African country to Italy. For an overview of these operations, see the Frontex website, and for a detailed assessment of the conflicts represented by this web of recent policies and laws, see Markard.

[8] Borrowed first from WWII military discourse and later from European Market tariff policy, "Fortress Europe" has come to designate the ensemble of EU and member state immigration policies built to impede "extra-communitarian" access to European spaces. As Loshitzky wrote in 2006, "In contrast to Jürgen Habermas's identification of Europe not as a nation-state in the sense of having a common descent, language and history but as a civic community with a voluntary collective expression, 'Fortress Europe' increasingly erects racial, ethnic and religious boundaries. While, on the one hand, Europe encourages the expansion of the EU, on the other it is defining and closing its borders to the 'others'" (629).

[9] The region is characterized by significant linguistic variety and Lampedusa's dialect is in fact distinct from Palermo's even though they are very similar. The very high degree of inter-comprehensibility among local Sicilian languages allows Enia to insist on the notion of a single Sicilian dialect. See Ruffino.

their rhetorical connection through an ostensibly shared local language is noteworthy, nonetheless, for the initial work the dialect does to associate both the deep-sea diver and the author-protagonist-adapter-*cuntastorie* to an ethical position located in a geographically specific point of the Mediterranean Sea.[10] As Enia said in a 2017 RAI Radio interview, in discussing the new connection he found with the island space during his visits there to write *Appunti*:

Lampedusa è un'estensione inanzitutto della mia terra che è la Sicilia, lo è politicamente e dal punto di vista amministrativo e culturale. Quando ero *piccirìddo* mia madre ci andava, da medico, a lavorare con i bambini che avevano difficoltà di apprendimento, mamma è neurologa infantile, e le chiedevo "Mà, com'è *sta* Lampedusa?" "Ma tipo qua c'è il mare." Poi dicevo, "Ma cosa mangiano?" "*Pasta chi' melangiani, stesse cose.*" "E *i parolacce le stesse...*" "Sicilia." [...] Però mi continuava a scappare in qualche modo il punto di contatto, che ho trovato non tanto recuperando le informazioni in prima persona, quanto col fatto che io, con i lampedusani, con la Guardia Costiera, con il *parrino*, con le persone che erano lì, *ci* parlavo in dialetto. In qualche modo trovavo un'urgenza di nominazione che appartiene alla lingua delle mia culla.

("'Scene dalla frontiera' di e con Davide Enia"; emph. added to indicate dialect)[11]

This article will examine precisely the nexus of linguistic, geographical, and ethical facets of Sicilian specificity through the index of the Sicilian dialect's presence in the ST (*Appunti*) and the ways it is reflected upon, mediated (to a national Italian readership), and translated to audiences defined by other national languages.[12] This interwoven set of texts—ST, TT1, TT2, and a theatrical adaptation—constitute a multilevel structure of linguistic and cultural mediation in which Enia, both as character and narrator, mediates first and foremost a geographically-located scene of immigration across a frontier that simultaneously delineates an Italian national space and an international/supranational one, as well

---

[10] Enia's theatrical work relies heavily on the Sicilian *cunto* tradition.

[11] (Lampedusa is first and foremost an extension of my land, which is Sicily; this is true in a political sense but also administratively and culturally. When I was *piccirìddu*, my mother used to go there to work with kids that had learning disabilities—my mom is a pediatric neurologist—and I would ask her: "Mom, what's Lampedusa like?" "Well, it's on the sea." And I'd say, "But what do they eat there?" "*Pasta with eggplant, same thing we eat.*" "And *the swear words are the same.*" "Sicily.")
(But I could never get a firm grip on a point of contact. I eventually found one, not collecting information on the ground, but by speaking *to* everyone there—the Lampedusans, the Coast Guard, the *priest*, all the people there—in dialect. Somehow [in this way] I discovered an urgency to articulate things, to make meaning, that belongs to the language of my infancy.) Enia's interview takes place immediately following his performance, just after minute forty of the recording: http://www.rai.it/dl/portaleRadio/media/ContentItem-febe3139-1b64-4733-91c5-a6525f7b4a1b.html.

[12] In conformity with the widely-used Translation Studies convention, I use the following abbreviations to refer to the various texts being discussed in this essay: ST refers to source text, TT refers to target text, and where multiple STs or TTs are being compared, they are differentiated with enumeration (TT1, TT2, etc.).

as the uniquely Sicilian element of that scene's hybrid linguistic landscape in *Appunti per un naufragio*.[13] Translators of Enia's work, such as Antony Shugaar (English) and Françoise Brun (French),[14] must then contend with this hybridity on their way to mediating Enia's ethically charged narrative in published TTs.

Constructing the Ethical Actor through Dialect

Gillian Lane-Mercier has defined as "literary sociolects" those "motivated textual constructs" (46) that claim to be

the textual representation of "non-standard" speech patterns that manifest both the socio-cultural forces which have shaped the speaker's linguistic competence and the various socio-cultural groups to which the speaker belongs or has belonged.

(45)

Enia's own use of dialect in *Appunti* thus should not be taken as a transparent representation of natural or real speech, but rather as a textual tactic in the narratological terms articulated by Rosa as "characterizing discourse" (82-3), a term that I adopt in my own analysis. This discourse has the aim of locating characters within a certain set of competencies, namely cultural and linguistic ones having to do with Sicilian society; a certain community of (I argue, ethical) belonging; and a certain practiced space.

In *Appunti* as well as its theatrical adaptation, rescuers and ethically committed helpers emerge as particularly constructed by the Otherness of dialect characterization, especially standing as they do against the backdrop of national frameworks such as Standard Italian vernacular speech, as well as national, international, and supranational migration policies and institutions that are conspicuously absent in either text. Enia's ethical, dialect-speaking actors are not only free from monolithic Standard Italian; they are also unburdened by the weight of national constraints on their movements, decisions, and actions, guided as they are by the ethical imperative of saving lives and their obligation to the law of the sea. Their life trajectories originate and end in Lampedusa, endowed with

---

[13] Since 2015 Lampedusa has been designated a "hotspot" in the official EU response to a rise in immigration across the Mediterranean. See the European Parliament's briefing on the matter "Hotspots at EU External Borders," as well as Garendi and Tazzioli's "OpenDemocracy" report "The EU Hotspot Approach at Lampedusa."

[14] *Appunti per un naufragio* has to date been translated into English, French, and German; the Spanish translation is due out soon. According to the "2 Seas Foreign Rights Catalogue," the Greek rights to the book have also been sold. Further, di Giammarco's review of *L'abisso* in the Roman edition of *La Repubblica* mentions the possibility of a cinematic adaptation: "E da India uscirete commossi, con la voglia di leggere il libro dello stesso Enia 'Appunti per un naufragio' da cui è tratto questo inno intimo e civile, che potrebbe dar luogo a un film." ("You'll walk out of the India moved, and with a desire to read Enia's book 'Notes on a Shipwreck,' from which this intimate and civil hymn is adapted; there may be a film coming, too.")

its own centripetal force, and are not defined by notions of national or European belonging. They certainly cooperate in mutual respect with national entities such as the *Guardia Costiera*.[15] But ultimately they operate independently of nationally sanctioned policies such as Mare Nostrum, which is not mentioned in Enia's text. The text is also silent on EU/Frontex initiatives as well as any policy ramifications of the Schengen Agreement and resulting EU cooperation (such as it is), and specifically its creation of an ostensibly borderless Europe with a hardened southern edge.[16] Lane-Mercier's assertion that literary sociolects reflect and refract "cultural stereotypes, identity constructions and power relations" (45) underscores the stakes both in the deployment of literary sociolects to develop the ethically-acting characters in *Appunti* (including Enia's own alter ego, Davidù) and the eventual translation of those same sociolects—whatever the specific strategies are—in target texts. The power relations reflected in the use of dialect cannot be divorced either from their ethical position or the local position from which they challenge national structures, policies, and language.

The linguistic hybridity that characterizes *Appunti* is also a regular feature of Enia's other narrative and theatrical work: his literary alter egos and other characters alike often use Sicilian terms, vulgarities, expressions, and proverbs. Enia's previous novel, *Così in terra*, a multi-generational tale set in the Palermo of WWII and the 1980s, was also characterized by a similar use of dialect by characters and narrator.[17] In *Appunti*, though, this hybridity is broadened by the languages spoken by rescuers and immigrants so that in addition to mediating the inherent linguistic hybridity of Sicily for an Italian reading public (often engaging in instances of self-translation), the text's narrator is also mediating a dynamic interplay of other dialectal and contact languages. All in all, *Appunti* features not only Standard Italian, Regional Italian, the dialects of Rome and Bari (in one episode each) and various registers of Sicilian dialect (throughout the text), but also the insertion of snippets of dialogue in French and English, the *lingue franche* of Mediterranean landings and rescue.[18] The effect of the text's heightened

---

[15] The members of the *Guardia Costiera* are represented as heroic, almost super-human figures who take their lives into their hands with every rescue operation they conduct, but they do not speak dialect.

[16] See Hampshire's "Introduction" to the 2016 special issue of the *Journal of Ethnic and Migration Studies* for an overview of the complexity of migration policies in the European zone, which are rarely as coherent or monolithic as news reports might represent them. For this reason Hampshire calls "the architecture of European migration governance [...] more baroque than modernist" (538).

[17] To date, *Così in terra* remains Enia's most successful narrative publication. Translated into eighteen languages, it was the recipient of France's *Prix du Premier Roman Étranger 2016* (for first novel by a non-French author) and the *Prix Brignoles* (for best foreign novel).

[18] As an account of immigration, rescue, recovery, and *accoglienza*, Enia's representation of migrant languages is fairly shallow and elided through brief, word- or phrase-length snippets of English and French at landings or in dialogue recounted about landings experienced by others (in both TTs I examine, these tend to be rendered consistently and

cumulative attention to polylingualism is to highlight in equal measure Enia's role as a translator of the Sicilian space and its language, as well as of the voices of the rescuers, recovery workers, and migrants he interviews. Though this linguistic complexity obviously presents challenges of interpretation and therefore translation, the overlap between migration and translation can also offer fruitful ways of thinking about migration *through* translation. Offering persuasive arguments for a reframed understanding of source-text hybridity and polylingualism in light of critical developments in transnational studies, Loredana Polezzi writes:

> This is a route which should lead us to question the continuing reliance of translation studies on models that assume as normative the movement of a stable, monolingual original from the source to the target language—these latter to be understood as two equally fixed poles, identified with national languages. The result may be a more flexible and pervasive image of translation, which encompasses a wide range of practices, from self-translation to multilingual writing, from community interpreting to inter-media adaptation, without losing sight of the geographically and historically located nature of practices and of their ethical as well as social dimension.
>
> ("Translation, Travel, Migration," 181)

Polezzi thus gestures toward a broader range of lived (and recounted) translation practices precisely by thinking about the ways in which both sources and targets are never simply reducible to a national framework. By thinking about translation and migration in more capacious and granular ways, an analyst of translation practices is more likely to capture the fullness of ethical choices being made by self-translators and multilingual writers (such as Enia) who occupy linguistically hybrid and heterogeneous spaces not necessarily defined by nations and their sovereign, political borders.[19] If the deployment of Sicilian sociolect signals the power relations and ethics inherent in the ST that Enia is translating for his readers, Polezzi's "more flexible and pervasive image of translation" helps us to understand that a hybrid ST like Lampedusa is a text that is always already subject to translation, that has translation inscribed in its DNA.

As Polezzi and the theorist Maria Tymoczko have written, polylingualism is increasingly a feature of contemporary texts, due in no small measure to the rise

---

unremarkably through italicization of words that, in each respective TL, do not come from that language). For example: "Paola girava raccogliendo le confezioni delle merendine e i bicchieri di plastica vuoti. Parlava con le ragazze: 'Where do you come from?', 'D'où venez-vous?', 'Welcome', 'Bienvenue'" (48; "Paola went around collecting the snack boxes and empty plactic cups. She talked to the girls: 'Where do you come from?' *'D'où venez-vous?' 'Welcome,' 'Bienvenue'*" (Shugaar 46).

[19] For recent work on the intellectual productivity of thinking non-national borders, see Graziano's *What is a Border* and Mezzadra and Neilson's *Border as Method, or the Multiplication of Labor*. See also Venuti on how local realities and dynamics shape the ways in which ostensibly national or even nationalist narratives are sustained or challenged.

of postcolonial and transnational narratives, be they *by* or *about* postcolonial, migrating subjects.[20] Some of this rise is accounted for by texts that describe encounters and clashes from the perspective of the immigrant—rendered Other by their very mobility and displacement. But these theorists also see a rise in the frequency with which the polylinguistic, postcolonial, migrating stories of contemporary subjects are mediated by "others" in literary texts and their translations, leading Polezzi to ask "whether there are spaces for translators and self-translators to act as witnesses to the experience of migration and to sustain multilingual practices which defy any rigid association between state, language, identity, and the apportioning of rights" ("Translation and Migration," 347). I take Polezzi's capacious invitation at face value when I argue in this article that Davide Enia's use of a Sicilian literary sociolect within *Appunti per un naufragio*'s broadly polylinguistic text amounts to translation and self-translation. In fact, insofar as it signals a local and dialectal ethical position that follows the law of the sea, Enia's sociolect implicitly challenges these rigid associations between languages, polities, their policies, and the rights and sovereignty that may be claimed at the border of Fortress Europe. Moreover, translators of Enia's text must undertake fundamental decisions, such as whether to account for Sicilian dialect and how, and in what measure, to account for it.[21] These decisions underscore the ethical charge of the identity constructions and power relations inherent in the polylingual source text and indeed constitute ethical gestures in their own right within the target culture(s).[22]

Enia's attribution of dialect to his *sommozzatore* informant is indicative of the way that he mediates the specificity of Sicily's complex linguistic, geographical, and ethical positions in *Appunti*. As a translator of Lampedusa's heavy metaphorical weight, he has chosen to foreground the island's language and

---

[20] A body of excellent work over the last few decades, starting with the foundational collection of essays *Italy's "Southern Question": Orientalism in One Country*, characterizes Sicily's relationship with the modern Italian state as post-colonial. Certainly the island's geographical position (and Lampedusa's doubly marginal situation beyond it) and its uneasy linguistic status—Sicily is one of five autonomous regions defined by the First Republic's constitution, but its dialect is not protected by Italian language policies even though Sicilian has been designated a UNESCO language "at risk of extinction"—are a striking indication of its marginality with regard to the Italian nation and the European Union. Sicily's post-colonial character thus makes Enia's choice of Sicilian dialect particularly charged in this already complex landscape of immigrant encounter with Europe's southern frontier. Suffice it to say that this island of an island comes with its own postcolonial baggage vis à vis the entities whose borders it ostensibly guards.
[21] Enia's insistence on the similarity between the dialect of Palermo and that of Lampedusa does not leave any space for a recognition of their differences. By necessity, then, his translators treat *Appunti*'s Sicilian dialect as monolithic and undifferentiated. Therefore, my discussions of differentiation in these TTs will only pertain to the dialect's differentiation from Standard Italian.
[22] See Venuti's *The Translator's Invisibility* and Toury's *Descriptive Translation Studies—And Beyond*.

position within national and supranational narratives of migration; as Rosa writes, "[l]inguistic varieties [...] defined as accents or dialects, involve a correlation of such forms with the place of a given user and use," [which] "creates and expresses one's place within the space drawn by socio-cultural values" (80). Enia's use of dialect thus creates and situates very particular practiced places (Sicily, Lampedusa), which are further imbued with particular ethics and values: the presence or absence of drawn borders, resistance against established defense regimes, the movement of people across them, acts of solidarity. If, as Rosa concludes, "[d]iscourse occurs in place and it places" (80), then Enia's particular use of dialect in his characterization of ethical actors is key to his transmission of their ethical behaviors in the face of human need and imminent death, to wit, the "law of the sea" that they practice.

Pushing Back against the Nation: Lampedusa and the Boundary as "Button"
The public response of Sicilian intellectuals to their island's place in the crisis of Mediterranean passage has surely kept pace with the last decade's trajectory of increasing urgency.[23] Within this group, the Sicilian theatrical community has perhaps most consistently addressed the presence of migrants and refugees on their shores, in ways that variously reflect Sicily's geographical and cultural specificity with respect to the larger drama of migration. This is not only true of the post-2013 theatre scene. Even before the galvanizing moment of the October 3, 2013 shipwreck off the coast of Lampedusa that radically shifted Italians' and Europe's consciousness of the crisis, well-known members of the Sicilian theatrical community like Claudio Fava and Lina Prosa had begun to stage the encounter between African and Middle Eastern migrants and refugees, on one hand, and Sicily's lands and its people, on the other. In other research, I explore the contours of Fava's and Prosa's work in this regard.[24] Specifically, I have argued that Fava's and Prosa's theatrical staging of this drama interrogates Sicily's complicated relationship to the Italian nation and its state apparatuses through Sicilian characters that paradoxically stand for the state. This location of sovereignty in Sicilians, of all people, underscores Sicily's complex status: the island has come to represent Italian unification symbolically through Garibaldi's daring 1860 "liberation" (even through post-Unification patriotic tourism initiatives and the like); at the same time, Sicily endures in its representation as Italy's (and by extension, Europe's) internal and Orientalized other, that part of the modern state most proximate to Africa and the East, and most prone to corruption, provincialism, and isolation from modernity and progress. Prosa's

---

[23] Or better, their *islands'* place: the political region of Sicily actually comprises nineteen inhabited islands including of course the main one and the island of Lampedusa. This complicates even further the notion of a single, undifferentiated Sicilian dialect shared by Enia and his Lampedusan informants.

[24] I am drawing from my current research in progress, to be titled, "Charting the Island: Sicilian Position and Belonging from Unification to the European Union."

Trilogia del naufragio was particularly prescient in its understanding of Lampedusa's symbolic potential.[25] As Prosa commented regarding the trilogy's first and most frequently performed piece, "Lampedusa Beach,"

The title, *Lampedusa Beach*, is slightly ironic, because the word "beach" evokes for us Westerners an island, the vision of a vacation spot, a sunny place for tourists. Shauba—that's the name of the woman who drowns at Lampedusa—carries with her this myth of the European "beach," a Europe that's welcoming, happy, and sunny. So it's a contradictory title, in the sense that it's the negation of what Shauba and the other migrants find in Europe. Lampedusa is in the title because it's the island that in these last twenty years has seen the largest number of migrants, of illegal landings, and most of all, of deaths at sea. *So for me Lampedusa, the name of this island, has become the name of a place—imaginary, mythical—that transports you immediately to a phenomenon and an event that involves all of us: immigration.*

("Mythic Voyage Resurfaces," online; emph. mine)

This notion of Lampedusa's power to transcend the specificity of its geographical location has become a common trope in reflections on the representation of migration in the Mediterranean region, as is the case of Maylis de Kerangal's 2014 essay, *À Ce stade de la nuit*. Kerangal's approach to writing Lampedusa, one bound up in stream-of-consciousness riffs on the fluidity and mobility of names and island spaces, is an exercise of meaning making when names resist firm attachment to places and people.[26] Enia's *Appunti per un naufragio* situates itself within this same tradition by cycling through a number of different reflections on Lampedusa, its geographical position, and the ways in which it has come to stand, metonymically, for the enormity of migrant death and traumatic crossings over land and sea.

In the context of these reflections, a few different threads quickly emerge. First, Enia shares with Prosa and Kerangal a tendency to explicitly reflect on the semiotics of Lampedusa as part of a process of making sense of the migrants' arrival and the response of the community on the island involved in their rescue:

Io stavo considerando ad alta voce come tutto ciò che stava accadendo a Lampedusa andasse oltre il naufragio, oltre la conta dei sopravvissuti, oltre le cifre dei defunti.
È qualcosa di più grande dell'attraversamento del deserto e della traversata stessa del Mediterraneo, tanto che questo scoglio in mezzo al mare è diventato un simbolo, forte ma al tempo stesso fuggente, che viene studiato e raccontato attraverso svariati linguaggi: reportage, documentari, racconti, film, biografie, studi postcoloniali e ricerche etnografiche. Lampedusa stessa è oggi una parola contenitore: migrazione, frontiera,

---

[25] Prosa's *Trilogia* is comprised of "Lampedusa Beach," "Lampedusa Snow," and "Lampedusa Way," written between 2003 and 2013. She has recently completed a fourth piece that will début at the end of a full production of the whole trilogy in Brussels in April 2020; the new tetralogy will now be renamed *Il mare in gola* (*The Sea in One's Throat*).

[26] Motte deals with the polemic that emerged in French literary circles in response to de Kerangal's book. See El Khoury for an insightful reading of de Kerangal's strategy of making the Lampedusa signifier "migrate" from space to space.

naufragi, solidarietà, turismo, stagione estiva, marginalità, miracoli, eroismo, disperazione, strazio, morte, rinascita, riscatto, tutto quanto contenuto in un unico nome, in un impasto che non riesce ancora ad avere né una interpretazione chiara né una forma riconoscibile.

(*Appunti* 15)[27]

Enia's assessment of the island's capacious and amorphous signifying power signals its fundamental semantic complexity: Lampedusa here seems to function in ways that extend far beyond the mere indexical properties of a proper name, to operate metonymically, as a signifier in language and geography that has come to stand broadly for dynamics of crossing and mobility (even at the threshold of life and death). Further, its signification capacity, its resistance to being fixed in any definitive form, makes it paradoxically available (and perhaps deceptively intelligible) in a variety of different disciplinary or generic "languages." Like a place-name so fundamental that it stands outside of the processes of "normal" linguistic translation from one language to another, Lampedusa remains both firm and ephemeral amidst the attempts of storytellers, ethnographers, filmmakers, and journalists to get a firm handle on it. It is at once fully potential and empty of specific meaning; everything and nothing at once. The challenge that Enia poses for himself early on, then, is that of how to translate—through the pages of *Appunti*—a place and a concept whose capacity for signification has become so unwieldy. As Motte says, referring to Barthes, it may be that the proper name is the "prince of signifiers." Accordingly, I would like to propose that Enia's solution to the thorny problem of signification plays out, in part, through his mediation of Sicilian dialect— *his* dialect—as a marker of Lampedusan and Sicilian specificity, that which goes unnoticed when "Lampedusa" is made to do too much rhetorical heavy lifting of the abstract truths of migrant passage. In other words, if Enia cannot quite adequately interpret the referent and sketch out its field, perhaps at the intersection of geography and dialect—in his transmission of a geographically specific language—he can fill in the gaps of signification.

True to his origins in the *teatro di narrazione* tradition,[28] Enia's narrative writing is deeply rooted in a regional context strongly characterized by the use of dialect by narrator and characters alike; a concrete relationship with Sicilian

---

[27] (I was thinking out loud about how everything that was happening on Lampedusa went beyond shipwreck, beyond survivor tallies, beyond a body count. It's something bigger than a desert crossing, than crossing the Mediterranean, so big that this rock in the middle of the sea has become a symbol, strong and fleeting at the same time, that is studied and recounted in a range of different languages: journalism, documentaries, stories, films, biographies, postcolonial studies, and ethnographic research. "Lampedusa" is now a container word: migration, frontier, shipwrecks, solidarity, tourism, summertime, marginality, miracles, heroism, desperation, torment, death, rebirth, redemption, all of it contained in a single name, in a jumble that still resists both clear interpretation and a recognizable form.)

[28] For a concise history of Italian narrative theatre, as well as instructive case studies, see Chapter 1 of Guccini and Marelli's *Stabat Mater: viaggio alle fonti del teatro narrazione*.

society; and reliance on elements of Sicilian cultural forms and archetypes. These elements are also present in *Appunti*, whose consistent use of Sicilian dialect reflects Enia's deep narrative attachment to place.[29]

Indeed, the Sicilian dialect takes center stage in *Appunti*'s polylingualism, and is used on a variety of narratological levels to develop characters, their relationships to each other, and their belonging to Sicily. This is true of Enia's characters (Paola, her partner Melo, their friend Simone, Dr. Bartolo, and various fishermen), all of whom are in some way engaged in the recovery, medical treatment, rescue operations, curation of immigrant artifacts, and burial activities that have become a cyclical reality of life on Lampedusa. Paola's dialect use occurs around episodes of the immigrant landings she volunteers for, as well as scenes in which she is depicted as a nurturing provider of food (to immigrants, to Davidù); within the former category she uses the Sicilian "*picciridda/o*" five times in describing immigrant children. Melo's dialect speech is more characterized by vulgarity than Paola's: he uses the quintessential Sicilian swear word "*minchia*" three times, while Paola only uses it once, and then only in describing her profound remorse over her first, less-than-hospitable, reaction to a mass landing. Melo is also more prone to abstractions: specifically some folk philosophizing and a notable joke.[30] Rescuers and other ethical actors such as Simone and other fishermen (and to a lesser extent, Dr. Bartolo) are characterized by entire extended passages densely peppered with dialect words and phrases, recounted mostly through the narrator's direct discourse quotation of their testimony. And even the character of Davidù, Davide Enia's alter ego within the narrative, is developed in clear ways through his use of Sicilian dialect. Davidù only uses dialect when addressing his most intimate family members (his father and uncle Beppe), Melo, and Lampedusan fishermen, demonstrating affective connections with the first two interlocutors, and ethical ones with the latter two.[31] In this way, the Sicilian sociolect does not merely act as characterizing dialogue for these figures, but also serves to signal their ethical decisions vis-à-vis approaching immigrants. In other words, the particularly linguistic dimension of their Sicilian specificity serves to highlight the ethical call of their "location"—the practiced space in which their various exchanges, encounters, and relations take place.

---

[29] It is worth underscoring, of course, that Sicily's uniqueness is not simply regional, but specifically positional, and that Enia's insertion of Sicilian linguistic and cultural forms therefore serves to further underscore Sicily's position as a complex space between Europe and the postcolonial, Orientalized, 'African' spaces with which it has often been associated in literary, cinematic, and political discourses.

[30] The joke makes light of arriving immigrants' tendency to identify Germany as their ultimate European destination. Melo signals the beginning of the joke with a dialect phrase, which both Shugaar and Brun omit, thus eliding the Sicilian framing of a very European dimension of the immigration dynamic.

[31] Interestingly, attributions of English and French (Mediterranean migration *lingue franche*) in direct exchange with arriving immigrants during landings are made only to Paola and Davidù, signaling their relationship with each other but also their shared welcoming stance toward the immigrants.

At the narrative level, too, the text's use of characterizing language in Sicilian dialect works to develop the narrator's position in relationship to the text's diegetic characters (mostly Paola), as well as to the language itself. The narrator deploys dialect exclusively, for example, on the many occasions when he describes Paola's and the other characters' gesture of lighting a cigarette, normally a preparatory tic that announces the beginning of their harrowing narratives of recovery and rescue (*addumàre*; It. *accendere*). Similarly, to the diegetic characters, the narrator rarely uses any term but the Sicilian *picirìdda/o/i* to describe children and babies. This category embraces the narrator's childhood memories of the island and of his familial relationships (he consistently refers to himself as a *piciriddo* when narrating the past) but also those children who have died at sea during their passage across the Mediterranean. Less frequently but still notably, he uses the verb *cùntare* to describe storytelling in general, associating the dialect with narrativity and even more specifically with the *cùnto* tradition of theatrical storytelling. On the whole, these dialect words are inserted at the word or phrase level, un-parsed and untranslated.[32] However, the narrator does on occasion—three times, to be precise—introduce longer, sentence-length sayings or proverbs into the narrative. These are highly reflected upon, glossed, and developed; they also feature self-translations into standard Italian at the narrative level. In two of these cases, regarding the phrases "*omo di panza*" and "*calare 'u scuru 'mpetto*," the narrator's reflection leads him to produce still more dialect phrases in a proliferating attempt to describe the initial saying's meaning or to give examples of usage variety. The fact that a common linguistic (sociolectal) and ethical (rescue and narration) vernacular bridges the diegetic and narratorial levels of the text further cements the association between Sicilian dialect and the ethical choices of *Appunti*'s characters with regard both to rescue and to narration.

Ultimately, at the intradiegetic level of the text, the narrator's Sicilian dialect signals the ethical decisions of Davidù's direct experience of the island, associating his own position of witnessing and narrating with those of the characters that Davidù interacts with and describes. On the other hand, Davidù's diegetic role in the text is that of one who comes and goes to and from Lampedusa, sometimes from his adopted home of Rome but more often from his home position of Palermo on the Sicilian mainland. All the while, Davidù highlights his belonging to Sicilian communities through his use of dialect. Perhaps Enia is still a Sicilian just enough, rooted there by the ongoing discovery of a still-emerging relationship with his father, that he avoids the pitfalls of the southerner who has lost everything but what Erri De Luca calls the "*sud dell'anima.*"[33]

Another thread in Enia's dialect use is the personal nature of his relationship

---

[32] Enia's assumption seems to be that these words will be easily understood in context or through cognates by a national Italian audience; this approach also seems to apply to his previous book, his debut novel, *Così in terra*.

[33] See De Luca, *Pianoterra* (especially "Più Sud che Nord," 48-50). I am grateful for Norma Bouchard's suggestion of De Luca's formulation in this context.

to Lampedusa. A Palermitan by birth, Enia peppers his narrative with dialect-inflected accounts of becoming aware of the island's existence and his first visit there as a teen. These episodes certainly function to develop Enia's personal history with Lampedusa's realities, which pre-date the island's current and dual status as high-end resort destination and scene of migrant arrival to European shores. Their consistent connection with dialect also ensures that they further act as a guarantor of his belonging to the ethically-charged space of encounter (as well as the authenticity of his relationships to its ethically-positioned actors) and authorize his truth-claims, factual and ethical alike.

About a third of the way into *Appunti*, after a three-asterisk divider, we read Enia's written account of his first awareness of Lampedusa, the same one he shared in the RAI Radio interview cited earlier. Here, his comments are not limited to a shared language, but go on to reflect on geography and position, as well:

Avevo sentito per la prima volta il nome Lampedusa da piccirìddo. Per alcuni mesi mia madre ci si era recata per conto dell'ospedale, per lavorare con i bambini che mostravano gravi difficoltà d'apprendimento. [...] In quel periodo sviluppai il concetto di "isola di isola". Noi eravamo la Sicilia, e Lampedusa, pur mantenendo la peculiarità propria delle isole, la solitudine data dall'essere circondati dal mare, ne era un frammento. [...] Mia madre poi me l'aveva confermato: a Lampedusa parlavano la nostra stessa lingua, mangiavano i nostri cibi, usavano le stesse nostre male parole. [...]
"Non c'è albero manco a pagarlo ed è scura, scura, scura."

(83)[34]

It should already have become clear that no dialect word occurs more in *Appunti* than "*piccirìddo*." In line with the rest of Enia's dialect use in this ST, it is not italicized or set off graphically in any way and infuses the speech of nearly all of the Sicilian characters, as well as Enia's narration (and it is also true of the reported speech of the character representing the author).[35] His mother's use of "*manco*," a typically southern Italian (though not exclusively Sicilian) adverb, is another high frequency regionalism in Enia's text. What is noteworthy in this passage is not only Enia's insertion of dialect into the narrative and his mother's reported speech, but also his intertwining of dialect and geography, his youthful understanding that in addition to language uniting *his* island and Lampedusa, so does their geographical proximity: Lampedusa "ne era un frammento" of *his*,

---

[34] (I had heard the name Lampedusa for the first time as a *piccirìddo*. My mother had gone there to work for a few months at the hospital, with kids that had severe learning disorders. [...] That's when I began to elaborate the notion of "an island of an island." We were Sicily; and Lampedusa, despite maintaining the specific characteristics of islands, the solitude that comes from being surrounded by the sea, was a fragment of it. [...] My mother then confirmed it: on Lampedusa they spoke the same language as we did, they ate our foods, they used the same swear words...
"You couldn't find a tree to save your life and it's dark, dark, dark.")

[35] Diegetically, Enia's character is referenced with the Sicilian diminutives "*Daviduzzo*," often shortened to "*Davidù*" or "*Dà*."

larger, Sicily.

This notion of an inextricable (because geographically inherent) connection between the island spaces works to firmly establish Enia's belonging not only to Sicily, but by a kind of reverse synecdoche, to its constituent part, its fragment—Lampedusa—as well. But competing geographies are at play in Enia's text, as well. The longest and most developed episode that signals Enia's association to Lampedusa does so through an extended reflection on a particular event recounted to him by his mother. It concerns a young patient of hers there, a boy who refused to study because, as he objected to the adults in his life, "A che mi sèrbi studiàri?"[36] Instead, his desire to be a fisherman leads him to idealize a future position (or better, a back-and-forth trajectory) between the African and European continents. I cite the boy's fable-like narrative, mediated through Enia's mother and then through Enia himself, in its entirety because of the power of the button imagery, which is taken up again at other moments of the text:

L'orizzonte [...] per lui era una linea di terra e sabbia, e quindi a nord di Lampedusa quella linea era la Sicilia mentre a sud era l'Africa intera. Le disse poi che in futuro avrebbe posseduto una barca...e sarebbe andato a pescare ogni santo giorno [...] e durante la battuta di pesca, a mezzogiorno, quando i pesci sono svegli perché vedono le reti, ecco, lui se ne sarebbe andato a dormire sulla terraferma, perché i sogni fatti in mare si perdono nella notte, e si sarebbe coricato in qualche spiaggia, ora in Sicilia, ora in Africa, a seconda del vento e delle correnti, e prima di addormentarsi avrebbe sempre guardato in direzione di casa sua, Lampedusa, che era un bottone che univa sul mare due continenti diversi.

(*Appunti* 84)[37]

The would-be fisherman is introduced through the frame of dialect ("A che mi sèrbi studiàri?") and then presented through an Italian that is doubly mediated through Enia's mother's or his own free indirect discourse (see "ogni santo giorno, ecco, i sogni fatti"; as well as the oral, unpunctuated quality of the passage).[38] The boy joins a robust group of fishermen characters in the narrative, who are

---

[36] ("What good does it do me to study?")
[37] (The horizon [...] was to his mind a line of earth and sand, and therefore, to the north of Lampedusa, that line was Sicily and to the south it was all of Africa. Then he told her that someday he'd own a boat [...] and he'd go out fishing every blessed day [...] and during the outings, at noon, when the fish are careful because they can see the nets, well, that's when he'd go back to dry land to get a nap, because dreams you have at sea get lost in the night, and he'd lie down for his nap on a beach somewhere, sometimes in Sicily, sometimes in Africa, depending on the wind and the currents, and before falling asleep he'd always turn his head to look toward his home, Lampedusa, a button in the middle of the sea that holds together two different continents) (my translation modifies in part Shugaar, *Notes* 90-91).
[38] Interestingly, Enia's mother introduces the boy as "'sto bambino" but at the point of the story when the narrative voice clouds the distinction between Enia (narrator) and his mother's diegetic narrative voice, he is referred to, more typically, as a "*picciriddo*" (*Appunti* 84).

consistently given pride of place: Enia defers their harrowing description of the October 3, 2013 landing until nearly the end of *Appunti*, and it is their reported speech that Enia transforms into the second *cùnto* of *L'abisso*. This fisherboy's dream for his future is not only an anecdote that Enia uses to further map out Lampedusa's intelligibility, but also an object lesson on Lampedusan position and metaphor-making that Enia derives from this iteration of the privileged figure of a "man of the sea." Lampedusa's northern horizon here is "Sicily"—not "Italy," not "Europe"—a rhetorical formulation that uses the specific geography of islands to underscore the relativity of all spaces, their contingency on other spaces and other gravitational pulls. In other words, as Marc Shell puts it in *Islandology*,

Islandness, in this sense of identity confronting difference, informs primordial issues of philosophy: how, conceptually, we connect and disconnect parts and wholes, for example, and how we connect and disconnect one thing and another.

(3)

This operation of necessity pushes back against national discourses, focused as it is on geographical and not political notions of belonging, position, and sovereignty. This episode also—in its use of dialect dialogue and its links to the other noble and ethically-acting fishermen who follow the law of the sea and not the laws of national or international actors—endows the boy with a sort of atavistic wisdom, which in turn authorizes the geographies he charts. Specifically, his freedom of movement in his boat, sleeping "ora in Sicilia, ora in Africa," depends entirely on the winds and currents. It is the radius around his home that determines the range of his movement in an aqueous field that is bound by land, not the other way around. In the middle of that field the button of Lampedusa unites two continents in an image of productive and unifying overlap that resists the typical spatial rhetoric of zero-sum division, clashes, and border regimes. It will later be revealed that this overlap naturally and tectonically flows in the direction of Europe, offering a geological antidote to the national and supranational defense of the so-called hotspot zones of "Fortress Europe."

A final theme I want to highlight is Lampedusa's intelligibility to other characters. In these exchanges, also characterized by Sicilian dialect and/or southern Italian regionalisms (mostly "*manco*"), Enia nudges the reader to reflect on their awareness of Lampedusa's concrete position, belonging, and situatedness, and at times even performs the mediation of his own understanding of the island to the diegetic characters that populate his narrative. Thus, his friend and Lampedusan host Paola reflects on her father's unawareness of Lampedusa's belonging to the Italian nation before moving there ("A quel tempo mio padre *manco* sapeva se Lampedusa fosse in Italia, non l'aveva mai sentita nominare," 26; emph. added).[39] Davidù, in a phone conversation with his ailing uncle Beppe, asks him if he knew that Lampedusa was situated at the meeting point of Europe

---

[39] (At that time my father *didn't even* know if Lampedusa was in Italy, he'd never heard of it.)

and Africa; when Beppe replies in the negative, Davidù responds, typically and regionally, "Manco io." He then goes on to explain that while the island of Linosa (about 54 km northeast of Lampedusa) is a volcanic formation that "belongs" to Europe, Lampedusa, about 54 km southwest of Linosa, "[è] Africa [...] Tecnicamente è un rilievo della placca tettonica Africana" (*Appunti* 80).[40] He continues:

"[...] è in atto un avvicinamento inarrestabile: l'Africa e l'Euroasia sono in un regime di compressione. I due continenti si stanno scontrando. [...] Quando due placche si scontrano, una correrà sotto l'altra, sprofondando giù fino al mantello terrestre. Indovina quale è quella in subduzione? La placca euroasiatica. L'Eurasia, fatalmente, finirà sotto l'Africa [...] quanto sta accadendo oggi nel Mediterraneao può essere letto come un semplice anticipo del futuro: ciò che fu separato, sta unendosi. Il movimento, lo spostamento, la migrazione appartengono alla vita stessa del pianeta. [...] L'Africa arriverà e si adagerà sull'Europa e su ciò che ne resta."
"Come un lenzuolo", disse *Beppuzzo*.
"O come un sudario", fu la mia chiosa.

(81-82; emph. mine) [41]

Enia's lesson to his uncle requires him to scan surfaces and indeed examine phenomena under the surface of what is geologically visible, and then metaphorize those geological facts to express something about the present and future of human mobility. "Beppuzzo," the typically Sicilian hypocorism that Enia often uses as an appellative for his uncle,[42] is here the most immediate audience to which Davidù is transmitting his newly gained knowledge about Lampedusa. In all of his surprise, his earnest acquisition of truths both geological and human, Enia's uncle acts as a stand-in for the reader, an ideal interlocutor to whom we can look for guidance as to how to understand, process, and participate in Davidù's narrative.

Perhaps the most striking example of this alignment of dialect and the

---

[40] ("[...] is Africa [...]. Technically it's an elevation of the African tectonic plate.")

[41] ("[...] what's happening is an unstoppable process of convergence: Africa and Eurasia are in a compressive relationship. The two continents are on a collision course. [...] When two plates collide, one slips under the other, sinking down to the Earth's mantle. Guess which one is in subduction? The Eurasian plate. Eurasia will inevitably end up under Africa [...] what's happening now in the Mediterranean can be read as a harbinger of what's to come: that which has been separated is now coming together. Movement, displacement, migration—they all belong to the very life of the planet. [...] Africa will arrive and ease itself down on Europe and on what remains of it."
"Like a sheet," said *Beppuzzo*.
"Or like a shroud," was my ironic reply.)

[42] "Beppuzzo" is used a total of 11 times in *Appunti*, compared to 70 instances of "Beppe," already a nickname for Giuseppe, Enia's uncle's given name. Interestingly, this is one of only three occurrences of "Beppuzzo" that does not occur in direct address (diegetic dialogue), but rather at the intradiegetic level of Enia's narration.

narrative of Lampedusa's geographical and human intelligibility occurs not in *Appunti*, however, but in Enia's theatrical adaptation of it. I address it here because it recounts what is, in effect, the origin story of Enia's creative process, the *raison d'être* for *Appunti per un naufragio*, along with all of its translations and refractions: interlingual, intergeneric, and otherwise. As Enia tells his audience early on in his performance of *L'abisso*,[43] just after the introduction of the *sommozzatore*, it was an invitation to Germany that set his writing in motion:

Qualche anno fa, mi chiama dalla Germania il mio amico poeta e drammaturgo tedesco Albert Ostermaier.
"'Davide, tu volere venire Festival Letteratura Monaco di Baviera?'
'*Minchia*, sì, se mi invitate *a'* Germania, vengo.'
'Tu però dovere scrivere qualcosa.'
'Basta che mi fate venire *alla* Germania, scrivo *'nzoccu* vuoi.'
'Perché tu non andare Napoli parlare con rifugiati?'
'Albert, perché *pìgghiu e 'un mi nni vaiu* a Lampedusa?'
'Cosa essere Lampedusa?'
'*Ci vaiu.*'"

(emph. added to dialectal elements of dialogue)[44]

Enia's performance of this telephone exchange in *L'abisso* interweaves linguistic hybridity, geographical position, and Europeans' relative (un)awareness of the Lampedusan space to reveal the origin of his entire Lampedusa project. Enia reports his own speech as a mixture of Sicilian dialect and standard Italian, while he reports the strawman Ostermaier's speech as a German-inflected broken Italian; the staged exchange has the effect of placing the local, the national, and the European in dynamic juxtaposition. Enia, ever the performer, stages his own linguistic superiority over his German friend by seamlessly code-switching between Standard Italian and Sicilian dialect, with an interlocutor who presumably speaks the former imperfectly and the latter not at all. Yet, even in the diegetic moment of the phone call, his lines already represent a performance of his Sicilian belonging to Ostermaier, far before his public performance of the call hits the *Abisso* stage. The linguistic virtuosity of the Sicilian position is further

---

[43] I am exceedingly grateful to Davide Enia for his generosity in offering his insights, facilitating my attendance at performances of *L'abisso*, and sharing his performance script during the development of this article.

[44] A few years ago, my friend, the poet and playwright Albert Ostermaier, calls me from Germany:
"'Davide, you want come Literature Festival Munich?'
'*Damn*. Yes, if you're inviting me *to* Germany, I'll come.'
'You however must write something.'
'As long as you bring me *to* Germany, I'll write *whatever* you want.'
'Why you do not go Naples talk with refugees?'
'Albert, why don't I just *up and go* to Lampedusa?'
'What Lampedusa?
'I'm going.'"

reinforced when Enia creates (as dramaturge and then again as a performer on the stage) a stereotypically non-native syntax for Ostermaier; the German's suggestion that Enia go to Naples to speak with refugees comes across to the spectator as even more comical as a result. This specific kind of linguistic hybridity therefore uses place and language to highlight the interlocutors' relative (un-)awareness of a mapping of migration to Italy, building to the dialogue's punchline: not only does Ostermaier not register the now-widespread symbolic importance of Lampedusa, but he quite literally does not know where or what it is. At the end, Enia's knee-jerk reaction in Sicilian, his most local and native language, seems to take Ostermaier's unawareness of Lampedusa—its fundamental unintelligibility to him—as confirmation that he must go there, and quickly, to narrate, translate, and interpret the island for a European audience.

Contesting the National through Sicilian Dialect and its Translation
I have rehearsed the various ways in which Enia's ST (*Appunti*) associates knowledge, intelligibility, and transmission of the specificity of a place with a linguistic hybridity that features its dialect. This rehearsal serves as a precursor to my analysis of Antony Shugaar's English-language translation of *Appunti per un naufragio*, entitled *Notes on a Shipwreck*, and Françoise Brun's French translation, *La Loi de la mer*. Taken together, these texts allow me to argue that Enia's textual representation of the dialogues, people, and spaces of Lampedusa operate within a larger and deeper field of mediation. Ultimately, this field's source text is comprised of the island of Lampedusa; that space's linguistic hybridity; and its position within a context of immigration and European policy responses (or their absence). Enia thus deploys a process of rendering Lampedusa intelligible to various audiences in various ways that implicitly push back against national constructs such as state-sponsored migration policies (subject to the fluctuations of international and Italian national politics) and the unrealistic standard of a nationally-intelligible monolingual text that can be transparently translated to other national languages and contexts.

Translation is never transparent, however; it always bears the traces of the translator's choices, decisions, biases, and blind spots, even when those traces merely indicate the translator's intention to mask difference for the target audience. These matters are even more fraught when the ST in question is linguistically hybrid, and especially so when that hybridity is due, even in part, to the presence of a literary sociolect (such as is the case of Sicilian dialect) so bound up with deep-seated controversies over the viability of social, economic, cultural, and racial unification in modern Italy. For the translator of such a hybrid text, the sociolect presents sometimes insurmountable challenges in fully capturing the relationship between standard and non-standard speech in the source-text. If translations are always facts of the target language and culture,[45] then decisions regarding the rendering of non-standard language in the TT must be understood in terms of the TT's standard language:[46] how are non-standard languages situated in relationship to it, if at all? Rosa, in "Translating Place: Linguistic Variation in Translation," develops a taxonomy to describe the overwhelming tendency toward centralization of linguistic varieties in the passage from ST to TT, meaning that the relationships between standard and non-standard languages are subject to shifts that diminish or eliminate their difference. Building on Toury, she writes:

Shifts [translator-enacted differences identified by linguistic and text-oriented comparisons between ST and TT] are a function of place. [...] As translational phenomena they are facts of the target culture. More importantly, when consistent, the sum of micro-level shifts may be grouped into globally recognizable translation strategies, which are never devoid of consequences on the macro-level in terms of linguistic make-up and, consequently, also in terms of the contextual (communicative and socio-semiotic) values evoked by the whole work.

(86)

She continues: "The most pervasive strategy is for translation to bring into the center occupied by the standard all less prestigious varieties located in the periphery of the circle and present in the source text" (87).[47] Rosa breaks down this strategy into a range of specific translation procedures—omission, addition, maintenance, and shifts between different peripheral linguistic varieties either slightly towards or slightly away from standardization—by which these global consequences arise. In light of the overwhelming tendency to omit peripheral language varieties (a.k.a. literary sociolects) altogether, Rosa understands

any attempt to include in translations (either systematically or not) the range of less prestigious or substandard varieties used in local and spontaneous interaction [to assume] a special meaning. It becomes an act of contestation with the express purpose of subverting an established dynamics of power, thereby revealing the ideological visibility of the translator [...].

(94)

[45] See Toury's now-canonical *Descriptive Translation Studies—And Beyond*, in which he argues that any analysis of a translated text must take into account the conditions and forces at play in the target culture.
[46] See Jing Yu, who argues that if what is at stake in a linguistically hybrid ST is the relationship between standard and non-standard language (including variation in both dialect and register), then translators and readers alike must take into account this relationship in the TT.
[47] The translation theorist Susanne Klinger (in *Translation and Linguistic Hybridity*) has also developed a nuanced schema to describe the effects of shifts away from hybridity between ST and TT, but in more narratological and reader-reception terms than Rosa's study. Klinger concludes that such shifts inevitably bring about changes in the ideological associations readers feel with characters and narrators.

To return to Enia's ST: if his use of Sicilian dialect is so associated with the ethics of discovering, understanding, and making Lampedusa translatable, what is the effect of translators' effacement or inclusion of this regional specificity in their TTs? And how does Enia's own theatrical adaptation of *Appunti* address matters of cultural and linguistic specificity? Taking advantage of the fortunate coincidence of two translators who have each translated *two* of Enia's texts (*Appunti* and also *Così in terra* before that), I situate Antony Shugaar's and Françoise Brun's translation decisions with regard to the presence of the non-standard regional Sicilian dialect in the context of Rosa's schema. I will argue that despite strategies that are mostly omissive, Shugaar and Brun's attempts to maintain the linguistic hybridity of the original in their translations of *Appunti* rise to the level of contestation, in a commitment to linguistic hybridism that exceeds those present in their previous translations of Enia's *Così in terra*.

Antony Shugaar's translation of *Appunti per un naufragio* was published as *Notes on a Shipwreck: A Story of Refugees, Borders, and Hope*[48] by Other Press in late 2019.[49] Reviews of Shugaar's work have been generally positive, and have fallen in line with the biases and tendencies that characterize reviews of literature translated into English.[50] Almost as if in support of Lawrence Venuti's arguments regarding the translator's scandalous invisibility, the *New York Times'* Steven Heighton, in reviewing the novel for its "Editor's Pick" feature, wrote that "Antony Shugaar's sensitive translation is marked by restraint, as if Enia is whispering at a wake and might well have preferred silence" (no page). The *Christian Science Monitor*'s review cast's Shugaar's role in a similarly transparent light: "Translator Antony Shugaar adroitly enables English-speakers

---

[48] It is noteworthy that the English TT title of *Appunti* modifies Enia's "per" (*Notes* on *a Shipwreck*), rendering it more retrospective in its temporal orientation than Enia's ST title, which deviates from the standard "su" that one would expect to hear about a shipwreck already in the past. Enia's "per" could imply that his notes are speaking on behalf of the shipwreck, or that they result from the shipwreck. It is also possible that "per" here implies a certain futurity, gesturing toward the possibility that the "naufragio" in the title is the personal one of his uncle's death and the notes taken on his trips to Lampedusa are preparing him for this. The English-language subtitle, meanwhile, is in line with American translating values that more often than not seek to emphasize the silver lining in brutal narratives; the rendering of Primo Levi's *Se questo è un uomo* in the US as *Survival in Auschwitz* (while in the UK the same translation was published as *If this is a man*) is a classic example of this tendency.

[49] Shugaar is among the most prolific Anglophone translators of contemporary Italian literature working today. The translator of four (going on five) *Strega* Prize-winning novels, Shugaar was also the translator of Davide Enia's 2012 debut novel, *Così in terra*, published as *On Earth as It Is in Heaven* in 2014 by Farrar, Straus and Giroux. See Shugaar's biographical profile for the 2019 IDEA Boston festival: https://ideaboston.com/speaker/Antony-shugaar/.

[50] See Chapter 1 of Venuti's *The Translator's Invisibility* for an overview of reviewers' treatment of translated literature and the valorization of transparency in this context.

access to this spectacular testimony" (no page).

With the assistance of Rosa's schema, Shugaar's overall approach can be described in a more nuanced way than these reviews might indicate, as a combination of omission and maintenance. Omission simply refers to a translator's decision to render non-standard text (in this case, Sicilian dialect) as if it were standard in the ST, while Rosa defines the "maintenance" category of translation procedures as those in which "linguistic markers signaling characterizing less prestigious or substandard discourse in the source text are recreated in the target text; communicative and socio-semiotic dimensions of context are maintained" (92). Shugaar's TT (hereafter TT1), is far more characterized by omission than by maintenance, despite the translator's stated disapproval of the notion that a dialect can simply be "left out" of a TT.[51] However, Shugaar does maintain noteworthy portions of dialect-characterized sociolect in the TT1 for characters and narrator alike.

Reflecting a nuanced understanding of Enia's own deployment of Sicilian dialect as narrator of the ST, Shugaar's TT1 maintains substantial amounts of Simone's dialect speech and that of the rescue fishermen, though his TT1 does not do so with all fishermen or dialogues associated with fishing; it also maintains some dialectal elements of Dr. Bartolo's speech. TT1 maintains some of Paola's dialectal speech (about 40%) but none of her partner Melo's.[52] Similarly, TT1 is more limited in its reproduction of dialect text in the case of Enia's alter ego character: Shugaar only maintains dialect in Davidù's dialogues with his father, whose speech is also maintained in dialect in the rare ST case where it occurs. For the most part, though, Davidù's dialect characterizing speech is omitted.

Far and away the most commonly maintained dialect word in TT1 is *picciridda/o/i*, which is used a total of twenty-one times in its various forms in Shugaar's translation. It is mostly, but not exclusively, used to characterize the narrator; it is also attributed to Simone, Paola, and Dr. Bartolo. Across the board, as is true of the ST, it describes the children who have been rescued, arrived safely, or found dead by the Lampedusan community, and less frequently it also describes childhood memories of the various characters and the intradiegetic narrator. Shugaar gives the word a brisk in-line translation ("*picciriddi*—kids") at its first instance on page 10, and then simply maintains it—untranslated but italicized— thereafter in the TT1. It is worth noting that Shugaar's previous translation of Enia's *Così in terra*, also a very hybrid text from a Sicilian sociolectal standpoint,

---

[51] Shugaar wrote in the *New York Times* after the death of the translator William Weaver that he found Weaver's nonchalance with regard to the challenges of dialect, specifically in his translation of Gadda's *Quer pasticciaccio de Via Merulana*, to be disappointing: "The dialect problem is the *reductio ad absurdum* of translation. There are workarounds, but basically, when a translator runs into this kind of issue, she simply leaves it out. And the reader is none the wiser. But the translator is" (no page).

[52] Much of Melo's dialect characterizing speech in the ST actually takes the form of vulgarity (*minchia*), which Shugaar's TT1 translates variously as "fuck," "balls," "hell," "damn," and "Jesus." He does not acknowledge the regional specificity of the term.

does not maintain Enia's liberal use of "*piccirìdda/o/ì*" or of "*minchia*" at all, never using the Sicilian words in *On Earth as It Is In Heaven*.

Returning to *Notes*, Shugaar sometimes (including this very early instance with the speech of this group of Lampedusan kids) reproduces the ST dialect in italics, and then offers an in-line translation of dialect speech with a clarifying addition stating that it was uttered "in dialect," or "in Sicilian." (In one case of Davidù's interactions with disembarking immigrants, the same technique is used to reflect his speech "in English.") More frequently (typically in the case of longer units of text such as sentences, or phrases), Shugaar simply reproduces the ST dialect text in italicized font and then offers an in-line translation. Given that Enia's ST also features what amount to in-line translations (from sociolect into standard Italian) in cases of extended parsing of and reflection on Sicilian proverbs or idiomatic sayings, Shugaar's practice has the effect of creating a zone of translation ambiguity: the reader of TT1 does not know whether it is Shugaar or Enia (or potentially even the speaker) who is doing the translating and parsing of the dialect-inflected ST at any given time.

We might take Shugaar's rendering of Simone's testimony, towards the conclusion of the TT1, as a microcosm of his overall strategy in *Notes*. In this extended side-by-side comparison of the ST and TT1 passages, I've indicated in bold (in the ST) all dialect content. In the TT1, in addition to leaving Shugaar's maintained ST dialect in italics, I have also used bold to indicate all of the text that Shugaar uses to render the ST dialect content, whether in the source language (SL) or the target language (TL), whether standing alone (as in the *piccirìdda/o/i* case) or used as an in-line translation alongside the translated text.

ST
"**Mi vìnni un arrivùgghiu nnu stomaco**... recupero i primi corpi. Sono cadaveri. Non respirano. Ne prendo altri. Anche loro sono morti. Io ogni volta ci spero che qualcuno sia vivo, invece sono tutti morti. E poi vedo galleggiare una **cosuzza** piccola così. Un **piccirìddo**. Quanto poteva avere? Un anno? Due anni? **'Un respira manco ìddu. Mi si secca 'u cori. Arrivavu** troppo tardi. Questo rimorso mi perseguita, non essere riuscito a salvare nessuno.

"Nel pomeriggio la Guardia Costiera mi chiede di aiutarli a localizzare l'imbarcazione, hanno individuato un punto dove potrebbe essersi depositato il

TT1
"*Mi vìnni un arrivùgghiu nnu stomaco* ...**there was a sour taste in my stomach.** I recover the first few bodies. They're all corpses. None of them are breathing. I grab others. They're dead, too. Each time I'm hoping that one of them will still be alive, but instead they're all dead. And then I see this tiny **little thing**, yea big, bobbing on the surface. A *piccirìddo*. How old could that tiny child have been? A year? Two? **He's not breathing either.** *Mi si secca 'u cori.* **It dries out my heart. I got there** too late. This remorse obsesses me, not having been able to rescue anyone at all.

"In the afternoon the Italian Coast Guard asks me to help them locate the watercraft, they've identified a place where the fishing boat might have settled. I go back

peschereccio. Torno lì e mi immergo. Il

peschereccio. Torno lì e mi immergo. Il mare in quel punto ha una profondità di una cinquantina di metri. Nuoto nella zona ipotizzata e di colpo, come se fosse fatto apposta, vedo aprirsi sul fondale una macchia bianca. È sabbia. E proprio là, come se fosse stato poggiato dall'alto, c'è il barcone affondato. È un peschereccio di circa venticinque metri, immobile in quello spazio bianco. E intorno, come se fossero stati depositati sulla sabbia, i cadaveri. **A Dà**, io nuoto e piango. Piango e nuoto. Sullo specchio di poppa del peschereccio sono appoggiate due persone. Sono abbracciate l'una all'altra. Entrambe le teste sono rivolte verso l'alto, come a guardare il cielo. Nuoto e piango. Mi tocca **tràsere nnu scafo** per capire la situazione che c'è sottocoperta. Entro **ddùoco dìntra** e mi ritrovo cadaveri **unnegghié**. Uno sull'altro, in ogni spazio, dentro ogni **pirtùso**. Ci sono morti ovunque. Cadaveri su cadaveri su cadaveri. Dentro il peschereccio ci sono duecentocinquanta morti. Non volevo immergermi mai più, a **Dà, t'u** giuro vero, non volevo andare mai più sott'acqua […]." (*Appunti* 160-61)

there and I dive. At that location, the seabed is about a hundred sixty-five feet down. I swim down and then suddenly, as if it were planned, I see a white patch open up beneath me on the seabed. It's sand. And right there, as if it had been set down from above, is the sunken refugee boat. It's an eighty-foot fishing boat, motionless in that white space. And all around, as if they'd been carefully placed on the sand, are the corpses. *A Dà*, I'm swimming and I'm crying. I swim and I cry. On the stern transom of the fishing boat, there are two bodies. They have their arms wrapped around each other. Both heads are turned upward, as if looking at the sky. I swim and I cry. I have to **go into the** hull to understand the situation belowdecks. I swim **inside** and **everywhere** I look there are corpses. One atop the other, in every space, in every **nook and cranny**. There are dead people everywhere. Corpses upon corpses upon corpses. Inside the fishing boat, there were two hundred fifty dead bodies. I didn't want to dive again as long as I lived, *a Dà*, I swear **to you**, I never wanted to go underwater again […]." (*Notes* 185-86)

What is immediately apparent is the mixture of approaches Shugaar uses to address the challenges of Enia's dialectal sociolect. In one numerically significant case, regarding *picciriddo*, Shugaar can safely assume the reader's familiarity with a word that he has defined early on and used, italicized and untranslated, more than fifteen times already. In the two cases of idiomatic expressions, Shugaar maintains the ST language, and then immediately offers in-line translations. In many cases, though, even with ST words that *have* been maintained in other parts of the TT1 (*cosuzza*, for example), Shugaar opts for omission, rendering sporadic dialectal elements of the first paragraph and almost all of the elements of the second (with the exception of "*A Dà*," which like all instances of Davidù's name is maintained in TT1) transparently, as if these parts of the ST had been written in standard Italian. Overall, Shugaar's TT1 elides much of the sociolect's textual presence even while it signals its existence through italicized maintenance of the dialect applied to key characters in the ST.

Françoise Brun is the translator, according to her LinkedIn profile, of over 160 works from Italian into French, including Enia's *Così in terra* (as *Sur cette terre comme au ciel* in 2016) and *Appunti*, published as 2018's *La Loi de la mer* (hereafter TT2).[53] The French title, which means "the law of the sea," pays homage to the importance of the *sommozzatore*'s initial testimony; it is he who utters this phrase in describing his obligation to save lives despite state-sponsored laws to the contrary: "Ici on sauve des vies. En mer, toutes les vies sont sacrées […]. C'est la loi de la mer" (*La Loi* 12).[54] In general, Brun's approach to translating the Sicilian elements of the *Appunti* ST shares much with Shugaar's: she has homed in on a few salient features of Enia's use of dialect and translated them fairly consistently though not rigorously so. Like the English-language TT1, the French TT2 takes particular care to clearly introduce, and then maintain throughout the text, the dialect word *piccirìdda/o/i*, which is used a total of fifteen instances.[55] The next-most-frequently maintained dialect word in TT2 is *amunì* (It. let's go, come on; ten times), with *minchia* (three times) following that. The dialect that Brun maintains in her TT2 tends to gravitate around the dialogic speech of a few certain characters: Simone, Paola, Melo, Dr. Bartolo, and Davidù. Further, like Shugaar, she is equally attuned to the importance of those moments in the ST where the narrator reflects on the dialect to glean insight from a saying or expression but also *qua* dialect; those passages feature some of TT2's most consistent maintenance of the Sicilian sociolect. Conversely, she insists more heavily than Shugaar on maintaining dialectal elements that, while certainly serving a characterizing function on the socio-semiotic level, do so to a lesser extent on the communicative one: the frequency of a colloquial and dialectal adhortative such as *amunì* merely signals to the TT2 reader that the speaker is a member of the sociolectal community. Its lack of real thematic content, however, does not align the speaker with any particular activity or, for that matter, with any other sub-set of the community defined by that sociolect. On the whole, Brun is slightly less inclined than Shugaar to maintain longer units of dialogue in dialect, and indeed keeps less of the overall ST sociolect in her TT2 than Shugaar does in his TT1.

One might draw the conclusion—based merely on the presence of recognizable dialect in the bodies of TT1 and TT2 respectively—that TT2 hews closer to strategies of omission and therefore transparency than does TT1. However, Brun's TT2 introduces a robust paratextual apparatus in the form of footnotes that is not present in either Enia's ST or Shugaar's TT1, and that works in an opposite and potentially compensatory direction, counterbalancing Brun's tendency to omit the dialect from her TT2. The presence of linguistically- and culturally-oriented footnotes in literary translation certainly resists the transparency that Venuti's *The Translator's Invisibility* has identified as the

---

[53] Both translations were published by Albin Michel.

[54] (Here, we save lives. At sea, each life is sacred. […] That's the law of the sea.) This passage appears on p. 13 of *Appunti* and p. 4 of *Notes*.

[55] In contrast, Brun's approach to this aspect of the sociolect hybridity of *Così in terra* is strikingly different: she rarely maintains single words like *picciriddo*, which occurs only three times in that earlier TT.

unfortunate hallmark of Western translation values that will not tolerate difference, and that Lefevere has theorized in terms of colonializing analogies between the conceptual and textual traditions of the cultures being translated.[56] Footnotes in a TT interrupt the natural flow of reading with information external to the text. Even more than footnotes in an untranslated text, they inconvenience the reader, who must not only alternate between textual and paratextual information, but also between a more or less transparent rendering of the ST's body, on one hand, and evidence of the translator's presence, their opacity, their labor, on the other. As a result, by creating competing spaces of attention within the page of a TT, footnotes cast a bright and potentially jarring light on precisely that part of the ST that the TT cannot contain or accommodate, in terms of linguistic and cultural difference, and in terms of the translator's presence in the mediating process. They are one particularly visible example, perhaps, of how "translation, as both a linguistic and a cultural activity, involves the disruption of apparently homogeneous communities and the foregrounding of difference" (Polezzi "Disrupting Europe").

Brun's paratextual apparatus in *La Loi de la mer* contains a total of thirteen footnotes: nine pertaining to Sicilian dialect, three explaining cultural references drawn from TV and literature, and one in reference to the dialect of Bari. As a means for comparison, it is helpful here, too, to look at Brun's translation of *Così in terra* (*Sur cette terre comme au ciel*), where she also makes use of a footnote paratext. Specifically, in the paratextual apparatus of fifteen notes in *Sur cette terre comme au ciel*, six notes are used to explain or translate Sicilian dialect text, two are used to explain or translate text in Standard Italian, and seven notes refer to cultural notions, mostly having to do with food. In this earlier TT, Brun's focus is more gastronomic than dialectal despite the presence of ample use of dialect in Enia's *Così in terra* ST. *La Loi de la mer*, further, is almost half as long as *Sur cette terre comme au ciel*; at roughly the same amount of notes that means that the quantity of footnotes in *La Loi de la mer* is, relatively speaking, doubly significant with regard to Brun's earlier translation of Enia's work. Brun's relatively strong emphasis on dialect in *La Loi de la mer*'s footnotes acts in tandem with her other strategies. Namely, with commonly used words such as *picciriddi* and *amunì*, Brun inserts a footnote at the word's first instance, providing a definition paratextually that the reader can apply to subsequent iterations of the word. Consistently in Brun's TT2, these dialect words appear untranslated and italicized in the TT2.

We've seen that *picciridda/o/i* is a frequently used dialect word for Enia (in

---

[56] "The most pressing task ahead, as I see it, is the gradual elimination, in translating between cultures, of the category of *analogy*, as pernicious as it is, initially, necessary. When we no longer translate Chinese T'ang poetry 'as if' it were Imagist blank verse, which it manifestly is not, we shall be able to begin to understand T'ang poetry on its own terms. This means, however, that we shall have to tell the readers of our translations what T'ang poetry is really like, by means of introductions, the detailed analysis of selected texts, and such" (77-78).

both *Così in terra* and *Appunti*), and that in *Appunti* it is used to describe both Enia's reflections on his childhood and the child migrants who arrive on Lampedusa or die getting there. We've also seen that Shugaar picks up on the word's centrality, maintaining it more than any other aspect of the Sicilian sociolect. But Brun's footnoted reference to *piccirìddi* signals its importance in her TT2 in even more striking ways since it appears in a footnote and it is the only one in which she explicitly links the annotated word to the Sicilian dialect ("1. 'Gamins', en dialecte sicilien"; *La Loi* 16). For the most part (this first annotated instance of *piciriddi* is the only exception), Brun's footnotes on the Sicilian sociolect refer to the quoted characterizing dialogue of those I've called "ethical actors" in this narrative: fishermen, Paola, Dr. Bartolo, uncle Beppe, and even Davidù. In Brun's TT2, therefore, her footnotes serve to foreground both the presence and the difference of the Sicilian dialect, and the ethical position of the agents and processes of transmission: the ethical actors who use dialect to recount their tales, Enia as narrator of their reality, and finally Brun as the mediator of the story as it travels from Italy to France. By linking the ethical position of Lampedusan solidarity to the radical visibility of translation, Brun grants her footnotes a doubly powerful charge and adds her own position as translator to the list of ethically-acting figures present in her TT2.

Conclusion
Luigi Bonaffini has written that "dialect [is] 'the painful conscience of history,' because only dialect, as opposed to [the language of] the ruling class, can bear witness to the injustices of history and give voice to the excluded and the oppressed" (279). Davide Enia's first-person account of immigration, rescue, and solidarity on Lampedusa foregrounds ethical actors' use of Sicilian precisely to bear witness to the realities of a symbolically charged space, speaking as the "painful conscience" of tortured and intertwined histories of Western nationalism, colonialism, and imperialism. This voice of conscience characterizes Enia's ethical actors and constitutes an act of resistance against national formulations such as Standard Italian and the regimes of bordered sovereignty that underpin their modern logic and laws. Though they did not do so in their translations of Enia's previous work, both Shugaar and Brun have made the selective maintenance of untranslated dialect part of their translation strategy for *Appunti per un naufragio*. Their selection process has—albeit in slightly different ways— clearly accounted for Enia's decision to characterize the quoted discourse of ethical actors through a Sicilian dialectal sociolect: their TTs selectively maintain Enia's linguistic hybridity to reflect the deep connection between his dialect-speaking characters (and narrator) and the ethical positions they occupy. Further, Brun's deployment of footnotes to foreground the ethics of both dialect and processes of transmission (in the forms of testimony, narrative, translation) shines a particularly bright light on the complex relationship between linguistic

difference and textual mediation. These features of Brun's TT2, in particular, bear re-examination in light of the TT2's other radical shift: her selection of the title *La Loi de la mer*. Brun's title does not merely signal a shift away from the personal dimension of Enia's family "shipwreck" and toward the migration drama dimension of his narrative. It also serves to recast the entire text in terms of a legal framework that privileges human rights over the logic of national citizenship (of the immigrants, of ethical rescuers, of Sicilian dialect speakers), and challenges modern configurations such as national and supranational sovereignty over the logic of border regimes. In much the same way, the maintenance of untranslated dialect stands as a linguistic challenge to the modern—and in the Sicilian case, colonial—"interruption" of national standard languages (Chambers). To maintain Enia's Sicilian dialect in these TTs (and in particular in Brun's, where the TT2's new title advances clear human rights claims) is to stake an ethical position founded in the law of the sea in opposition to the national and supranational law of the land.

University of Pittsburgh

Works Cited

"Antony Shugaar." IDEA Boston 2019. https://ideaboston.com/speaker/Antony-shugaar/. Accessed 10 December 2019.

Bonaffini, Luigi. "Translating Dialect Literature." *World Literature Today* 71.2 (Spring 1997): 279-88.

Chambers, Iain. *Postcolonial Interruptions, Unauthorized Modernities*. London: Rowman & Littlefield, 2017.

de Kerangal, Maylis. *À ce stade de la nuit*. Paris: Éditions Gallimard, 2015.

De Luca, Erri. *Pianoterra*. Roma: Nottetempo, 2008.

di Giammarco, Rodolfo. "Davide Enia l'abisso pulsante di un capolavoro." *La repubblica*. 9 December 2019. Accessed 10 December 2019.

El Khoury, Mona. "Lampedusa, ou la nuit de l'Europe: *À ce stade de la nuit* de Maylis de Kerangal. *French Cultural Studies* 30.1 (February 2019): 65-79.

Enia, Davide. *Appunti per un naufragio*. Palermo: Sellerio, 2017.

_____. "Appunti per un naufragio." Sellerio Editore. https://sellerio.it/it/catalogo/ Appunti-Un-Naufragio/Enia/9288. Accessed 10 December 2019.

_____. *Così in terra*. Milano: Dalai editore, 2012.

_____. *La Loi de la mer. Récit*. Trans. Françoise Brun. Paris: Éditions Albin Michel, 2018.

_____. *Notes on a Shipwreck. A Story of Refugees, Borders, and Hope*. Trans. Antony Shugaar. New York: Other Press, 2018.

_____. *On Earth as It Is in Heaven*. Trans. Antony Shugaar. New York: Farrar, Straus and Giroux, 2014.

_____. "'Scene dalla frontiera' di e con Davide Enia." *Il teatro in diretta. RAI Radio*. http://www.rai.it/dl/portaleRadio/media/ContentItem-febe3139-1b64-4733-91c5-a6525f7b4a1b.html. Accessed on 20 December 2019.

_____. *Schiffbruch vor Lampedusa*. Trans. Susanne van Volxem and Olaf Matthias Roth. Göttingen: Wallstein Verlag, 2019.

_____. *Sur cette terre comme au ciel*. Trans. Françoise Brun. Paris: Éditions Albin Michel, 2016.

European Parliament Briefing. "Hotspots at EU External Borders." 2018. http://www.europarl.europa.eu/RegData/etudes/BRIE/2018/623563/EPRS_BRI(201 8)623563_EN.pdf. Accessed 9 January 2020.

"February's 10 Books to Break the Winter Doldrums." *Christian Science Monitor*. Online. https://www.csmonitor.com/Books/2019/0213/February-s-10-books-to-break-the-winter-doldrums. 13 February 2019. Accessed 5 December 2019.

Frontex European Border and Coast Guard Agency. frontex.europa.eu. Accessed 23 January 2020.

Gallagher, Mary. "Lost and Gained in Migration: The Writing of Migrancy." *From Literature to Cultural Literacy*. Ed. Naomi Segal and Daniela Koleva. New York: Palgrave Macmillan, 2014. 122-37.

Garendi, Glenda, and Martina Tazzioli. "The EU Hotspot Approach at Lampedusa." "OpenDemocracy." Online. 26 February 2016. https://www.opendemocracy.net/ en/can-europe-make-it/eu-hotspot-approach-at-lampedusa/. Accessed 9 January 2020.

Graziano, Manlio. *What is a Border?* Stanford: Stanford UP, 2018.

Guccini, Gerardo, and Michela Marelli, eds. *Stabat Mater: viaggio alle fonti del teatro narrazione*. Castello di Serravalle (BO): Teatro delle ariette, 2004.

Hampshire, James. "European Migration Governance since the Lisbon Treaty: Introduction to the Special Issue." *Journal of Ethnic and Migration Studies* 42.4 (2016): 537-53.

Heighton, Steven. "The Life-or-Death Struggle of Refugees Braving the Mediterranean Crossing." *New York Times*. 19 February 2019. https://www.nytimes.com /2019/02/19/books/review/davide-enia-notes-on-shipwreck.html. Accessed 3 Dec. 2019.

Jiang, Zhuyu. "Footnotes: Why and How They Become Essential to World Literature?" *Neohelicon* 42 (2015): 687–94.

Klinger, Susanne. *Translation and Linguistic Hybridity. Constructing World-View*. New York: Routledge, 2014.

Lane-Mercier, Gillian. "Translating the Untranslatable: The Translator's Aesthetic, Ideological and Political Responsibility." *Target* 9.1 (1997): 43-68.

Lefevere, André. "Composing the Other." *Post-colonial Translation: Theory and Practice*. Ed. Susan Bassnett and Harish Trivedi. New York: Routledge, 1999. 75-94.

Loshitzky, Yosefa. "Introduction." *Third Text. Fortress Europe*. 20.6 (2006): 629-34.

Markard, Nora. "The Right to Leave by Sea: Legal Limits on EU Migration Control by Third Countries." *The European Journal of International Law* 27.3 (2016): 591-616.

Mezzadra, Sandro, and Brett Neilson. *Border as Method, or The Multiplication of Labor*. Durham: Duke UP, 2013.

Motte, Warren. "Multitasking: The Narrative Alchemy of Maylis de Kerangal." *World Literature Today*. Online. 29 March 2017. https://www.worldliteraturetoday.org /blog/cultural-cross-sections/multitasking-narrative-alchemy-maylis-de-kerangal-warren-motte. Accessed 2 December 2019.

Polezzi, Loredana. "Translation, Travel, Migration." *The Translator* 12.2 (2006): 169-88.

_____. "Translation and migration." *Translation Studies* 5.3 (2012): 345-56.

_____. "Disrupting Europe: Polylingual Models and Common Selves." *European Institute for Progressive Cultural Policies*. https://transversal.at/ transversal /0613/polezzi/en?hl=polezzi. Accessed 20 December 2019.

Prosa, Lina. *Trilogia del naufragio. "Lampedusa Beach", "Lampedusa Snow", "Lampedusa Way."* Roma: Editoria & Spettacolo, 2013.

_____. and Anna Barbera. "The Mythic Voyage Resurfaces in Lina Prosa's *The Trilogy of the Shipwrecked*." *Sampsonia Way*. Trans. Lina Insana. 8 June 2016. https://www.sampsoniaway.org/interviews/2016/06/08/the-mythic-voyage-resurfaces-in-lina-prosas-the-trilogy-of-the-shipwrecked/. Accessed on 2 Dec. 2019.

Rosa, Alexandra Assis. "Translating Place: Linguistic Variation in Translation." *Word and Text. A Journal of Literary Studies and Linguistics* 2.2 (December 2012): 75-97.

Ruffino, Giovanni. *Profili linguistici delle regioni. Sicilia*. Roma: Laterza, 2001.

Sánchez, Maria T. "The Use of Footnotes in Literary Translation." *FORUM. Revue internationale d'interprétation et de traduction* 13.1 (2015): 111-29.

Schneider, Jane, ed. *Italy's "Southern Question": Orientalism in One Country*. New York: Berg, 1998.

Shell, Marc. *Islandology. Geography. Rhetoric. Politics*. Stanford: Stanford UP, 2014.

Shugaar, Antony. "Translation as a Performing Art." *New York Times*. Online. 14 January 2014. https://opinionator.blogs.nytimes.com/2014/01/27/william-weaver-and-translation-as-a-performing-art. Accessed 19 December 2019.

Teatro di Roma. "Ritratto di una nazione. L'Italia al lavoro. Intervista a Davide Enia." http://www.teatrodiroma.net/doc/5135/ritratto-di-una-nazione-l-italia-al-lavoro-intervista-a-davide-enia. Accessed 15 December 2019.

Toury, Gideon. *Descriptive Translation Studies—And Beyond*. Amsterdam: John Benjamins Press, 1995.

"2 Seas Foreign Rights Catalogue." http://catalog.2seasagency.com/book/notes-shipwreck-appunti-per-un-naufragio/. Accessed 30 November 2018.

"UNESCO Atlas of the World's Languages in Danger." UNESCO <http://www.unesco.org/languages-atlas/en/atlasmap/language-id-1023.html>. Accessed 3 December 2019.

UN Division for Ocean Affairs and the Law of the Sea. *United Nations Convention on the Law of the Sea*. 10 December 1982. https://www.un.org/depts/los/convention_agreements/texts/unclos/UNCLOS-TOC.htm. Accessed 23 January 2010.

UN High Commission on Refugees. *Rescue at Sea. A Guide to Principles and Practice as Applied to Refugees and Migrants*. January 2015. https://www.unhcr.org/450037d34.pdf. Accessed 8 December 2019.

Venuti, Lawrence. "Local Contingencies: Translation and National Identities." *Nation, Language, and the Ethics of Translation*. Ed. Sandra Bermann and Michael Wood. Princeton: Princeton UP, 2005. 177-202.

_____. *The Translator's Invisibility*. 1995. New York, London: Routledge, 2008.

Tymoczko, Maria. "Post-colonial Writing and Literary Translation." *Post-colonial Translation: Theory and Practice*. Ed. Susan Bassnett and Harish Trivedi. New York: Routledge, 1999. 19-40.

Yu, Jing. "Translating 'Others' as 'Us' in *Huckleberry Finn*: Dialect, Register and the Heterogeneity of Standard Language." *Language and Literature* 26.1 (2017): 54-65.

Heather Sottong

Bartolomé Mitre's Translation of the *Divine Comedy*: An Anti-*Martín Fierro*

Abstract: Bartolomé Mitre, President of Argentina from 1862–1868, was also the first Argentine translator of Dante. He translated the *Divine Comedy*, a nation-building, foundational text within Italy, with the intention of adopting it to similar ends in Argentina. The present article discusses how Mitre's translation of the *Divine Comedy* can be considered a counter operation to the aesthetic and thematic tendencies and social message promoted by José Hernández, Mitre's political adversary and author of what is today considered Argentina's greatest epic—*Martín Fierro* (1872). Mitre's decision to fill what he perceived as a "cultural void" with translations of classics from Old World Europe was a means of negating the importance of the local literary production that ran counter to his Eurocentric vision of a post-Independence, progressive Argentina.

Keywords: Dante Alighieri, *The Divine Comedy*, nation building, Argentine literature, Bartolomé Mitre, translation, José Hernández, *Martín Fierro*.

> Si Italia tiene su *Divina Comedia*, España su Quijote, Alemania su Fausto, la República Argentina tiene su Martín Fierro.
>
> (Just as Italy has its *Divine Comedy*, Spain its *Don Quixote*, and Germany its *Faust*, Argentina has its *Martín Fierro*.)
>
> (Pablo Subieta, online)

Introduction

José Hernández's *Martín Fierro* has long been considered Argentina's most prized literary classic. Upon its publication in 1872, it enjoyed immediate and popular success. Within two years of publication, it had been printed nine times.[1] It was sold in rural *pulperías* and read aloud at public gatherings in the countryside. Many Argentine intellectuals, most notably Leopoldo Lugones (1874–1938), would later uphold the work as the greatest reflection of Argentine national identity. In his 1913 lectures, Lugones declared the work to be the epic of Argentina, comparable to Italy's *Divine Comedy* or Spain's *Don Quixote*.[2]

It is interesting to note, then, that Bartolomé Mitre, a contemporary of Hernández who was fully aware of the book's popular success, chose not to mention it when asked about the state of Argentine literature. In 1887, Señor don Miguel M. Ruíz wrote to Mitre to ask about the possibility of establishing a course

---

[1] *Concise Encyclopedia of Latin American Literature* 304.

[2] Although Lugones insists that *Martín Fierro* is an epic (as cited in Sava 52), the work's genre is debatable. For example, Jorge Luís Borges, among others, throughout his own *El "Martín Fierro,"* described it as a verse novel more than an epic.

on South American literature at local universities, something which at that time did not yet exist. Mitre wrote back to dissuade Ruíz from attempting such an endeavor, which he claimed was impossible: "In order to teach a literature course, the first thing one needs is literature. In our case we are lacking not only the complete materials to teach such a course, but also the very material that constitutes the subject itself" (*Correspondencia* 3: 170).[3] The literature of South America, Mitre claimed, was incomplete and fragmentary, "just budding one could say" (3: 173). In his letter he lays out the criteria for determining if a body of written works can indeed be called "literature." First, these works must "embrace the vast field of human thought"; secondly, there must be the creation of new genres, or "original creations that mark progress in literature"; finally, there must be works which "nourish with [their] essence the genius of a nation" (3: 173). Mitre further notes that such artistic developments, which apply not only to literature but also to music, painting, and sculpture, cannot occur within in a country such as Argentina with its relatively brief history:

It is a question of time, a combination of elective affinities, an evolution that occurs gradually and which has as its principal factor hereditary ability and intellectual accumulation, which like capital is accumulated over time.

(3: 173)

Lastly, Mitre extends his assessment to the whole of South America, and describes territorial and intellectual voids that need to be filled:

There are many voids to be filled, both territorial and intellectual. The vast majority of the land is uncultivated, and even unoccupied, and the literary colonies lack representatives and personifications to populate her terrain which is profound but yet untilled.

(3: 173)

By envisioning nineteenth-century South America as culturally barren, Mitre is negating both the existence/importance of the indigenous cultures, as well as the local literary/cultural production that had occurred *in situ* since colonization.

In light of his stark views regarding the state of South American literature, it becomes easier to understand why he dedicated a great deal of time and energy to the translation of European classics, such as Horace, Byron, Hugo, and, most importantly, Dante. He labored on his translation of the *Divine Comedy* for nearly a decade, beginning translations of various cantos in 1889, and publishing a definitive edition of all three *cantiche* in 1897. The amount of time Mitre devoted to the translation becomes all the more impressive when we consider that during the 1890s, approximately three decades after his presidency, he was still extremely politically active. For example, in 1890, he founded the Civic Union

---

[3] Here and elsewhere, I have translated passages from the original Spanish. All translations are mine unless otherwise noted.

along with Leandro Alem and instigated the Revolution in the Park to oust then president Juárez Celman. In 1892 he was, along with Bernardo de Irigoyen, on the Civic Union's presidential ticket, although he later renounced the candidacy. Throughout the decade he exerted his political influence by way of the newspaper *La Nación*, which he had founded in 1870. The question that begs asking, then, is why did Mitre see the hugely laborious task of translating Dante as a priority amid so much political activism? And what did the translation of an Italian epic poem have to do with Argentine politics? To shed light on these questions, I will consider this translation in conjunction with Mitre's negation of local literary production, focusing on Argentina's most prized literary classic, Hernández's *Martín Fierro*, before turning to Mitre's translation of Dante.

El Gaucho Martín Fierro: **Argentina's Epic**

El Gaucho Martín Fierro (Part 1, year 1872) is the story of an impoverished gaucho of the Argentine pampas who sings of his many misfortunes, most of which are directly related to his persecution by Argentine institutions such as the military and government. Drafted into the army, Fierro leaves his family, only to be exploited and mistreated by the military men who were misusing the conscripts as free labor. After realizing the futility of remaining on the front, he deserts and returns home to find his house destroyed and his family gone. In a country that offers him no alternative, he is forced to live as an outlaw. By the end of the book, Fierro and his friend Cruz have withdrawn from civilization.

The book's author, José Hernández (1834–86), was raised on his father's ranch near Buenos Aires where he became deeply familiar with the rural life of the gauchos, as well as their speech, mannerisms, and rugged lifestyle. He was not a gaucho himself, but rather a member of the ruling elite. He was economically liberal but, unlike Mitre, felt that the economy should be based on cattle rather than on agriculture and industrialization, which were more labor-intensive and required immigration. Gauchos, rather than immigrants, were a key component of a cattle-ranching economy. Hernández was a federalist, and his life and works were dedicated to safeguarding the interests of the land-owning population of the provinces. He shared with other rural landowners the growing sentiment that rampant "progress," excessive immigration, and the arbitrary power of the city of Buenos Aires over the provinces could lead to a loss of tradition and values.

Hernández made his voice heard as a journalist, politician, and author of fiction. In 1851 he began working as the Paraná-Entre Ríos correspondent to *La Reforma Pacífica*. From 1852 to 1872 he defended the provinces against what he considered to be the excessive centralization of the government in Buenos Aires. He also took part in the gaucho uprising led by López Jordán, which ended in 1871 with the defeat of the gauchos and his exile to Montevideo. He was openly against Mitre's extreme liberalism and military contradictions during the War of Paraguay (Donghi 275). He also spoke out against Sarmiento, who was elected president in 1868. From 1869–1870, he was the editor of the newspaper *El Río de la Plata*, which published articles against the persecution and exploitation of the gauchos, among other political issues, and whose goals were explicitly stated in the first issue:

Situated in a line of thinking independent from Sarmiento and Mitre, as well as from Urquiza, the newspaper will support a few essential tenets: defense of the men of the countryside, total and systematic opposition of the War of Paraguay and the attack on Brazilian interests, indefatigable postulation of the municipal regimen and the judgement of the jury, concord and national unity, liberty for all, equality in front of the law, political and economic federalism, industrial protectionism, and economic nationalism.

(Hernández, cited in Borello 73)

One of the controversial topics opposed by Hernández was the military draft of the gauchos, whom he believed were needed in the countryside to raise the cattle which he saw as the economic future of the country, rather than on the warfront fighting Indians or other American countries, as they did in the Paraguayan War. In his opinion, universal conscription was bound to end in disaster: "It's not necessary to possess the secrets of the future in order to predict what will happen. It's enough to know the countryside, the nature of our gauchos, their customs, and the terror and panic that military service provokes in them" (Hernández, cited in Donghi 275).

These socio-political arguments are at the heart of *El Gaucho Martín Fierro* (Part 1). Hernández began writing the poem following the suppression of his newspaper while in exile. In 1872, he received amnesty and was able to return to Buenos Aires, where he would publish it. Where Hernández's book addresses social and political inequities, the bitterness of his recent political bruising emerges in pages that are extremely critical of the central government, forcing a conclusion that ends with no hope of integration of the rebel gaucho into society. Conversely, the second part, *La vuelta de Martín Fierro* (1879), is much more conciliatory, no doubt because it was written when Hernandez's political situation was far more favorable on account of the presidency of Nicolás Avellaneda (1874–80).[4]

In March of 1879 Hernández himself sent Mitre, his long-time political adversary, a copy of *La Vuelta* in which he inscribed the following words:

For 25 years I have been among the ranks of your political adversaries—few Argentines can say the same; just as few have dared as I have to rise above this distinction, to ask the illustrious Author that he concede a small space in his Library for this modest book. I ask you to please accept it as a gesture of respect from your fellow countryman.[5]

---

[4] During his presidency, Avellaneda allowed thousands of emigrants, persecuted politicians, fugitives, and outlawed guerrillas to be reintegrated into the political life of the country. This policy is reflected in *La vuelta*.

[5] Letter from José Hernández to Bartolomé Mitre, written on the flyleaf of Mitre's personal copy of *Martín Fierro* (Museo Mitre).

Although Mitre did not yet own a copy, he was most certainly aware of the book's popularity, which he acknowledges at the beginning of his response letter: "*Martín Fierro* is a work and a figure who has earned citizenship in Argentine literature and society." Ostensibly putting politics aside, in the same letter Mitre accepts Hernández's literary offering, saying that he appreciates the benevolent words that accompany the book. But his disapproval of the work's socio-political message becomes evident in the criticisms that follow.

Still in the same letter, Mitre begins by describing the book as "a truly spontaneous poem, a slice of real life." Although seemingly a flattering remark, it is most likely a slight that insinuates that the poem was written with little heed to formal perfection. He goes on, however, to praise the work which seems to meet the criteria for literature as he himself laid out in the aforementioned letter to Miguel M. Ruíz, wherein he insisted that a nation's literature possess new genres or "original creations that mark literary progress" (*Correspondencia* 3: 173). Of *Martín Fierro*, he writes:

It has intention, philosophy, poetic flights, and beautiful descriptions which signify the third or fourth form that this genre of literature has taken on among us. Hidalgo will always be its Homer because he was the first, and like you he was inspired by a poetics that you have summed up in the following verses:
> Porque yo canto opinando
> Que es mi modo de cantar

Ascasubi, who followed in Hidalgo's footsteps, putting the gaucho in the presence of civilization and exalting his patriotism; and Estanislao del Campo, who made the gaucho judge works of art and the society according to his own criteria, mark the intermediary forms of the genre.

(Letter from Bartolomé Mitre to José Hernández. April 14, 1879)

Mitre recognizes the gauchesque as a literary genre unique to Argentina that has developed over time, culminating in *Martín Fierro*.[6] His perception of the development of a whole genre is probably his greatest achievement as a literary critic. Yet, despite his identification of *Martín Fierro* as the apex of this original literary genre, he is very critical of its lexicon, style, and content, as he writes in the letter just quoted above:

I find that you have been overly realistic and have exaggerated the local color in verses without meter which you intentionally sowed into your pages, as well as certain barbarisms which were not necessary to make your book accessible to the world.

Mitre does not seem to appreciate the extent to which *Martín Fierro* is formally sophisticated, nor does he understand Hernández's mythologization of the

---

[6] On the development of gauchesque literature, see Becco, Weinberg, Borello, and Prieto; Borges, "La poesía gauchesca"; and Rama.

gaucho. He most likely could not get past the work's subject matter to recognize its literary potential, fearing that its pessimistic portrayal of the political situation gave a negative impression of the new nation and of both his own and Sarmiento's presidencies.

Mitre's translation of *The Divine Comedy*: An Anti-*Martín Fierro*

Mitre's translation of the *Divine Comedy* can be considered an anti-*Martín Fierro*. It is a way to mitigate the linguistic and aesthetic tendencies of the work, and most importantly, to promote the opposite social message—cultural cohesion modeled upon Risorgimento Italy, with which the *Divine Comedy* was associated. To explain, Risorgimento thinkers saw Dante as a harbinger of national unity, given his opposition to foreign domination. Giuseppe Mazzini, in particular, was influential in promoting the idea of Dante as *pater patriae*. As Andrea Ciccarelli argues in "Dante and Italian Culture from the Risorgimento to World War I," the recovery of Dante by nineteenth-century Italian culture was based mostly on political and ethical reasons, which "converted Dante into an emblem of national unity" (125).

Mitre was familiar with the culture of the Italian Risorgimento. He was introduced to Mazzinian ideas and the ideology of Young Italy while he and his family were exiles in Montevideo, Uruguay, when Juan Manuel de Rosas was in power in Buenos Aires. It was in exile that a young Mitre came to know Giuseppe Garibaldi and other Italians, themselves exiles, who were involved in spreading the ideas of Mazzini in South America (Sottong, *Dante's Afterlife* 13–22). Mitre's association of Dante with political unity is confirmed in a letter to Miguel Cané (the younger), in which he recalls the time when "the *Divine Comedy* was observed in great detail [...], chosen by the exiles who dreamed of the united Italy presented by the Poet, at the same time as the Argentine immigrants hoped for the liberty of their country."[7]

A second reason that a translation of Dante made sense for Mitre within the context of nineteenth-century Argentina was due to the considerable presence of Italian migrants in the region. Following independence, the Argentine territory remained largely unpopulated. The governing elites, such as Juan Bautista Alberdi, who coined the phrase *gobernar es poblar* (to govern is to populate), promoted immigration as the means to "civilize" and modernize the nation. In the second half of the nineteenth century, roughly sixty percent of the European immigrants who settled in the country were Italian;[8] and Mitre himself was pro-Italian immigration during his presidency (Sottong, *Dante's Afterlife*). A version of *The Divine Comedy* translated into Spanish was both a gesture of welcome for Italian immigrants and, as becomes apparent from the prologue to the translation

---

[7] Letter from Mitre to Miguel Cané (the younger), 1894 (Museo Mitre).

[8] On Italian immigration to Argentina during the second half of the nineteenth century, see Stahringer and White.

and the publication announcements, a way of associating Argentina with Old World high culture.

Associating Argentina with High Culture

A closer look at Mitre's translation reveals that the intended audience were men of letters and urban intellectuals. This stands in stark contrast with Hernández's *Martín Fierro*, which was addressed to and appreciated by the rural population. *Martín Fierro* and Mitre's translation of the *Divine Comedy* diverge on a stylistic level.

In *Martín Fierro* Hernández incorporates expressions characteristic of the popular Argentine Spanish of the pampas (considered unworthy of high literature) much like the Italian vernacular was at the time of Dante. When he lived among the gauchos, Hernández absorbed their way of speech and employed its expressive power for the storytelling "duels" of his poets of the pampa. Dialect pronunciations are frequently imitated via orthographic changes. For example, Hernández replaces "f" with "j" ("juerte" for "fuerte" and "juera" for "fuera"); "b" with "g" ("gueno" for "bueno"); and "v" with "g" ("guelta" for "vuelta"). Similarly, the "d" is more often than not omitted from the suffix "-ado" which is written as it was pronounced by rural Argentines as "-ao." The simple change of leaving off the final "d" of the suffix "-dad," thereby lengthening the "a," gives his gaucho poetry a unique phonetic quality:

> que nunca peleo ni mato
> sino por necesidá
> y que a tanta alversidá
> sólo me arrojó el mal trato.
>
> (vv. 105–08; Hernández, *Martín Fierro* 10)

In addition to the omission of the final "d," the first "d" in "adversidad" is changed to an "l." While such pronunciations were typical of the gauchos, they were not the norm among the urban intellectuals like Mitre. Hernández's goal was to be a poet for the rural population, and therefore his protagonist proclaims at the onset, "yo no soy cantor letrao" ("I am not a learned singer," v. 49, 21), to convey a sense of humility, although such verses could only be written by a man of letters.

Perhaps even more interesting are the humorous plays on words that bring together the pronunciation and imagery of the pampas, such as when the drunk Martín Fierro insults a woman he fancies when out dancing:

Al ver llegar la morena	Upon seeing the woman enter
que no hacía caso de naides	paying no attention to anyone,
le dije con la mamúa:	I said to her drunkenly:
"Va…ca…yendo gente al baile."	"*Va…ca…yendo gente al baile.*"[9]

---

[9] All English translations of *Martín Fierro* are by Emily Stewart from the bilingual edition.

(vv. 1151–54, 69)

Fierro, slurring on account of "la mamúa" (Argentine slang indicating drunkenness), points out that people are starting to show up to dance ("va cayendo"). However, because his speech is slurred and drawn out, "va...ca..." is interpreted by the woman as an insult, "vaca" meaning "cow." The woman retaliates, "más *vaca* será su madre" (your mother is more of a cow). This only escalates the animalesque vulgarity of Fierro's advances, as he continues to offend her in the low language of the rural dance halls:

"Negra linda"...dije yo,	"Beautiful negress"... I said to her
"me gusta...pa la carona";	"*Me gusta...pa la carona,*"
y me puse a talariar	and I started to sing
esta coplita fregona:	this little verse:
"A los blancos hizo Dios,	White men were made by God,
a los mulatos San Pedro,	mulatos by San Pedro
a los negros hizo el diablo	and blacks were made by the devil
para tizón del infierno."	to stain the fires of hell."

(vv. 1163–70, 69)

Fierro tells her he would like to mount her, since "carona" could be understood as "saddle," thereby likening her to a horse. Shortly thereafter he gets into a brawl and ends up killing a black man. He says to him at the beginning of the fight: "Por... rudo... que un hombre sea/ nunca se enoja por esto" ("*Por... rudo...* as a man may be/ he should never get mad over this"; 70). Similar to the tenzone of Dante's time, Hernández packs as many insults into one line as possible, *porrudo* meaning hairy in addition to rude (*rudo*). Elsewhere, the text even pokes fun at the speech of Italian immigrants, who were not as refined as the country's forefathers had initially envisioned (56).

The style, of course, is low, comic, and characterized by rural colloquialisms which Mitre considered undesirable and referred to as "barbarisms," which in philology defines a badly formed word or expression according to traditional philological rules; *e.g.*, a word formed from elements of different languages. More importantly, "barbarism" means an absence of culture and civilization; it was a politically charged word ever since Sarmiento's *Facundo* depicted the opposition between "civilización" and "barbarie" as the central conflict in Argentine culture. For the urban intellectual elite, the gauchos and the *caudillos* represented the barbarism believed to derive from the nature of the Argentine countryside. Their way of life stood in opposition to the civilization that was to be cultivated via modernization and the importation of European cultural ideals. By contrast, Sarmiento and Mitre most likely perceived the speech patterns of the pampas as a degradation of language.

In Mitre's opinion, rather than using low language in a work of literature to make it accessible, one should elevate "the vulgar intelligence to the level of language used to express ideas and feelings common among men."[10] This is an important point with regard to his translation of Dante, which eliminates much of the low language so characteristic of the text. Linguistically, his translation of the *Divine Comedy* is a counter-operation to that performed by Hernández. Mitre seeks to reverse the tendency to bring creole colloquialisms into the language, employing instead an antiquated Spanish enriched by Italianisms and Latinisms.

In his prologue to the translation, entitled "Teoría del Traductor," Mitre declares that the best translation of the *Divine Comedy* into Spanish would approximate the style of the Castilian poets of the fifteenth century, such as Juan de Mena, Manrique, or the Marquis of Santillana. At this time, Mitre writes, Spanish came into being as a romance language, free of its original ties to Latin and marking the transition between the anti-classical and classical period of Spanish literature. According to Mitre, a translation in this style would be most capable of mirroring Dante's original text since adopting the style of these Castilian poets would reproduce the sounds and metrical combinations of syllables of Latin derivation.

Mitre further declares that he will introduce antiquated terms and idioms when they happen to "harmonize" with the tone of the original composition, but not when they would "disfigure" the poem. In this way he hopes to give the translation "a light archaic touch, without taking its language back to anti-classical Spanish, which would result in a pedantic and spurious affectation" (Mitre, "Teoría del Traductor," XI–XII). Moreover, since he says that the *Divine Comedy* was written "in a Tuscan dialect that sprang like a murky spring from the crystalline torrent of Latin," Mitre offers an implicit judgment that favors the linguistic purity of Latin over the developing vernacular (IX). Not surprisingly, Mitre's version retains numerous Latinisms and Italianisms, where the latter seem to be used in Spanish to create a parallel archaic feel in the translation that aligns with his theoretical approach. As an example, in *Purgatorio* 11. 103–05 Mitre replaces the colloquial language employed by Dante with a more formal register:

> Che voce avrai tu più, se vecchia scindi,
> da te la carne, che se fossi morto
> anzi che tu lasciassi il "pappo" e 'l "dindi"

> > (*Purg.* 11. 103–05)

Pappo and *dindi* are baby talk words for bread (*pappo = pane*) and money (*dindi = denaro*). Mitre translates the lines as "¿Qué más fama tendrás desde el momento/ que te separes de tu carne vieja,/ o papa digas con **pueril acento**?" Instead of employing infantile speech, Mitre includes the Latinism "pueril acento." Whereas José Hernández's *Martín Fierro* (1872/79) incorporated colloquialisms into a new poetics, Mitre reverses the trend. Rather than replacing

---

[10] Letter from Bartolomé Mitre to José Hernández. April 14, 1879 (Museo Mitre).

Dante's many colloquialisms with Argentine equivalents that would be familiar
to the greater population, he frequently leaves the terms in Italian, or replaces
them with Latinisms or archaisms.

As Claudia Fernández Speier has argued, Mitre's many archaisms,
Italianisms, and neologisms may have impeded comprehension for many
nineteenth-century readers. To determine the degree of difficulty his translation
would have presented to readers at the time, Speier consulted the 1869 to 1884
Diccionario de la lengua Castellana por la Academia Española. She argues that
Mitre's frequent selection of antiquated terms and Italianisms made the text fairly
inaccessible to readers not versed in Golden Age Spanish poetry as well as in
Italian. Speier concludes that if a Dantean term existed in the "italianized Spanish"
of the sixteenth and seventeenth century, then Mitre retained it (142). Perhaps
realizing the difficulty some of these terms may have presented to readers, Mitre
accompanies many archaisms with brief notes explaining that the term is
antiquated and providing the modern equivalent. [11]

Regardless of his goal, the result of his word choice is at times a loss of
colloquiality and a change in tone. This pattern emerges early in the first canto
when Dante meets Virgil, his beloved mentor and soon-to-be infernal guide:

"Or se' tu quel Virgilio e quella fonte
che spandi di parlar sì largo fiume?"
rispuos'io lui con vergognosa fronte.

"O de li altri poeti onore e lume,
vagliami 'l lungo studio e 'l grande amore
che m'ha fatto cercar lo tuo volume.

Tu se' lo mio maestro e 'l mio autore,
tu se' solo colui da cu' io tolsi
lo bello stilo che m'ha fatto onore.
(*Inf.* I. 79–87)

Tú eres Virgilio, la perenne fuente
que expande el gran raudal de su oratoria!
le interrumpí con ruberosa frente,

¡Oh! de poetas, luminar y gloria,
¡válgame el largo estudio y grande afecto
que consagré a tu libro, y tu memoria!

¡Oh mi autor y maestro predilecto!
de ti aprendí tan sólo el bello estilo,
que tanto honor ha dado a mi intelecto.

In the original, Dante the pilgrim seems humble, and his meeting with Virgil has
the intimate feel of a young pupil encountering his greatest master. In Mitre's
version, Dante the pilgrim comes across as pedantic on account of grandiloquent

---

[11] On the same page, Speier notes the following examples (142): amparanza for "amparo"
(*Par.* 31); esparramar for "desparramar" (*Inf.* 14); cambiante for "variación" (*Inf.* 20);
demudar for "variar," "mudar" (*Inf.* 20); conjurar for "jurar siniestramente" (*Inf.* 32);
enguirlandar for "enguirnaldar" (*Purg.* 13); licencia for "claridad" or "esplendor" (*Purg.*
13); leticias for "felicidades" (*Purg.* 29); humildosamente for "humildemente" (*Purg.* 29);
allegar for "unir" or "juntar" (Par II); conforto for "confortacion (*Par.* 11); vosco for "vos"
(*Purg.*16, *Par.* 22); enarcar for "arquear" (*Par.* 23); delectar for "deleitar" (*Par.* 23);
comenzamento for "comienzo" (*Par.* 22); dolorio for "dolor" (*Par.* 27); arredonar for
"redondear" (*Par.* 28); perdonanzas for "perdones" (*Par.* 29); celar for "encubrir" or
"ocultar" (*Par.* 29); and nodriz for "nodriza" or "madre" (*Par.* 30).

phrasing. In his translation of the line, "Or se' tu quel Virgilio e quella fonte," Mitre eliminates the more colloquial "quel" (ese) and replaces the demonstrative adjective "quella" with the descriptive adjective "perenne," (perennial) from Latin *perennis*. The next line, "el gran raudal de su oratoria!" is magniloquent in comparison to the original, as is the adjective "ruberosa," from Latin *rubor, -ōris,* which could have been translated with the more common "vergonzosa," also more analogous to the Italian "vergognosa." In the original, the image of Dante searching for Virgil's book is tender ("che m'ha fatto cercar lo tuo volume"), while Mitre's rendition ("que consagré a tu libro, y tu memoria!") is more austere and abstract, with the verb "consagrar" (instead of "buscar") and the noun "memoria" (memory), which is not in the original.

The incongruously lofty register of certain parts of the first canto led me to wonder how Mitre had handled *Inferno* 18–23, which exemplify Dante's plurilingualism. Most notably in *Inferno* 18, one finds low, comic language and explicit sexual language mixed in with elevated language. As Zygmunt G. Barański has argued, Canto 18 of *Inferno* features "un vocabolario spinto ai limiti del linguisticamente accettabile. In tal modo, Dante mette a nudo l'avvilente realtà, celata solitamente dalle 'parole ornate' (v. 91) dei peccatori, di colpe dalla forte carica sessuale" (Barański, "Inferno XVIII," 84):

> Appresso ciò lo duca "Fa che pinghe",
> mi disse, "il viso un poco più avante,
> sì che la faccia ben con l'occhio attinghe
>   di quella sozza e scapigliata fante
> che là si graffia con l'unghie merdose,
> e or s'accoscia e ora è in piedi stante.
>   Taïde è, la puttana che rispuose
> al drudo suo quando disse "Ho io grazie
> grandi apo te?": 'Anzi maravigliose!'
>   E quinci sian le nostre viste sazie."
>
> *(Inf.* 18. 127–36)

As Barański explains, Dante's language is phonetically "aspro" (harsh), and features, on one hand, low words such as "sozza e scapigliata fante" (v. 130), "graffia" (v. 131), "merdose" (v. 131), "puttana" (v. 133) e la rima in –*inghe* (vv. 127 and 129); and, at the same time, words such as "drudo" (v. 134), which are clearly courtly, with feudal-chevaleresque connotations. Even the exchange between Thaïs and her lover is in high style and includes a blatant Latinism: "apo" (v. 135), from *apud* (Barański 84–85). In short, the canto is indicative of Dante's plurilingualism, in the heterogeneous uses of language and style.

The question to answer is whether Mitre's translation succeeds in conserving the phonetic roughness of the original and/or its different stylistic registers.

Già eravam là 've lo stretto calle	Llegamos a un extremo, donde alcanza
con l'argine secondo s'incrocicchia,	el arco con sus bordes a juntarse,

e fa di quello ad un altro' arco spalle.

Quindi sentimmo gente che si nicchia
ne l'altra bolgia e che col muso scuffa,
e sé medesma con le palme picchia.

Le ripe eran grommate d'una muffa,
per l'alito di giù che vi s'appasta,
che con li occhi e col naso facea zuffa.

Lo fondo è cupo sì, che non ci basta
loco a veder sanza montare al dosso
de l'arco, ove lo scoglio più sovrasta.

Quivi venimmo; e quindi giù nel fosso
vidi gente attuffata in uno sterco
che da li uman privadi parea mosso.

E mentre ch'io là giù con l'occhio cerco,
vidi un col capo sì di merda lordo,
che non parëa s'era laico o cherco.

Quei mi sgridò: "Perché se' tu sì gordo
di riguardar più me che li altri brutti?"
E io a lui: "Perché, se ben ricordo,

già t'ho veduto coi capelli asciutti,
e se' Alessio Interminei da Lucca:
però t'adocchio più che li altri tutti."

Ed elli allor, battendosi la zucca:
"Qua giù m'hanno sommerso le lusinghe
ond'io non ebbi mai la lingua stucca."

y es pilar de otro puente que se avanza;

siento de allí una grita levantarse,
con bufidos de gente condenada,
y unos a otros coléricos golpearse.

La pendiente está toda embadurnada
de sucio órin, que la nariz ofende,
y que náuseas provoca a la mirada.

En vano el ojo penetrar pretende,
aquella hondura, sólo percibida
de la alta roca a cuyo pie desciende.

Vimos allí una turba zabullida,
que chapoteaba en una cloaca inmunda,
a estercolar humano parecida;

y en medio a la asquerosa baraunda,
uno de ellos, que clérigo barrunto,
con excremento su cabeza inunda.

¿Por qué miras" preguntó el del unto,
"y no a esos brutos?" Con el ojo fijo,
le respondí: "Porque eres un trasunto,

de uno limpio de pelo, y bien colijo,
eres Alessio Interminei, de Luca:
por eso en verte aquí me regocijo."

Y él, entonces, golpeándose la nuca,
dijo: "Aquí purgo la lisonja aviesa,
que con la lengua al prójimo embaúca."

(*Inf.* 18. 100–36)

Dante's description of the *bolgia* contains explicit visual and olfactive terms and crude vocabulary such as *sterco, privadi, merda, unghie merdose*. Phonetically speaking there are an abundance of harsh-sounding words, such as *s'incrocicchia, nicchia, scuffa, grommate, appasta,* and *stucca.* Mitre's translation often does not conserve the rough alliteration, as in the line "e sé medesma con le palme picchia" ("y unos a otros coléricos golpearse"), where he inserts the word "coléricos," which was not in the original and expresses a more formal register. Though he preserves the animalesque nature of the sinners somewhat with "bufidos," this approximation is not as graphic as "col muso scuffa." Furthermore, the lines "La pendiante esta toda embadurnanda/ de sucio orín que la nariz ofende,/ y que náuseas provoca a la mirada" uses a much more formal register and conveys nothing of the colloquial or phonetically "aspro" quality of the original, "Le ripe eran grommate d'una muffa,/ per l'alito di giù che vi s'appasta,/ che con li occhi e col naso facea zuffa." As Teodolinda Barolini points out in her commentary on the canto, "The inventive rhyme-words, taken from everyday life and resolutely non-literary—for instance 'scuffa'/'muffa'/'zuffa' (*Inf.* 18.104–08)—are used to give a plebeian tone to the degraded surroundings of the final two sinners of *Inferno* 18" ("Inferno 18"). Rather than employing everyday vocabulary to reproduce a "plebeian tone," Mitre chooses to incorporate words of Latin origin wherever possible. For example, "pendiente" (instead of "inclinado") from lat. *pendens*; "orín" from lat. vulg. *aurīgo*; "offender" from lat. *offendĕre*; "náuseas" from lat. *nauseāre*; "provocar" (instead of "producir" or "causar") from Lat. *provocāre*.

The same can be said of the following lines:

Lo fondo è cupo sì, che non ci basta	En vano el ojo penetrar pretende,
loco a veder sanza montare al dosso	aquella hondura, sólo percibida
de l'arco, ove lo scoglio più sovrasta.	de la alta roca a cuyo pie desciende.
(*Inf.* 18. 109–11)	

Mitre's choice of vocabulary, "en vano," "penetrar," "hondura," "percibir" and the use of the pronoun "cuyo," give his version a loftier feel. When it comes to references to excrement, instead of using the common term "mierda," Mitre opts for "estercolar" from Latin *stercorare*; "cloaca" also from the Latin; or he adopts an Italianism, writing "uñas de merdosa" for Dante's "l'unghie merdose."

While this particular canto is predominately low in style, with Thaïs's speech Dante suddenly switches to a courtly register, which Mitre maintains by translating "drudo" with "cortejo," and Thaïs's speech as "Estoy en gracia?" and "¡Y muy maravillosa!" But he adds the adjective "licenciosa" (licentious) to describe her, where there is no such qualifying term in the original; and in the last line he adds the cumbersome word "podredumbre" (rottenness/corruption), which, although well suited to the subject matter of the canto, is not in Dante's version.

In summary, while Mitre's antiquated Spanish may be better suited for some of the loftier sections of the poem, it fails to convey the harsh quality of the comic sections of the original. It is ironic that Mitre would use Dante as a means to counteract the literary tendencies exemplified by works such as Hernández's *Martín Fierro*, because it reveals a misunderstanding of Dante's plurilingualism, and his ability to write in a style that is at times rough and vulgar, at times gentle and plain, and at times lofty and refined. It seems that Mitre associated *The Divine Comedy* strictly with high, as opposed to popular, culture.

Hernández, on the other hand, incorporates low language into a sophisticated poetics. Like Dante, Hernández envisioned his work being read in all corners of the countryside, and not just in the circles of the educated. In the prologue to the 1879 edition he calls the work

a book destined to awaken the intelligence and the love of reading in an almost primitive population, and which will serve as a beneficial recreation after tiring labor for thousands of people who have never read. As such it must be adapted to the uses and customs of these same readers; it must render their ideas and interpret their feelings in the same language, and in their most common phrasing, even if this be incorrect.

(Hernández, *La Vuelta de Martín Fierro* 3–4)

His notion too of a work of literature is Romantic, i.e. that it should reflect the social customs of a population. The difference between Hernández and Mitre is that Hernández writes for both a popular readership and men of letters, while Mitre's work is intended for the intellectual urban elite, or the ideal future citizen who has been "elevated" via education. Such intent is further reflected in the marketing of the translation which was meant for the most "civilized" of readerships. For example, the publication announcement of September 1890 for the first version of *Infierno* declares that "for the first time" an Argentine work will have the honor of being a luxury commodity (reprinted in Longhi de Bracaglia 83–84). More than once the advertisement emphasizes that this is no ordinary edition, but a distinguished publication to be appreciated by the erudite: "The *Inferno of Dante*, which is destined exclusively for men of letters and Argentine bibliophiles, just went to press in one of the most important Parisian publishing houses" (84). The book is referred to as "a refined luxury," and, as such, the number of copies must be limited to make it an exclusive possession: "Because it is an exclusive, luxury edition, we limited ourselves to only 600 copies which are all individually numbered by the publisher" (84).[12]

The edition included original illustrations by artists in imitation of the "most elegant works" published by Parisian editors (84). Six illustrations by the painter Cornillier, winner of the *Prix de Rome*, grace its pages. The pictures were reproduced in watercolor by señor Abot, known for his popular illustrations of fashionable books printed in Paris. The book also featured a portrait of both Dante and his translator. Even the paper was a luxury, having been ordered expressly for this edition, every page with a water mark. The printing was entrusted to none other than the presses of Chamerot, the preferred printer of the Parisian editors. Mitre himself went to Paris to personally discuss his corrections with the editor.

---

[12] The 600 editions were subdivided according to the quality of paper and the art. Nos. 1–15 were printed on imperial paper of Japan with two series of engravings and watercolor illustrations. "Encuadernacion de lujo de Marroquin del Levante." These few editions were priced at 20 $ ORO and must be reserved in advance. Nos. 26–35 were printed on paper from China with watercolor illustrations (20 $ ORO). The following nos. 36–100 were printed on imperial paper of Japan with one series of illustrations and "Encuadernacion de *amateur*" (15 $ ORO). Finally, nos. 101–600 printed on the paper made especially for this edition. 8–10 $ ORO depending on binding. It is interesting to compare the price of these editions with the price of *Martín Fierro* when it was first published. *Martín Fierro* was 0.40 $ ORO and *La Vuelta* 0.80 $ ORO. The average monthly wage of a rural worker was 12 $ ORO, making a copy of *Martín Fierro* accessible, which was not the case of an edition of the *Divine Comedy*.

The result was advertised as "a worthy edition which will be of interest to those who admire the laboriousness and erudition of the historiographer of San Martín and Belgrano" (84).

While Hernández endeavored to cultivate his image as a spokesman for the humble rural population, Mitre, as translator of the *Divine Comedy*, sought to cultivate his image as a man of letters and of Argentines as literati. He sent out copies of the work to libraries, foreign ministers, and even the Arcadia Romana, which had honored Longfellow for his translation just decades before. The enthusiastic response from those who received the work was overwhelming, and the great majority of letters that flooded in from at home and abroad praise Mitre's erudition and emphasize the honor his translation brought to the Argentine nation. Osvaldo Magnasco, an Argentine politician and jurist, wrote "congratulations for the honor that this noble monument reflects on your name and on our national literature" (as cited in Sottong, *Dante and Argentine Identity* 73). The Academy of Arcadia in Rome congratulated him and wrote that the translation demonstrates that "the cult of the greatest Christian poet exists on the other side of the Atlantic, in a land hospitable to Italians who seek refuge far from the motherland."[13] As is clear from such responses, the prestigious translation added to the symbolic capital of Argentine letters, while sending a message of welcome to prospective Italian immigrants.

Conclusion

Apart from conveying glory and honor on himself and the Argentine nation, with the *Comedy* Mitre intended to promote a social message very different from that found in *El Gaucho Martín Fierro* (Part I). José Hernández had given voice to the oppressed figure of the gaucho and the rural community protesting against the Argentine political establishment which he considered the cause of the gaucho's demise. The work strongly emphasizes the contrast between the rural, illiterate inhabitants of the pampas and the urban intellectuals who control their fate: "El campo es del inornate / el pueblo del hombre estruido" (*La vuelta de Martín Fierro*, vv. 55–56, 7). His aim was to "listen to the most uncultivated of our countrymen," in hopes that they no longer be excluded from the political decisions of the elite (Hernández, Prologue to *La vuelta de Martín Fierro* 5). Mitre, of course, disapproved of the social philosophy of Hernández's protagonist who rebels against, and withdraws from, the "civilized" society. He admitted as much to Hernández himself in the letter I quoted at the beginning of my analysis of their relationship:

I am not completely in agreement with your social philosophy, which leaves in the depths of the soul a bitterness without the correction of social solidarity. It is better to reconcile

---

[13] Letter from the Academy of the Arcadia to Mitre. On August 25, 1897. Museo Mitre #13219.

antagonisms with love and the necessity to live together and united, than to ferment hatred which has as its cause, more than the nature of man, the imperfections of our social and political state.

For Mitre, *Martín Fierro* was a work which would foster discord, unrest, and rebellion among the rural population. Furthermore, picturing the past life of the gaucho prior to the country's modernization as the golden days was counter to the progressive Argentina that Mitre was working to establish. The *Divine Comedy*, on the other hand, was a work which was not only representative of European high culture (i.e. "civilization" in contrast to "barbarism"), but which had also been a means for Italian Risorgimento thinkers to promote cultural cohesion. The literary endeavors of these two men, Hernández and Mitre, stand on opposing ends of the political and cultural divide in nineteenth-century Argentina. For the former, the national essence of Argentina was to be found in rural traditions and in the rough realities of the pampas; for the latter, nation-building and cultivating a future Argentine civilization meant turning to her European ancestry via translation.

UCLA Center for Medieval and Renaissance Studies

Works Cited

Alighieri, Dante. *La divina commedia.* Trans. Bartolomé Mitre. Buenos Aires: Jacobo Peuser, 1894.

_____. *Inferno.* Trans. Robert and Jean Hollander. New York: Anchor Books, 2002.

_____. *Paradiso.* Trans. Robert and Jean Hollander. New York: Anchor Books, 2002.

_____. *Purgatorio.* Trans. Robert and Jean Hollander. New York: Anchor Books, 2002.

Barański, Zygmunt G. "Inferno XVIII." *Lectura Dantis Bononiensis.* Vol. 3. Ed. Emilio Pasquini and Carlo Galli. Bologna: Bononia UP, 2014. 81–110.

Barolini, Teodolinda. "Inferno 18: Fraud and Sex in a Post-Geryon World." *Commento Baroliniano, Digital Dante.* New York, NY: Columbia University Libraries, 2018. https://digitaldante.columbia.edu/dante/ divine-comedy/inferno/ inferno-18/

Becco, Horacio J., Félix Weinberg, Rodolfo A. Borello, and Adolfo Prieto. *Trayectoria de la poesía gauchesca.* Buenos Aires: Plus Ultra, 1977.

Borello, Rodolfo. *Hernández: poesía y política.* Buenos Aires: Plus Ultra, 1973.

Borges, Jorge Luis. *El "Martín Fierro".* Buenos Aires: Editorial Columba, 1953.

_____. "La poesía gauchesca." *Obras completas.* Buenos Aires: Emecé, 1996. 179–97.

Ciccarelli, Andrea. "Dante and Italian Culture from the Risorgimento to World War I." *Dante Studies* 119 (2001): 125–54.

Concise Encyclopedia of Latin American Literature. Ed. Verity Smith. New York: Routledge, 2013.

Donghi, Tulio Halperín. *José Hernández y sus mundos.* Buenos Aires: Editorial Sudamericana, Instituto Torcuato di Tella, 1985.

Hernández, José. *Martín Fierro.* Trans. Emily Stewart. Buenos Aires: Ediciones Lea S.A., 2016.

_____. *La vuelta de Martín Fierro.* Buenos Aires: Imprenta de Pablo E. Coni, 1879.

Longhi de Bracaglia, Leopoldo. *Mitre traductor de Dante*. Ed. Nicolás Besjo Moreno. Buenos Aires: Centro Cultural "Latium," 1922.

Mitre, Adolfo. *Correspondencia literaria, histórica y política del general Bartolomé Mitre*. Museo Mitre. Vols. 1–3. Buenos Aires: Imprenta de Coni Hermanos, 1912.

_____. *Italia en el sentir y pensar de Mitre*. Cuadernos de la Asociatión Dante Alighieri. No. 15. Buenos Aires: Asociación Dante Alighieri, 1960.

Rama, Ángel. "El sistema literario de la poesía gauchesca." Prologue to *Poesía gauchesca*. Caracas: Biblioteca Ayacucho, 1977. ix–xlviii.

Sarmiento, Domingo Faustino. *Facundo*. Madrid: Editorial América, 1922.

Sava, Walter. "Literary Criticism of *Martín Fierro* from 1873 to 1915." *Hispanófila* 75 (May 1982): 51–68.

Sottong, Heather. *Dante and Argentine Identity*. UCLA Electronic Theses and Dissertations, 2016. Permalink https://escholarship.org/uc/item/7p53176p.

_____. "Dante's Afterlife in Argentina." *California Italian Studies* 9 (2019): 1–22. https://escholarship.org/uc/item/2qq1510s.

Speier, Claudia Fernández. *Las traducciones argentinas de la Divina Commedia*. (Unpublished doctoral dissertation.) Buenos Aires: Universidad de Buenos Aires, 2013.

Stahringer de Caramuti, Ofelia. *La política migratoria argentina*. Buenos Aires: Depalma, 1975.

Subieta, Pablo. "Martín Fierro. Quarto artículo." Accessed December 1, 2015. http://www.biblioteca.org.ar/libros/157849.pdf.

White, John W. *Argentina, the Life Story of a Nation*. New York: Viking Press, 1942.

ANNA LANFRANCHI

Italian Translation Rights, the British Council and the Central Office of Information (1943-47)

Abstract: The archival records of the British Council and the Ministry of Information-Central Office of Information (The National Archives, Kew, UK), together with the correspondence of Italian publishing houses and literary agents, document the complex relationship between British propaganda and the Italian translation industry in the years going from the Armistice to the Treaty of Peace (1943-1947). These sources demonstrate that Britain recognised the cultural influence that foreign reading products had in interwar Italy, as well as the function that they could perform in the postwar cultural field. In fact, British authorities encouraged the restoration of translation activities in Italy by launching a dedicated scheme for purchasing translation rights. Arguably, Britain associated an increasing propaganda value with having books translated and published by indigenous and independent publishing firms in newly liberated areas. While the British Council and the Ministry of Information helped to create new transnational contacts between Italian and British publishing, the article shall evaluate to what extent their efforts were successful in "obtain[ing] publicity for British ideas as expressed in British books."

Key Words: Cultural diplomacy; British Council; Ministry of Information; Central Office of Information; Italy; Great Britain; Second World War; Translation rights.

Introduction

In 2001 Roger Ellis's and Liz Oakley-Brown's *Translation and Nation: Towards A Cultural Politics of Englishness* focused on translation practices in order to investigate their influence on the idea of "Englishness" from late medieval times to 20th century Britain. However, the context and scope of those practices were not confined within the geographical borders of the British Isles; on the contrary, the editors pointed out how "England has shown itself, from earliest times, as vigorous a coloniser as ever it was colonised: English self-definition, that is, cannot be understood without reference to the imposition of English culture, first throughout the British Isles, and later across the globe" (5).

This article concentrates on this end of the dyad, namely the results that translations from English achieved in terms of cultural dissemination, by considering the measures taken by the British Council (Coombs; Donaldson; van Kessel) and the Ministry of Information (Donaldson; Holman; McLaine; Willcox) to facilitate translations of British works in Continental Europe during and after WWII. Specifically, between 1943 and 1947 both the British Council and the Ministry of Information (Central Office of Information from 1946) dealt directly with translation rights in British works to be published in Italy. This activity is vastly testified by archival records now held at the National Archives (BW and INF series), as well as by correspondence between British and Italian publishers and literary agents.

In December 1945, the London literary agency Richard Steele wrote to its Italian correspondent Agenzia Letteraria Internazionale, commenting on the quantity of requests received from Continental Europe: "Most of the countries who have been unable to obtain books by English and American authors during the war have now become very active and we are receiving a large number of inquiries."[1] Sensing this demand for Anglo-American cultural products, British authorities instituted governmental channels to facilitate the import of books, periodicals and copyrights in Italy and in other European and extra-European nations. In her research on wartime publishing, Valerie Holman demonstrated that, in the eye of the government, books had a high value in terms of cultural propaganda, both during and after the Second World War. This position, I argue, is reflected by the assistance that Britain provided to overseas publishing initiatives willing to issue British works in translation. Moreover, the political significance of exporting translation rights rose between 1945 and 1946 in consideration of the offices responsible for clearing procedures. Their function was first entrusted to the Rome Embassy (1945) and to the British Council (1946). Subsequently, it was taken over by the Central Office of Information, in a power transfer that emphasized the political and propagandistic side of the work. While officially the service promoted translations in countries without an adequate sterling allocation for purchasing copyrights on foreign markets, the Central Office of Information aimed at (re)familiarising the public with British authors and at obtaining "publicity for British ideas as expressed in British books."[2] Consequently, propaganda was the ultimate purpose of these incentives, along with the restoration of local publishing and printing activities that would boost their potential. In light of the surviving records, this article will highlight the functioning and the phases of the British state support to translation rights import in Italy, while also considering the genres these translations belonged to and their reception in the Italian literary marketplace.

1. Publishing Translations after WWII: The Rome British Embassy and the British Council in Italy

The efforts of the British Council and the Ministry of Information to use reading material as a form of cultural propaganda drew upon the interest towards Anglo-American texts that the Italian public had been manifesting since the late 19th century, and which peaked in the years leading to the outbreak of WWII (Billiani;

---

[1] F.R. Steele to Luciano Foà, [London], December 18, 1945, TL signed, 2 ff., E, with corr. ms., ALI, 1944-45, f. Steele Richard & Son (1/34).
[2] Draft letter to Information Secretaries, s.l., n.d. [November 1946], cc unsigned, 2 ff., E, BW 2/156.

Ferme; Rundle). However, the growing presence of works by British and US authors within the Italian literary marketplace was not an isolated phenomenon. Studies on French (Cottenet), Dutch (van der Weel), and Spanish book markets (Lobejón Santos) proved how the large volume of translations issued between the late 19th and mid-20th century was a broader phenomenon than research on Italian publishing history has so far accounted for. Several factors contributed to the industrial-sized production of translated versions of Anglo-American texts across the continent. These factors were both socio-economic and aesthetic. Together with the industrialisation, specialization and globalisation of publishing and book trades, the decades leading to WWI witnessed the creation of the international protection of intellectual property (first with bilateral treaties, then the Bern Convention),[3] and the emergence of professional translators and literary agents (Ferme 47-50). Furthermore, the growing urban middle-class demanded affordable printed products, while indigenous scholarships in English Studies required up-to-date study materials. The dynamics of issuing translations of English-speaking authors also differed according to the diverse national circumstances. In Italy, the "decennio delle traduzioni" (Pavese 247) corresponded with the peak of consensus granted to the fascist regime, and consequently research has centred on the power dynamics between the production of translated products and Mussolini's censorial system (Bonsaver; Esposito; Fabre; Ferme; Ferrando). However, the Italian translation industry was also supported by developing networks encompassing authors, translators, publishers, literary agencies and institutions (i.e., Società Italiana Autori e Editori – SIAE), which allowed the negotiation and import of translation rights. According to Anna Ferrando, between the turn of the century and the late 1940s, the literary import in the country followed a main trend where literary agents (mainly Agenzia Letteraria Internazionale) established themselves as privileged contact points between foreign publishers, authors and agents from one side, and Italian publishers and the periodical press on the other one. Although this observation is rather specific to the 1930s, throughout the first half of the 20th century this tendency coexisted with exceptional dynamics of literary import. These encompassed the agenting role played by translators, the scouting work of intellectuals, series editors and publishers' representatives, and the supervision of SIAE. Ultimately, such interactions supported the development of an organized system for purchasing Italian language rights across Europe and the Atlantic, fostering the transformation of the Italian translation publishing into a national business of industrial dimensions, heavily relying on middle brow and popular foreign texts. Between the 1920s and the early 1940s, most Italian publishers

---

[3] With regard to this aspect, see, among others: Ferme; Palazzolo; Ricketson and Ginsburg; Wirtén. While bilateral treaties had been granting mutual copyright protection between two states since the 19th century, the Bern Convention (1886) with its following revisions represented a first international framework for the protection of literary and artistic works.

launched book series dedicated to foreign contemporary literature, either targeting a specific audience (women, children, young adults) or a market segment (travel, crime novels, romances). Meanwhile, reviews and anticipations in literary journals led to volume editions of works by critically well-received authors, such as the British Virginia Woolf, Aldous Huxley and Joseph Conrad.

The outbreak of WWII had major repercussions on purchasing translation rights, and therefore on the golden age of the Italian translation activity. After the Declaration of war on June 10, 1940, publishers and agents had to disclose the sums owed to copyright holders from enemy countries (i.e., the royalties accrued on sold copies that had not yet been paid), and to transfer them to frozen accounts at Banca d'Italia. The US market remained open for another year, until the United States joined the conflict.[4] Between 1941 and 1943, Italian publishing firms resorted to reprint translations whose rights had already been acquired (censorship allowing), while they scouted authors from Northern and Eastern European countries or writers whose works had already fallen in the public domain. After this stall, the competition for British and US texts resumed and boomed after the Liberation, when long-standing houses as well as younger firms in Rome and the North turned to the Allies for guidance on purchasing translation rights.

In the initial phase, the Press Office of the British Embassy in Rome met this demand, thus setting the procedure later applied by the British Council and the Central Office of Information. To facilitate the translation of British works, Italian publishers and literary agents could pay an advance in Italian lire to the Embassy, and the equivalent amount of sterling would have been transferred to the copyright holder in Britain.[5] This scheme ought to be applied to advances or outright payments only, while royalties due on pre-war editions were excluded. The Embassy, however, was not in charge of the entire negotiation process: Italian and British publishers and agencies were encouraged to communicate directly but the exchange of agreements and contracts had to go through the Embassy for the approval of the currency request (although exceptions for texts of outstanding value were occasionally allowed).[6]

Such intervention of state authorities to facilitate the work of private companies is a first indication that the British administration in the country looked at books not only as cultural products, but as means of propaganda. The British Embassy soon relinquished the copyright work to the local branch of the British Council. Founded in 1935, the Council had the ideological purpose of exporting British "cultural propaganda" (Donaldson 19) as a response to that of totalitarian countries, such as Italy and Germany. In practice, the core activity of the British Council overseas was English language teaching, supporting the work of

---

[4] See AsAME, SezAr, f. Denuncia paesi nemici 1940.
[5] See ALI 1944-1945, f. British Embassy (1/5); and Decleva (324).
[6] See, for instance, Brigid Maxwell to Agenzia Letteraria Internazionale, Rome, December 11, 1945, TLS, 1 f., I, ALI 1944-1945, f. British Embassy (1/5).

anglophile institutions (where existing) as well as planning exhibitions and film screening, managing their own libraries[7] and sponsoring exchanges for students and university lecturers. In Italy, where the British Institute of Florence and the British School of Rome were already points of reference for the English-speaking community, the British Council opened its own institutes in Rome, Milan, Palermo, Naples and Genoa, all vacated at the outbreak of WWII (Colacicco; Donaldson 11-193).[8]

On August 16, 1943, Ian Greenlees, who had been responsible for British propaganda in Italy between 1939 and 1940, and who was then "working with the Psychological Warfare Branch in Sicily,"[9] raised the question of the reinstatement of the Italian branches:

I feel strongly that the Council should not wait till the end of the war before opening the Institutes. Whatever the Italian Government may decide to do, I feel that within the next two or three months we shall be masters of the larger part of Italy, that is to say at least the area south of Florence. [...] we shall be faced by the task of appeasing the people and consolidating our own position there. A.M.G.O.T. [Allied Military Government for Occupied Territories] will be the principal authority used for this purpose, but they will need to be supported by a skilful propaganda. Propaganda should be of two kinds:
a) *Political Propaganda*: The kind of propaganda carried out by P.W.E. [Political Warfare Executive] and M.O.I. [Ministry of Information] and their American opposite numbers. This is carried out by direct control of the press, radio, and films, by pamphlets, posters, display shops and getting local anti-fascist politicians to collaborate with us. [...]
b) *Cultural propaganda*: Although political propaganda is enormously valuable, it must be supported and complemented by cultural propaganda of the kind carried out by the Council. In the long run, in Italy, where the people have been subjected to an excess of propaganda, cultural propaganda will be the most effective.[10]

Here, Greenlees reinforced the distinction between the goals that the Ministry of Information and the British Council should pursue in Italy, which had been adsorbing "an excess of propaganda," as per Greenlees' words, during the Fascist dictatorship. A distinction had to be drawn between "political" and "cultural" propaganda, even though this was a blurred line that had already caused frictions in the relationship between the British Council and the Ministry of Information (Donaldson 68-81). Nevertheless, Greenlees felt that they could co-operate to

---

[7] On the library work of the British Council between 1939 and 1946, see Coombs (11-36).
[8] The term "Institute" identifies a branch of the British Council where teaching takes place. However, the British Institute in Florence pre-existed the British Council. Harold Goad, who directed the Institute in the 1930s, also created branches in Milan and Rome; they were later taken over by the British Council (Donaldson 31-32 note, 34-35, 84-85; Chanter and Platzer 109-36, 187-90).
[9] Copy of Michael Palairet to Harold Macmillan, [London], February 8, 1944, cc signed, 1 f., E, with note ms., BW 40/9. After WWII, Ian Greenlees (1913-88) directed the British Institute of Florence from 1958 to 1981 (Colacicco 323-25; Chanter and Platzer 230-91).
[10] Extract, Ian Greenlees to Michael Palairet, s.l., August 16, 1943, cc unsigned, 2 ff., E, with note and corr. ms., BW 40/9.

perform different and complementary kinds of propaganda: one "direct" through the distribution of pamphlets and posters from the Ministry's own publications; and one "cultural," that is, encompassing teaching and the broadly informative activities the branches of the British Council had started in interwar years. Their concerted action would have contributed to the "consolidating" of the Allied control over the liberated territories.

Yet, Greenlees does not clarify where, in such envisioned division of labour, the support to independent publishing activities had to be placed. The timeline Greenlees drew in his letter was far too optimistic. As the first postwar Quarterly Report from Italy illustrates, the British Council postponed reopening local offices to 1945.[11] After the Liberation of Rome, a first branch found a temporary basis at the British Embassy, where Ronald Bottrall was sent in April as Italian Representative.[12] The lack of premises and the scarcity of competent personnel slowed down the process of re-establishing regional institutes with teaching activities. Gradually, educational programmes were resumed in Rome and Florence, and institutes reopened in Palermo, Milan and Turin (Donaldson 84-85, 145, 147, 375; BW 40/26).

As the publisher Stanley Unwin, member of the British Council Governing Board and chair of the Books and Periodicals Committee from 1936 to 1948, remarked in his memoirs, "[i]t was clear at the outset that books would play a vital role in the kind of work the British Council contemplated [...]" (Unwin 416). Archival sources testify the space that copyright work occupied among the Council postwar initiatives to distribute British books in Italy. Although initially the Press Office of the British Embassy conducted the copyright scheme, a few documents suggest the involvement of the British Council as early as April 1945. For instance, the Council's report dated June 21, 1945 detailed that "despite the shortage of staff and the non-arrival of secretarial and administrative assistance from England, an appreciable amount of cultural work was initiated and performed in the fields of music, books, periodicals, translation rights, etc."[13]

The decision to temporarily relinquish copyright work to the Embassy was taken in concert with Lorenzo Montano, one of the consultants the Ministry of Information employed to gain a better understanding of the characteristic and dynamics of the Italian book market. Montano (pen name of Danilo Lebrecht) was an Italian writer, translator and intellectual, founding member of the literary journal *La Ronda* who had a multifaceted experience in international publishing. Between the late 1920s and 1940, he was series editor, publisher's reader and London representative for Mondadori. In 1938, he moved to Britain to escape the anti-Semitic laws but, when the war broke out, ended up in an internment camp

---

[11] Quarterly Report for period ending June 30, 1945, Rome, June 21, 1945, TD unsigned, 2 ff., E, with notes ms., BW 40/26.

[12] In August it moved to Palazzo del Drago, Via delle Quattro Fontane.

[13] Quarterly Report for period ending June 30, 1945, Rome, June 21, 1945, TD unsigned, 2 ff., E, with notes ms., BW 40/26.

on the Isle of Man, from where he was released for medical reasons.[14] During WWII, while working as a journalist for *The Times* and *The Daily Mail*, he became an "Adviser on Italian publications to the Middle East Division of the Ministry of Information."[15] In this role, he was sent to Rome in the spring 1945 on behalf of both the Ministry of Information and the British Council, where he participated in establishing the terms of the British intervention in clearing translation rights in postwar Italy:[16]

By the time that Mr. Bottrall arrived in Rome at the end of April, Mr. Montano was already in Italy charged with a mission on behalf of both the M.O.I. and the British Council. Discussions have taken place from time to time with him and the Press Attaché and his Books Officer [...].
[...] It was decided that the question of translation rights should continue to be handled for the time being by the Press Attaché's department, until arrangements could be made for one agency (probably the British Council) to take it over.[17]

The Press Office of the Embassy, Bottrall and Montano decided that the copyright work should temporarily remain with the Embassy. However, over the following months the number of requests for translation rights rose steadily,[18] and in March 1946 the British Council was able to assume this new function, as notified to the Italian book trade with the Circular no. 60:

Dal giorno 15 Marzo 1946 tutte le pratiche relative ai diritti di autore dovranno passare tramite il BRITISH COUNCIL in ROMA, Palazzo del Drago, Via IV Fontane 20.
[...] Vi preghiamo volerVi rivolgere da ora innanzi al suddetto Ufficio, sia per pratiche nuove che per quelle già in corso. Tutti i pagamenti a questo riguardo dovranno pure essere effettuati a nome del British Council.[19]

---

[14] See FM, ff. Rapporti professionali e editoriali, Notizie varie e appunti.
[15] RIIA/8/952 (copy of TDS, 19 pp., E). See also FM, ff. L. Montano, Corrispondenza and Editori-Giornali. For the Ministry of Information, Montano directed "Il Mese" (1943-45), a monthly publication for the liberated areas of Italy (Montano 490-93; Decleva 288-89; Gallo "Biografia, Bibliografia," 183; "Un'antica amicizia," 114).
[16] Between 1942 and 1944, he also collaborated with Mondadori and the Swiss agency Helicon to purchase translation rights (Decleva 288-89; Gallo "Un'antica amicizia," 114-15, 121-22, 127). Montano left the Central Office of Information Magazines Section in January 1947 (see Publications Division Monthly Report No.4 January 1947, s.l., [February 1947], TD unsigned, 2 ff., E, with notes ms., INF 8/4).
[17] Quarterly Report for period ending June 30, 1945, Rome, June 21, 1945, TD unsigned, 2 ff., E, with notes ms., BW 40/26.
[18] See, for instance, the Council report dated December 1945: "Books | Requests for translation rights for English books have increased enormously during the present quarter" (Quarterly Report – Italy (September 25 to December 25, [1945]), [Rome], December 28, 1945, TD unsigned, 5 ff., E, with corr. ms., BW 40/26).
[19] R.M. Frewer to Agenzia Letteraria Internazionale, [Rome], March 15, 1946, TLS, 1 f., I, ALI 1946, f. Ambasciata Inglese (1/9). See also: Report of British Council work in Italy

Between March and December 1946, "the translation rights in 120 titles were sold."[20] The person in charge of translation rights was Books Officer Major Dermot Spence,[21] while the procedure for copyright purchase was modelled upon the one previously adopted by the Embassy:

The British Council negotiates the sale to foreign publishers of rights of British books for publication either in English or in foreign languages. Whenever possible payment is made in sterling by the purchasers of the rights, but in countries [such as Italy] from which remittances are not possible the British Council is authorised to accept payment in foreign currency and to make payment in sterling in England.[22]

The help offered by the British Council was even more significant considering the inflation of the lira between 1946 and 1947 (Clough 293-97). The fast exchange of publication contracts the British Council enabled was of the outmost importance given that a delay of only few days could make it impossible for an Italian publisher or literary agent to cover the advance agreed in sterling with a British counterpart. As an example, in December 1946 Erich Linder, then Assistant Manager at Agenzia Letteraria Internazionale, wrote to Robert Sommerville that ALI had already drawn contracts for the titles they had been negotiating, in order to save time and guarantee a more favourable currency exchange (the value of lira against sterling was due to halve in a few days):

[...] to-day, as the "Baron" contracts [Table 2] hadn't come in yet, we decided to draw contracts ourselves on the lines already agreed upon. We brought two contract copies to the British Council, Milan, and had the Council accept payment of £47, which should reach you safely within the next few days, together with the contracts. If these are agreeable to you, as we do not doubt they shall, please just sign one copy, and send it back to us, keeping the other one for your files. [...] You will appreciate that we resorted to draw contract ourselves only in order to be able to pay at the exchange of 900 lire for each £, instead of 1600 lire for each £.[23]

Besides assisting publishers and agents in countries without appropriate sterling allocations for copyright purchase, the British Council played a networking role, putting applicants from importing nations in touch with British copyright holders and their legal representatives:

April 1945-March 1946, Rome, June 21, 1946, cc unsigned [Ronald Bottrall], 5 ff., E, BW 40/26: "Translation rights were handled by the Press Office of the British Embassy until March 15th [1946], when the British Council took over. Numerous requests continued to flow in."

[20] Annual Report, Italy, 1946-47, s.l., April 19, 1947, cc unsigned, 4 ff., E, with notes ms., BW 40/26.

[21] See also ALI 1946, ff. The British Council (1/45) and The British Institute (1/46).

[22] Report on B.E.S. by the Foreign Office, s.l., July 1946, cc signed, 2 ff., E, BW 2/364.

[23] Erich Linder to Robert Sommerville, Milan, December 28, 1946, cc signed, 1 f., E, ALI 1946, f. Robert Sommerville (4/39).

[...] we [the British Council] very frequently provide information, put applicants in touch with copyright holders, and where necessary mediate, in the case of countries from which payment can be made through normal channels, and we think that this part of our work has been necessary and valuable.[24]

However, the support offered by the British Council to private enterprises tended to overlap with the political activity of the Ministry of Information, thus raising the question of whether its envisioned cultural goals could coexist with the commercial exchanges that it fostered. Furthermore, during the years of war and paper rationing in Britain (1940-1949), the Ministry of Information had already weaved "carefully concealed connections" (Holman "Carefully Concealed Connections," 197) with members of the British book trade, promoting book production and circulation both at home and abroad. Consequently, it exercised a form of propaganda that unfolded through traditional publishing circuits (Holman "Carefully Concealed Connections," 199-221; *Print for Victory* 105-11; McLaine 48-49). After the end of the war, the Ministry also promoted indigenous publications that fostered a positive image of Britain overseas, continuing its propagandistic action through publishing initiatives in the very same manner employed by the British Council. By such doing, the copyright negotiations undertaken by Embassies and the British Council overlapped with some of the functions of the Ministry of Information, creating both duplication of expenditure and clashes of responsibility.[25]

2. The Central Office of Information and the Propaganda Value of Translation Rights

In 1946 the necessity to concentrate the copyright clearing procedures in the hands of one single agency became evident. Up until that moment, both the British Council and the Ministry of Information had a Copyright Section in London, which supported books and copyright export overseas.[26] Allegedly, the British Council was responsible for most of the work being undertaken. According to an estimate dating April 1946: "the numbers of copyrights being handled [...] [were] as 5 to 1"[27] in favour of the British Council. The division of responsibility between the British Council and the Ministry of Information was drawn according to the typology of texts to be translated: copyright in political books was the responsibility of the Ministry of Information, while the British Council dealt with

---

[24] Lucy Hutchinson to E.C.R. Hadfield, Woodstock, November 28, 1946, cc signed, 1 f., E, with corr. ms., BW 2/156.

[25] After 1943, promoting translations of books in Europe was also part of a wider UNESCO cultural plan (see Holman *Print for Victory*, 220-26).

[26] The British Council likely started handling translation rights around 1941 (Coombs 12).

[27] [Brian] Kennedy Cooke to [Robert Fraser], London, April 5, 1946, TLS, 1 f., E, with stamps and notes ms., INF 12/30. See also Holman ("Carefully Concealed Connections," 205; *Print for Victory*, 99-100).

literature and works of general interest. On a practical level, this division reflected the line drawn between political and cultural propaganda, the very same that allowed for the coexistence of the British Council and the Ministry of Information in wartime, when the latter could have potentially absorbed the function of the former:

> The Ministry of Information and the Central Office with Foreign Office Information Officers have been operating in parallel with the Council. The distinction in sphere of operation, based on the cultural or political nature of each book, has not made for smooth running, and the concentration of all the business in one channel will be of general advantage.[28]

The existence of two parallel copyright sections was a source of confusion, especially as copyright work had been extended to newly liberated countries. The quest for a clarification came also from field personnel. With regards to Italy, the issue was raised as early as November 1944, when the ambassador Noel Charles observed from Rome that "we must be quite clear who, that is the [British] Institute or this Embassy, is going to handle the business of book sales and translation rights."[29] The choice of the section to be maintained determined which end of the cultural-political spectrum would have been stressed in future operations. The British Council put its mark on the presence in the book trade both in Britain and overseas:

> 2. It is *mainly to the British Council Representative* and not to the Press Attaché that foreign publishers turn with requests for clearing copyright, since they regard this as very closely connected with the work our Representatives are doing. In other words, in their view it is *purely cultural work.* [...]
> 4. We believe we have built up a *genuine and substantial goodwill* with British publishers and literary agents, which induces them to part with rights to unprofitable countries which they would be unlikely to do except in furtherance of British Council objects.[30]

According to the British Council, publishers and literary agents overseas spontaneously turned to its representatives with translation rights requests. Meanwhile, British publishers and literary agents' trust was a key factor to convince authors to release translation rights on low-profit markets. The final decision to entrust the Central Office of Information with copyright work revealed the will to impart a stronger political direction to the state intervention in translation rights export to Continental Europe.

The work transfer from the British Council to the Central Office of

---

[28] S.S. Menneer to S.L. Lees, December 9, 1946, cc signed, 4 ff., E, with note and corr. ms., INF 12/30.

[29] Copy of Noel Charles to Michael Palairet, Rome, November 29, 1944, cc signed, 1 f., E, BW 40/9.

[30] [Brian] Kennedy Cooke to Robert Fraser, London, April 5, 1946, TLS, 1 f., E, with stamps and notes ms., INF 12/30.

Information proved to be a lengthy and complex issue; its various steps occupy a sheer amount of minutes, reports and correspondence among the records of both agencies.[31] It was, indeed, part of a broader transfer of responsibilities: the British Council ceded three sections of the Export Department (B.E.S., Book Exports Scheme,[32] later B.B.E., British Book Exports, *British Books to Come*,[33] and Copyright), as well as *Britain Today*, Films, Overseas Press, Photographs, Publications and Visual Departments.[34] Arguably, these activities could all have political implications; their transfer further supports the argument that Britain aimed at clearer propaganda results. With a circular letter on *Translation Rights and Copyright* dated November 1, 1946, the British Council provided its overseas representatives with full details of the handover.[35] The letter explained the reasons for transferring copyright work to the Central Office of Information, as well as the deadlines for completing the passage:

2. The object of this transfer is to concentrate [...] all copyright clearance work with one body (the Central Office of Information). It might be advantageous to follow a similar procedure in the field; we therefore recommend to you [...] that you should refer to the Press Attaché (or Information Officer) all enquiries about copyright. [...]
3. If you agree to the Press Attaché or Information Officer taking over the work in your area, we think he would appreciate it if you would get into touch with him and see that he has the names and addresses of any publishers or other enquirers with whom you have been negotiating, together with any relevant facts about them [...].[36]

After November 15, 1946, new requests for translation rights had to go through the Central Office of Information, while the British Council concluded previous dealings by December 15.[37] Among the replies to this circular, Ronald Bottrall hastened to answer from Italy. While confirming that "all commercial

---

[31] See, for instance, Circular letter from M. Fernald, s.l., April 5, 1946, TD signed, 1 f., E, with notes, corr. and reply ms., BW 2/156. On this work transfer see also Coombs (39-43).
[32] BES was established in 1940 to export British books in specific areas of Europe, Asia and America, with the participation of the British Council (Donaldson 74-75; Holman *Print for Victory*, 20-22, 162-67).
[33] A monthly brochure for overseas distribution.
[34] See Ronald Adam to [Ivone] Kirkpatrick, [London], October 18, 1946, cc signed, 1 f., E, BW 2/156.
[35] See Lucy Hutchinson to [overseas] Representative, London, November 1, 1946, TDS, 1 f., E, with note ms., BW 2/156. This letter was sent to representatives in 24 countries: Algeria, Austria, Belgium, China, Czechoslovakia, Denmark, Finland, France, Greece, Hungary, Iceland, Italy, Netherlands, Norway, Palestine, Persia, Poland, Portugal, Spain, Sweden, Switzerland, Syria, Turkey, and Yugoslavia.
[36] Lucy Hutchinson to [overseas] Representative, London, November 1, 1946, TDS, 1 f., E, with note ms., BW 2/156.
[37] See Lucy Hutchinson to [overseas] Representative, London, November 1, 1946, TDS, 1 f., E, with note ms., BW 2/156. Negotiations for dramatic performance rights remained with the British Council.

dealings in (sic) literary matters should be handed over by the British Council to the Press Office,"[38] he illustrated a new division of competences between Rome and Milan, with a geographical shift in terms of directional centres:

In all probability a new section of the Information Office will be set up in Milan, under the charge of Mr. Scott, to handle book sales, translation rights and copyright, while subscriptions to periodicals will be dealt with by Mr. Barney at the Press Office in Rome.[39]

Together with its overseas representatives, the British Council notified the British book trade, writing to the Publishers Association and placing announcements in *The Bookseller* and *Publishers' Circular*. It also wrote circular letters to a group of publishers and literary agents,[40] for a total of 91 publishers, 17 literary agents, and five self-representing authors.[41] From the book trade came also the individual responsible for copyright activities: Katherine Clutton, formerly at the literary agency Hughes Massie, was now appointed Head of the Central Office of Information Copyright Section. Similarly to the British Council, the Central Office of Information contacted Information Secretaries, explicitly highlighting the propaganda value of the task:

As you will know C.O.I. is taking over certain functions from the British Council. Among these is the work of assisting the commercial publication of British books in translation, in those countries where currency difficulties prevent the smooth operation of the ordinary trade machinery. The purpose of this work is to obtain publicity for British ideas as expressed in British books. So far this work has been shared between C.O.I. and the British Council, but in future it will be undertaken for all books, including cultural and fiction titles, by Publications Division of C.O.I.[42]

Furthermore, the influence British authorities exercised over negotiations for translation rights is remarked by the exceptions to the procedure, as Information Officers could autonomously propose to a local publisher specific titles for translation:

A request will be received from a foreign publisher for the translation rights of a British commercially published book (the Information Secretary may have suggested the possible

---

[38] Ronald Bottrall to the Production Division of the British Council, Rome, November 12, 1946, TDS, 1 f., E, with stamp and notes ms., BW 2/156.

[39] Ronald Bottrall to the Production Division of the British Council, Rome, November 12, 1946, TDS, 1 f., E, with stamp and notes ms., BW 2/156.

[40] See Lucy Hutchinson to [†], Woodstock, November 15, 1946, TLS, 1 f., E, BW 2/156.

[41] See Circulation List for Circular CF/GB/16/386, s.l., n.d., cc unsigned, 5 ff., E, BW 2/156.

[42] Draft letter to Information Secretaries, s.l., n.d. [November 1946], cc unsigned, 2 ff. [3rd prob. missing], E, BW 2/156. A similar circular was sent by the Foreign Office to Information Officers of 33 cities on December 3.

translation of certain books to local publishers).[43]

Financially, however, the support given by the Central Office of Information had limitations. Firstly, Information Offices could only act as a medium for the export of translation rights in "*British*" books, the definition of a 'British book' being that the copyright thereof is vested in a person or firm in Great Britain, so that copyright sales are made from this country."[44] Secondly, only advances and outright sales could be covered in sterling in London, and not sums for sale of printed copies. Thirdly, the maximum amount the Central Office of Information could cover was £30 per title. In this last case, however,

exceptions can be made if special circumstances exist. [...] In the matter of advances there are certain countries where the publisher is so short of capital that he is genuinely unable to pay as much as £30 advance and in these instances we would earnestly ask you to meet the publisher in accepting low terms, in order that the books shall be published in these countries.[45]

Arguably, the interest of the Central Office of Information in obtaining as many translations of British books as possible, even at risk of getting poor terms for the author, further remarks the political value of the operation, since the sums the Treasury allocated to the scheme were limited. Conversely, the fact that the Central Office of Information did not seem particularly worried about the quality of advances and royalties concerned literary agents and copyright holders in London, especially authors for whom writing was the sole source of income. In January 1947, the literary agent Lothar Mohrenwitz addressed specifically the Italian case. While he admitted that exceptions could be necessary whenever a publisher was "genuinely" unable to pay higher advances, he questioned the Ministry policy for leading firms, which could, and should, pay higher sums for the bestselling works they wished to translate:

We are in constant connection with some very big Italian firms, [...] which are always prepared to make much higher advance payments for books by British authors than £30 – and from whom the authors are also justified to expect higher advances. Will this really mean in future that any amount higher than £30 has to be paid into an Italian bank, and if so, until what approximate date? I suppose there is nothing we shall be able to tell the authors about the period such amounts will be "frozen" in Italy. This may, of course, in many cases mean that the authors will just not be prepared to part with their Italian rights. It is, of course, different if a foreign publisher is genuinely not able to pay a higher advance. Then we certainly try to persuade the authors to accept lower offers, if the firm in question

---

[43] Draft letter to Information Secretaries, s.l., n.d. [November 1946], cc unsigned, 2 ff., E, BW 2/156.
[44] E.C.R. Hadfield to L[othar] Mohrenwitz, [London], January 13, 1947, cc signed, 1 f., E, with notes ms., INF 12/30.
[45] E.C.R. Hadfield to L[othar] Mohrenwitz, [London], January 13, 1947, cc signed, 1 f., E, with notes ms., INF 12/30.

is reliable and likely to bring out a nice edition.[46]

The answer given to Mohrenwitz settled the matter of what constituted the goal of the scheme. The Central Office of Information replied that it "[did] not operate to relieve British publishers of all exchange difficulties in selling translation rights abroad that exporters of other commodities have to face,"[47] thus drawing attention to the fact that the Ministry was indeed keener to obtain publication of influential books abroad than to provide copyright holders with special facilities. In February 1947 Italian firms could theoretically request international payments; however, books and copyright were classified as "non-essential goods," making the result of an application for money transfer extremely unpredictable:

Italy [...] In effect an Italian can get permission to transfer lire into sterling at the official rate of exchange for the import of "essential goods." For "non-essential goods" (which includes books and copyrights) he can get licence to buy sterling in the open market (i.e. at perhaps double the official rate) during a period of 2 months. If, as usually happens, he has not completed the agreement in the 2 months, he has to start again.[48]

The transfer of the British Council's activities to the Central Office of Information also produced an expansion of the work carried out by the Publications Division. The series of monthly reports starting in October 1946[49] offers an accurate picture of the volume of such work: "The Division's activities will [...] include work usually done by book publishers, magazine publishers, literary agents, export booksellers, and library suppliers."[50] The Division was thus becoming an active part of the European publishing field, taking care of activities that would normally have been undertaken by private companies. While, on the home front, this was in line with the wartime work of the Ministry of Information, overseas these functions would more extensively involve Press and Information Offices. In Italy, the most active one proved to be the British Press & Information Service in Milan, where Howard Scott was Publications Officer.[51] The increase in the volume of work was so sharp that in January 1947 Scott had to close the

---

[46] L[othar] Mohrenwitz to E.C.R. Hadfield, London, January 15, 1947, TLS, 1 f., E, with stamps and note ms., INF 12/30.
[47] [E.C.R. Hadfield] to L[othar] Mohrenwitz, [London], January 20, 1947, cc signed, 1 f., E, with note and corr. ms., INF 12/30.
[48] S.S. Menneer to M.R. Bruce, [London], February 12, 1947, cc signed, 3 ff., E, with corr. ms., INF 12/30.
[49] I took into consideration the reports from INF 8/1 to INF 8/16, which cover the period from October 1946 to January 1948.
[50] Publications Division Monthly Report No.1. October 1946, s.l., [November 1946], TD unsigned, 1 f., E, with notes and corr. ms., INF 8/1.
[51] See ALI 1946, f. Howard Clewes (1/63), and ALI 1947, f. British Press & Information Service (2/3).

post for a few weeks in order to reorganize the office for the months to come.[52]

In Italy, the Central Office of Information operated at full capacity with regards to translation rights from January to July 1947. Thanks to the June Italo-British accord, from July 1 publishers could finally rely on an increased sterling allocation (£50,000 over the period 1 July 1947-30 June 1948)[53] for British printed material and copyright.[54] This agreement marked the start of the concluding phase of the Central Office of Information intervention, at least for translation rights; nevertheless, the Milan Information Office continued this work on a reduced scale until the end of 1947. Although the scheme was considered of vital importance in the immediate postwar era, it was sensible to close it down as soon as it became unnecessary, since copyright negotiations had a very low profitability on the British end and required increasing grants from the Treasury. Looking at the balance sheet for the period between April 1947 and January 1948, the total expenditure of the Central Office of Information on advances and lump payments in Italy amounted to £2,554.5.4. This was the highest rate among the European countries in which the scheme had been operating, followed shortly by Poland, as indicated in Table 1.[55] Considering that since July 1947 books and book copyright had been considered as "'essential' goods"[56] by the Italian government, while, with the exception of Finland and Italy, at the start of 1948 direct commercial negotiations were impossible in all the remaining countries, these expenditures are comparable, with Italy figuring as the most active country in importing British copyright. Significantly, the end of the support provided by the Central Office of Information was defined by Erich Linder as "un vero disastro."[57] Most of the translation rights purchasers had still to remit royalties due to British authors in excess of the advances already paid for, as well as money due on pre-war editions and reprints. As a result, with the exclusion of the Central Office of Information from transnational negotiations and the return of British properties in Italy (*Treaty of Peace with Italy*, Part VII, Section I, Art. 78.1-2), Italian publishers and agents would resort to exclusive representations in Britain, while periodical meetings in London, Rome and Milan were resumed.

---

[52] See Howard Scott to Agenzia Lett[eraria] Internaz[ionale], Milan, January 9, 1947, TLS, 1 f., ALI 1947, f. British Press & Information Service (2/3).

[53] Circular, Howard Scott, Milan, July 24, 1947, TDS, 1 f., I, ALI 1947, f. British Press & Information Service (2/3).

[54] See Publications Division Monthly Report No.9 June 1947, s.l., July 3, 1947, TD unsigned, 1 f., E, INF 8/9.

[55] See E.M. Clark to J. Littlewood, [London], March 22, 1948, cc signed, 2 ff., E, with note ms., INF 12/30.

[56] E.M. Clark to J. Littlewood, [London], March 22, 1948, cc signed, 2 ff., E, with note ms., INF 12/30.

[57] [Erich Linder] to Luciano [Foà], [Milan], [August 1947], cc unsigned, 1 f., I, ALI 1947, f. Luciano Foà (3/42).

3. "Detective Books and Novels of Mystery and Adventure": A Closer Look at the Negotiated Titles

After the analysis of the copyright import facilities Britain set up to encourage Italian translations, as well as the transfer from the British Council to the Central Office of Information, a closing remark deserves to be made on the few data available on the books negotiated through British state channels between 1945 and 1947. At present, the recoverable information about specific titles is scarce and unsystematic, making hardly possible to list every text that passed through the British Council and the Central Office of Information, and, consequently, to fully evaluate their efficacy in terms of propaganda. However, a case that stands aside from the standard copyright work provides information regarding texts proposed on the British end. In April 1945, the British Council Rome offered to Einaudi the opportunity to figure as the publisher of reading material printed in Italian in the United Kingdom:

> Three thousands of each of these books would be available. The title page which bears the imprint "Published for the British Council by Longman Green & Co., London, New York and Toronto" could be cut out, and in its place a new one could be put omitting all reference to the Council and including *your* imprint.[58]

Little doubt remains that the British Council worked abroad as the Ministry of Information had done on the home front, that is, concealing its own publications as regular commercial products. Furthermore, a list found at Einaudi's archive offers insights also with regards to the typology of English publications the British Council proposed. The vast majority of these volumes belonged to the categories of "British Life and Thought," with volumes on society, arts, economy, government; "Britain Advances," encompassing contributions on discoveries and welfare; and "Science in Britain," ranging from mechanics to astronomy.[59] With few exceptions, these informative publications did not meet the interest of Italian publishers. While Einaudi did consider the work of the historian Alfred Leslie Rowse, *The Spirit of English History*—offered for an outright payment of £20 and provided that any reference to the British Council were carefully avoided—other publications were refused. Arguably, the products that the institution wished to distribute did not match the material publishers were looking for, and, most importantly, their translations could not figure as an indigenous commercial initiative. This is further clarified by Einaudi:

> Ho esaminato tutte le pubblicazioni del British Council, a suo tempo inviatemi […]. Purtroppo, a differenza del Rowse, che pur nella sua brevità ha il carattere d'un saggio non occasionale e rientra perciò bene nella mia collana di *Saggi*, gli altri volumetti, che non

---

[58] John Graham to Giulio Einaudi, Rome, April 14, 1945, TLS, 1 f., E, AE, Corrispondenza con autori ed enti stranieri, Seconda serie, British Council, c. 10, f. 52.

[59] See list *British Council Publications*, s.l., n.d., TD, 1 f., E, AE, Corrispondenza con autori ed enti stranieri, Seconda serie, British Council, c. 10, f. 52.

superano ciascuno le 50 pagine e hanno piuttosto carattere di opuscoli, non possono rientrare in nessuna delle mie collezioni.[60]

On the contrary, the works genuinely negotiated with the help of the British Embassy and the British Council did indeed represent the demand of Italian readers, which was also specific to each publisher's catalogue. Starting from the archive of Giulio Einaudi Editore, we find negotiations for Harold J. Laski, *Faith, Reason and Civilisation*, which was published in Italian in 1947 in the collection *Saggi* (*Fede, ragione e civiltà: saggio di analisi storica*, no. 65).[61] From Bari, Laterza was in contact with the British Council and British Embassy in Rome,[62] through which the firm dealt for several titles, finally acquiring J.H. Whitfield, *Petrarch and the Renaissance*, issued as *Petrarca e il Rinascimento*, no. 454 of *Biblioteca di cultura moderna* in 1949.[63] However, non-fiction and scholarly texts represented the narrower segment of imported works, as the letters of Agenzia Letteraria Internazionale dated from 1945 to 1947 confirm.[64] What stands out from this body of correspondence is that the literary agency dealt through the British Embassy and the British Council (both in Rome and Milan) primarily for novelists such as T.F. Powys, published before the war by Mondadori (*Il mietitore di Dodder* [*Unclay*], 1939) and acquired in the 1940s by Longanesi (*Qualcosa succede* [*Mockery Gap*], 1947; *Il buon vino del signor Weston* [*Mr. Weston's Good Wine*], 1948); and Richard Hughes, first introduced in Italy by Treves in 1933 (*Un ciclone nella Giamaica* [*A High Wind in Jamaica*]), published by Frassinelli (*Nel pericolo* [*In Hazard*], 1939) and, after WWII, reissued mainly by Bompiani (*Nel pericolo*, 1949; *Un ciclone sulla Giamaica*, 1955; *Quel momento* [*A Moment of Time*], 1957). Among the authors who had great success in Italy in the postwar period, the British Council was also frequently approached with regards to Hemingway, who however, being an American, could not be negotiated through the British institution. However, there still were attempts, although rare, to purchase US translation rights through British channels; and when a London

[60] Giulio Einaudi to John Graham, [Rome], April 18, 1945, cc signed, 1 f., I, AE, Corrispondenza con autori ed enti stranieri, Seconda serie, British Council, c. 10, f. 52.
[61] See AE, Corrispondenza con autori ed enti stranieri, Seconda serie, British Council, c. 10, f. 52.
[62] The publishing house was in contact also with the British Press and Information Office in Palermo. See AL, Archivio autori, b. 77, ff. 34, 33, 35; b. 84, f. 20.
[63] See AL, Archivio autori, b. 75, f. 3; b. 77, ff. 5, 33, 41; b. 78, f. 63. We also find information about payments for the scientific texts of James H. Jeans, *The Universe Around Us*, and Arthur S. Eddington, *The Nature of the Physical World*. These were likely aimed at settling sums due for pre-war editions, issued in *Biblioteca di cultura moderna* in 1931 (*L'Universo intorno a noi*, no. 210) and 1935 (*La natura del mondo fisico*, no. 269) respectively.
[64] See ALI 1944-45, f. British Embassy (1/5); 1946, ff. Ambasciata Inglese (1/9), The British Council (1/45), The British Institute [British Council Milan] (1/46); 1947, f. British Press & Information Service (2/3).

literary agency was responsible for placing translation rights in Continental Europe, British and Italian agents could try to negotiate an American writer as a British one in order to remit payment of advances through British channels.[65]

As we look now at the works passing through the hand of the Central Office of Information, there is no real difference in terms of the genres to be dealt with. In a letter to Britain, Luciano Foà, then Manager at Agenzia Letteraria Internazionale, noted: "We have many applications for detective books and for novels of mystery and adventure,"[66] as in the case of the mystery novels of Herbert Adams. These genres were indeed the most requested by Italian publishers; although space was also given to the historical fiction of Michael Sadleir, the romance novels of Laura Whetter and to the works of the humourist P. G. Wodehouse. The evidence in the National Archives confirmed this trend. Although the divisional reports starting from October 1946 and drawn by the Publications Division of the Central Office of Information only recorded the number of titles dealt with, the report for January 1947 exceptionally provides a list of the translation rights sold in Italy over the period (Table 2).[67] At a glance, fiction prominently stands among the books handled, including middlebrow and popular material; furthermore, translation rights in several books exceeded the expenditure ceiling of £30. Consequently, archival sources confirm that the books which the British Council and the Central Office of Information were most successful in negotiating were the middle and low brow genres that had consistently supported the Italian interwar translation activities, both in serial and volume form, and whose publication, after the interruption due to the conflict, the book industry was eager to resume.

Conclusion

The aim of this article was to shed light on the little-known intervention that the British Council and the Central Office of Information made in facilitating the import of translation rights of British works in Italy until July 1947. While the schemes that Britain set up boosted the recovery of the Italian translation activity, archival evidence supports the argument that on the British end they had mainly a propaganda purpose. Moreover, the transfer of copyright work from the British Council to the Central Office of Information further highlights the political will to impart a stronger propagandistic orientation to the facilitations for importing cultural products. However, the results that these initiatives obtained were more complex than originally anticipated. In fact, while the few records listing the titles

---

[65] This was the case of *Fall Guy for Murder* by Lawrence Goldman, handled in London by E.P.S. Lewin & Co.; see ALI 1947, f. Lewin E.P.S. Literary Agent.

[66] Luciano Foà to Richard Steele & Son, Milan, November 24, 1945, cc signed, 3 ff., E, ALI 1944-45, f. Richard Steele & Son (1/34).

[67] See Publications Division Monthly Report No.4 January 1947, s.l., [February 1947], TD unsigned, 2 ff., E, with notes ms., INF 8/4. I have added the Italian volume editions between square brackets.

that the British Council proposed to Italian publishers dealt with informative, non-fictional works on British history and society, the titles actually purchased reflected rather the publishing plans and identities of Italian firms, showing how the majority of contracts passing through one of the two British agencies contributed instead to the large-scale import of middle brow and popular literary products on which the interwar Italian translation industry had laid its own foundations.

The University of Manchester

Appendix

Table 1 - Sterling expenditure by country for advances paid
by the Copyright Section of the Central Office of Information
(April 1947 to January 1948)

Austria	840.0.0.
Hungary	343.8.0.
Poland	2,222.16.0.
Yugoslavia	30.0.0.
Bulgaria	36.13.4.
Rumania	52.2.0.
Finland	Nil
Japan	Nil
Greece	180.0.0.
Italy	2,554.5.4.
Total	6,259.4.8.

Table 2 - Titles sold in Italy in January 1947 paid in sterling
through the Central Office of Information

Title	Author	£
The African Queen [*La regina d'Africa*, Mondadori, 1950]	C.S. Forester	50
Science, Liberty and Peace [*Scienza libertà e pace*, IEI, 1948]	Aldous Huxley	20
Old Possum's Book of Practical Cats [*Il libro dei gatti tuttofare*, Bompiani, 1963]	[T.S. Eliot]	30
The Weak and the Strong	Gerald Kersh	50

[L'uomo che vendeva ombre, Mondadori, 1948]

Dames Don't Care [*È arrivato Lemmy Caution!*, Mondadori, 1947]	P[eter] Cheyney	30
This Man is Dangerous [*Pericolo pubblico*, Mondadori, 1949]	P[eter] Cheyney	30
He Brings Great News [*Egli porta grandi notizie*, Longanesi, 1948]	Clemence Dane	20
Mistress Masham's Repose [*Maria si ribella*, Longanesi, 1947]	T.H. White	40
Brazilian Adventure [*Avventura brasiliana*, Longanesi, 1950]	Peter Fleming	30
Before I Go Hence [*Prima che me ne vada*, Longanesi, 1948]	Frank Baker	40
The Earth Beneath	Frank Heslon [Harold Heslop?]	20
Life of Saint Camillus [*San Camillo De Lellis,* Longanesi, 1947]	C.C. Martindale	30
Mockery Gap [*Qualcosa succede*, Longanesi, 1947]	T.F. Powys	25
The Baron Comes Back *Send [Call?] for the Baron*	Anthony Morton[68]	47
Sincerity [*Sincerità*, Martello, 1947] *The Secret Sanctuary* [*Il santuario segreto*, Martello, 1947] *The Ignorance of Youth* [by Maurice Elwin?]	Warwick Deeping	150

Works Cited

Billiani, Francesca. *Culture nazionali e narrazioni straniere. Italia, 1903-1943*. Firenze: Le Lettere, 2007.

Bonsaver, Guido. *Censorship and Literature in Fascist Italy*. Toronto: U of Toronto P, 2007.

Chanter, Robin, and David Platzer. *A World Apart: The Life of Ian Greenlees*. N.p.: privately printed, 2014.

Clough, Shepard B. *The Economic History of Modern Italy*. New York: Columbia UP, 1964.

Colacicco, Tamara. "The British Institute of Florence and the British Council in Fascist Italy: From Harold E. Goad to Ian G. Greenlees, 1922-1940." *Modern Italy* 23.3

---

[68] These were likely destined to the periodical publication *Il Romanzo per tutti*.

(2018): 315-29. *Cambridge Core*. Web. 22 Sep. 2019.

Coombs, Douglas. *Spreading the Word: The Library Work of the British Council*. London: Mansell, 1988.

Cottenet, Cécile. *Literary Agents in the Transatlantic Book Trade: American Fiction, French Rights, and the Hoffman Agency*. New York: Routledge, 2017. *Taylor & Francis Online*. Web. 22 Sep. 2019.

Decleva, Enrico. *Arnoldo Mondadori*. Torino: UTET, 1993.

Donaldson, Frances. *The British Council: The First Fifty Years*. London: Cape, 1984.

Eddington, Arthur S. *La natura del mondo fisico*. Trans. Charis Cortese De Bosis, Lucio Gialanella. Bari: Laterza, 1935.

_____. *The Nature of the Physical World*. Cambridge: Cambridge UP, 1928.

Le edizioni Einaudi negli anni 1933-2008. Indice bibliografico degli autori e collaboratori, indice cronistorico delle collane, indici per argomenti e per titoli. Torino: Einaudi, 2008.

Ellis, Roger, and Liz Oakley-Brown, eds. *Translation and Nation: Towards A Cultural Politics of Englishness*. Clevedon: Multilingual Matters, 2001.

Esposito, Edoardo, a c. di. *Le letterature straniere nell'Italia dell'*entre-deux-guerres. *Atti del Convegno di Milano 26-27 febbraio e 1° marzo 2003* and *Le riviste di cultura. Spogli e studi*. Lecce: Pensa MultiMedia, 2004.

Fabre, Giorgio. *Il censore e l'editore. Mussolini, i libri, Mondadori*. Milano: Fondazione Arnoldo e Alberto Mondadori, 2018.

_____. *L'elenco. Censura fascista, editoria e autori ebrei*. Torino: Silvio Zamorani editore, 1998.

Ferme, Valerio. *Tradurre è tradire. La traduzione come sovversione culturale sotto il Fascismo*. Ravenna: Longo Editore, 2002.

Ferrando, Anna. *Cacciatori di libri. Gli agenti letterari durante il fascismo*. Milano: Franco Angeli, 2019.

_____, a c. di. *Stranieri all'ombra del Duce. Le traduzioni durante il fascismo*. Milano: Franco Angeli, 2019.

Gallo, Claudio, a c. di. "Biografia, Bibliografia. Lorenzo Montano. *Viaggio attraverso la gioventù secondo un itinerario recente*." Bergamo: Moretti & Vitali, 2007. 175-92.

_____. "Un'antica amicizia: Lorenzo Montano e Luigi Rusca." *Lorenzo Montano e il novecento europeo*. Atti della giornata di studio. Verona, Biblioteca Civica, Sala Farinati. 6 dicembre 2008. A c. di Agostino Contò. Verona: QuiEdit, 2009. 113-27.

Goldman, Lawrence. *Fall Guy for Murder*. New York: Dutton, 1943.

Holman, Valerie. "Carefully Concealed Connections: The Ministry of Information and British Publishing, 1939-1946." *Book History* 8 (2005): 197-226. *Project Muse*. Web. 22 Sep. 2019.

_____. *Print for Victory: Book Publishing in England 1939-1945*. London: The British Library, 2008.

_____. "Text and Image in the Construction of an Urban Readership: Allied Propaganda in France during the Second World War." *Printed Matters: Printing, Publishing and Urban Culture in Europe in the Modern Period*. Ed. Malcolm Gee and Tim Kirk. Aldershot: Ashgate, 2002. 174-90.

Hughes, Richard. *Un ciclone nella Giamaica*. Trans. Lila Jahn. Milano: Treves, 1933. (*Un ciclone sulla Giamaica*) Milano: Bompiani, 1955.

_____. *In Hazard*. London: Chatto & Windus, 1938.

_____. *A High Wind in Jamaica*. London: Chatto & Windus, 1929.

_____. *A Moment of Time*. London: Chatto and Windus, 1926.

_____. *Nel pericolo*. Trans. Ada Prospero. Torino: Frassinelli, 1939. Milano-Roma: Bompiani, 1949.
_____. *Quel momento*. Trans. Maria Livia Serini. Milano: Bompiani, 1957.
Jeans, James H. *The Universe Around Us*. Cambridge: Cambridge UP, 1929.
_____. *L'Universo intorno a noi*. Trans. Charis Cortese de Bosis. Bari: Laterza, 1931.
Kessel, Tamara, van. *Foreign Cultural Policy in the Interbellum: The Italian Dante Alighieri Society and the British Council Contesting the Mediterranean*. Amsterdam: Amsterdam UP, 2016.
Laski, Harold J. *Faith, Reason and Civilisation: An Essay in Historical Analysis*. London: Gollancz, 1944.
_____. *Fede, ragione e civiltà: saggio di analisi storica*. Trans. Elvira Bedetti Aloisi. Torino: Einaudi, 1947.
Lobejón Santos, Sergio. "The Role of Women in English-Language Poetry Translation during Postwar Spain (1939-1983)." *Translation, Ideology and Gender*. Ed. Carmen Camus, Cristina Gómez Castro, and Julia T. Williams Camus. Newcastle upon Tyne: Cambridge Scholars Publishing, 2017.
Mangoni, Luisa. *Pensare i libri. La casa editrice Einaudi dagli anni trenta agli anni sessanta*. Torino: Bollati Boringhieri, 1999.
Mauro, Roberto, Massimo Menna, e Michele Sampaolo, a c. di. *Le edizioni Laterza. Catalogo storico 1901-2000*. Roma: Laterza, 2001.
McLaine, Ian. *Ministry of Morale: Home Front Morale and the Ministry of Information in World War II*. London: Allen & Unwin, 1979.
Montano, Lorenzo. "Il mese." *Carte nel vento. Scritti dispersi*. Firenze: Sansoni, 1956. 490-93.
Palazzolo, Maria Iolanda. *La nascita del diritto d'autore in Italia. Concetti, interessi, controversie giudiziarie (1840-1941)*. Roma: Viella, 2013.
Pavese, Cesare. "L'influsso degli eventi." *La letteratura americana e altri saggi*. Torino: Einaudi, 1951. 245-48.
Powys, T. F. *Il buon vino del signor Weston*. Trans. Camillo Pellizzi. Milano: Longanesi, 1948.
_____. *Il mietitore di Dodder*. Trans. Elio Vittorini. Milano: Mondadori, 1939.
_____. *Mockery Gap*. London: Chatto & Windus, 1925.
_____. *Mr. Weston's Good Wine*. London: Chatto & Windus, 1927.
_____. *Qualcosa succede*. Trans. Marcella Hannau. Milano: Longanesi, 1947.
_____. *Unclay*. London: Chatto & Windus, 1931.
Ricketson, Sam, and Jane C. Ginsburg. *International Copyright and Neighbouring Rights: The Berne Convention and Beyond*. 2 vols. New York: Oxford UP, 2006.
Rowse, Alfred Leslie. *The Spirit of English History*. London: Cape, 1943.
Rundle, Christopher. *Publishing Translations in Fascist Italy*. Bern: Peter Lang, 2010.
Treaty of Peace with Italy. 10 February 1947. https://www.loc.gov/law/help/us-treaties/bevans/m-ust000004-0311.pdf. Web. 22 Sep. 2019.
Unwin, Stanley. *The Truth About a Publisher: An Autobiographical Record*. London: Allen & Unwin, 1960.
Weel, Adriaan, van der. "Nineteenth-Century Literary Translations from English in a Book Historical Context." *Textual Mobility and Cultural Transmission: Tekstmobiliteit en Cultuuroverdracht*. Ed. Martine de Clercq, Tom Toremans, and Walter Verschueren. Leuven: Leuven UP, 2006. 25-38.
Whitfield, J.H. *Petrarca e il Rinascimento*. Trans. Valentina Capocci. Bari: Laterza, 1949.
_____. *Petrarch and the Renaissance*. Oxford: Blackwell, 1943.
Willcox, Temple. "Projection or Publicity? Rival Concepts in the Pre-War Planning of the

British Ministry of Information." *Journal of Contemporary History* 18.1 (1983): 97-116. *JSTOR Arts and Sciences II*. Web. 22 Sep. 2019.

Wirtén, Eva Hemmungs. "A Diplomatic *salto mortale*: Translation Trouble in Berne, 1884-1886." *Book History* 14 (2011): 88-109. *Project Muse*. Web. 17 Jan. 2020.

Works Cited in the Appendix

Baker, Frank. *Before I Go Hence. Fantasia on a Novel*. London: Andrew Dakers, 1946.
_____. *Prima che me ne vada*. Trans. Irene Brin. Milano: Longanesi, 1948.
Cheyney, Peter. *Dames Don't Care*. London: Collins, 1937.
_____. *È arrivato Lemmy Caution!* Milano: Mondadori, 1947.
_____. *This Man is Dangerous*. London: Collins, 1936.
_____. *Pericolo pubblico*. Milano: Mondadori, 1949.
Dane, Clemence. *Egli porta grandi notizie*. Trans. Clara Faostini. Milano: Longanesi, 1948.
_____. *He Brings Great News*. London-Toronto: Heinemann, 1944.
Deeping, Warwick. *Il santuario segreto*. Trans. Susanna Comi. Milano: Martello, 1947.
_____. *The Secret Sanctuary*. London: Cassell, 1923.
_____. *Sincerità*. Trans. Giorgio Monicelli. Milano: Martello, 1947.
_____. *Sincerity*. London: Cassell, 1912.
Eliot, T. S. *Il libro dei gatti tuttofare*. Trans. Roberto Sanesi. Milano: Bompiani, 1963.
_____. *Old Possum's Book of Practical Cats*. London: Faber & Faber, 1939.
Elwin, Maurice. *The Ignorance of Youth*. London: Drane, 1923.
Fleming, Peter. *Avventura brasiliana*. Trans. Alberto Dallari. Milano: Longanesi, 1950.
_____. *Brazilian Adventure*. London-Toronto: Cape, 1933.
Forester, C. S. *The African Queen*. London: Heinemann, 1935.
_____. *La regina d'Africa*. Trans. Beata Della Frattina. Milano: Mondadori, 1950.
Heslop, Harold. *The Earth Beneath*. London: Boardman, 1946.
Huxley, Aldous. *Science, Liberty and Peace*. New York-London: Harper & Brothers, 1946.
_____. *Scienza libertà e pace*. Milano: IEI, 1948.
Kersh, Gerald. *L'uomo che vendeva ombre*. Trans. Beata Della Frattina. Milano: Mondadori, 1948.
_____. *The Weak and the Strong*. London: Heinemann, 1945.
Martindale, C.C. *Life of Saint Camillus*. London: Sheed and Ward, 1946.
_____. *San Camillo De Lellis*. Trans. Giuliana Pozzo. Milano: Longanesi, 1947.
Morton, Anthony. *The Baron Comes Back*. London: Hodder and Stoughton, 1943.
_____. *Call for the Baron*. London: Sampson Low & Co., 1940.
White, T.H. *Maria si ribella*. Trans. Mario Monti. Milano: Longanesi, 1947.
_____. *Mistress Masham's Repose*. London: Cape, 1947.

Archives

Italy

AE: Archivio Giulio Einaudi Editore, 1933-83. Archivio di Stato di Torino, Torino.
AL: Archivio Laterza. Archivio di Stato di Bari, Bari.
ALI: Archivio Agenzia Letteraria Internazionale (ALI) – Erich Linder, 1942-84. Fondazione Arnoldo e Alberto Mondadori, Milano.
AsAME: Archivio storico Arnoldo Mondadori Editore. Fondazione Arnoldo e Alberto Mondadori, Milano.
FM: Fondo Lorenzo Montano. Biblioteca Civica di Verona, Verona.

United Kingdom
BW: Records of the British Council. The National Archives, Kew.
INF: Records created or inherited by the Central Office of Information. The National Archives, Kew.
RIIA/8/952: Lorenzo Montano, *The Outlook for Italy*. The Royal Institute of International Affairs, London.

Printed in Great Britain
by Amazon

79433868R00220